第二辑

道德之春

中華老學

——首届道德经文化及应用博士论坛论文集锦

主编　詹石窗　宋崇道　谢清果

九州出版社　全国百佳图书出版单位
JIUZHOUPRESS

图书在版编目（CIP）数据

中华老学：首届道德经文化及应用博士论坛论文集锦. 第二辑，道德之春 / 詹石窗，宋崇道，谢清果主编. -- 北京：九州出版社，2020.5
ISBN 978-7-5108-9112-0

Ⅰ. ①中… Ⅱ. ①詹… ②宋… ③谢… Ⅲ. ①道家②《道德经》－研究 Ⅳ. ①B223.15

中国版本图书馆CIP数据核字(2020)第075378号

中华老学：首届道德经文化及应用博士论坛论文集锦·第二辑·道德之春

作　　者	詹石窗　宋崇道　谢清果　主编
出版发行	九州出版社
地　　址	北京市西城区阜外大街甲 35 号（100037）
发行电话	(010)68992190/3/5/6
网　　址	www.jiuzhoupress.com
电子信箱	jiuzhou@jiuzhoupress.com
印　　刷	北京九州迅驰传媒文化有限公司
开　　本	720 毫米×1020 毫米　16 开
印　　张	19.75
字　　数	380 千字
版　　次	2020 年 7 月第 1 版
印　　次	2020 年 7 月第 1 次印刷
书　　号	ISBN 978-7-5108-9112-0
定　　价	78.00 元

首届道德经文化及应用博士论坛论文集锦

中华老学编委会

宜春论道·德化乾坤

首届道德经文化及应用博士学术论坛上发言（代序）

民族的，才是世界的。

古有"孔子问礼老子"之典故，又曰：半部《论语》治天下，那么，一部《道德经》呢？当《道德经》目前已经走进国民教育高中课本的时候，我们可以完全确信，这是中华民族优秀的传统文化，也是世界文化的瑰宝。所以，我们要倍加珍惜，弘扬好，挖掘好，利用好！

诗曰：横看成岭侧成峰，远近高低各不同。

认真读过《道德经》的人都知道，每个人对《道德经》的体悟各有特色：帝者治国，商者治企，医者治病，武者治军，长者治家，道者见性，禅者明心……如今，已是新时代，我们需要重新站在新高度作为起点，发挥中华民族优秀文化的新力量，传播好中国文化，重塑中国价值、中国力量和中国精神。

《道德经》作为中国传统文化中最伟大的经典之一，是真正能够给予我们文化自信的经典之一，它拥有一个精深玄奥的思想体系，具有跨越时空的恒久价值，故一直受到社会的高度重视。

《道德经》不仅对中国传统文化产生了极其深远的影响，而且远播海外，成为全人类文化的共同财富。《道德经》凝聚着中国文化的内在精神，也体现了中华民族的坚实底气，反映出中国智慧的深邃广大，其中所描述的宇宙真理实相，远远超乎现代天文物理学家所知的领域。它所叙述的人生哲学，远远超越世界大哲学家、大思想家的视野。

要说世界哲学的起源，应该在中国！全世界最高智慧的结晶就在《道德经》五千言中，这是我们的老祖宗留给我们的无价瑰宝。

小至个人为人处事智慧、家庭和谐之道、改善亲子关系、教育的本质、养生之道、为人之道、为官之道、经营企业之道，大到如何造福子孙、如何让人类与地球和谐相处，与每个人的生命都有密切关系，而且都很实用。

身为华夏炎黄子孙，何其有幸！

昔之得一者，天得一以清，地得一以宁，神得一以灵，谷得一以盈，万物得一以生，侯王得一而以为正。而我要说，文得一以化。

之所以举办首届《道德经》文化及应用博士学术论坛，是因为我们希望用学术的严谨性和科学性，鼓励学术创新和学术争鸣，同时固化学术研究成果。

这次，论坛筹委会得到宜春市民宗局、袁州区民宗局及宜春市道协指导，邀请到全国高校及各领域的 30 位专家、教授、学者、博士以及高道，共收到论文 29 篇，论文大多数紧扣本次论坛的主题《道德经》文化及应用，讨论道德经文化在文化、养生、书法、绘画、音乐、治理、修行、生活、环境、非物质文化遗产等方面领悟及应用的观点，重新解读与诠释，从而拓宽文化实践思路。

本次论坛由袁州区道协主办，与宜春学院宗教文化研究中心、宜春市传统文化协会、天道大讲堂共同联办，感谢宜春市崇道宫全力协办，湖冈台山庄全力承办，也感谢永恒盛集团大力支持！

宜春论道，德化乾坤。

我们在坚持道路自信、理论自信、制度自信的基础上，更要文化自信。

天之道，利而不害；圣人之道，为而不争。

一起行动起来，发挥经世致用，传承文化经典，坚守文化根茎，让我们为中华文明传承在世界文明的长河里熠熠闪光而倍感骄傲和自豪！

宜春市崇道宫住持

宋崇道 博士

目　录

老子治国思想研究

《道德经》对当代治国理政的适用性探讨

文卫勇　张德敏*

内容提要：发掘《道德经》的"微言大义"来指导当今治国理政，首先就要回答其"微言大义"对当代治国理政是否还具有适用性，可从四个方面来讨论，即传统文化对当今治理的深刻影响、中国传统文化和马克思主义的正确关系、《道德经》的"政治"价值、《道德经》对当代治国理政的指导价值。

关键词：《道德经》传统文化　治国理政　适用性

党的十九大报告指出，要"深入挖掘中华优秀传统文化蕴含的思想观念、人文精神、道德规范，结合时代要求继承创新，让中华文化展现出永久魅力和时代风采"[①]。中国古代政治思想与经验作为中华优秀传统文化的重要组成部分，也值得我们深入发掘，将其有机转化到当代中国治国理政中。为了能够有机融入，首先就要在以《道德经》为代表的优秀传统政治思想之于当代治国理政是否适用的问题上取得共识，本文将从以下四个方面进行探讨。

一、认识传统文化对现代治理的深刻影响

第一个疑问是，在一个文化多元交融的现代信息社会里，被当作"过去时"的传统文化究竟还能对现代治理发挥多大作用？

其实，包括《道德经》在内的优秀传统文化是中华民族的"根"与"魂"，具有无形的精神价值，不是说抛弃就能抛弃的。一国的政治有其特殊政治文化，其政治文化又深受其传统影响。政治学者帕特南在《让民主的政治运转起来》中提出"社

---

* 作者简介：文卫勇（1971—），男，江西吉安人，南昌大学公共管理学院民族宗教研究所所长、教授，研究方向：中国政治思想史、宗教管理。张德敏（1994—），男，山西长治人，南昌大学公共管理学院硕士研究生，研究方向：中国政治。

① 习近平：《决胜全面建成小康社会 夺取新时代中国特色社会主义伟大胜利》，《人民日报》，2017年10月28日，第001版。

会资本"理论，①认为由于一个地区具有共同的历史渊源和独特的文化环境，对于形成不同的社会资本进而影响产生不同的政治文化具有重要的影响。一个国家的治理体系和治理能力是与这个国家的历史传承和文化传统密切相关的，在漫长的历史进程中，中华民族积累了丰富的治国理政经验。

在治国理政模式上，这种历史文化传统为我们提供了丰富的解决方案，法治、德治、礼治、乐治等等，自然还有道家的无为而治，最终形成了德法兼治的治国理政传统。然而有些人认为，西方法治才能解决当代的治理问题，中国古代法治、德治、无为而治等纯粹是过去时代的产物，无助于解决当代的治理问题，这种似是而非的观点占据了不少人的头脑。中国共产党以全心全意为人民服务为其宗旨，西方意义上的法治只能保证为人民服务，而无法保证全心全意为人民服务，如何才能实现这一宗旨呢，中国共产党扎根于中国的历史文化传统，善于批判地继承一切治理传统，创新治理模式。中国共产党提出的五个文明建设目标，即物质文明、精神文明、政治文明、社会文明和生态文明就是治理模式创新要达到的目标，五个文明建设目标就是为了实现全心全意为人民服务的宗旨。新型的治理模式，以实现全心全意为人民服务为目标，无违于法律、无违于道德、无违于自然。

二、理解马克思主义和中国传统文化的正确关系

第二个疑问是，马克思主义能与中国传统文化相适应吗？有观点把源于西方文明、作为党的指导思想的马克思主义与中华传统文化对立起来，认为马克思主义来自西方，而且是一种为了解决资本主义无法摆脱的矛盾的社会革命方案，如何能够与建基于古代经济制度和社会存在的传统文化相适应呢？这显然是简单思维，可以看到，马克思主义自进入中国以后，既引发了中华文明的深刻变革，也经历了一个逐步中国化的过程，与中国实际——包括中华传统文化在内的中国实际——相结合，不断发展出了以毛泽东思想为代表的特色社会主义理论。历史证明，中国共产党自成立之日起，就既是世界先进文化的积极引领者和践行者，又是中华优秀传统文化的忠实传承者和弘扬者。"中华优秀传统文化是发展当代中国马克思主义的丰厚滋养"②，它有利于巩固马克思主义在意识形态领域的指导地位，有利于建构"21世纪马克思主义"，而"坚守中华文化立场"也被庄严地写进了党的十九大报告中。因此，以《道德经》等为代表的中华优秀传统文化，不仅不会与马克思主义相违，而且能

---

① 罗伯特·D.帕特南：《使民主运转起来：现代意大利的公民传统》，王列、赖海榕译，北京：中国人民大学出版社，2015年，第272—273页。

② 新华社：《中共中央办公厅 国务院办公厅印发〈关于实施中华优秀传统文化传承发展工程的意见〉》，2017年1月25日，http://www.gov.cn/zhengce/2017-01/25/content_5163472.htm，2018年9月2日。

够为马克思主义中国化提供丰富的思想资源。

三、认识《道德经》的"政治"价值

第三个要回答的疑虑,聚焦到《道德经》本身,即:《道德经》是关于"政治"的吗?

作为我国优秀传统文化的重要源头之一的《道德经》,由于读解角度不一,有人认为,它讲的都是玄之又玄的思想,属于宗教性质。有人认为,它是人生哲学,是讲修身养性之道。但从政治哲学的视角切入,会发现对其认识会更丰富且合理。作为深受"仁义道德"侵染的后世士大夫,看到"道德"二字,便先入为主,从道德方面来理解《道德经》,而不能具体分析老子的微言大义。如:"知足不辱,知止不殆"①。若仅理解为是讲人的品德修养,就有断章取义之嫌,忽略了其时代背景,没有理解这是针对当时统治者的贪得无厌而发。又如:"金玉满堂莫之能守"②也是针对统治者而言,普通百姓是不会有金玉满堂的。因此《道德经》不仅是人生哲学,更是政治哲学。老子论"道",虽探讨了世界起源和物质运动形态,但《道德经》不是自然哲学,不是为世界而谈世界,而是为阐发其政治哲学思想做铺垫。通过对《道德经》八十一章做粗略的统计发现,其中关于论治国的八章,论朝政的七章,论天下各国的五章,论战争的两章,此外提到"圣人"(统治者)的二十四章,"侯王"五章,"道者"八章,"天子、人主、太上其上、大夫、众人、夸盗、人、吾、我"的各一章,可见全书关于政治的有六十三章,占三分之二以上,这就表明社会人生、治国理政等,才是《道德经》探讨的主题。从古老的《道德经》中,我们可以汲取治国理政的智慧,明晓盛衰之道、成败之数,它是即古老又常新的治国理政"宝典"。

四、理解《道德经》对当代治国理政的借鉴价值

第四个疑虑是,产生于古代社会的《道德经》如何能指导现代社会?考虑到存在于公元前 500 年的中国和今天的世界之间的历史和社会的极大差距,许多人会对《道德经》可以成为当今政治的一个可行的参照物产生巨大怀疑。对一些怀疑者来说,他们可能会认为《道德经》的政治理念与现当代西方"经过启蒙"的政治理念有着巨大差距。这一所谓巨大差距,其实源于欧洲启蒙运动的人文主义哲学,源于其对我们关于政治和社会的理解与观念的"统治"。例如"民主"和"人权"等的观念象征着政府应当是"民治的、民享的和民有的"这种信念。从这种所谓"当代"的视

---

① 楼宇烈:《老子道德经注校释》,北京:中华书局,2008 年,第 121 页。
② 楼宇烈:《老子道德经注校释》,第 21 页。

角来看，《道德经》的政治观，如"圣人皆孩之"①显然是缺乏民主的。这种《道德经》式的统治者关注的是其在位的政治权力，而且此统治者是非常不同于其他人的"圣王"。因此他以及他的政治"措施"完全隐而不现，并进而认为这种统治可能会引起一个残暴的独裁主义。

对于这些诘问，先不论其对《道德经》的理解是否准确，单就这些诘问的基础——源自欧洲启蒙运动的评价体系——进行思考，便有了诸多反思：一个致力于人类存在和人权，例如个人自由、私有财产等的社会是否就真的绝对是好的？

以《道德经》的角度来看，"人文主义"政治观的核心观念，"民众"被视作为政治的唯一权威与受益者，会被画上一个大大的问号。老子认为"人法地，地法天，天法道，道法自然"②，包括政治、经济、文化在内的人类活动都是遵循"道"这一大逻辑的，而这一大逻辑显然不会只照顾"人"——这一仅仅是组成客观世界的一个部分。从这一角度看，《道德经》中表现出的对以"人类"中心的批评与当今"后现代政治"思潮有殊途同归之意。

"后现代政治"思潮中的环保主义者认为，"人文主义"对非人的自然界进行统治产生了不可逆的破坏，而且这一结果伴随着地球环境的不断恶化而日渐清晰明白，所以后现代主义者普遍对人类的未来持消极态度。依据他们的观点，要施行一种真正地把超越人类的，包括动植物的利益在内的政策，仍然是非常困难的。在一个纯粹人文主义的、民主的社会中，赋予这些生命形式一种政治性的"声音"是无法想象的。因为它们永远不能投票选举、组织政党或者是颁布法律。在本质上它们是被人道主义政治所排斥的。即使绿党的存在也不能改变这种境况，毕竟，绿党的成员也仅仅限于人。

除上述问题外，我们将视角聚焦到人类利益，似乎现今的政治解决方案也并不完善。疑问依旧存在：为什么仅仅是生活在当下的民众被赋予权力，未来的人类应当如何呢？或者，为什么许多生活在当下的人因为身份、年龄、犯罪前科等而没有选举权——难道这些人就不是人？一个所谓的民主社会是否真的能够成为它所自称的"民治的"社会？为什么在有些国家，处于一定年龄的人具有政治决策的优先权，可以对那些不能参加决策的人（移民、儿童、囚犯，等等）施加影响？在有人把自己的利益置于他人利益之上的意义上讲，选举难道不总是"有偏颇的"？

而《道德经》的政治观为我们解决这些问题提供了富有启发的思路。"天地不仁，以万物为刍狗；圣人不仁，以百姓为刍狗"③，老子认为以道而治不能把政治单纯视作

① 楼宇烈：《老子道德经注校释》，第129页。
② 楼宇烈：《老子道德经注校释》，第64页。
③ 楼宇烈：《老子道德经注校释》，第13—14页。

为人类利益服务的工具，而是把政治看作顺应"道"规律的机制，尤其是使人类利益与"天地"的利益相一致。《道德经》中的统治者不是他统治的人民的代表，而是"天地"在人间社会的"代表"。"圣人"这一理想的政治统治应是完全公正的、无偏颇的，它与社会各部分都保持距离来保持他自身的绝对中立，他的主要作用是通过让社会和谐地融入天道的运行中来为社会谋福。这一图景正是一个"后现代的"与"后人文主义的"政治理论者所试图建构的，它在人类范围之上拓宽政治权威的来源，它也会努力让掌握政治权力的人以更加公正的方式统治。这样一种包含着人类之外的利益的"后现代的"或者"后人文主义的"政治理论，和当今基于"人文主义"层面的现代政治理论比较而言何者"先进"或者"落后"，结果是很耐人寻味的。

结语

在 21 世纪的当代中国，我们正越来越需要探求我们如何前进的问题。鉴往知来，这个时候也就更需要我们看清我们的来路，这就要求我们对于包括《道德经》在内的中国优秀传统文化更深了解，来认清中国国情的深厚根基与中华文化的独特特质。这就更加要求我们应深入发掘其"微言大义"，寻找对指导当今治国理政的"灵丹妙药"。

修身与治世——《道德经》"身国共治"思想刍议

李铁华*

内容提要:《道德经》强调个人修身与治国平天下目的的一致性,试图通过提供一套合理的"身国共治"之术,为未来规划一个理想的社会。老子在《道德经》一书中为世人提供了"身国共治"的具体方法和建议,这与其对"道"解释的模糊性形成强烈对比。《道德经》"身国共治"思想对后世道家思想、道教养生修炼和封建帝王的国家治理都有重大影响。

关键词:修身　治世　身国共治

一、"身国共治"思想是中国传统文化的精髓

中国古时圣贤一般认为,修身绝不仅仅是为了个人的成长与幸福,修身的最终目的是为了治理国家、社会进步,从而达到天下大治,我们把这种修身、治国不可分割的思想称为"身国共治"[①]。例如,儒家经典《礼记·大学》提出的"三纲领"(明明德、亲民、止于至善)和"八条目"(格物、致知、诚意、正心、修身、齐家、治国、平天下),既强调修己而完善自身,更注重在个人修为有成后去治理社会,最终让天下大治。同时,天下大治的成效之一是让每个人都能修为有成,如孟子就说"圣人治天下,使有菽粟如水火;菽粟如水火,而民焉有不仁者乎?"[②] 所以,"身国共治"意在强调个人修身有成与治国平天下目的的一致性。其实,先秦诸子多是先提出一套正己修身之法,再给出治国安邦之道,无论儒家、墨家,还是其他诸家理论多是

---

* 作者简介:李铁华(1972—),男,河北邯郸人,哲学博士,河北工业大学马克思主义学院副教授,研究方向:中国哲学、宗教学。

① "国"在先秦时期,指诸侯的封地,而天子名义上统领的各诸侯国则合称为"天下"。但后世之"国"与"天下"的概念逐渐合二为一,主要指中原皇帝所统治的广大地区。故本文"身国共治"中的"国"涵盖了先秦时期的诸侯国和周天子所属的"天下"两个概念,于今则可理解为政治意义上的国家与社会。

② 《孟子·尽心上》。

此种范式。所以,我们说"身国共治"思想是中国传统文化的精髓之处。

道家文化亦不例外,非常重视并强调"身国共治"思想,老子在《道德经》中提出了"五修说",即:"修之于身,其德乃真;修之于家,其德乃余;修之于乡,其德乃长;修之于国,其德乃丰;修之于天下,其德乃普。"①这是后世道家"身国共治"社会政治理想的源头。老子认为,按照"道"的原则与规律去修身,个人的德行会日趋完善;将这个原则贯彻到一家之中,必使一家之中德行充裕;将这个原则贯彻到一乡之中,则举乡的德行会逐步提高;将这个原则贯彻到邦国之中,则邦国的德行会变得丰厚;若将这个原则贯彻于整个社会,则普天之下会实现美好德行的教化。由此看来,无论是修之于身、修之于家、修之于乡、修之于国,还是修之于天下,其核心理念都是一样的。从修身、齐家到治国、平天下这一过程,其规律与原则也是一样的,就是前面说的按照"道"的规律与原则来行事,其核心为修德。所以,《道德经》提出的修身治国程序,与《礼记·大学》中提出的格物—致知—诚意—正心—修身—齐家—治国—平天下这一程序相比较,虽有表述上的差异和方法手段的不同,但它们的出发点都在于个人修为的完善,落脚点都在整个国家与社会的大治。

二、《道德经》"身国共治"思想

与儒家那样从个人修身有成,进而一步步达到天下大治的过程相比,道家②思想更加强调"身国同构"基础上的"身国共治",也就是说,包括《道德经》在内的诸多道家人物在谈及修身与治国这两个问题时,更愿意把它们当作一个问题来对待,并通过"以身喻国"或者"以国喻身"的形式来言及修身治国之理。如《道德经》第 55 章中提到"含德之厚,比于赤子",汉代严遵阐释其含义时说:"是故建身为国,诚以赤子为容,则是天下尊道贵德。"③严遵所指"建身"之"建",是从"设置"的意义上说的,"建身"就是假设身形以为"理国"之喻。严遵还认为:"人主者,天下之腹心也。天下者,人主之身形也。故天下者,与人主俱利、俱病、俱邪、俱正。主民俱全,天下俱然。家国相保,人主相连。苟能得已,天下自然。故可以知我者,无所不知,可以治我者,无所不治。"④在严遵看来,君主居于天下的腹心地位,而天下则是君主身形的延伸。把天下看作身形,可以真正施爱心于天下。这是以人体的

---

① 《道德经》第 54 章。本文引用的《道德经》原文,依据王弼《老子道德经注》,且仅注章数。
② 本文所说的"道家"概念是从广义上理解的,既包括了学术思想的道家,也包括融入道家思想的道教。
③ 严遵:《道德真经指归》卷十,《道藏》,文物出版社、天津古籍出版社、上海书店 1996 年影印本,第 12 册,第 366 页。以下凡引道藏,版本相同。
④ 严遵:《道德真经指归》卷九,《道藏》第 12 册,第 365 页。

结构形态来比拟天下国家君民关系。①所以，若居于治理国家之位时，能治己者便能治天下，修身即是治国，治国即是修身，两者已合二为一。而《道德经》所说的"比于赤子"，我们也可以理解为是以"赤子"身形禀性来形容修身治国有成的状态，也就是回复到婴儿般的具有纯真德行的状态，如此一来天下莫不尊道贵德。

这时，我们就不难理解老子所说的"修之于天下"的理想状态——小国寡民。《道德经》第80章里谈到治理国家的目标是"小国寡民"，其社会形态是"使有什伯之器而不用，使民重死而不远徙。虽有舟舆，无所乘之；虽有甲兵，无所陈之。使人复结绳而用之。甘其食，美其服，安其居，乐其俗，邻国相望，鸡犬之声相闻，民至老死，不相往来。"很多人看到"使人复结绳而用之"这句话就以为老子提倡的是让人类回归到生产力低下的原始社会，但却没有深思为何老子谈到"使有什伯之器而不用"，"虽有舟舆""虽有甲兵""甘其食，美其服，安其居"等话语。实际上，老子描述的"小国寡民"应该理解为社会文明发展，物质极度丰富，百姓富有德行的一个美好社会，这样的社会不是回复到蒙昧落后的原始状态，而是人类社会进步后对自然的自觉回归，是一种至刚若柔、大智大勇的"婴儿状态"，是一种看似原始状态，但实际上却是文明形态更好的发达社会。②老子的这种思想在《道德经》第49章中还有表述："圣人常无心，以百姓心为心……圣人在天下，歙歙为天下浑其心，百姓皆注其耳目，圣人皆孩之。"圣人是修身有成之人，在治国方面时刻以百姓的心志为心志。圣人治理天下，就是要使社会和谐，人心归于大朴。而天下黎民百姓皆以圣人为依归，听从他的教导，保有婴孩一般的质朴本性。

关于老子在《道德经》说的"道"到底为何物的问题，可谓众说纷纭，各家论著侧重不同，谁也难以说服了谁。不过，《道德经》开篇就已说明"道可道，非常道"（第1章），又说"道之为物，惟恍惟惚"（第21章），"迎之不见其首，随之不见其后"（第14章）。既然连老子本人都觉得"道"是看不见，摸不着，难以用语言所表达出来的东西，那么后世之人就更加难以说清了吧。可是，老子在《道德经》中谈到修身治国的问题时，却经常用确定而明确的话语来表达。如关于修身养性方面，老子提倡"见素抱朴，少私寡欲"（第19章）；"致虚极，守静笃"（第16章）；"载营魄抱一""专气致柔""涤除玄览"（第10章）等修行方法。在处世方面，老子提倡守柔、谦和、简朴、无为，主张不争、宽容、以退为进、功成身退等方式。故老子云："柔弱胜刚强"（第36章）；"反者道之动，弱者道之用"（第40章）；"将欲歙之，必固张之；将欲弱之，必固强之；将欲废之，必固兴之；将欲夺之，必固与之"

①　詹石窗主撰：《身国共治——政治与中华传统文化》，厦门：厦门大学出版社，2003年，第12页。

②　张松辉：《老子译注与解析》，长沙：岳麓书社，2008年，第263页。

（第 36 章），"我有三宝，持而保之：一曰慈，二曰俭，三曰不敢为天下先"（第 67 章）。在如何治理国家和社会方面，老子给出的话语同样明确："是以圣人处无为之事，行不言之教"（第 2 章）；"不尚贤，使民不争；不贵难得之货，使民不为盗；不见可欲，使民心不乱"（第 3 章）；"以正治国，以奇用兵，以无事取天下"（第 57 章）；"其政闷闷，其民淳淳"（第 58 章）；"治人事天，莫若啬"（第 59 章）；"治大国若烹小鲜"（第 60 章）等。

有时，老子也把修身与治国之事不分彼此的加以阐述，如《道德经》第 29 章云："将欲取天下而为之，吾见其不得已……是以圣人去甚、去奢、去泰"；第 37 章云："道常无为而无不为……无名之朴，夫亦将无欲。不欲以静，天下将自定。"这里所讲的"去甚、去奢、去泰"和"不欲以静，天下将自定"都是老子所说的"无为之法"，无论在修身还是在治国安邦方面都能加以应用。

实际上，通读《道德经》我们会发现，老子在书中虽然说了不少"道"之含义与内容，但谈论的其实是在遵循"道"之原则上的修身治国之法。《道德经》试图通过提供一套合理的"身国共治"之术，为未来规划一个理想的社会。而且，《道德经》明确认为修身治国为一体之事，两者实在是密不可分的。就像前文提到的"含德之厚，比于赤子"这句话既是形容修身所要达到的效果，也是表达治国有成后的理想状态。

三、《道德经》"身国共治"思想对后世的影响

《道德经》"身国共治"思想对后世的影响是显著的，诸多道家道教文献在此基础上做了进一步的理解与阐述。如汉代《老子河上公章句》认为天道与人事相通，治国与治身之道相同，老子说的那个"可道"之道乃"经术政教之道"，"常道"则是"自然长生之道"，"常道当以无为养神，无事安民，含光藏晖，灭迹匿端，不可称道"。我们可以这样认为，《老子河上公章句》里谈的养生（修身）与治国是道的两个功用，皆统一于道[1]，这是典型的身国共治思想。汉末出现的道教经典《太平经》更以致太平为目标，广泛地运用"身国互喻"的思维方式，以期实现"身国共治"。[2]《太平经》之《王者无忧法》就说："帝王，天下心也；群臣，股肱也；百姓，手足也。心愁则股肱妄为，手足行运不休止，百姓流荡。"[3]《通神度世厄法》中则云："上士学道，辅佐帝王，当好生积功乃久长。中士学道，欲度其家。下士学道，才脱其驱。"[4] 这些也

① 谢清果：《道教"身国共治"思想的历史演变》，《唐山学院学报》2005 年第 1 期。
② 谢清果：《道教"身国共治"思想的历史演变》，《唐山学院学报》2005 年第 1 期。
③ 王明：《太平经合校》，北京：中华书局，1960 年，第 726 页。
④ 王明：《太平经合校》，北京：中华书局，1960 年，第 724 页。

都意在说明身国共治的道理。东晋著名的道教人物葛洪在《抱朴子内篇》中说："一人之身，一国之象也。……神犹君也，血犹臣也，气犹民也。故知治身，则能治国也。夫爱其民所以安其国，养其气所以全其身。民散则国亡，气竭则身死。[①]"从文中可以看出，葛洪"身国共治"的思想更加彻底，人体简直就成了国家机器。他把人之所以为人的要素概括成三个方面，即神、血、气，又用君、臣、民来对他们进行比喻。"在人体的'国度'中，君臣民皆具备。就'理身'来说，养气乃是培原之本，由此推及'理国'就应该爱民。"[②]葛洪这种身国共治的"比观"法式与严遵的思路是一脉相承的。

就《道德经》"身国共治"思想的应用价值来说，除了后世道家养生修炼之士对其进行采纳与实践之外，还有一些封建统治者在国家治理方面对其进行吸收与运用。如汉初崇奉黄老思想的统治者推行的休养生息政策，唐宋统治者对《道德经》的崇奉，乃至封建帝王（唐玄宗、宋徽宗、明太祖、清世祖等）[③]亲自注释《道德经》，甚至唐时曾将其列为科举考试的内容。不能不说汉初国力逐渐走向强大、唐宋王朝的繁荣兴盛，与当时封建统治者对《道德经》身国共治思想的吸收、理解，并在国家治理方面的应用有着一定的关系。

---

① 王明：《抱朴子内篇校释》，北京：中华书局，1985年，第326页。
② 詹石窗主撰：《身国共治——政治与中华传统文化》，厦门：厦门大学出版社，2003年，第12—13页。
③ 史载注释过《道德经》的有八位皇帝，但流传下来的只有唐玄宗李隆基、宋徽宗赵佶、明太祖朱元璋、清世祖顺治四人的注释，另四位为梁武帝萧衍、梁简文帝萧纲、梁元帝萧绎、北魏孝文帝拓跋宏。

老子哲学思想研究

老子"性"论浅探

张记忠 *

摘要： 徐复观说《老子》"有实质的人性论，但不曾出现性字"，其中"命""欲""善"以及圣人这些概念都是当时及以后各家"性"论讨论的核心问题，所以，老子的"性"论可以看作滥觞所在。时贤所论有不着重于老子的倾向，似成共识，而徐氏重其人生而不重其天道，我们就有必要对老子的"性"的思想再检讨一番。我们认为老子的"性"论中的"道"很繁难，另作专题讨论，此处主要从这几个方面来说：他认为善是先天赋予的，是独立存在的，从"不善"推断不出这个善，且无法定义之，也可以看作无善恶；虚静是修身养性悟得天命的关键，却不必要从少私寡欲修得；他不但说的是人性，更包含了物性，人在与物性相通的过程中获得知识；少私寡欲或者其他方式悟得天道可为圣人，而这个圣人又是终极追求目标，现实中无人能及。

关键词： 老子　性　善　欲　圣人

关于道家"性"论，前辈时贤的看法大致如下：一些学者如张立文等以为"性"论主要与儒家有关，道家则关系不大，其在介绍先秦时期之"性"时，孔子以下儒家详列孟、荀、《易传》诸家，道家则只言庄子一人。还有一些学者主要论述老庄道家的"性"论的特点及重要作用，且把孟、庄"心性"之学并举，着重说明庄子理论的特点，专论老子的不多。徐复观把命（道）、性等概念归于先秦"性"论之内，老子为其中的重镇，不过他的进路是由人生而至天道，重点还在人生上。而于儒道汇通与否所持主张不甚相同：如陈鼓应不认为二者有太多的会通之处；李生龙则认为宋代周敦颐、张载等人为视角对庄子"心性"的审美与艺术和孟子的道德境界研究而汇通之。我们认为，"性"论不是儒家特有的思想学说，道家也深于此道，孔、

---

　* 作者简介：张记忠（1977—），男，河南郑州人，安阳师范学院文学院讲师，研究方向：先秦文学、中国古代文学与文化。

老是其滥觞所在。而老子"性"论的关键是"道"，他主要关注如何达到虚静的境界，并在其中体悟有善恶后如何无善恶，对善恶有一个独立的体认；老子不但关注人性，他还融通物性，更具有了先天的意味；虽有上善的终极存在，然而老子却认为圣人不可能出现在现实中。

一、无有善恶

把善恶系之于人性始于孟、荀，而肇始于老子和孔子；孔子认为有善恶者却不明善恶，不把"我"的意欲加到他人之上，老子则把善恶放在了道的视域之中进行阐释。虽然老子和孔子并没有把善恶确归于人性，然而从道的体悟上来看必然有内心感知的参与，当然也并不是说参与就和人性有关，而是说善本是先天所赋予的[①]，我们需要人的心灵参与，是必不可少的。所以说老子和孔子所言的善恶也是要归于"性"论的范围之内，这在我们下面的论述中可能会更清晰。老子认为水可以看作接近于上善的表率，"利万物而不争"，却依然"几于道"，大概是心中依然有一个"利"字吧，"彼其于世，未数数然也"（庄子所言）。所以，老子从人的欲望入手，希望人们在虚静的境界中去体悟感知其欲望的表现并从而明白欲望之所从来，从而审视自我和反思自我，也才会明白什么是善。那么，达到虚静境界和少私寡欲谁者为先，是少私寡欲还是虚静境界。之所以强调这个问题，是因为从后世诸人的注解来看，以少私寡欲为原因，孟、庄的论述已经开始强调，而王阳明则已经确然，且后人将私欲的有无和善恶相联系，成为关注的重点，所以不得不言。笔者以为老子的观点更倾向于达至虚静境界为原因，少私寡欲为结果。至虚静的境界，才可能体悟到万物自然生成的原因，"天地之间其犹橐籥乎，虚而不屈，动而愈出"，"夫物芸芸，各归其根，归根曰静"，至此境界，"万物始于微而后成，始于无而后生，故常无欲空虚，可以观其始物之妙"[②]，则人的耳目口舌之欲自然无有，并可体悟高官厚禄的欲望源自君主之驯服他人的钓饵。老子所以说要从根本上弃绝这些人性中后天所形成的欲望，而"此三者以为文不足，故令有所属，见素抱朴，少私寡欲"，可见"少私寡欲"应该是在复命的虚静境界中的体悟[③]。所以，虚静境界当为原因，虽然二者前后相系，几无隙缝。那么，"无欲"在此时出现，是自然而然的结果。庄子说"斋三日，辄然忘庆赏爵禄"，五日而忘"是非毁誉"，也是在说"无欲"为结果。"无欲"则无"善恶是非"，无"善恶"又是无欲的结果。如果以"无欲"来作为修治心性的法门，

---

① 　孟子、朱熹诸人也都有这个意思。孟子说"人性之善"（《尽心》），朱熹解释"良知"的"良"为"本然之善"，也就是程子所谓的"良知良能，皆无所由，乃出于天，不系于人"。

② 　楼宇烈：《老子道德经注校释》，北京：中华书局，2008 年，第 1 页。

③ 　按："希、夷、微"也可以看作虚静的境界。

有本末倒置之虞 ①。以此可以看出,"无欲"并不是老子体悟天道的前提和原因,自然也不是如孔子那样把"欲"作为感知善恶的条件 ②。老子悟得"五色""五味""物货"等极有可能遮蔽人性,使己性变得不再纯朴,所以要"功成事遂",之后又须忘之,"身退"之,"不有"之,不可让此功名入于灵府。但是,他没有将这个作为善恶是非的标准。

"无欲"而"有欲",则善恶是非无定在。此"有欲"可以和孔子的"欲""不欲"相互参看,此处可不具论,唯一不同之处在于老子的"无欲"和"有欲"互为体用,其有欲依然要追索至虚静,而孔子则不是特别注重此关系。王弼以为虚静故复命,"复命则得性命之常"③,此论虽有以庄释老之嫌 ④,却亦得老子之旨,性命之常即是"有欲","常之为物,不偏不彰,无皦昧之状,温凉之象,故曰'知常曰明'也。唯此复,乃能包通万物,无所不容。失此以往,则邪入乎分,则物离其分,故曰不知常则妄作凶也"⑤,那么,"有欲"可以简单地理解为人类以及万物正常的欲望,如食色之欲、生活富足安定等,从而"爱身",魏晋人也说"欲界之仙都",但是老子前文有言"五色""五味"之事以闭塞己之耳目口舌之欲望,则"有欲""无欲"孰为定论? 想来老子是在提醒世人体悟这个社会有没有那么一些使人坚一而行的准则,如果有,这个准则是怎么来的? 如果没有,我们依照什么行事? 一个人的规律不可以强加在另一个身上,那么,这个世界本不应该有那么一个人号令天下以为臣。而老子则希望人们体悟到万物于无之中生成,有即孕育在此看似空无一物的无之中,无欲而能生有欲,有欲又可以反之无欲,所谓"有有者,有无者;有未始有有者,有未始有夫未始有有者"。则是非同根,善恶同源。彰显善恶是非本无过错,善善而恶恶也无大过,却易为强权专治的道德武器,且与道尚有间焉。所以说,无善恶,却有善恶,且更有在善恶之外者。

更进一步说,善恶本就没有统一的的标准,只有终极的善的存在,我们每个人都在追寻这个上善的路途中,谁也无法最终到达这个目的,虽然无限接近,所以,谁也无法给出这个善的概念为何,如果有了这个概念,我们立刻失去了善的本身。老子所谓的"处众人之所恶""不争"等不是在给善下一个定义概念,而是在以直观

① 如此论说实为不得已之言,更严格来说,老子的虚静境界和少私寡欲又是融通为一的,并非只是如此互为因果,泾渭分明的。

② 按:但是,对于大多数人而言,似乎"无欲"作为修治心性的前提和条件更为有效,如《西游记》中的紧箍咒,然而,老子所谓的"无"并不是灭绝否定的意思。

③ 楼宇烈:《老子道德经注校释》,北京:中华书局,2008 年,第 36 页。

④ 按:"庄老""老庄"一词历来都极有争论,而在意旨上有意识地融通老、庄,王弼发其先声,在其所注《老子》中多有引用庄子思想之处,且所论之深。

⑤ 楼宇烈:《老子道德经注校释》,北京:中华书局,2008 年,第 36 页。

的方式来约略地描绘出善的轮廓而已。而当我们看到一些不善的现象，是因为在心中有一个善在提醒我们，而这一个善是先天所赋予的，而非自我的创造。老子说天下人自以为"善之为善，斯不善矣"（二章），即善和不善是相互对立相互生成的，其实善是先天所赋予的，并且是独立自存的，不需要恶来衬托和表现，恶只是我们自己人类的某种目的的创设。不管是我们评价为善的还是不善的，都是在以某一个人的标准而非先天的标准去评价，因为我们根本不可能知晓彼之先天的善，所以每一个人都有向善的可能，以其先天所获得的善去引导其向善，这样的话你就得到了善，即"德善"。当我们以自己的善为善的话，那么这个善与恶就没有了区别，因为这个善是不确定的，所以说善恶同源。你怎么能够确定你所谓的善就是善的全部定义呢，谁也不可能获得而达到至善，所以并没有一个一般标准的善。

甚至可以说，本就没有善恶。这并不是在废止善恶，而只是摈除其名而已，或者说只重善恶之实，而不言其名。无名善恶也只是进阶至道的一种境界，虽然并非易事，魏默深认为："盖至美无美，至善无善。……圣人知有名者之不可常，是故终日为而未尝为，终日言而未尝言，岂自知其为美为善哉？斯则观徼而得妙也。……夫有名之美善，每与所对者相与往来兴废，以有具则有去也。苟在己无居，夫将安去？此乃无为不言之美善。无与为对，何至于美斯恶、善斯不善哉？斯真所谓常善也。"① 其实，老子说"圣人不仁"，圣人对天下百姓并没有仁爱之心，为天下人谋求福祉，而是各从其性，任其发展，此处笔者所言无善恶也是此意，任由你的欲望而行就可以了，并以心中之道约束之，此意下文另详。

二、通万物之性

我们先从"愚民"说起。因为要虚其心、弱其智，所以这也在性论之中。我们一般人总是反感老子的"愚民"，觉得他给帝王君主指出了一条更利于专制统治的精神控制的道路，言之专制的帮凶也不为过，关于这个批评历来甚多，此不赘述。不过，如果说我们前面论证还算合理的话，那么，悟得先天所赋予善的老子又怎么会去"愚民"呢？无善恶则无世人得以行为思想的准则，无此准则，那专制君主又拿什么去命令世人听从自己而在精神上奴役他们呢？笔者以为"愚"和"知"相对，而老子的"知"有多重含义，而此处的"知"当不是指技术或者经验之类的，而是指知识智慧。老子以为"知识"只能从自己的感知综合得到，它是无法相互传授的，或者说不是由人创造的。庄子就用"斫木为轮"说明过这个意思，老木匠可以告诉他的儿子制作木轮的用料、有疾有徐，却无法传授如何才能做到"不疾不徐"，这即

---

① （清）魏源：《老子本意》，上海：华东师范大学出版社，2009 年，第 18 页。

便是父子之间也无法相传，况且是人与人之间。如果否认此点，强行把某一种"知识"推行而及天下，令天下行之而不可有所怀疑，则是以"知"治国，此才是真正意义上的愚民，把一己的智慧充实别人的大脑心灵，是谓"实其心"。而"愚民"是什么呢，我想读者应该能够体悟到答案了吧，此即所谓的"虚其心"。从另一个方面来看，每个人都是知识的拥有者，此为我等"天命"的所在，从未只是个别人为天命之所归，为众人之所望。而有历史以来，君主都希望以"知"治国，只有程度强弱的差别，并无本质的变化。所以，君主或者某个人对于他人获得知识是无能为力的，最多是让人明白这个意思，引导其忘掉世间所充斥的各种"是非毁誉"，从而对知识有所发现，此是谓"无为"，能做到的人才是君子，而绝不是那些发号施令的自视为圣人的"君主"。只有如此，世人才可以发现先天所赋予要经过我们感知的真知，此所谓"无不为"，则可以"绝圣"。孟子所谓的"先觉觉后觉"，柏拉图那个先走出地窖的人，鲁迅口中那个狂人大概都可以看作这样的人，我们如果把他们咳唾之余语奉为人生行为之圭臬，实违其旨，贻笑大方。所以说，这个客观的知识需要我们主观地感悟认知，这个知识虽然是通过我们主观感知，但是我们的主观感知却不是知识本身，这个真知是我们主观感知的依据和法规所在，所以，人无法通过所谓的知识去主观地改造这个世界，唯一可能的是毁掉这个世界。那么，"统治者"就一定要卑躬屈膝做一个服务者，服务人们去发现知识，他们发现知识则是其"天真"的所在，每个人的天真又怎么会相互一致。这个意思在前之所论的孔子也能够找到相通之处，而老子更是从自然的角度去打量人伦社会。

没有各种先在的知识规矩的限制，即所谓空虚其心，这时候先天的一些知识才会出现在你的心胸之中，并验之于自然万物，自然万物鲜活地涌入你的视野，这大概可以认为是真知吧。这时候泉水叮咚地敲击着你的心灵，使你了悟"叮咚"的意义，小草轻轻地摩挲着你的手臂，淡然无痕，此亦刘勰之所谓"神思"、钱锺书所谓之"通感"。此时彼之性则可与世界万物稍稍相通，即老子所说的"复命"，"致虚极，守静笃，万物并作，吾以观复"（十六章），这其中的"观"即是前文所言之意。以此为基础，才能走在一个确实的体悟天道的路途之上，老子说："不出户，知天下；不窥牖，见天道"（四十七章），于万物之中知其所宗所主，是为道的归处，王弼就解释说："事有宗而物有主，涂虽殊而其归同也，虑虽百其致一也。道有大常，理有一致。执古之道，可以御今；虽处于今，可以知古始。"①

上文说王弼解释"常"为性命之常，笔者以为也可以理解为有欲，而此处可进而言之此"常"为在各种欲望之中所感知到常驻不变且并暗中抑制欲望向下一步的

---

① 楼宇烈：老子道德经注校释，北京：中华书局，2008年，第126页。

那种东西，可以名之为前之所言的善。老子说："居善地，心善渊，与善仁，言善信，政善治，事善能，动善时"，（《第八章》）老子在水这个自然事物之中感知到了它的善性，这并不是他的主观意识所赋予水的，而是道在水中的客观表现。王弼认为："言水皆应于此道也"①，魏源以"不争"为上善，王夫之认为："使众人能知其所恶者之为善，亦群争之矣。然而情之所必不然也，故圣人善利"，王弼及诸贤主要阐释什么是上善，王夫之则言圣人以此善而利天下之人归善，如后文所言圣人常善救人救物之论。不过，最完美的善不可能在现实之中找到，所以，老子是在水的处众人之所卑、利万物而不争——这其中虽然仍然不免主观感知的痕迹——感知到了善，而不是说那些特质即是善，如果非得说救人的话，老子也只是在用善救人救物，而不是用规则。"善行无辙迹，善言无瑕谪"（二十七章），只要在世界万物之中感知到了善就可以了，我们不可以也不可能去规定这个善，苏辙认为："空虚静默，深不可测，善渊也"②，在水渊之中体悟其善之所在，"顺自然而行，不造不施，故物得至，而无辙迹也"③（王弼语），也可以说，由自然万物中而悟得善的所在，可知善也，即便这是需要惨淡经营的。

三、虚静无为

老子专注"虚静"的境界，却无论方法。前文已经说过，老子的虚静之境与少私寡欲互为因果，虚静当为因，于此希夷之境而见物象且悟得真知，知而不可示于人，无知而无欲，外现于人则为少私寡欲。换句话说，后世诸贤多错意少私寡欲为达至自然虚静之境界的工夫法门所在，孟、庄概莫能外，苏轼也说私欲最难去除，其实净尽私欲或许不是方法所在。不过，达到虚静以后如何坚持且葆有此种境界更可以看作一个终身的修行，而少私寡欲的修行对此有着莫大的帮助，且相互为用，不可或缺。至于说如何达到"虚静"之境界，老子并不以为有什么方法——这一点与孔子有相似之处，有所指示则陷于其中而不知所限，且为其所束缚，终难得自我之思想——或者说，老子之性论的核心也在于"知"——如果说孔子之"知"重在"德"的话，老子则在"道"——老子以为圣人或者君主不可以也无法做一个指导者，他又怎么会指示其方法所在，甚至是"虚静"本身，老子也希望世人持有怀疑的态度。当然，老子希望世人悟得"常"道，而不是固守"我见""我矜"、"我是"等，由外在的主观之经验的感知通达至客观的与经验相关的先天的知。他说的一些话看似方法路径又不是在指导你却在你有所体悟的时候感觉与之很接近。比如说"载营

---

① 楼宇烈：老子道德经注校释，北京：中华书局，2008 年，第 20 页。
② （明）焦竑撰：《老子翼》，上海：华东师范大学出版社，2009 年，第 19 页。
③ 楼宇烈：老子道德经注校释，北京：中华书局，2008 年，第 70 页。

魄抱一而无离""专气致柔而婴儿"和"涤除玄览而无疵",王弼以为:"营魄,人之常居处也。一,人之真也。言人能处常居之宅,抱一清神能常无离乎?则万物自宾也","任自然之气,致至柔之和,能若婴儿之无所欲乎?则物全而性自得矣","能涤除邪饰,至于极览,能不以物介其明,疵其神乎?则终与玄同也"①,这样说就是把这些当成方法。当然,《庄子》中的"坐忘"更被我们奉为修身养性的工夫法门之所在,其来源也在老子,后世如此论者甚多,《淮南子》、高亨、张岱年、冯友兰等皆有相类似的看法。张岱年认为:"老子讲'为道',于是创立一种直觉法,而主直冥宇宙本根。"冯氏认为:"老子认为,要认识'道'也要用'观'。……这种观需要另一种方法,……'玄览'即'览玄','览玄'即观道。要观道,就要先'涤除'。"②而王夫之却与之不同,他认为不但不是方法,而是在否定方法,"载,则与所载者二,而离矣。专之,致之,则不婴儿矣。有所涤,有所除,早有疵矣。……此不常之道,倚以为名,而两俱无猜,妙德之至也"③,如果有"载"之意,则更偏离"一";又专又致,则早已不是婴儿的境界;涤除又何尝不是境界有疵之为呢。所以说,人的魂魄和肉体融而为一就可以了,载之何为;婴儿即可,何必专之致之;越是讲求方法方式,可能更远离"道"。如果非得说某种方法的话,恐怕也应该达到婴儿状态之后的一种修持之为吧,忘掉这些方法可能恰好是达到此种境界的方法所在。

或者说,在老子看来,只有在体悟万物源头的极致的时候,才可能达到"虚静",这不但是人的一种精神境界,还是道的境界。老子说:"夫物芸芸,各归其根,归根曰静,是谓复命",寻得万物的源头,自然可以达到虚静,然而,依据前文所言,道不可能出现在现实的世界中,我们绝对无法达到这个根本源头,那么,人也就只是在达到虚静的路途中。所以说,如果自己悟得少私寡欲为修治心性以及体悟虚静境界的工夫所在,这是没有问题的。而如果以少私寡欲作为一个戒条,凡修治心性者都必须以此为不二选择,则又成了限制心性自由的所为了,特别是黄宗羲所谓的统治者要求少私寡欲,那么这个统治者是最自私的,此不可不留意。体味万物的源头应该才是最正确的道路。比如以前文所言的善,我们可以想一想什么是"美",并不是一个和恶相对那个叫作美,而是在于万事万物中我们感知到的美,并以此体味那个绝对的必然的美是什么,庄子说道在万物之中。文学家对自然之美、心性之真的呈现也如此言。对万物的源头体味得越深,越会明白人类的渺小和无知,必然会减少一些后天、社会所附加的一些欲望,如名利等,然而,并不见得味、色、身皆在摈弃否定的行列之中。

---

① 楼宇烈:《老子道德经注校释》,北京:中华书局,2008年,第23页。
② 陈鼓应:《老子注译及评介》(修订增补本),北京:中华书局,2009年,第95—96页。
③ (明)王夫之:《老子衍·庄子通·庄子解》,北京:中华书局,2009年,第9页。

四、没有圣人

在虚静之中感知体悟世界万物之所从来，则不可避免地要寻求至最终原因，这个原因可名之为造物主，既然这需要在虚静之中以心灵感知之，主要是一种内部的感知，那么我们就有必要放在此处讨论之。老子所谓的造物主可谓之"道""大"等，他对造物主的态度看上去有些矛盾，既希冀个人究其一生而接近其面目，又对所谓的圣人彻底否定之。老子认为天地万物必然是由某一种事物生成的，他说"道生一，一生二，二生三，三生万物。万物负阴而抱阳，冲气以为和"，天地万物都是由道生成的，道先生成"一"，而后生成天地万物。他希望我们每个人都要鼓起勇气一探究竟，寻求万物之"母"，"既知其母，复知其子。既知其子，复守其母"，知道天地万物之母，才能够知道天地万物的本质，而不只是其表象，既然天地万物之中含有造物主的全部信息，那么就可以从天地万物出发去探求造物。就个人而言，如果能够感知到这个造物主的话，那么他就是"圣人"，"抱一而为天下式"，他即是楷模和法则。然而他又以为这个圣人对于个人而言是永远也无法达到的，我们只能在追寻的路上，可能无限接近之，却永远也无法达到之，所以一个人是永远也不会成为圣人的。

在孔子和老子之前，"圣"一般是王侯的德行评价，但可能不是最显著最尊崇的，像"哲"、"睿"等与"圣"差不多。在阶层分明的春秋时代，似乎更多的研究者更愿意相信孔子的思想也带有一定的层级分类，如圣、仁、君等是不同道德表现，而实际上孔子以及老子重新赋予"圣"以新的含义，在某种程度上来说他们是以此为突破口来拆解掉三代以来的"天命"观念。他说"道之为物，惟恍惟惚"，谓之"恍惚"，其意甚明，即不可能达到造物主的境界，虽然极其接近，却只是接近而已，更不用说用各种外部的感觉所体察到的"道"，视之、听之、搏之所得离道更远。造物主是在感知经验之外的，其虽与经验发生联系，却是先天就有的，不可由经验感知规定之，而感知所到达的只是经验而已。所以，人永远不会成为神。所以，老子也要"绝圣"，他说"天地不仁"；王弼认为："天地任自然，无为无造，万物自相治理，故不仁也。仁者必造立施化，有恩有为。造立施化，则物失其真。有恩有为，则物不具存。……无为于万物而万物各适其所用，则莫不赡矣。若慧由己树，未足任也"[①]，圣人什么也做不了，他对万物而言只是与其共同生长且明白这种情形的人，万物是自相治理而得以生长的，不是靠着谁指导指示才得以成长得如此完美，任何的指导和指示都会戕害其成长，使其早夭。所以，"圣人处无为之事"，"自然已足，为

---

① 楼宇烈：《老子道德经注校释》，北京：中华书局，2008年，第13页。

则败也","功成而弗居","因物而用，功自彼成，故不居也"①。那么，是不是圣人什么事情都不做呢？圣人存在的意义在于他比别人更早一些知道，他要想方设法去启发其他人明白上述之事，有时候甚至还会有鲜血牺牲，"杀身成仁"是为此事。至于说找到一条或者几条亘古不变的所谓"真理"去指导他人之行，那更是在痴人说梦。

不过，老子还是希望我们做一个"全性"之人。苏辙认为："命者，性之妙也。性可言，至于命，则不可言矣。《易》曰：穷理尽性，以至于命。'圣人之学道，必始于穷理，中于尽性，终于复命"②，"性之为体，充遍宇宙，无远近古今之异，古之圣人其所以不出户牖而无所不知者，特其性全故耳。世之人为物所蔽，性分于耳目，内为身心之所纷乱，外为山河之所障塞，见不出视，闻不出听，户牖之微，能蔽而绝之。不知圣人复性而足，乃欲出而求之，是以弥远而弥少也"③，也就是说，明了耳目口鼻之所感，都是外物所呈现给我们的物象，而不是事物本身，金钱、名利、地位皆是，那些都是我们应该努力摒除掉的，所谓"塞其兑，闭其门"。在欲望之中发现感知道之所在，以此不欲抑制自我的欲望，而不是强行去除欲望，否则将身心交战，灵肉具疲。"欲不欲，不贵难得之货"（六十四章），减少抑制对外物的欲望而不知其所以然，不是长久之计，看到世人所谓的贵重之物，在其情为此物而动之时，体悟自我性情之中抑制此欲者，或美或善，或亦非美非善，由之而行，修炼其纯粹心灵之自我。

---

① 楼宇烈：《老子道德经注校释》，北京：中华书局，2008年，第7页。
② （明）焦竑撰：《老子翼》，上海：华东师范大学出版社，2009年，第19页。
③ （明）焦竑撰：《老子翼》，上海：华东师范大学出版社，2009年，第118页。

试论《老子》的"气""反者道之动"哲学思想及其现实意义

唐光斌[*]

摘要： 中国古籍《老子》富含深邃哲理。分析《老子》文本，可以发现其中"气"的概念，以及"反者道之动"等哲学辩证法思想，这种哲学辩证法思想，对当今世界广为传播的中国气文化，有着重要的现实指导意义。中国气功讲究的"三调合一"境界，正是《老子》"反者道之动"这一哲学思想观照下的实践应用。

关键词： 老子　反者道之动　现实意义

中国有一部古籍叫《老子》，又叫《道德经》，它哲理深邃，在世界上影响很大，少说也有 40 种译本。"除《圣经》以外，任何书籍在数量上都无法与《道德经》相提并论！"[①]《老子》哲学，黑格尔通过比较研究认为，与希腊哲学一样可以看成"人类哲学的源头"[②]。就是这样一部古籍，以其独到的哲学视野深谙气功养生之道，为当今世界广为传播的中国气文化提供了夯实的哲学基础，气功讲究的"三调合一"境界，正是《老子》"反者道之动"这一哲学思想观照下的实践应用。

一、《老子》学说及其气文化内涵

《老子》在世界上流传有许多版本。中国古人亦多读老解老，因而产生了许多解老读本。如《韩非子·解老》、河上公解老《河上公章句》、道教经典解老《老子想尔注》等等。《中医气功学》认为，"《老子河上公章句》是现存最早最完整的注本，其

---

* 作者简介：唐光斌（1962—）男，湖南辰溪人，湖南省社会科学院研究员、生命哲学研究中心主任，健身气功七段、国家级指导员，中国健身气功科研基地学术委员会主席，中国医学气功学会理事，湖南省伦理学会常务理事。研究方向：生命哲学与伦理、传统养生文化与气功。

① 姚淦铭《老子与百姓生活》，北京：中国民主法制出版社，2006 年，第 1 页。
② 姚淦铭《老子与百姓生活》，北京：中国民主法制出版社，2006 年，第 18 页。

注释思想以治身与治国并重,而其要旨仍归于治身养生"①,故而在中医养生和气功学领域,较多推崇的是《河上公章句》,但学界也有不同的看法。学者认为通常流行的读本是王弼的《老子道德经注》,"即学界所说的通行本"②,共81章。《生命的大智慧——老子》则认为,"王弼本和河上公本都分为八十一章,这是最通行的一种"③。由于人们的视角不同,观点不同,目前社会上解读《老子》的版本更多,仅一战后出现的"德文译本就有五六十种"④,当代人解老读本,更是见仁见智。

1973年,在湖南省长沙马王堆出土的3号汉墓,发现帛书上抄写有《老子》,其内容与通行本大同小异。1993年,在湖北省荆门郭店1号战国楚墓,又发现竹简上抄写有部分《老子》内容。《中国哲学史》分析认为,通行本《老子》的一些章目否定了"礼",不符合老子的史官身份和孔子问礼的史实,对"仁义"的激烈抨击,也只有"仁义"观念在社会上产生了广泛影响的战国时期方有可能。因而断言:通行本《老子》的很多内容应出自战国时期,肯定不是《老子》的原始文本。根据郭店1号战国楚墓出土的简本《老子》,那个时代肯定在战国中期之前,简本的整个篇幅相当于通行本的五分之二,从它的语言、文字和章次划分来看,都要比通行本更原始。更为重要的是,简本的内容与老子回答孔子问礼的有关内容完全一致。因此断言:简本《老子》"是现已发现的最接近原本的一个文本"⑤。

《老子》到底为何人所著,目前学界也没有一个权威性的说法。《老子》作者扑朔迷离原因主要有二:一是《老子》内容丰富而解老版本较多且未有原始版本考证,因而《老子》为后人"门徒所依托""门客所纂辑""汉人所掇拾"⑥等,各种推测在所难免。二是老子身份不详加之人为神化,更使《老子》作者难有定论。一般认为,《老子》是一个名叫老子的人所著。主要依据源于司马迁的《史记》。《史记·老子韩非列传》说:"老子修道德,其学以自隐无名为务。居周久之,见周之衰,乃遂去。至关,关令尹喜曰:'子将隐矣,强为我著书。'于是,老子乃著书上下篇,言道德之意五千余言而去,不知所终。"这里说得非常清楚,老子作了"道德之意五千余言"赠予关令尹喜,之后老子便离开了周室而不知去向。如此,老子便成了隐者,其生卒年月,目前也还没有一个确切的说法。《史记·老子韩非列传》说老子"修道而养寿",大概活了160多岁,或者200多岁。后来学道之人多效仿老子,行将离去,便称得道成仙,也不知所终,坊间还留下了一些虚设年龄父子不分的行业尴尬笑柄,

① 刘天君主编:《中医气功学》,北京:中国中医药出版社,2012年,第276页。
② 张松辉:《老子译注与解析》,长沙:岳麓出版社,2008年,第1页。
③ 余培林编著:《生命的大智慧——老子》,北京:中国友谊出版公司,2013,第33页。
④ 姚淦铭:《老子与百姓生活》,北京:中国民主法制出版社,2006年,第17页。
⑤ 刘文英主编:《中国哲学史(上卷)》,天津:南开大学出版社,2002年,第59页。
⑥ 余培林编著:《生命的大智慧——老子》,北京:中国友谊出版公司,2013年,第34页。

增添了后人对老子身份去向的质疑。《史记》对老子载述不多，因而可供后人考究的史料非常有限。《史记·老子韩非列传》记载说："老莱子亦楚人也，著书十五篇，言道家之用"，"周太子儋见秦献公……或曰儋即老子，或曰非也，世莫知其然否。老子，隐君子也"。因而后来又有人推测，《老子》是楚国的老莱子或与秦献公同时代的周太史儋的作品。我认为《老子》"不是一人一时之作，而是一个时期一个流派的共同作品"①这个说法比较客观。至于老子的身份，一般也是根据司马迁《史记》勾画出的一个形象。《史记·老子韩非列传》记载说："老子者，楚苦县厉乡曲仁里人也。姓李氏，名耳，字伯阳，谥曰聃。周守藏室之史也。"因此现在较为一致的观点认为，老子，姓李名耳，叫李耳，是楚苦县厉乡曲仁里人，也就是当今的河南鹿邑县人，做过周王室的收藏史，相当于如今的图书馆馆长职务。可能是因老子谥号为聃，故而学界认为"老子，又称老聃"②。老子是否就是《老子》作者，其实司马迁已有明确定论。从《史记·老子韩非列传》的原文分析，《老子》即为老子所著，因为老莱子的"十五篇，言道家之用"与老子的"上下篇，言道德之意"显然不同，它们一个是十五篇，另一个是上下两篇，一个写给道家用，另一个写道德意义。

《老子》其人其书的上述问题，目前学界尚没有一个权威性的定论，在我看来，不必为此再过多纠结。我认为应关心的问题是《老子》存在的真实性问题。根据马王堆3汉墓和郭店1号战国楚墓考古资料佐证，《老子》本身的真实性应该是没有争议的，争论的主要焦点在于《老子》的作者及其年代。既然《老子》真实性学界也勿有质疑，就应该将工作重点转移到挖掘它的思想内涵上来，以此开发宝藏，借鉴先人的智慧，古为今用。

《老子》篇幅不长，但意蕴深刻，内容丰富。它的内容涉及哲学、政治、经济、文化、军事、自然、生命、社会、伦理、美学、医学、气功、养生等诸多方面，因而又被认为是一部百科典籍。但在我看来，它主要还是以天人关系演化治身治国之理，讲究天人一体、身国同构，其中不乏气功修炼理论。"故贵以身为天下，若可寄天下；爱以身为天下，若可托天下。"（《老子》第13章）《老子》以人身为本体，把自身看作一个小宇宙，认为通过自身的修身体悟，不断由近及远拓展，必将融合自然宇宙生命。即所谓的"修之于身，其德乃真；修之于家，其德乃余；修之于乡，其德乃长；修之于邦，其德乃丰；修之于天下，其德乃普。故以身观身，以家观家，以乡观乡，以邦观邦，以天下观天下。"（《老子》，第54章）这样，便由身到家、到乡、到国，直至自然宇宙。在晋代道教理论家葛洪看来，一个人一旦掌握了修身之

---

① 张怀承：《中国哲学发展史》，长沙：湖南教育出版社，2004年，第45页。
② 北京大学哲学系中国哲学教研室：《中国哲学史（第二版）》，北京：北京大学出版社，2003年，第27页。

道，就能够治国平天下。即《抱朴子内篇·地真》所谓的"故知治身，则能治国也"。被誉为药王的唐代大养生家孙思邈，以一个医者的视野对此也进行了社会演化。他在《枕中方》里写道："古之善为医者，上医医国，中医医人，下医医病。"从此，我们也就不难理解鲁迅为何弃医从文了。可见，《老子》还是一部"以人化文"与"以文化人"相统一的文化宝典。

鲁迅先生曾说过，中国文化的根底全在道教。因此，我们要研究中国文化，离不开道教。气功这一中国文化瑰宝，曾被称为神秘的东方哲学，但就"气功"一词，则首见于中国晋代道士许逊（239—374）所著《净明宗教录》。因此，我们要研究气功，也离不开道教。道教尊称老子为教主，奉为天上神人太上老君、元始天尊。老子作为中国历史上一个实实在在的人物，学识渊博，就连被尊称为圣人的儒家尊者孔子，也曾向老子求学问礼问道。《史记·老子韩非列传》描述孔子向老子求学问礼的场景。孔子面见老子，深深地被老子的神态所折服，之后对自己的学生说，"吾今日见老子，其犹龙邪！"意思是说他见到老子犹如见到了传说中的龙。孔子曾去拜访老子说："今日有暇，特来请教什么是至道？"老子则回答说："你先将心灵洗干净，知识摒除掉！因为道是深幽不表达的。虽然如此，我还是把大略的情况说给你听。"① 就是这位被后人神化了的人物，留下的《老子》这部文化宝典，不仅蕴含着深邃的哲学思想，而且对气功也有着较丰富的阐述。

《老子》被列为当今气功古典文献，是道家气功的代表作，也多为后继者所阐发。它不仅以道法自然的功理原则提出了许多大道至简的具体修炼方法，如："虚其心，实其腹"（《老子》第 3 章）、"绵绵若存，用之不勤"（《老子》第 6 章）、"营魄抱一，专气致柔"（《老子》第 10 章）、"致虚极，守静笃"（《老子》第 16 章）、"无欲以静，天下将自定"（《老子》第 37 章）、"万物负阴而抱阳，冲气以为和"（《老子》第 42 章）、"清净为天下正"（《老子》第 45 章）等，而且还从大本大原上探讨了宇宙气论生成模式，主张道气为一，认为世界万物之本源于气。对此，我在《首柱养生功》这部著作中也做了相应的比较研究。

气，无论在东方还是西方，均曾赋予了它化生万物的哲学意蕴。古希腊哲学家阿那克西美尼（约公元前 585—前 525）就曾提出气是万物的本原。他认为，气包围着整个世界，一切都由气形成，人的灵魂也是气形成的。

气，在中国哲学里，也曾被认为是化生万物的本原性存在。《老子》就曾提出"道"是万物的本原。老子《道德经》第 42 章明确指出："道生一，一生二，二生三，三生万物。万物负阴而抱阳，冲气以为和。"关于道，老子《道德经》第 14 章

---

① 林语堂：《老子的智慧》，西安：陕西师范大学出版社，2006 年，第 7 页。

描述为"无状之状，无物之象"，"迎之不见其首，随之不见其后"，实际上指的就是其大无外其小无内的气，人们看不见摸不着，但能感觉得到，因而老子称之为"恍惚"之物。而《管子》则认为《老子》所谓的"道"，"恍兮惚兮"（《老子》第21章），是无定形的东西，故将"道"也称之为"精"。至于精是什么的问题，《管子·内业》篇诠释说："精也者，气之精者也。"也就是说，"精"，其实也就是"气"，是一种"精气"。北京大学哲学系中国哲学研究室著《中国哲学史》指出，在《管子》看来，"道"也是一种物质，只不过是一种精细的物质——"精气"。这种"精气"与一种较粗糙的气——"形气"合二为一，从而化生为人，即《内业》所谓的"凡人之生也，天出其精，地出其形，合此以为人"。而且在《管子》那里，人的精神、智慧也被认为是由"道"或"精气"构成。"道"或"精气"居住到人的形体中（"心"中），就产生人的精神、智慧，即所谓的"气道（通）乃生，生乃思，思乃知，知乃止矣"。也就是说，这种"精气"一旦与人的形体通达了，就会产生旺盛的生命力，从而产生人的思想、知识、智慧，有智慧的人，才堪称人生境界的顶峰。如此看来，在《管子》那里，气是万物的本原。这在《管子·内业》篇里也有明确说明，即《内业》所谓的"凡物之精，比（合）则为生，下生五谷，上为列星"。也就是说，天下五谷万物，天上日月星辰，无一不是由精微物质——气所化生而来。至于气如何化生万物的问题，《内业》则进一步指出："和乃生，不和不生。"这与《老子》所谓"冲气以为和"的方法论同出一辙。

有意思的是，《老子》之"道"无定形，那是在东方古老的中国。而在西方，继古希腊哲学家泰勒斯（约公元前624—前547）提出"水是万物形成的本原"之后，其学生阿那克西曼德（约公元前610—前546）也提出了万物的本原是"无定形"，认为"无定形"是一种比水稀薄比气浓厚的物质的东西。而阿那克西美尼又是阿那克西曼德的学生，他在万物本原"无定形"论之后，又进一步提出了气是万物的本原。可见，人类文明的最高境界，文化上是同源相通的。

二、《老子》反者道之动哲学思想

"反者道之动"出自《老子》第40章，其彰显的辩证法思想是中西文化内涵自然融合的一种哲学基础。世界上曾有一种观点认为：中国没有哲学。在古希腊哲学家苏格拉底看来，"最优秀哲学家的无用，其责任不在哲学本身，而在别人不用哲学家"[①]。"哲学家是能把握永恒不变事物的人"[②]，其天性"即永远酷爱那种能够让他们看

[①] 柏拉图：《理想国》，郭斌和、张竹明译，北京：商务印书馆，1986年，第238页。
[②] 柏拉图：《理想国》，郭斌和、张竹明译，北京：商务印书馆，1986年，第230页。

到永恒的不受产生与灭亡过程影响的实体的知识"①，因而应该具备"勇敢、大度、聪明、强记"②四大品质，认为只有最优秀的哲学家才可拯救城邦和人民。柏拉图作为苏格拉底的学生继承了苏格拉底的哲学思想。"他的最高理想，哲学家应为政治家，政治家应为哲学家。哲学家不是躲在象牙塔里的书呆子，应该学以致用，求诸实践。"③因而他力挺哲学家应该成为理想国的统治者。马克思在大学时代曾写家书表示：没有哲学，我就不能前进。如此看来，中国作为世界上四大文明古国唯一没有断代的国家，是什么使中华民族历经沧桑而绵延数千年不衰呢？其中一定蕴含着本民族存续的大智慧，大哲人。我们当今数学平面几何还在使用的勾股定理，在中国又叫作高商定理，在西方则叫作毕达哥拉斯定理。为什么呢？因为高商与毕达哥拉斯都在自己本土文化背景下发明了这个勾股定理，只不过他们所处的时代不同、地点不同罢了，故而叫法也就不同，所表达的意义却是那样的一致。作为人类的文明成果，相差 600 年而殊途同归，这只能说明人类文明最高境界的同源相通性，而这种相通性的本质在于求真务实、兼容并包的哲学精神。

哲学是文化的灵魂，体现的应是文化最核心的精神实质。尽管在思维范式上，中国哲学与西方哲学存在着差异，我也不否认中国哲学更多地运用感观意象思维且不如西方哲学运用逻辑辩证思维那样普遍的客观事实，但这并不能因此可以否认辩证思维这种特殊思维形式在中国哲学的客观存在。事实上，在中国哲学里，作为中国传统文化主流形态的儒释道等哲学思想，如：中庸之道、阴阳五行、空门达全、物极必反、无为而为等，也都存在不少辩证思维。西方有福尔摩斯侦探记，中国也有包公断案情景剧，他们所处的文化背景虽然不同，却都运用自己的思维方式解决了实际问题，异曲同工而已。因此，那种认为中国没有哲学的观点，恐怕只能理解为中国没有某种哲学，更确切地说是某种哲学形态罢了。如此，同样也可以说，某某没有中国哲学，或者说，没有中国哲学形态。这里，实际上应该存在着一个对哲学认知的问题。在我看来，哲学，与其将它定义在某一范畴，比如说具有较强思辨性的逻辑哲学，不如定义为智慧之学更能体现哲学的本质精神。

《老子》"反者道之动"蕴含着朴素辩证法思想，揭示了事物运动变化的规律。老子通过大量的实践经验，归纳总结出事物存在着相反相成的两个方面，或者说，世界万物多以相反相成的形式而存在，从而使《老子》所论及的一些范畴，具有了辩证思维的哲学意蕴。如：有无、刚柔、强弱、轻重、善恶、美丑、雌雄、好坏、黑白、荣辱、巧拙、智愚、高下、贵贱、曲直、大小、长短、前后、攻守、进

① 柏拉图：《理想国》，郭斌和、张竹明译，北京：商务印书馆，1986 年，第 232 页。
② 柏拉图：《理想国》，郭斌和、张竹明译，北京：商务印书馆，1986 年，第 240 页。
③ 柏拉图：《理想国》，郭斌和、张竹明译，北京：商务印书馆，1986 年，《译者引言》第 1 页。

退、难易、生死、老幼、祸福、得失、损益、正奇、胜败、静躁、始终，等等。《老子》的不少论说，则成了后来时代的警句、箴言。如："祸兮福之所倚，福兮祸之所伏"（《老子》第 58 章）、"将欲夺之，必固与之""柔弱胜刚强"（《老子》第 36 章）、"长短相形，高下相倾"（《老子》第 2 章）、"合抱之木，生于毫末""九层之台，起于累土""千里之行，始于足下"（《老子》第 64 章）、"上善若水"（《老子》第 8 章）、"知足常足"（《老子》第 46 章），等等。老子看到了事物以矛盾的形式存在，即矛盾双方对立面的统一，进而发现矛盾双方是以"反者道之动"的运动变化规律朝着对立面的方向发展，事物存在着一种反向运动。《老子》指出事物都是"有无相生，难易相成，长短相较，高下相倾，音声相和，前后相随"（《老子》第 2 章），因而提出"功遂身退"（《老子》第 9 章）、"知其雄，守其雌""知其白，守其黑""知其荣，守其辱"（《老子》第 28 章）、"将欲歙之，必固张之；将欲弱之，必固强之；将欲废之，必固兴之；将欲夺之，必固与之"（《老子》第 36 章）、"高者抑之，下者举之；有余者损之，不足者补之"（《老子》第 77 章）、"曲则全，枉则直，洼则盈，敝则新，少则德，多则惑"（《老子》第 22 章）等一系列具有辩证思维的处事原则。这些处事原则，言简意赅，也为当今人们提供了一种可鉴的处世哲学。在个人，少了"明知山有虎偏向虎山行"的鲁莽行为，更多的是"智取威虎山"的精心谋略。在国家，少了"人有多大胆地有多大产"的急躁冒进，更多的是"以百姓心为心"（《老子》第 49 章）、"治大国若烹小鲜"（《老子》第 60 章）的治国方略。在世界，少了"不是你死就是我亡"的阵营敌视，更多的是"我们共处一个地球村""和平与发展成为时代主题"的和谐理念。这是一个文明共享的时代，互联网的飞速发展，实现了《老子》所谓的"不出户，知天下。不窥牖，见天道。其出弥远，知其弥少。是以圣人不行而知，不见而名，不为而成。"（《老子》第 47 章）也正因为于此，才有中国健身气功世界科学论近年分别在美国、法国、荷兰等地顺利召开的现实。

值得一提的是，《老子》哲学思想作为中国古代辩证法的最高成就，到了今天，更需要我们用历史的眼光辩证的思维去审视。《老子》"反者道之动"的提出，既看到了矛盾着的事物相互依存的一面，又看到相互对立的一面，同时还看到了矛盾双方可以相互转化，这是非常难能可贵的。但《老子》所论转化，是无条件的转化，是自然经验的判断，缺乏现代逻辑的严密论证，这又被认为是它的一大缺陷。正如《老子》第 76 章所云："人之生也柔弱，其死也坚强。万物草木之生也柔脆，其死也枯槁。故坚强者死之徒，柔弱者生之徒。是以兵强则灭，木强则折；强大处下，柔弱处上。"这种一味提倡"贵柔守弱"，没有论及由弱到强的变化条件，完全依据自然经验，无视新生事物柔弱与自然老化柔弱的本质区别，必然存在弱者不一定必强而是弱者更弱的可能性。事实上，自然老化是不可扭转的柔弱，不可能实现由弱到强的转变，这是自然规律。那种不加任何条件预设而强调"柔弱胜刚强"，也是非常危险的。一个民族、一个国家，要实现不战而屈人之兵，是需要有强兵做后盾的。《老子》辩证法的"无条件论"，导致了《老子》哲学积极进取精神的欠缺与不足，给后人留下了《老子》哲学是人生不得已而为之的退隐哲学印象，从而使它的"天人一体、身国同构"主体思想纰漏瑕疵，与其"身、家、乡、国、天下"的入世哲学思想相矛盾。而要化解这一矛盾，则需要我们以历史的视野、辩证的思维，开启人智之门，才能使《老子》这部宝典绽放出时代的异彩。

三、反者道之动对健身气功的影响

健身气功是以自身形体活动、呼吸吐纳、心理调节相结合为主要运动形式的民族传统体育项目。从这个定义看，它与其他体育运动项目有着明显的区别，更注重形、气、神三位一体的人体生命整体观修炼，强调调身、调气、调心的综合锻炼，以达到"三调合一"，改善和增进人体整体功能，提升人的生命境界。健身气功作为当今气功的一大类型，同样也具备气功"三调"的一般特点，同时，相对于静态气功而言，绵缓的肢体运动，则是健身气功的又一特点。《老子》对这些特点及其相关内容，已有较明确的论述。

《老子》作为一部气功典籍，对健身气功"三调"的调身、调息、调心有明确论述。《老子》所谓的"虚其心，实其腹"，运用在气功修炼上，实际上也就是练功的调息过程，相当于气功锻炼中的腹式呼吸法操作要求。《老子》把人体比作一个小宇宙，因而在人体这个小宇宙中，拉动天地之间的风箱产生气体流动，则好比人体自身呼吸运化生命一样，故而《老子》有曰"天地之间，其犹橐龠乎"（《老子》第5章），这也是《老子》论述气功调息锻炼的生动写照。《老子》的"致虚极、守静笃"，强调的则是气功修炼中的调心与调身。《老子》这里所言，对于气功修炼来说，要求调整练功的心态达到虚空至极，不受外来的杂念干扰，极力做到虚静寡欲，使心境处于一种虚明宁静的状态，也就是我们练功常常强调的要求入静进入气功态，实现《黄帝内经·素问·上古天真论》所云"恬淡虚无，真气从之，精神内守，病安从来"，这也是气功修炼者练功的不二法门。为此，《老子》又提出了"营魄抱一"练功要求，强调练功要专注于意识的凝练，致使精神与肉体相影相随，不离不弃，专气致柔，实现灵与肉的有机结合、相通相融、不分彼此。其中，就蕴含着一个调身与调心相统一的过程。练功中需要不断地调适身体姿势与神韵，这里面实际上也就存在着一个通过意识活动调身的问题，通过这种调身，集中心智，把注意力引向身体、关注身体，通过身体的引动，体悟身体的感觉。

健身气功"三调合一"的运用，是《老子》"反者道之动"哲学辩证思维观照下的具体实践。综观《老子》所论气功"三调"，都没有孤立无援的"三调"，而是按照"反者道之动"的运行规律论述相辅相成的"三调"。从"反者道之动"的相反相成意义看，气功修炼是对生命整体的修炼，修炼方法讲究"意气形随"①，因为"形不正则气不顺，气不顺则意不宁，意不宁则神散乱"②。所以，要"致虚极、守静笃"，运用意识不断调适自我行为，按照"营魄抱一"的要求通过自我意识活动去调适呼吸与运动。从"反者道之动"的反向运动意义看，做气功锻炼，若呼吸频率快了，身体就会处于紧张状态，这时就需要调慢呼吸，放松身体。若运动姿势不正，则要纠正。一般而言，健身气功肢体运动姿势的纠正原则是，若身体偏左，则向右纠，若身体偏右，则向左纠，直到达到练功要求，实现"三调合一"的最佳状态。当然，这里所论的左右，不局限于物理的意义，更注重于其哲学意义。健身气功功法的具体招式，无一不是意气形的整体运作而为。例如在做健身气功·五禽戏虎扑运动时，不仅要求有模仿猛虎扑食动作姿势，也要有猛虎扑食的神态气势，在做下扑动作姿势时，要有虎的快捷捕猎气势，在做扑下动作姿态时，则要运神体现出牢牢钳住所扑猎物不放的虎威神韵。这里，如果俯身下腰前扑动作姿势不正，或偏左或偏右，或屈伸扭曲，不仅身体难以平衡而出现倾斜晃动，而且也可能因脊柱发生扭曲而意不达气不顺，甚至还可能造成自身身体的伤害。那么，为了达到规定动作的正确姿势，就需要反复练习实践，不断按标准要求调适自己的身体相关部位，也就是我们健身气功强调的"三调"中的调身。当然，其中还有一个通过调整运动速率来调整呼吸的问题。也就是说，健身气功的每一个运动，其实都包含了意气形的有机统一，即调身、调息、调心的相互配合与协调。健身气功"三调"的关系，按照"反者道之动"的哲学意蕴，他们既相反相成，也反向运动，是对立统一的内在关系。

在健身气功锻炼过程中，运用辩证思维分析，调身是基础，调息是中介，调心是主导。在我看来，气功锻炼，本质上是意识主导下的呼吸运动。因此，从"反者道之动"的哲学辩证观看，把握了健身气功"三调"的这种关系，也就把握了气功的本质内涵。

健身气功一些肢体反向运动，是《老子》"反者道之动"哲学辩证思维的具体运用。健身气功既然属于一种体育运动项目，尽管它与一般体育运动项目不同，但一定也有与一般体育运动项目的共性，即相通之处。事实上，健身气功的肢体运动，便具有一般体育运动的意义。同时，在这一般体育运动中又有其特殊性，即《老子》所谓的"专气致柔"，讲究肢体运动的动作柔和绵缓。但就其肢体反向运动而言，也

---

① 唐光斌：《首柱养生功》，长沙：湖南科学技术出版社，2014年，第169页。
② 国家体育总局健身气功管理中心编：《健身气功社会体育指导员培训教材》，北京：人民体育出版社，2007年，第19页。

都体现了《老子》"反者道之动"的哲学思想。根据国家体育总局健身气功管理中心编《健身气功社会体育指导员培训教材》，以健身气功·八段锦为例，我们通过细心体味深入研究，不难发现其中的关联。例如：

"两手托天理三焦"，表面上是两手做起伏的肢体运动，实质上则是身体做上下抻拉的反向运动。当双手上撑时，则以中脘为界，运用意识导引胸腹肌上下对拉，通过膈肌带动气机在体内做上下升降运行。而双手下落时，双腿微屈，身体下沉，而肩颈部位则通过意识导引向上顶提，体内气机则以颈底部为界做上下升降运动，体内上升之气沿颈部内升直至百会，上接天气，下降之气沉入下丹田，并有部分内气寻经直抵脚心涌泉穴，下接地气，以气融万物，实现天人合一。单从这种上下对拉的反向运动看，便可以使人体三焦通畅，气血调和，强壮五脏六腑。同时，通过拉长躯干与上肢各关节周围的肌肉、韧带及关节软组织，还可以预防颈椎病、防治肩部等疾病。

"左右开弓似射雕"，表面上是双手做左右拉弓肢体运动，实质上是在通过拉弓状展肩扩胸做左右抻拉的反向运动。这种反向运动，有锻炼内脏的肝、肺功效，这从南宋曾慥著《道枢·众妙篇》所谓的"左肝右肺如射雕"可见一斑。这种反向运动，以脊柱为中心轴分别向左右拉抻，能够有效刺激督脉和背部俞穴。左右手的离心反向运动，刺激着手三阴三阳经，从而又可以调节手太阴肺经等经脉之气。同时，马步拉弓，还锻炼了四肢的肌肉力量，有助于身体平衡协调能力和手部关节灵活性的提高，而左右拉弓带动展肩、扩胸，不仅锻炼了手臂肌肉的拉牵力量，也锻炼了胸背部的肌肉弹力，长此以往，对肩、颈、胸、背等部位不良形体与疾病也可以起到一定的矫正和防治作用。

"调理脾胃需单举"，表面上是双手上下交替起落运动，实质上是双肘关节稍屈的上下对拉运动。它要求力达掌根，拔长腰脊，舒胸展体，通过左右上肢一松一紧的上撑下按对拉，膈肌带动腹腔也在做相应对拉运动。从而所形成的反向运动，可以起到按摩脾胃中焦肝胆的作用，还可以刺激胸腹胁部相关经络与背部俞穴，进而调理脾胃肝胆和脏腑经络，使其气机通畅，阴平阳秘。同时，这种反向运动，还锻炼了脊柱内各椎骨间的小关节与小肌肉，对于盘固腰脊，增强脊柱的灵活性与稳定性，防治肩、颈、腰、背等方面的疾病，具有积极的促进作用。

"五劳七伤往后瞧"，身体一起一伏、手臂外旋内收，转头一左一右，胸背一展一拔，都是身体不同部位的抻拉反向运动。通过上肢伸直外旋扭转的肌肉力量牵引，可以扩张牵拉胸腹腔内的脏腑，而转头后瞧运动，可以刺激大椎穴，防治五劳七伤。所谓五劳，隋代巢元方著《诸病源候论》认为，五劳为心劳、肝牢、脾牢、肺牢、肾牢的总称，而七伤则指大饱伤脾、大怒气逆伤肝、强力举重久坐湿地伤肾、形寒饮冷伤肺、忧愁思虑伤心、风雨寒暑伤形、大恐惧不节伤志。同时，这种反向运动，还可以增强颈部及肩关节周围参与运动肌群的收缩力，增加颈部运动幅度，活动眼部肌肉，预防眼部肌肉疲劳及肩颈背部等疾病，改善颈部及脑部血液循环，解除中枢神经系统的疲劳。

"摇头摆尾去心火"，表面上是身体左右摇摆运动，实质上还是身体抻拉反向运动。上体左倾则尾闾右摆，上体右倾则尾闾左摆，上体前俯则尾闾向后画圆，上体后仰则尾闾向前划圆，使颈部与尾闾做对拉拔长运动，好像是两个轴在做缓慢柔和的相向运动。通过摇头运动，可以刺激大椎穴，起到疏经泄热的作用，帮助祛除心火，摆动尾闾两腿下蹲，可以刺激脊柱与督脉。摇头摆尾运动，脊柱、颈椎的大幅度侧屈、环转与回旋，躯干部位的肌肉群参与运动得到了锻炼，也有助于颈、腰、髋等部位关节灵活性的提高。

"两手攀足固肾腰"，以手臂带动身体前屈后伸，本质上也是对拉躯体反向运动。通过这种躬身两手攀足对拉动作，刺激脊柱、畅通督脉及命门、肾俞等要穴，保持这些经脉俞穴通畅，有助于防治泌尿系统方面的慢性病，达到固肾壮腰的作用。脊柱的大幅度前屈后伸，对躯干脊柱肌群起到力量锻炼作用，对肾、肾上腺、输尿管等器官有良好的牵引、按摩作用，可以有效改善其功能，增强其活动。《难经·八难》上说："肾间动气也，此五脏六腑之本，十二经脉之根，呼吸之门，三焦之原。"所以，命门穴在养生学中被视为长寿大穴，此穴位一旦衰竭，生命消亡也就不远了。

"攒拳怒目增力气"，表面上是左右轮番出拳、瞪眼、旋臂、握固，实质上出拳时，拳面向前冲，腰背则往后拔，也是一种反向运动。拳向前，背向后，是反向运动。瞪眼时，眼球表面外展，而眼底则内收，形成眼球对拉反向运动。由于肝目相连，这种瞪眼反向运动，按照中医肝藏血、主筋、开窍于目的说法，怒目瞪眼可以刺激肝经，使肝血充盈，肝气疏泄，肝气旺则目明。同时，马步十趾抓地，双手攒拳、旋腕、手指逐节抓握等动作，可以刺激十二经脉的俞穴和督脉等，使全身肌肉、筋脉受到静力牵张刺激，长期锻炼，有强全身筋肉，增力气的作用。

"背后七颠百病消"，踮脚上提踵时，表面上全身向上运动，下落震足时，表面上全身向下运动。实质上，身体上提下落运动时，要意念头顶百会上悬细线，身体好像悬挂着的沙袋一样往下沉坠，因而存在着对拉身体，尤其是对拉脊柱的反向运动。根据经络学说，足三阴、三阳经交汇于脚趾，脚趾抓地，刺激足部有关经脉，有利于协调足三阴三阳经气交互作用，调节相应脏腑的功能。全息论认为，前脚趾是人脑的反射区，后脚跟是卵巢、睾丸等生殖系统的反射区。因此，这种提踵震足运动，又有提高大脑和生殖系统机能、补益先天、调补后天的作用。同时，提踵震足震动脊柱督脉，还有通畅全身脏腑经络气血、平衡阴阳的功效，可以使小腿后部肌群得到锻炼，拉长足跟底的肌肉、韧带，增强人体平衡功能。下肢及脊柱各关节内外结构通过震足，可以使全身肌肉得到放松复位，有助于解除肌肉紧张。由于人体背部皮下库存着大量免疫细胞，震足颠背，刺激免疫细胞，还可以提高人体的抵抗力。

有意思的是，背后七颠百病消存在着2种反向运动，一种是自然反向运动，另一种是自主反向运动。一方面，踮脚提踵起身时，由于地球引力的作用，身体原本是因重力作用而自由朝下运动的，但自我意识主导身体上提则是通过肌肉拉牵向上运动的，这里面存在着自然重力与人体肌肉牵拉使脊柱形成上下对拉的反向运动，或者说地球引力与人体意识力的反向运动，因为人体肌肉拉牵运动是受自身神经意识支配的，这便是一种自然反向运动。另一方面，按照气功起吸落呼的一般性呼吸原则，身体下落呼气时，体内之气主要汇集于中、下焦，同时，体内之气一部分随身体下落而入涌泉接地气，另一部分则通过意识导引上升出百会接天气，进入天人合一练功意境。实现这一意境行之有效的方法便是收肛提阳法。在体内上扬之气中，存在着一个至关重要的因素，那就是意识的运用，即意念体内上扬之气托起随身体下落而下坠的内脏，这样做，可以起到气托内脏按摩、缓冲内脏下垂的作用。这里的内气上托与内脏随身下坠又是另一种反向运动，即自主反向运动。这种自主反向运动，需要练功者反观内视、体悟感知。

笔者通过几十年的气功研习体悟实践，认为这种内气上托与内器下坠所形成的相反相成的自主反向运动，正是"背后七颠百病消"运用《老子》"反者道之动"哲学思想于健身气功的精微奥妙所在。

老子"天地不仁"哲学命题释辨

蒋九愚　　王芳芳 *

内容提要："天地不仁"是老子哲学的一个重要命题，对该命题的理解有着不同的意见。对"天地不仁"的理解不宜采取西方自然哲学的思路，而应该采取人生哲学的思路。"天地不仁"中的天地既不是无情的、纯粹的物理意义上的自然存在，也不是神学意义上的主宰之天地。"天地不仁"（至仁）是"圣人不仁"（至仁）的一种宇宙论的表述。

关键词：老子　天地不仁　释辨

"道"是老子《道德经》的核心观念，也是最高范畴，人们对"道"的理解却有种种不同的意见。有人认为"道"是超越时空的形而上学的本体，有人认为"道"类似于柏拉图的理念，有人把"道"比作德国古典哲学家康德的不可知的本体世界，有人认为"道"是德国古典哲学家黑格尔的绝对精神。詹剑峰先生驳斥了这些唯心主义说法，而对"道"做了唯物主义解释。他指出"道"就是"整个自然及其变化的总规律"。[①] 在我们看来，关于"道"究竟是唯物主义还是唯心主义的争论，并无多大意义。老子的兴趣并不在于超乎经验的抽象的逻辑思辨，也不在于探讨和总结自然与宇宙的客观规律，他所关注的是现实的人生问题。老子在阐述自己的思想时，涉及不少自然现象和自然规律，但"不过是借自然以明人事而已，并非对自然知识的真正研究或总结"[②]。

按照我们的理解，《道德经》的"道"虽然是宇宙万物之本体，但它并不完全是唯物主义的"自然界及其规律"，也不是超越、脱离万物的类似西方哲学的形上实体。

---

* 作者简介：蒋九愚（1972—），男，湖南邵阳人，系江西师范大学宗教研究所所长、哲学博士、教授，研究方向：中国哲学、宗教学、中西哲学比较。王芳芳（1992—），女，河南许昌人，江西师范大学 2017 级哲学专业硕士研究生研究方向：中西哲学比较。

① 詹剑峰：《老子其人其书及其道论》，武汉：湖北人民出版社，1982 年，第 185 页。

② 李泽厚：《中国古代思想史论》，合肥：安徽文艺出版社，1998 年，第 97 页。

老子的"道"既超越玄远，又内在真切；既是主观精神又是客观实有①。如果从发生学的角度看，老子的"道"首先是一种主观精神。老子从人的主体心灵和人文价值要求出发，去建构自己的宇宙本体论。这种宇宙本体论并不是以自然为中心的客观的形上实体论，而是以人为中心的价值本体论，作为宇宙本体的"道"实际上是主观的，同时具有客观的普遍性。本着上述思路，尝试对老子"天地不仁"的哲学命题做些释义、解读。

《道德经》②第五章说："天地不仁，以万物为刍狗；圣人不仁，以百姓为刍狗。"对"天地不仁"的理解，有着不同的意见。

一种意见认为天地乃是物理的自然存在，"不仁"就是无恩无情，一般注家都是这样解释。王弼注云："天地任自然，无为无造，万物自相治理，故不仁也。"苏辙注云："天地无私，而听万物之自然。故万物自生自化，死非吾虐之，生非吾仁之也。"

第二种意见将"不仁"中的"不"训为"丕"，故"不仁"就是"大仁"的意思。第三种意见，据《庄子》的"至仁无亲"和"大仁不仁"为证，将"不仁"解释为"至仁"。第二、第三两种意见认为，天地如同圣人一样，有仁慈恩爱，则此处的天地并非是自然的存在，而是人格化的宗教色彩之天地。

第四种意见认为，天地乃是物理的自然的存在，并不具有人类般的感情；"不仁"就是"不偏爱"。按此解释，有两点值得讨论：第一，将"仁"解释为"偏爱"，缺乏训诂学的依据。儒家讲爱有差等，似有"偏爱"之嫌，但同时又讲"泛爱众"的博爱，并非仅仅讲亲亲之仁爱。第二，说"天地不偏爱"仍然摆脱不了赋予自然之天地以仁慈恩爱的嫌疑。近代胡适先生干脆不从仁慈恩爱方面去解释仁，他引《中庸》的"仁者，人也"和《孟子》的"仁也者，人也"为理据，以"人"代替"仁"，"不仁便是说不是人，不和人同类。古代把天看作有意志、有知识、能喜怒的主宰，是把天看作人同类，这叫作天人同类说。老子的'天地不仁'说，似乎也含有天地不与人同性的意思。人性之中，以慈爱为最普通，故说天地不与人同类，即是说天地无有恩意。老子这一观念，打破了古代天人同类的谬说，立下后来自然哲学的基础"③。胡适先生的这一评价左右着当今许多人的观念，将老子哲学主要当作西方式的自然哲学去诠释和把握。说"天地不是人"容易理解，那怎样理解"圣人不人"呢？胡适先生并没有做出说明。詹剑峰先生进一步指出，老子的圣人并非继承文武周公

---

① 刘笑敢先生评价说："老子之道既是老子对客观实有探寻的结果，也是老子价值取向的体现，二者本来就是合而为一得，不必强调其中的一个方面而贬低另一个方面，也不把一个方面归结为形而上，把另一个方面归结为形而下。"（刘笑敢：《老子：年代新考与思想新诠》，台北：东大图书公司2015年，第201页）。

② 本文引用《道德经》原文，均参考：陈鼓应：《老子注译及评价》，北京：中华书局，1984年版。

③ 胡适：《中国哲学史大纲》，上海：华东师范大学出版社，2013年，第38页。

之道的圣人，而是"法自然"的人。法自然的圣人"无知无欲"，不要智慧，也没有自己的意志（圣人无常心，以百姓心为心），故"圣人不人"者，即指"圣人不是行私志而用私意的人"。① 这样理解似乎前后贯通，比较圆满，但有两点值得讨论：

第一，以《中庸》和《孟子》中的"仁者人也""仁也者人也"为据，将"仁"换成"人"，似不妥。人和仁这两个概念的外延并不一样，人既可"仁"，也可不"仁"。"以今逻辑论之，则二人字（指'仁者人也'和'仁也者人也'）乃抽象名词，非具体名词也。故以人为仁之训则可，而以人易仁则不可。"②

第二，詹剑峰先生为了圆融"天地不人"和"圣人不人"的矛盾，将"圣人不人"中的"人"解释为"行私志和用私意的人"，似乎前后圆满通顺，实际上犯了偷换概念的错误。"天地不人"中的"人"乃是普遍的抽象概念，而"圣人不人"中的"人"却变成了"行私志和用私意的人"，成为一个相对具体的概念，同样一个"仁"（人），怎么一则抽象，一则具体，前后不一致呢？由此而言，用"人"代替"仁"去解释"天地不仁"和"圣人不仁"似乎不妥。

钱钟书先生引《素问·痹论》篇四三之"不痛不仁"和《广韵·三十裓》之"傻愀·不仁也"为证据，将"天地不仁"和"圣人不仁"中的"不仁"解释为无知或麻木。说自然之天地无知，可通，但说圣人麻木不仁则难以理解。试看钱氏的解释："圣人虽'圣'，亦'人'也；人有心也，其不仁也，或由麻木，而多出残贼，以凶暴为乐。"③ 在钱氏看来，圣人之所以麻木、凶暴，是因为圣人也是人，而人有心。这仅是钱氏的主观想法，与《道德经》本旨并不相符。老子说：

圣人后其身而身先；外其身而身存。非以其无私邪？（《道德经》七章）

圣人常善救人，故无弃人；常善救物，故无弃物。（《道德经》二十七章）

圣人常无心，以百姓心为心。善者，吾善之；不善者，吾亦善之；德善。（《道德经》四十九章）

圣人执左契，而不责于人。（《道德经》七十九章）

由此而言，我们很难说老子心目中的圣人是个麻木、以凶暴为乐的人。我们不能将"不仁"理解为"无仁慈"，更不能理解为"残暴、残忍"。我们不必引《庄子》的"大仁不仁"为证据，完全可以从《道德经》"正言若反"的表达方式中自然得出"不仁"乃"仁"的意思。更重要的是，我们要从《道德经》的思想内容去理解。《道

① 詹剑峰：《老子其人其书及其道论》，武汉：湖北人民出版社，1982 年，第 230 页。
② 钟泰：《中国哲学史》，沈阳：辽宁教育出版社，1998 年，第 18 页。
③ 钱钟书：《管锥篇》第 2 册，北京：中华书局，1986 年，第 420 页。

德经》的"不仁"（至仁）是一种绝对的、普遍的、圆满的、无私的仁爱，它必然要超越世俗经验层面的善恶、亲疏、贵贱之对待。只有公正无私的圣人，才能做到"善者，吾善之；不善者，吾亦善之"，才能"不可得而亲，不可得而疏；不可得而利，不可得而害；不可得而贵，不可得而贱。"（《道德经》五十六章）圣人无私，利而不害，为而不争，所以说圣人至仁至爱。圣人以百姓为刍狗，不是说圣人对百姓冷漠无情，只不过是让百姓"自化""自正""自富""自朴"（《道德经》五十七章）而已。圣人治理百姓，"处上而民不重，处前而民不害。是以天下乐推而不厌"（《道德经》六十六章）。为什么老百姓感觉不到圣人处自己之上、自己之前呢？因为圣人功成而弗居，功遂身退。说"圣人至仁"容易理解，那怎样理解"天地至仁"呢？

功遂身退本来是老子《道德经》的一种人生价值追求，为了凸现这种人生价值的普遍性和绝对性，老子将它提高到宇宙论的高度，说它是宇宙精神的体现，即"功遂身退，天之道也"（《道德经》九章）。明乎此，我们就不难理解老子将"天地不仁"（至仁）和"圣人不仁"（至仁）联在一块的用意了。表面上看，"圣人不仁"（至仁）是对"天地不仁"（至仁）的效仿，实际上，"天地不仁"（至仁）只不过是老子为"圣人不仁"（至仁）寻求宇宙本体论的根据。从发生学的角度看，"天地不仁"可以看作"圣人不二"（至仁）的宇宙论的表述而已，自身并没有绝对客观独存的本体论意义。若"天地不仁"（至仁）具有绝对客观独存的地位，则此处的"天地"必然是种主宰意义上的人格神存在，如同基督宗教的"上帝"，这违背了老子"衣养万物而不为主"的"道"之基本精神。"天地不仁"是老子的一种理想的价值目标和人文价值原则，而不纯粹是一种客观的自然现象。

由此而言，"天地不仁"（至仁）中的天地，并非是纯粹的、物理意义上的自然存在，因为它带有"圣人不仁"（至仁）的价值成分而成为一种人文价值的本体论存在，但也不是宗教神学意义上的人格神意义之天地，因为天地只是依养万物而不主宰万物。

老子正是依照"天地至仁""圣人至仁"之理想的价值要求，强烈地抨击了当时统治者背弃"圣人以百姓心为心"而贪婪榨取、剥削人民的现实：

民之饥，以其上食税之多，是以饥。民之难治，以其上之有为，是以难治。民之轻死，以其上求生之厚，是以轻死。（《道德经》七十五章）

老子对处于"其上"统治者的批判，反映了老子民本主义的人文关怀。老子"无为而治"的政治主张和"小国寡民"的社会理想，都是老子人文主义天道观的一种社会实践式表述而已。

　　我们可以得出结论："天地不仁"中的天地既不是无情的、纯粹的物理意义上的自然存在，也不是神学意义上的主宰之天地。"天地不仁"（至仁）是"圣人不仁"（至仁）的一种宇宙论的表述。我们应该首先从人生哲学、人文主义的视野而不宜首先从西方自然哲学、自然主义的视野去解读老子《道德经》的天道观。

老子养生思想研究

《道德经》之于身心灵调摄养生概说

摘要： 中国历史上首部最完整的哲学著作——《道德经》，又称《德道经》《老子》《道德真经》《五千言》《老子五千文》等，春秋时期老子李耳所撰，是中国古代先秦时期诸子分家前的一部著作，为诸子所共仰，是道家哲学思想的重要来源。《道德经》共八十一章，通常分上篇《道经》和下篇《德经》。从东方生命智慧的角度而言，上篇《道经》着重讲宇宙之根本，蕴含天地变化，阴阳变换之机妙；下篇《德经》着重讲处世之方略，蕴含进退之术，长生之道。故老子之言，广博精微，本文试图从《道德经》的篇幅中重新梳理和总结，再分别从东方生命智慧角度，生命调摄的高度、虚静调摄的方法、阴阳调摄平衡、心性调摄手段以及灵魂调摄的核心等方面讨论其之于人身、心、灵层面调摄的应用，以呼吁社会各界专家学者从《道德经》中探索出多领域的东方生命养生智慧。

关键词： 道德经　生命智慧　身心灵　调摄养生

一、引言

《道德经》，这部哲学经典巨著，文字仅约五千字而已，但几千年来，上至君王，下至黎庶，视它为百科全书，政治、经济、军事、科技、宗教、文化、哲学、历史、教育、艺术、音乐、医学等无所不涉，称它为万经之首，也有叫它天书，更甚至有人怀疑本书的作者是不是春秋时期的老子李耳亲自所撰。据联合国教科文组织统计，《道德经》是世界被译成外国文字发布量最多的文化名著之一。

"《道德经》出自何人的手笔，倒是次要的问题，最重要的乃是它所蕴涵的思想，

---

　* 作者简介：宋崇道（1974—），男，江西宜春人，管理学博士，宗教学研究生，中国宗教学会理事。《中华续道藏》监委、《中华老学》主编、华夏老学研究会常务副会长、宜春市袁州区道教协会会长。中国道教全真龙门派第廿六代焚修玄裔弟子。中国道教全真龙门派高功法师。中国道教全真派天仙阳字号戒子。研究方向：道教文化及应用、王钦若道教思想、囍文化、《道德经》文化及应用。

在思想史中，它的确可称得上是最迷人的一部奇书。"①

鲁迅说："不读老子的《道德经》，不懂人生真谛"。

毛泽东说："《道德经》是一部兵书"。

尼采说："《道德经》像一个永不枯竭的井泉，满载宝藏，放下汲桶，唾手可得。"

足见，《道德经》是仁者见仁智者见智的一部著作，就比如在道教内部，一直宣讲《道德经》应用核心思想是，上可治国，中可治家，下可治人！

而自从我认识《道德经》以来，注重两方面内容的研究和探索，一是："以《道德经》思想为起点，通过研究中小企业在文化建设方面所暴露出的问题和成因，深入挖掘道家文化与企业文化建设之间的契合点，并从领导、员工、经营和改革等因素方面提出了尊道贵德、以人为本、融通不争和刚柔相济等策略，为中小企业文化的构建提供重要借鉴和思路。"② 二是认真梳理和发觉《道德经》尤其是《德经》中提及的东方生命智慧，为当下注重生命质量和生命时间、生命存续形式的人们，提供更深入浅出的智慧养分，来应用到自身的人生的整个过程。

显然，本论文意旨在后者。

二、总说东方生命养生智慧

东方生命养生智慧，是有别于西方健康智慧的。

我认为，东方生命养生智慧是以完整的宇宙观、生命观为基础理论，以"心病故身病"为疾病认识，以"医心为主、医身为辅"为医学思想，启迪世人如何顺天应地、趋吉避凶、养生防病、安身立命，融入阴阳、五行、八卦、十二经络、取法自然、身心疗愈和灵魂信仰为一体的综合调养摄生的智慧文化，它更倡导加强免疫力和激发自愈力的养生方法，不仅强调身体的健康，更强调心理的健康和灵魂的健康。在东方智慧文化体系中，《道德经》《易经》《黄帝内经》三部经典就是这样集合了东方生命智慧。

一物一乾坤，物物有乾坤。万物有灵，万物皆是生命的理念，是东方生命智慧的根本理论。东方生命智慧是要人类树立起真实而全面的宇宙生命观。因此，认识生命之源是东方生命智慧的根基，建立和谐的生命相处之道是东方生命智慧的重点，实现各类生命形态之间的相互尊重是东方生命智慧的主干，完成人类整体生命进化才是东方生命智慧的累累硕果。

利用东方生命智慧进行调摄，主要是从如心理平衡、生活规律、合理饮食、适量运动、戒烟限酒、不过度劳累、灵魂信仰等方面进行。

---

① 威尔杜兰特：《世界文明史：东方的遗产》，北京：华夏出版社，2010 年。

② 宋崇道：《道非常道——道家思想之于公司文化创新范式研究》，北京：现代出版社，2017 年。

现在，我们来重点讨论一下《道德经》的身心灵调摄东方生命智慧。

于我目前对《道德经》中的《德经》的理解，论述最多的章节是养生练气之道、尊道、重德、养生、向善、无视神鬼和命运的支配作用，恬淡虚无、清静无为是《德经》倡导的养生要法。

三、《道德经》建立生命养生调摄的理论高度

《道德经》在建立生命调摄高度上的论述，也是对于调摄而言非常有必要且很重要的，如第四十四章曰："名与身孰亲？身与货孰多？得与亡孰病？甚爱，必大费；多藏，必厚亡。故知足，不辱；知止，不殆；可以长久。"意思说，名誉和自己的身体相比哪个可亲？生命和财富相比哪个更贵重？得到于失去相比哪个更有害？过分地珍爱什么东西，必定要付出重大的代价；过多的聚敛财富，必定导致惨重的损失。所以，懂得满足、不贪婪就不会受到屈辱；做事情知道适可而止，才能避免风险，这样才能长久。又在第五十九章曰："治人事天，莫若啬"重积德，则无不克。""深根固柢，长生久视之道也。"意思说，治理人自己，敬事天地，没有比爱惜精神、收敛知识更重要。多多积德，就战无不胜。平常根扎的够深，精稳固的够牢，才是明白了长生久视于人间的大道。在第六十四章曰："为之于未有，治之于未乱。"之于调摄，应该防患在还没有发现的时候，调摄于还没有全部爆发混乱的时候。在第四十一章曰："上士闻道，勤而行之。"修为层次高的人，听了道，就会努力去实践。

四、虚静养身调摄是《道德经》留给人类的瑰宝

《道德经》中的虚静调摄法，可以说是这部巨著留给人类的宝贵文化遗产。章节中有十几处涉及高层次的静功修炼可供调摄借鉴，明代高僧憨山说："注译《道德经》，须是静功纯熟，方见此中之妙"，足见《道德经》以修道养寿的妙法玄奥。

有过静功修炼经历的人都知道，静功的修炼：

第一，心游太虚，虔诚守一。

若能得一，则为得道。故在《道德经》第三十九章中论曰："昔之得一者：天得一以清；地得一以宁；谷得一以盈；万物得一以生；侯王得一以为天下正。"其中的万物得一以生的一，说的就是虚灵静笃之大道，万物若能得此一，则为生生不息。《道德经》第十六章也有论述："致虚极，守静笃。万物并作，吾以观其复。"可理解为，尽可能地使自己显得虚若无有，尽可能地保持清静，在事物波起云涌似的事态演变中，我们可以因此而观察它们的循环反复。更要形神合一，真气柔和地周流体内，并能清除杂念，心静如镜，所以在《道德经》第十章又提示："载营魄抱一，能无离乎？专气致柔，能如婴儿乎？涤除玄鉴，能如疵乎？"

第二，注意呼吸，意守丹田。

《道德经》第六章基本上来说，是对静功最重要的呼吸的诠释，其曰："谷神不死，是谓玄牝。玄牝之门，是谓天地根。绵绵若存，用之不勤。"谷神为炼养的精气，玄牝，则是下丹田，明代李时珍在《奇经八脉考》中讲，修丹之士，身中一窍，名曰玄牝，在人身天地之正中。这里的正中即为下丹田。下丹田若出现胎息，则炼养的精气才能充满全身，成为健康的根本，则是无穷无尽的。故《道德经》第五章也有做过铺垫，曰："天地之间，其犹橐龠乎？虚而不屈，动而愈出。多言数穷，不如守中。"正好应和了静功中"外之呼吸微其若无，内之橐龠自吹自鼓""虚而不屈，动而愈出"的玄奥。

第三，塞闭六识，勿忘勿助。

《道德经》第五十二章："塞其兑，闭其门，终身不勤；开其兑，济其事，终身不救。"正是让守静者修炼者，眼耳鼻舌身意的门户，则终身无恙，若门开，则陷于繁乱病终。

基于以上的静功方法，《道德经》将静功修炼的神奇效果，也示现于文中。第四十七章曰："不出户，知天下；不窥牖，见天道。其出弥远，其知弥少。是以圣人不行而知，不见而明，不为而成。""道之为物，惟恍惟惚。惚兮恍兮，其中有象；恍兮惚兮，其中有物。窈兮冥兮，其中有精；其精甚真，其中有信。"（《道德经》第二十一章）现在的量子力学理论更加证明了《道德经》的这一观点，体内电波的变化，人虚极静笃，则对外面世界感应就会不一样，比如为什么地震来之前，敏感性高的穴中动物诸如蛙、蛇等能比人更容易察觉，就应该是静功理论的佐证。

五、平衡就是健康，《道德经》注重调摄阴阳

东方生命智慧的医学圣典《黄帝内经》说："上古之人，其知道者，法于阴阳，和于术数，食饮有节，起居有常，不妄作劳，故能形与神俱，而尽终其天年，度百岁乃去。"另，"提挈天地，把握阴阳，呼吸精气，独立守神，肌肉若一，寿撇天地"。里面把法于阴阳，把握阴阳，与和于术数、呼吸精气、独立守神并列为长命百岁的要法。

那么阴阳在人体中怎么来划分体现呢？如果有些《易经》知识的人不难理解，本阴阳就是对立、制约、联系、互根、互用、互化的，在中医论气八纲中，寒、里、虚为阴，表、热、实为阳，阴胜则阳病，阳胜则阴病，阴胜则寒，阳胜则热，阳虚则外寒，阴虚则内热。通过这些现象将人体的阴阳和调摄进行统一。

生身性命，是道的价值体现，是先天之德，故摄身与贵身和亲身思想一起构成了《道德经》对于人类自身生命的认知。在《道德经》在四十二章说："道生一，一

生二，二生三，三生万物。万物负阴而抱阳，冲气以为和。"也是把阴阳平衡，冲气和谐作为万物生长的重要依据，所以也是可以为祛病强身调摄利用的。

六、病从心起，重德来调摄心性是道德经的重要手段

乾坤在手，万法由心。一直是《易经》里强调的心灵法则。在现代医学中大量的事实已经基本证实，很多疾病甚至是疑难绝症，很大的原因是人自己想出来的。中华医学会汤鹏教授在一次接受记者中谈到，其实癌症是可防可治的，并非不治之症，死亡的癌症患者，有三分之一是吓死的，中国工程院院士钟南山也说过，"生病的一半问题都出在心理上"。也就是说，"百病成效皆求诸心"，人的思想才是治愈疾病的最强效的药，中医五脏对应"魂、神、意、魄、志"，即肝藏魂、心藏神、脾藏意、肺藏魄、肾藏志。[①] 我们的五脏反映着我们的精神乃至灵魂状态，而心主神明，由心理、情绪、精神导致的各种疾病越来越多，所以医学要解决的问题，也是从人的心智开始。记得曾经有个例子，同一天，一老头和一小伙子去医院检查，医生说老头没问题让回去，老头兴高采烈回去了，该吃吃该睡睡，说小伙子得癌症了，小伙子垂头丧气回到家里，吃不下睡不着。……结果一年后，那医生翻阅从前的患者病历时，发现当初自己看错检验报告了，事实是老头患癌，小伙无恙。再随访时，小伙已经离开人世，而老头却还健在。"心理健康不仅是临床心理学的目标状态，也是我们每个人都希望拥有的完满状态。"[②]

纯朴、无私、清静、谦让、贵柔、守弱、淡泊等反映调摄心性的贵德文字在《道德经》中随处可见，第十五章论曰："孰能浊以澄？静之徐清；孰能安以久？动之徐生。保此道者不欲盈。夫唯不盈，故能敝而新成。"意思指善静者延寿，适动者不老。但也在第八章中指出，心善者亦寿："上善若水。水善利万物而不争，处众人之所恶，故几于道。居善地，心善渊，与善仁，言善信，政善治，事善能，动善时。夫唯不争，故无尤。"在第三十三章给了一个更高的长寿标准："死而不亡者，寿。"即指人虽已死，但生前所做的善事，人们难以忘怀，虽死犹生，反之，年长则为偷生。

心智不健康，情绪长期抑郁、愤怒，会使人体产生过多的甲肾上腺素等有毒物质，出现机能失调，降低和抑制免疫系统的功能而易发癌变。情绪乐观能促使体内分泌有益身心的激素和脑内吗啡，增强人体免疫功能。[③] 其实这个理论在《水知道答案》一书中通过对水的实验论述，强调德对于事物变化影响的重要性。

重德，也正是《道德经》的伟大之处，随着"道德"这种东方生命智慧越来

① 包丰源：《心转病移：走出情绪困扰，唤醒自愈潜能》，北京：中华工商联出版社，2017年。
② 刘茜：《老子的健康心理思想初探》，《社会心理科学》2011年第26卷第129期。
③ 李玉成：《道德经与养生》，合肥：黄山书社，2007年

受到重视，现代西医将重建"医病"更"医命"的医学思想；将重建"重果"更"重因"的医学思想；将重建东方医学为主，现代医学为辅的医疗体系；将重建医生与病人的生命观、疾病观。

七、建立以道为尊的信仰体系是调摄灵魂的核心

"孔德之容，惟道是从。"（《道德经》第二十一章）

开宗明义，《道德经》第一章便阐述了调摄灵魂的道是什么？"道可道，非常道；名可名，非常名。无名，天地之始；有名，万物之母。故常无欲，以观其妙；常有欲，以观其徼。此两者同出而异名，同谓之玄。玄之又玄，众妙之门。"也在第二十五章再次强调道的广度深度："有物混成，先天地生。寂兮寥兮，独立而不改，周行而不殆，可以为天下母。吾不知其名，字之曰道。"

所以说，《道德经》构建的调摄灵魂的信仰体系就是：以道德理论为根基和支柱，以生命智慧为条件，以无为而治为手段，以道行天下为信仰。[①] 或者说，《道德经》在注重调摄灵魂方面，将道为体，德为用；道为阴，德为阳；道为势，德为器；道为宗，德为教突显得非常清晰，第五十一章曰："道生之，德畜之，物形之，势成之。是以万物莫不尊道而贵德。道之尊，德之贵，夫莫之命而常自然。故道生之，德畜之；长之育之；成之熟之；养之覆之。生而不有，为而不恃，长而不宰。是谓玄德。"同时更把道德之于灵魂的调摄方法也清晰地告知大家："修之于身，其德乃真；修之于家，其德乃余；修之于乡，其德乃长；修之于邦，其德乃丰；修之于天下，其德乃普。故以身观身，以家观家，以乡观乡，以邦观邦，以天下观天下。吾何以知天下然哉？以此。"

很多人谈到《道德经》就认为是一个宗教经典，其实这种认识本身就已经误会《道德经》了。因为从《道德经》的开篇同样可以看出，道可道，非常道。虚无之道不可定义，不可分割，但是为了便于理解，把道分玄牝与无为法则：一方面，道是玄牝，以无、无名、朴为特征，这是针对它具有"生"的功能而言，它生成先天之德；另一方面道之法则是无为，具有柔弱不争属性，这是针对"摄"的功能而言，带来价值，即后天之德。[②]

《道德经》所主张的道信仰，与宗教信仰是有重大区别的：道不是上帝或神，它没有人格意志特征，不需要人们顶礼膜拜，所以不会奴役任何人[③]灵魂调摄上，只是强调"无为而无不为"，即能证大道，能获得快乐，即可长生久视。

---

① 溪谷：《道德经：无为与自由》，北京：华夏出版社，2017 年，第 7 页。
② 溪谷：《道德经：无为与自由》，北京：华夏出版社，2017 年，第 4 页。
③ 溪谷：《道德经：无为与自由》，北京：华夏出版社，2017 年，第 4 页。

　　《道德经》虽然已经几千年，也有的人会把它作为消极落后原始的思想等同，与科技对立起来，殊不知，科技的尽头是哲学。这样一部伟大的哲学著作，反观历史，遵循黄老之道的帝王，权力节制行为已经为民众提供了广阔的自由创造机会，人们的思想获得了自由，自然就释放了创造力。科技是人们对自然规律的认知与应用，科技源于创新，而自由意志与质疑精神是创新之源，道是科技创新之源，自然规律不是人创造的，而是道在自然科学中的使者，人们通过认识规律，生成后天之德，生成价值，所以，科技反映了道德价值创造能力。

　　基于本文的讨论，在身心灵调摄领域做一个新的探讨，虽然不能以偏概全，但总的愿景，希望不会随着《道德经》年份久远而使创新的思想腐朽和停滞，而是希望《道德经》所弘扬的道思想，为我们的文化创新和应用提供更多的源泉与动力，不故步自封，狭隘偏见，更希冀百花齐放的文化创新格局重新换来春天。

浅谈《老子》的养生观及其现代价值

吴欣欣*

内容提要:《老子》的养生观根植于其博大精深的哲学思想,被后世诸多大家加以继承、借鉴和发扬。本文将以"健康中国"这一发展战略为背景,从少私寡欲、知足常乐、致虚守静这几个方面浅谈《老子》蕴含的养生思想及其现代意义。老子认为的养生不只是简单的护理保健和延年益寿,而是要从意识上、从心理上下功夫,其指向的就是一种向内用心,通过摆脱物欲的束缚,达到一种生命通达的境界。

关键词:《老子》 养生观 少私寡欲 知足常乐 致虚守静

养生文化是中华民族传统文化宝库中重要的文化瑰宝。中国的养生文化历史悠久,源远流长,有文字记载就已达四千年之久。我国历史文献中关于养生的最早记载,可以追溯到甲骨文。早期青铜器图形文字中,也有许多"寿""老"等老人的象形文字,以及有关调理生活、防病治病的描述。此外,《尚书·洪范》提出了"五福六极"的观念:"五福:一曰寿,二曰富,三曰康宁,四曰攸好德,五曰考终命。六极:一曰凶短折,二曰疾,三曰忧,四曰贫,五曰恶,六曰弱。"[①]从这里可以看出,中国古代先人们已经开始自觉地把追求幸福和快乐同追求寿考、健康、安宁联系起来了。到了春秋战国时期,随着神仙方士文化的兴起,一种以追求长生不死、羽化成仙为主要目标的养生文化发展起来了。这一时期,"诸子蜂起、百家争鸣",各种学术获得充分发展,以老子道家和孔子儒家为主体的传统文化开始形成,中国传统养生文化也因此获得了长足的发展。这主要表现在《老子》奠定了传统养生文化的思想基础。[②]老子的养生思想是我国古代养生思想的理论基础,几乎所有的养生家和医学家都受到其养生思想的影响,被后世诸多大家加以继承、借鉴和发扬。

---

* 吴欣欣(1994—),女,河南确山人,江西师范大学马克思主义学院伦理学专业硕士研究生。

① 钱宗武:《解读尚书》[M].北京:国家图书馆出版社,2017.第273页。

② 高秀昌:《论老子的养生学及其影响》[J].河南教育学院学报(哲学社会科学版),2001 (5)。

一、老子的养生观

一方面，随着中国社会进入了巨大转型期，伴随着科技的日新月异和生活节奏的加快，当今的生存环境与生活方式都与古代差异迥大，这使得人们的饮食起居习惯、价值观念和生活方式也都在逐渐发生改变。社会节奏的加快、工作的压力以及饮食等诸多原因，使得当代人群的体质普遍下降，另一方面，伴随着各种身体病症的出现，诸如失眠抑郁等精神方面的疾病屡见不鲜。国民健康问题被摆在越来越重要的地位。在这一背景下，习近平总书记在十九大报告中提出"健康中国"这一发展战略，并强调人民健康是民族昌盛和国家富强的重要标志。健康中国的内涵即健康中国是全面小康社会下的全民健康蓝图，是健康优先的创新型发展理念，是凝聚政府、社会和全体人民共同理想的旗帜。健康是立身之本，也是立国之基；是全面建成小康社会的重要内涵，也是人类社会发展福祉的永续追求。

1989 年联合国世界卫生组织（WHO）对健康作了新的定义，即"健康不仅是没有疾病，而且包括躯体健康、心理健康、社会适应良好和道德健康"。习近平总书记深刻指出："没有全民健康，就没有全面小康。"全民健康是全面小康的重要基石，既是全面建成小康社会的核心目标之一，也是全面建成小康社会的重要保障。在这一背景下，本文拟就道家核心人物老子的《道德经》的养生之道作初步的解析。《老子》不是一部养生书，但是却包含着丰富的养生思想，提出了"知足常乐、少私寡欲、守静致虚、克欲贵柔等养生学的基本原则和一些具体的养生方法。它在对有关养生的理论、原则和方法研究的基础上所形成的养生论，对于中国后世养生学家产生了深远的影响。例如："道家所主张的'寡欲'不是不加区别地减少一切欲望，而主要是指对于物质欲望或个人私欲的节制，此后的道家学者论及这一问题时，基本也是循着这一思路前进的。"[①] 老子还提出了"道法自然"的养生原则："人法地，地法天，天法道，道法自然。"[②]（《老子》二十五章）这一思想成为后世养生家的根本指导思想。例如，著名的医学经典《黄帝内经素问·宝命全形论篇第二十五》指出："人以天地之气生，四时之法成"；"夫人生于地，悬命于天，天地合气，命之曰人。人能应四时者，天地为之父母；知万物者，谓之天子。天有阴阳，人有十二节；天有寒暑，人有虚实。能经天地阴阳之化者，不失四时；知十二节之理者，圣智不能欺也。"[③] 这里，《黄帝内经·素问》就根据"天人合一"的思想，提出了顺乎自然、合于四时的养生原则，这是宏观层面上的养生理念。接下来笔者将从少私寡欲、知足常乐、致

---

① 吕锡琛：《道家与民族性格》[M].湖南：湖南大学出版社，1998 年，第 234 页。

② （汉）河上公注、严遵指归、（三国）王弼注；刘思禾校点：《老子》[M]，上海：上海古籍出版社，2013 年，第 52 页。

③ 傅景华、陈心智点校：《黄帝内经素问》[M].北京：中医古籍出版社，1997 年，第 42 页。

虚守静几方面浅析《老子》的养生观：

（一）少私寡欲

寡欲、崇俭是儒家、道家、墨家所共同倡导的品德。儒家强调"君子谋道不谋食"，（《论语·卫灵公》）"养心莫善于寡欲"（《孟子·尽心下》）。提倡安贫乐道。墨家"量腹而食，度身而衣"（《墨子·鲁问》）。但儒墨两家仅从道德行为、道德修养、道德规范的角度立论，他们都强调道德理性对于个人欲望的把握。道德理性与社会规约都具有约束力，但前者更多地体现在个人自觉上，能把"外来的"约束转化为"自我的"约束。而要获得道德理性，提高对个人欲望的控制能力，就必须从道德修养入手，经历一个日积月累的长期修养过程，诚如荀子所说："博学而日参省乎己，则知明而行无过矣。"（《荀子·劝学》）

道家则结合养生学的原理，以个体的生命价值为价值标准，阐明节欲、崇俭的必要性，将少私寡欲这些道德要求与人们希图长寿健康的愿望结合起来，将做人之道与养生之道结合起来。老子的养生秘诀是少私寡欲，光从形体方面养生是不够的，还必须从精神和情欲上修养。《老子》中对社会上的奢靡风气进行抨击，对贪得无厌的聚敛行为深恶痛绝，他写道："朝甚除，田甚芜，仓甚虚。服文彩，带利剑，厌饮食，财货有余，是谓盗竽，非道也哉。"（第五十三章）同样，老子把对社会的理论用于个体养生上，认为纵欲对生命的危害。他指出："五色令人目盲，五音令人耳聋，五味令人口爽，驰骋畋猎，令人心发狂；难得之货，令人行妨。"老子认为沉溺于声色滋味等感官享受之中，将会大大损害身体，因此应当"少私寡欲"（第十二章）。还反复指出："甚爱必大费，多藏必厚之。"（第四十四章）老子认为，人若落入感官的混乱状态和享乐状态，外物反过来会压迫和摧残人，将导致对生命的危害。这也就是人被物异化的思想。讨伐了欲望对象后，老子劝人清心寡欲。他的理论是，欲望（无论是物质享受还是精神享受）充盈，就耗费了精神精力，心灵储藏过多，大部分天性就沦丧，这样离道就愈远，愈难追求养生。因此老子提出"虚其心，实其腹"的主张，以腹养心，以实齐虚。老子要求摒弃物欲贪嗜的畸形生活而坚持饱腹强身、节欲清心的正常生活。以现代的眼光看，老子有禁欲的倾向，但并非完全反对物欲文明而过苦行僧的生活，只是要求适度的物欲文明的满足。

道家认为，沉溺于喜怒忧思悲恐惊等情感中，将伤生害生，妨碍人们体认大道，故将心志平和作为养生一大要素。晋代的葛洪在其《养生论》中具体论述了各种过度的情绪体验对身体的损伤："夫多思则神散，多念则心劳，多笑则藏腑上翻，多言则气海虚脱，多喜则膀胱纳客风，多怒则腠理奔血，多乐则心神邪荡，多愁则头贵焦枯，多好则志气倾缢，多恶则精爽奔腾，多事则筋脉干急，多机则智虑沉迷。斯乃伐人之生甚于斤斧，损人之命猛于豺狼。"①因而提出了节制欲念和情感，少用机诈的"十二少"主张。人是有思维、感情的动物。七情和欲望一样，是人的自然本能的表现，过分的思虑或过大的情感波动常常会妨碍人的身心健康和正常生活。因此道家主张人们超越世俗的情感羁绊，倡导"少私寡欲"。

（二）知足常乐

老子认为，要少私寡欲，就要保持知足心理。知足是道的本性，追求道就要知足，知足才可以保生。老子多次指出："知足不辱，知止不殆。"（第四十四章）"知足之足，常足矣。"（第四十六章）并认为"知足者富"。知足的行为表现就是"甘其食，美其服，安其居，乐其俗"（第八十章）。若不知足，则"金玉满堂，莫之能守，富贵而骄，自遗其咎"（第九章）。可见，老子要求以自身为满足，正常的生活不是疯狂地向外索取，而是自以为足。把长寿视为人生自我知足的结果，这也是我们所说的"知足常乐"。这对生活在当今快节奏的我们具有重要的指导意义，诸如抑郁症等精神疾病的发生在很大程度上与人的欲望有关。功利心和攀比心往往使得人们忘记了自己的初心，这在老子看来都是舍本逐末的行为。"五色令人目盲；五音令人耳聋；五味令人口爽；驰骋畋猎，令人心发狂；难得之货，令人行妨。是以圣人为腹不为目，故去彼取此。"（第十二章）佛家言：六根之六贼。过度地贪图耳目口体之欲只会令身心俱疲。因而，"甚爱必大费；多藏必厚亡。故知足不辱，知止不殆，可以长久"。知足思想还体现为"不争"，譬如"上善若水，水善利万物而不争。处众人之所恶，故几于道。居善地，心善渊，与善仁，言善信，正善治，事善能，动善时。夫唯不争，故无尤"（第八章）。不争并不是无所作为，而是要我们以平常心为人处世，不要把名利、得失看得过分重要。

老子认为：做人要有爱心和同情心；要有节俭的精神，不能为身外之处所诱惑；要谦让和知足。老子主张追逐名利要有度，他认为，"祸莫大于不知足，咎莫大于欲得"。"持而盈之，不如其已；揣而锐之，不可长保；金玉满堂，莫之能守；富贵而骄，自遗其咎。""名与身孰亲？身与货孰多？得与亡孰病？甚爱必大费；多藏必厚亡。故知足不辱，知止不殆，可以长久。"（第四十四章）。在此基础上，老子要求人们做到"去甚，去奢，去泰"。老子的意思就是，不要走极端，不要奢侈，不要过度追求名利。在现代社会里，人们应该警惕由斗富、摆阔、奢侈成风和过度追求物质享受而带来的精神和心理危机。人要有正确的修养观。"天下有道，却走马以粪。天下无道，戎马生于郊。祸莫大于不知足；咎莫大于欲得。故知足之足，常足矣。"（第

---

① 《道藏》第18册，文物出版社、上海书店、天津古籍出版社，1988年，第492—493页。

四十六章）如何做到这些呢？老子从正面提出了自己的主张，说："我有三宝，持而保之。一曰慈，二曰俭，三曰不敢为天下先。慈，故能勇；俭，故能广；不敢为天下先，故能成器长。"（第六十七章）这就是说，人类如果能够保持柔和、清净无为和退让的德性，便可与宇宙共谐，与天地共长久。

（三）致虚守静

老子的养生理论虽探讨的虽然不是医疗保健问题，但却和中国古代中医有许多相通的地方。老子的养生理论在很大程度上影响着传统医学，如"守静"理论，中医一直强调静养。"因为人之有为皆因欲念而起，欲念一起则心动，心动则意动，意动则神动，神动则气动，气动则形动，形动神动则必然神驰于外，气散于中，精耗于内，健康为之受损，防止这一局面唯有一法可使之解决，就是"虚其心，静其神"①。"致虚极；守静笃。万物并作，吾以观其复。夫物芸芸，各复归其根。归根曰静，静曰复命。复命曰常，知常曰明。不知常，妄作凶。知常容，容乃公，公乃王，王乃天，天乃道，道乃久，殁身不殆。"（第十六章）老子的守静最终目的并不在于调节形体，但却附带健身效果。守静学说成为古代中医理论的基础，病以静养则是中医传统疗法。人如果做到了"虚静寡欲"，就能保持内心平静，就会掌握"道"，就不会有危了。人要有正确的身体素质观。每个人都知道身体是本，而其他都是末的道理，但事实上，人们并没有深刻认识到身体健康的重要性。老子说："名与身孰亲？身与货孰多？得与亡孰病？"这句话的意思是，名利和身体相比谁更亲？身体和财富相比谁更重要？得到了名声和财富却丧失了生命，和不争名利却得以"保寿全生"相比，谁的害处更大？可见，老子对身体素质十分重视。他还认为："故贵以身为天下，若可寄天下；故爱以身为天下，若可托天下。"（第十三章）这句话的意思是，珍视自己的身体如果是为了治理天下，这样一来天下就可以托付于他；爱惜自己的身体如果是为了治理天下，这样一来天下就可以依靠他了。

二、《老子》养生思想的现代意义

随着经济的发展，人们的生活在逐步得到改善，这无疑将促进健康水平的提高。但是，我们也不应忽略，随之产生的不良生活方式也正在威胁着人们的身心健康。道家重视道德与健康的密切关系，强调身心两全，以心养身，这也是有积极意义的。现代医学家和心理学都日益认识到养心与养生的密切关系。现代科学技术的发展，造成了一个紧张的社会环境，各种竞争也日趋激烈，这就给人们带来了极大的心理

---

① 王伟、王恒：《浅析老子的"养生思想"》[J]. 法制与社会，2008（3）。

压力，与此相关的各种疾病和心理失衡者日趋增多，因此身心的平衡就显得尤为重要。现为北京大学公共卫生学院院长的王陇德院士在一次主题为健康中国与民族复兴的讲座上谈到：

> 高血压患者 2 亿多，2 型糖尿病患者，一个亿，还有 1.4 亿多的 2 型糖尿病的前期患者。糖尿病不单单是指血糖高。他对我们的心、肝、肾、眼睛这样重要的脏器在悄悄发生着严重的影响。目前，造成国民第一位死亡的疾病是中风，中风又称脑卒中。与此同时中风的年轻化趋势越来越明显。根据早死全球的统计。中风 80% 发生在发展中国家。此外，中风还会造成大量残疾，是 60 岁以上人群肢体残疾的第一位原因。每年因慢性病引发的疾病新发数量非常多，其中心脑血管病，每年新发 250 万，肿瘤新发 160 万。这些疾病造成经济发展和家庭生活的巨大危险。国际社会提出了健康生活四大基石：合理膳食、适量运动、戒烟限酒、心理平衡。王院长提出：造成慢性病问题的最主要原因就是国民健康素养低，尤其为中年群体担忧。习近平总书记在第一次全国卫生健康大会上也再三强调：提高国民健康素养的重要性，他强调提高国民健康素养是提高国民健康水平最根本、最经济、最有效的措施。

养生的"养"主要有两大层次：一是身体层面，侧重于处理疾病生死问题，这一层面仅仅停留在形体。另一个层次是心理层面，养生之主旨在"精神"，始于养护身体，终于形神协调发展，这也是本文的重点所在。除此之外，还有社会层面一说，这一层面侧重于处理人我问题以及人与生态自然的关系。人际关系的和谐是健康的重要保障之一，与此同时，人与生态自然的关系也不容忽视，当今时代，诸如生态危机的爆发实则人心危机的外显。曾有学者把古人治病养生的基本原则概括为"顺其性、护其真"六字。[①]"顺其性"就是使各脏腑与经络血气该升则升、当降则降，各得其性、各归其位；"护其真"是指爱惜、固护先天元气、真阳之火。二者一侧重于后天层面、一侧重于先天层面，如此相辅相成，则人体生命一气周流、身心康健。老子所谓的养生，并非只为延年益寿，更注重的三是排除欲念和注重心灵的平和。因此他的养生，在根本的意义上讲就是如何处理自己和他人以及社会的关系，如何在错综复杂荆棘遍地的环境中找到一个安全的存身之地，这是生命层次的健康观，也是最为根本的养生之道。

三、结语

一个人如何理解生命，理解生命和外物的关系，在老子看来这才是养生最根本和最重要的东西。因此，老子养生思想其指向的就是一种向内用心，通过摆脱物欲

---

① 颜文强：《生命内景与〈道藏〉精选药方研究》[D]，博士学位论文，四川大学，2015 年，第294—296 页。

的束缚，达到一种生命通达的境界。老子的养生原则虽然自有它当时特定的时代特征，但我们必须承认在当今这个需要百倍奋斗精神的年代里，它仍然是一种较为科学的理念。老子说："圣人处无为之事，行不言之改，万物作焉而不辞，生而为有，为而不恃，功成而不居。"（第二章）正是在这样的思想支配下，老子才能够成为一名长寿的长者。综上所述，老子所提出的"少私寡欲""知足常乐""致虚守静"等养生原则及由此推导出来的具体养生方法无论过去还是今天，都是行之有效的保健方法，必将对现代人的身心健康做出贡献。当拿生命的广度与长度相比时，拓展生命的广度使生命存在的更有意义，然而这种有意义的生命价值只有建立在健康、幸福的基础上才是一种真正有意义的人生体现。

"尊道贵德"与"三生教育"

——以江西师大附属湾里实验小学文化建设为例

罗永梅　曾　勇*

内容提要:《老子》五千文"尊道贵德"蕴涵丰富的生命教化思想,这一思想可以视为当下"三生教育"的理论依据与实践指南。"三生教育"主张"以生命为基""以生活为梯""以生长为本",从三个不同维度对于载"道"含"德"的每一生命体,如何被理解而纳入、如何被教化而对待、如何被辅助而成长等,做了新的诠释与尝试。这些诠释与尝试,本于"尊道贵德"的生命意蕴与价值意涵。

关键词:"尊道贵德" "以生命为基" "以生活为梯" "以生长为本"

《老子》①五千文,又称《道德经》,且分《德经》《道经》两篇,分别"德""道"为其核心范畴。道家被称为"道德家",道教也以"道"立教,以"德"化人,足见"道""德"在道文化中的基础意义。《老子道德经》为道家道教之学的基本经典。在道文化中,"道"是宇宙万有存在的形上依据,"德"是世间万物(含人)"是其所是"的内在规定,"道""德"也就是人文价值生发的哲学根据——这一基本价值诉诸,亦即《老子》所概括的"尊道贵德"。

习近平总书记在十九大报告中指出,"文化是一个国家、一个民族的灵魂","没有高度的文化自信,没有文化的繁荣兴盛,就没有中华民族伟大复兴";提出要"加强文物保护利用和文化遗产保护传承";号召国人要"坚守中华文化立场","深入挖掘中华优秀传统文化蕴含的思想观念、人文精神、道德规范,结合时代要求继承创新,让中华文化展现出永久魅力和时代风采"。道家道教之学(简称道学)是中华优

* 作者简介:罗永梅(1976—),女,湖北枣阳人,江西师范大学政法学院实验员,研究方向:传统文化、行政管理、法学。曾勇(1971—),男,湖北枣阳人,哲学博士(后),江西师范大学马克思主义学院副教授、硕士生导师,研究方向:传统文化及其创新转化。

① 本文采用王卡点校:《老子道德经河上公章句》,北京:中华书局,1993年版。

秀传统文化的重要组成部分，继承和弘扬道学是当代国人义不容辞的文化责任，尤其是从事教育工作的知识分子，更是责无旁贷。

继承和弘扬传统经典最好的方法，莫过于将其人文精神发掘好、应用开。基于这种观念，江西师范大学附属湾里实验小学开展的"三生教育"，可谓当下文化建设的一大鲜活案例。

所谓"三生教育"，简单地说，就是在教育教学过程中，始终坚持"以生命为基，以生活为梯，以生长为本"的育人理念，并将之落实到以文化人的具体环节中去，以克服"教育异化""文明异化"等诸多弊端。

《老子》"尊道贵德"的价值观念，如何与实验小学的"三生教育"理念相对接？"三生教育"又如何把"尊道贵德"落实于文化建设之中？首先还得从经典诠释谈起。

众所周知，"尊道贵德"出自《道德经》第五十一章。其文云："道生之，德畜之，物形之，势成之，是以万物莫不尊道而贵德。道之尊，德之贵，夫莫之命而常自然。"即言"道"生长万物，"德"繁衍万物，它们养育了万物，使万物得以一定的形态、禀性而存在、成长，万物便各具特色，世界亦千姿百态。"道"之所以被尊崇，"德"之所以被重视，并没有谁来强迫，它是自然而然的。老子这种"尊道贵德"的思想具有深厚的生命意蕴，也凝聚着道门重要的人文价值。这对"三生教育"的开展，无疑具有启迪意义。

"以生命为基"，就是说教育是建立在对"生命"的恰当认知、体悟的基础上，或者说是在对"生命"有适当理论预设的前提下所举行的"教书育人"的活动。《老子》于此有其独到的生命智慧。在《老子》那里，"道"既是世界万物（含人）存在的根据，也是其不存在的根据；祂化生世间万有（含人）但自身却"独立而不改"，万物（含人）有生有灭，而祂却"周行而不殆"，宇宙万象皆因祂而感通关联，形成有机统一的生命共同体。

至于这一生命共同体如何形成？《道德经》第四十二章曰："道生一，一生二，二生三，三生万物。万物负阴而抱阳，冲气以为和。"尽管道门中人对此文中"一""二""三"的具体意涵的诠释不尽相同，譬如对于"一"有"元气""混沌之气"等说，对于"二"又有"阴、阳""阴阳二气"等解，对于"三"更有"和气""冲气""中和之气""气、形、质"等注，然而，以"气"释"道"，以"道生气化"说明宇宙衍化生成，却是玄门共识，由此形成其宇宙生成论。如《太上一乘海空智藏经》说："一切六道四生业性，始有识神，皆悉淳善，唯一不杂，与道同体。依道而行，行住起卧，语嘿食息，皆合真理。如鱼在水，始生之初，便习江湖，不假教令。亦如玉质本白，黛色本青，火性本热，水性本冷，不关习学，理分自然。一切众生识神之初，亦复如是，禀乎自然，自应道性，无有差异。"从生命本原意义上来看，一切众生皆禀受自然的"道性"——"道性"淳净不杂，彼此没有差异——因而，从起点而言，众生平等。"道性"内在于众生生命之中，成为宇宙万象共同的生命本原。不仅如此，在玄门看来，宇宙生成论中既包含对世间万有生之由来的说明，也暗含对世间万有生存、发展走向的范导，易言之，生成律中蕴涵着发展律，实然存在中蕴含应然价值。此所谓"依道而行，行住起卧，语嘿食息，皆合真理"。作为生命本原之"道"，既是自然之道、处世之道，又是养生之道、执事之道，简言之，袖是人生应然之道、价值之基，是所有人文价值理念的源头，是人生修为的最终精神皈依，此所谓道教人生何以"唯道是从"的终究根底，因而，人生修行只能以道为教，奉道而行，以道为尊。

在"三生教育"中，由于教育对象为小学生，对生命的理解，可以做广义与狭义的区分——狭义的生命，特指人的生命；广义的生命，则关涉宇宙万物。在"道生万物"的道学理念中，蕴涵生命源头上的神圣性与同一性，以及由此衍生出的生命之间的共生性与平等性。从生命皆为"道生气化"的存在的理念中，可以引申出对所有生命的尊敬与重视。以此消解科学主义盛行之下的人的盲目自大——误以为自己就是天地万物的主人——以及由此生发的胆大妄为——为了自身的物质利益，无止境地索取自然资源，污染破坏自然环境。

就狭义的生命观念，即人的生命的特殊性而言，重在把握人除了自然性血肉生命之外，还有精神性人文生命，后者包括人的社会性关系生命、超越性精神生命。最为基本的，是善待自己的生命，珍惜人际关系性生命，学会相互尊重，学会相互关爱。人是一种特殊的、复杂的生命存在。正如有学者认为人的生命具有三重属性：亲缘性血缘生命、人际性社会生命、精神性超越生命。所谓亲缘性血缘生命，指的是人从父母那里遗传而得的最基本的生理生命，即肉身；"人是社会性的动物"，人生活于社会之中，与社会其他人和组织结成复杂的关系，其生命必然打上社会的烙印，此即人际性社会生命；在此二者的基础上，人还具有精神性超越生命——他是人之精神世界与动物相区别的本质所在，人应在生命历程中不断地丰富自我的精神生活，提升自我的知识、文化、道德等方面的素养，意识到超越生命的价值与意义，并努力涵养，渐次砥砺。唯有如此，方能获得价值的生成与心灵的安顿。而且人之生命的价值，是不能从肉身体现出来的，只有在其人际性社会生命与精神性超越生命中才能显现出人为万物之灵的根本特性。[①] 对于小学生而言，通过对"生命"基础型课程（国家必修课程）的学习，增强其对生命的整全性的认知与体悟，便是"以生命为基"的内在要求。

---

① 郑晓江：《生命教育演讲录》，南昌：江西人民出版社，2008 年，第 96—103 页。

"以生活为梯"，就是说教育不回避现实人生，反而以人的生命体验、生命感受为辅助阶梯，经由教育启迪，体认人生的方向、路径与目标，亦即"活在当下，走向理想"。在从现实通往理想的路途中，为师者便是学生的人生导师，其所导，当为个人进步、人类文明的康庄大道，而此道亦非杂乱无章，道学之"道"，尤其是"道"所蕴含的规律义，是不可忽视的社会生活之总律则。

在道教哲学中，"道"是最高范畴，指的是浑然一体的宇宙本体、永恒存在的世界之源及自然万物生存与发展的规律与法则。在修道之士看来，作为宇宙本原、价值之基的"道"，生成万物是自然运动使然。既然是自然运动，也就是不妄动，不非为，即"为无为"。此"无为"，并非不作为，而是顺应自然而作为。其在社会生活中的反面表现形式，即人们常说的"瞎折腾"。

"三生教育"中的"生活教育"强调生活目标之幸福、生活方式之健康，侧重于"生命"之"活"的状态。它既包括理想的目标状态，又包括合理的方式选择。如果说"生存教育"侧重于应急避险或应对挫折打击等生命困境之解决，那么可以说，"生活教育"注重相对常态下的生命活动的展开与适宜目的、方式的择优与人生意义的诉求，后者不仅是指用恰当的方式（"生计"）让生命鲜活，而且让生命快活、幸福，意在追求人生幸福的获得、生命价值的实现，既包括生命行为之过程，又集结生命行为之目标。①

在实验小学所举行的"以生活为梯"教学，通过"生活"拓展型课程（自由选修课程），让学习生活不再乏味。我们知道，生活便是生命的具体展开，表现为出生入死的人生过程。人生的终极目标是幸福，幸福的获得需要科学理性下的知识技能，也需要理想信念下的生命方向，更需要谐和人生问题的生命智慧。如果说幸福是目标，知识是力量，那么可以说，智慧便是调谐人生适意生活的法宝。人们常说，人生不如意者十之八九，可见，如意幸福诚难一一兑现。如何使个体生命在不尽人意的世俗生活中，活出生命的意义，是不可回避的人生难题，不客气地讲，也是"三生教育"不可回避的课堂议题。

"以生长为本"，就是通过"生长"研究型课程的学习与探索——探究式学习、项目式学习，如农业课程、养殖或种植课程、博物馆课堂、山水课堂等，旨在拓展知识视野，激活内在潜质，促进个性成长，以校正教育单一化、趋同性的时弊。促进孩子个性化的成长，力避"单向度""窄化型"的重演，成为培养学生成为什么样的人的起点性问题的要害，也是造就什么样的人的终点性思考的核心。简言之，以认识个性为教育始点，以引领特质成长为育人方向，以塑造"是其所是"为"成人"

---

① 曾勇：《"三生教育"之生命意蕴及意义课堂》，《昆明学院学报》，2009 年第 4 期。

标的,由此构成"生长为本"的逻辑时空与育人模式。这一逻辑时空与育人模式,其实不外乎《老子》"尊道贵德"的生命价值意蕴。

在道家思想家那里,"德"字与"本性""天分""本分"意思相近,而非外在的行为规范、他者的强力约束。《庄子·天地》篇亦从"德者,得也"视角阐释"物得以生,谓之德"究竟得什么?答曰:得"道",就是分有"大道"而有所得,分得形而上之"大道"的一部分,独立为自个的性分(即"德"),形成有自己特质的个体性存在。易言之,"德"就是具体事物所体现出的"道"的本性和特质。可见,"德"内在于生命之中,并且,每一个体殊相的差异,也就在各自不同的"德"。如《老子》所谓"天得一清""地得一宁",此"清""宁"便成为天与地各自的内在"性""德"。至于人呢?"实际上,人对'道'之所得('德'),便是将肉体感性之生活完全合一于生命中之'道',如此,便将人的有限之生活由'道'的无穷之途径而趋于生命存在的无限,是为'长生久视',是为'死而不亡'。可见,道家认为只有那种有"道"之生活,即表现生命永恒之生活才是有价值的。"①

对于每一个体生命而言,"道"与"德"都内在于生命之中,二者不可或缺,其中,"道"表现出各个生命体之共性,"德"则标示着各自之个性;倘若没有共性之"道",万物则不可通约,宇宙万象不可统一,倘若没有个性之"德",世界便为一物,不可能有万紫千红;正是"道"与"德"的共同作用,宇宙世界才既有万千气象,又可休戚与共。这对于玄门修道提供了本体论的依据,也为修道之士的人生修为奠定了价值基调。对于修道者而言,道是一切价值之原点,也是人生精神之最终归依,尊道而修、唯道是从,乃人生修行的大方向;德是人生修为的下手处,依德而为、修德进业便成为创造获取人生意义的生命基石。没有道的导引,人生修为便失去方向与价值目标;没有德的依凭,人生修为便因无从下手而流于空洞。

综上所述,《老子道德经》之"道""德"与现实世界、社会人生并不隔膜,相反,"道""德"内在于生命万象,宇宙万物(含人)的生存发展,无一例外受到"道""德"的双重影响,是"道""德"共同作用使然。"道""德"之于每一生命存在,是共相与殊相的关系,也是普遍规律与具体规律的关系,生命的存在与发展皆是"道""德"使然,因而,"尊道贵德"便是生命存在与发展的内在要求,对于"觉解"的修道之士,"尊道"而"贵德"便成为其人生价值创造与确证的至上原则。如《太平经》说:"六极之中,无道不能变化。元气行道,以生万物,天地大小,无不由道而生者也。"作为"万物之一物"的世人,岂能例外?在葛稚川看来,生命乃秉道持德之存在,修道之士更以"道存则尊,德胜则贵"(《抱朴子·外篇·嘉遁》)为生

---

① 郑晓江:《生命教育演讲录》,第29页。

命价值准则，积极涵养生命，切实修为人生，努力证成仙真。"尊道贵德"遂成为道教人生价值的第一要义，这一价值要义贯穿于宇宙、社会、人生的各个领域，引领修道者之体道、修道、合道的各个环节。如《通玄真经》云："率性而行谓之道，得其真性谓之德。"在道门中人看来，人生之正道即"率性而行"，人生之正德即"得其真性"，其所"率"之"性"实乃"道性"，其所"得""真性"亦即"性德"，而"性德"又本于"道性"，易言之，人生之修行，本于"道"，始于"德"，归于"道"，最终证得"生道合一""得道成仙"，仙便是玄门修道得道的理想人格，也是其人生的终极价值目标。"尊道贵德"是玄门生命的价值准则，"尊其道"而"贵其德"便成为道门人生修行的基本法式，"尊道""贵德"遂成为道教人生价值的第一要义。这一要义与法式在当下的文化建设与育人工程中，仍然可以发挥出智慧的生命光芒。不忘初心，持守童心，学做"真人"，乐为"赤子"，不仅是实验小学"三生教育"的文化要义，也可为成人世界的文化建设以资借鉴。

老子《道德经》思想中"心身一元论"的科学应用与普及

华崇明[*]

摘要：《道德经》是我国春秋时期杰出的思想家老子的代表作。它言简意赅，博大精深，其中也蕴涵着丰富的心理学及身心健康教育的思想。作为道家思想的代表经典老子《道德经》云："道生一，一生二，二生三，三生万物。"又说："天下万物生于有，有生于无。"再说："载营魄抱一，能无离乎？""专气致柔，能如婴儿乎？涤除玄览，能无疵乎？"秉承其思想的中华医学（中医）认为，神本于形而生，形是神的载体，神为形的主宰，二者相互依存，不可分割，如《灵枢·本神》曰："生之来谓之精，两精相搏谓之神。"老子的至上境界"抱一"状态，它体现了身体和精神的和谐统一，正是心理健康的最佳状态"身心合一"。由此而来的心身一元论，也可以叫身心一元论，心物一元论，其核心即心理和生理的起源、运作、相互影响等是同一性的，是一体的，而不是二元对立的。此处的心，是指人的意识、心理和精神活动的总和，并非是大脑或心脏。心身一元，是指生命体的两个方面，是融合的、整体的、相互作用、相互影响，而不能相互替代，也不能相互分割。事实上，这已是科学和医学的主流认知。

这一观点，无论是在解决心理问题和治疗心理疾病的时候，还是在社会生活与应用中都有非常大的指导意义。

关键词：道德经　心身一元论　解决、治疗心理问题　身心健康　舞蹈

心身一元论是哲学一元论的逻辑结果，不管是唯物主义还是唯心主义，都认为身（肉体）和心（精神）在本源上是同一的，要么是统一于物质，要么是统一于精

＊　作者简介：华崇明（1977—），男，辽宁大连人，博士，全真道龙门派第二十六代玄裔弟子、中国道教教职人员、江西省新余市仰天观住持、新余市道教协会会长、深圳市青年科技人才协会常务理事。中国地质大学人力资源管理本科、管理学学士、中国科学院心理研究所心理学在职硕士、中国人民大学宗教学在职硕士、北京师范大学哲学院易学博士班毕业、亚洲城市大学工商管理硕士 MBA、波兰热舒夫大学工商管理博士 DBA。研究方向：中华道学、中国哲学、中华文明与世界文明传承与融通。

神，实际上唯物与唯心也是辩证统一的。这是哲学主流。在摘要中《道德经》里所体现的"心身一元论"，在人类社会的方方面面都起到重要的作用。本文从中医领域、心理领域、舞蹈领域三个方面阐述"心身一元论"的现今科学应用和普及。

一、"心身一元论"在中医领域中的应用和普及

秦汉以前是中国传统医学发展的重要历史时期之一，这一时期中医学对以往的医药经验进行了系统总结，形成了中医学的基本学术体系。《黄帝内经》中的心主神明、五脏藏神、情志致病理论是这一时期医学相关理论的核心内容，且一经形成，沿用至今。在形神合一、形质神用的朴素唯物主义影响下秦汉时期"心身一元论"的医学观念成为中医医学观念的突出特征之一。在"心身一元论"的指导下，中医学对疾病病因和治疗的探索强调了对疾病整体状态从证候上做和躯体疾病大致相同的把握，"心身一元论"观念在中国思想史上长期存在，并对中国文化中的医学观念产生了很大的影响。

"心主神明"是在中华传统文化大背景下，在中医学藏象理论（现又称脏象理论）的基础上产生的。"形神合一"的生命整体观，揭示了人的生命是由形和神两方面构成的有机统一整体。"心主神明"是中医学运用藏象学说一元化阐述人体复杂生命活动规律的说法，它认为人的生命活动最高主宰是"心神"，生理和心理活动都统一在"心神"之下进行，从心理的角度强调了心神对精神活动的主导作用及心理和生理之间相互影响的机制。在此我们引出了心理与生理的关系，在下面的中医心理学中，我们再详述。

二、"心身一元论"在心理领域中的应用和普及

说到在心理领域的应用和普及要从中医心理学和西方心理学两方面看。

1. 中医心理学是基于中医理论研究人的心理活动规律及心理因素或行为在疾病的发生、发展、诊断、治疗和预防中的作用的一门交叉学科，"心主神明"是中医学运用脏象学说一元化地阐述人体复杂生命活动规律的说法，它认为人的生命活动最高主宰是"心神"。此处的"心"，远不止是血肉之心，更多的内涵属于精神活动的范畴。《灵枢·邪客》所言"心者五脏六腑之大主也，精神之所舍也"，则概括了"心主神明"的内涵。"五脏六腑之大主"，是指主导脏腑机能活动；"精神之所舍"，是指主导精神意识思维活动，明确指出人的生理活动和心理活动都统一在心神主导之下，因此"心主神明"是"心身一元论"、"心理生理一元论"的理论基础。《内经》运用五行归类的方法，将人类的精神活动按其与五脏的关系，归纳为神、魂、魄、意、志"五神"。"五神"是对人类精神活动不同层次、不同内涵、不同阶段的概括，其

中心神为最高统帅，魂魄、意志都是在心神统领之下进行的各有分工的精神活动。这些活动虽有分工，但在心神的主导下又相互联系或制约。因此神、魂、魄、意、志分而言之为五，但合而言之仅为"心神"。张介宾（张景岳）说："人身之神，唯心所主……外如魂魄志意五神五志之类，孰匪元神所化而统乎一心。"中医心理学认为人的精神活动虽有分工，但都属于"心主神明"的范畴，在心神的主导下相互联系、制约。我们以恐惧情绪为例，心身之间会相互影响，当一个人突然面对恐惧的事物，心理和情绪会产生急剧变化，引发一系列的生理反应，比如，立刻会呼吸急促、出冷汗、脸色发白、肌肉颤抖、两腿发软等等，这种情况人们都能理解，这是恐惧引起的生理变化，而相反的情况，就不是每个人都能轻易理解的了，即生理引起心理和情绪变化。

比如，过度换气诱发恐惧情绪的实验，实验的目的是，让有惊恐障碍的患者，验证并确信主动控制呼吸的方法可以缓解惊恐。实验过程是，对于有过惊恐发作经历的患者，自己将恐惧情绪从低到高主观分级，在实验室内，让实验者做到心态平和，有安全感并且没有任何恐惧情绪，此时，让实验者主动加快呼吸的频率，如一秒钟一次，呼吸变得浅而快，持续一分钟到三分钟，同时让其观察自己的内心恐惧级别，一般会在三分钟之内，实验者的恐惧等级会明显示上升，甚至出现惊恐发作之前的表现。

实验的原理是，因为呼吸频率快，体内二氧化碳被过度的排出，这就会造成血液中的二氧化碳严重不足。而二氧化碳对维持体内的酸碱平衡有着重要的意义，过低就会引起碱中毒，出现与惊恐发作相似的感受。通过实验，参与者了解到，呼吸加快的生理现象，可以引发惊恐的感受，而缓慢的呼吸同样可以对治惊恐的感受，这就是缓慢呼吸放松法和纸袋呼吸法缓解恐惧心理的原理。以上两方面充分说明，心理与生理，生理与心理，可以明显存在相互作用。那么，那关于疾病的问题，是生理疾病还是心理疾病？这个问题就很好回答了，答案是，既是生理的，也是心理的，生理和心理的一体的，等同的，不能截然分开的。

有些人由于个人认识问题，比较的抵触药物治疗，有些轻、中度抑郁患者，在精神科医生的建议下，进行心理咨询和心理治疗达到痊愈，这种例子非常多。事实上，不光是心理疾病，包括身体上的疾病，通过心理学的方法，也有治愈的案例。

网络或者媒体都曾报道过，有些人得了绝症，特别伤心，机缘下经过某些心灵的启迪后，患者的内心思维发生改变，既然痛苦已无法改变，那么，为何我不快乐逍遥的过好每一天，每一时刻。或者发大愿，愿以我现在的痛苦，代替我的父母、孩子、家人等不再受苦，以至于，愿全天下所有人的痛苦由我来代受，让他们得到最究竟的安乐幸福。过一段时间，到医院去检查的时候，这个病根本没有了。这不是传说，类似的例子，可以求证的，现实中听说有很多。这是在理性、安静状态下的一种真实的思维活动，也是一种修行的方法，也许并不涉及任何医学和生理学，完全在心理学的范围内。事实上，这是一种极度仁慈自己、利他的伟大思想，这种修法，基础是真正升起这种坚定的信念（理性而言，这种想法或愿望，当然是不可能实现的，似乎是宗教性的，而这种强大的内心活动，会产生作用，值得深思和理性研究）。

这种修法，虽然只是一种心理活动过程，但是真正深入、长期体验的患者或学者们会知道，这并非只是"想一想"而已，在真正安静下来，在无为的状态中，进入这种思维，并发自内心的体验之后，身体会有各种各样的反应，比如在真正对他人生起慈心和悲心的时候，可能会不由自主地、发自内心地痛哭流泪，而这种状态，体验者会知道，不是脆弱、不是痛苦，而是心变得柔软、广大，似乎包容万物，而这之后的和心情和身体感受，却是极度愉悦、轻松自在的。是一种大道慈悲，利益万物的与自然万物融合一体的感觉。这些纯粹的心理学范围内的方法，之所以有巨大身体治疗的作用，从心理学角度去看，是积极、正向、深度的情感和觉知体验在起作用，这完全符合心身一元的理论。

西方心理学是在研究心和身的性质及其相互关系的基础上产生的。具体说来，是关于心理的实质是什么，心和身在本质上是一样的东西还是两种完全对立的东西的问题。其关键是如何看待心理的实质。心身问题是心理学、精神病学、心身医学、神经科学及哲学等学科共同关心的问题。从心理学来讲，心身问题可表现为心脑问题、心理与生理的关系问题或心理活动与高级神经活动的关系问题等形式。由于物质世界可见可触，人们更容易相信物质的决定力量，而对心灵能量报以怀疑的态度。在17世纪的西方，以唯物为宗的科学得到全面发展，西方医学受到笛卡尔"心物二元论"影响，否定人的心理与生理行为相互关联。比如18世纪法国哲学家、医生拉美特里在《人是机器》一书中，就运用大量当时医学、生理学和解剖学的科学材料，论证人的心灵对人的机体组织特别是对人脑的依赖关系。

他认为，人的身体状况毫无例外地决定人的心灵状况，人的机体组织则是像钟表那样的由机械规律支配的自动机器。这些观点都成为西方医学的共识。20世纪中叶后，由于脑科学和心理学的发展，并由于马克思主义哲学在心身问题上的正确观点，逐渐出现了一些朝唯物一元论方向发展的心身理论。20世纪80年代中期，医学实践有了新的发现。一门全新的心理神经免疫学逐步建立起来。从小白鼠到人体的一系列实验表明，心理活动或念头可以引起内分泌系统、神经系统的变化，从而带来身体真正的生理反应。

简单地说，令人愉悦的事情可以提高你的免疫力，而忧伤愤怒的情绪会降低你的生命能量，运用意念就可以改变你的健康，身体和心灵可以相互影响的古老猜测在科学实验中得到了证明。布朗斯坦从这门新兴医学中得到启发，他认识到数百年来西方医学教育把心灵和肉体视为两体的观念是错误的，这直接促使了他对自愈系统的探索。

布朗斯坦在书中写道："当你理解了你心理的力量，以及它的积极的和消极的作用力，你就不会再浪费宝贵的时间和精力，为你的疾病和不健康去责备外在力量，包括命运、坏的基因、邪恶的微生物、污染的环境或者别人。"从这个意义上讲，你的情绪决定着你的健康，你的意识决定了你的未来，我们都是自己命运的创造者。现今大部分的心理学家都普遍坚持"身心一元论"。也就是说身心是统一的，人的心理活动是生理活动的产物，一切心理功能都是脑的功能。所以说要想好好研究人的心理活动，就一定要把相应的生理机制搞清楚。可想而知，生理学对于心理学是多么重要。因为心身一元，所以只治疗身体，可以治好心理疾病；同理，只针对心理进行治疗，同样会对身体产生积极作用；那么，生理与心理同时治疗，是更好的解决之道。心理治疗中很多用药物、生理方面的治疗取得痊愈的例子，很有趣的是，在治愈后，很多患者会不约而同认识到，心理因素在防止复发方面的重要作用。从生理方面、心理方面以及从两个方面结合，都能达到临床治愈的效果，而二者结合会有更佳的效果，这充分说明心身一元论。部分心理学理论：NLP 神经语言程序学有 12 条前提假设，其中第 4 条：只有感官经验塑造出来的世界，没有绝对的真实世界。SFBT 焦点解决短期治疗强调："现实"并不是一个存在于人意识之外的世界，而是作为观察者的人的精神产品。这些理论也完全符合"心身一元论"。

三、"心身一元论"在舞蹈领域中的应用和普及

在人类创造出语言和文字之前，舞蹈在原始人的生命中是至高无上的。然而人类文明越是向前发展，舞蹈遭受的误解越多。从之前的"神圣不可侵犯"沦为供人"娱乐赏玩"的境地。这就不禁让人提出疑问，舞蹈的根在哪里，舞蹈的本质是什么。心身一元论的提出，使所有的疑问变得清晰。身心的一致性是舞蹈艺术源远流长的根本，身心一元化是舞蹈艺术得以生生不息的不竭动力和本质性体现，身心一元论的提出为舞蹈审美和舞蹈艺术教育经天纬地。当今社会舞蹈的普及程度越来越高，但流传于世的好作品却少之又少，这是舞蹈表演者的局限。之所以称之为表演艺术，是能给观者带去良好的审美体验，而舞者必须做到"身心一元"，才能呈现出肢体与心灵相互交融的好作品。以舞蹈美学的视角作为切入点，对"身心一元论"在舞蹈本体、舞蹈审美中的问题进行探讨，分析其价值和意义，并将该理论运用于舞蹈训练、舞蹈表演及舞蹈审美中，不仅使舞者注入作品灵魂，且满足观者审美需求从而

达到共鸣。舞蹈的本质是肉体与灵魂的高度统一，打破肉体与灵魂的界限，我们以身心一元论的角度来看舞蹈欣赏与舞蹈教育，可以发现二者是不可分割的，相互融合的。舞蹈欣赏即舞蹈的意识，而舞蹈教育即身体，只有以二者高度统一为核心原则，才能明白中国人在几千年前就形成了自己的舞蹈哲学，道家称谓"天人合一、道法自然"。当今已有众多的文章向我们揭示了"心身一元论"在舞蹈美学中的重要性。

综上所述，文中的传统经典或理论体系，都能支持心身一元论的思想，从三个方面的举例阐释，不难看出这一思想理论现今在很多方面得到科学应用与普及。树立"心身一元论"，对我们生活所有的方面都会有积极的指导意义。"心身一元论"在老子思想中有充分的阐述，也是老子"道德经"给予我们的宝贵智慧！

大音希声：道教音乐养生的哲学思考

黄剑敏　李　莉 *

摘要： 养生是高道大德们毕生追求的核心内容，是其人生的终极目标。而道教音乐作为道家文化的重要组成部分，亦然如此。可以毫不夸张地说，如果没有道教音乐养生文化，中华传统的音乐养生文化就会失去绚丽的光彩。文章以老子《道德经》中的"大音希声"音乐思想为考察对象，对道教音乐养生的哲学基础进行了初步的探析。

关键词： 大音希声　道乐养生

"大音希声"是老子《道德经》中关于音乐的一个重要美学思想，长期以来，学界对此均有多种不同解释，至今尚未形成统一观点。显然，从不同视角去分析和探索，是能够有助于更加全面系统地了解其特征与内涵的。本文从道教音乐养生这样一个独特的视角来进行阐述，可谓一个全新的探索。

一、关于大音希声的理解

"大音希声"语出《老子》四十一章："大器晚成，大音希声，大象无形，道隐无名。夫唯道，善贷且成。"这段话说出了"道"的一个重要特征："道隐无名"，却"善贷且成"。"道"潜而不露，却又是实实在在地存在于"晚成""希声"和"无形"之中。老子对音乐等"礼"持否定的态度："夫礼者，忠信之薄，而乱之首。前识者，道之华，而愚之始。是以大丈夫处其厚不居其薄；处其实，不居其华。故去彼取

---

　　*　作者简介：黄剑敏（1967—），男，江西上饶人，博士，教授，豫章师范学院音乐系副主任，"音乐健康研究中心"专职研究员，硕导（江西科技师范大学音乐学院），江西省高校人文社科重点研究基地"江西宗教历史文化"兼职研究员（主要研究宗教音乐方向）。中国音乐治疗学会理事，全国音乐教育学术委员会理事，全国音乐心理学会会员，中国音乐家协会会员。主要研究方向：音乐教育学、音乐治疗学。李莉（1973—），女，江西鄱阳人，硕士，副教授，豫章师范学院"音乐健康研究中心"专职研究员，艺术教育教研室主任。中国音乐教育专业委员会会员，全国音乐心理学会会员。主要研究方向：音乐教育学、音乐治疗学。

此。"①这一论点学术界几乎对此已达成共识。如蒋孔阳先生认为,老子之所以否定音乐是因为"儒家'繁饰礼乐'表面上看来是重视音乐,其实正由于他们的重视,结果使礼乐走向反面,变成非礼非乐了"②。蒋先生最终得出老子反对音乐、取消音乐的结论。蔡仲德也在《中国音乐美学史》中指出《老子》提出了互相对立的范畴：一方面是"五音",即现实的有声之乐,它是人为的,可欲的,有害的,它的美是相对的,其实是不美;另一方面是"希声"之"大音",即理想的无声之乐,它是自然的,淡而无味的,用之不尽的,它的美是绝对的,是至美的。《老子》推崇后者,用以否定前者。《老子》这种音乐美学思想是其"无为而治"愚民政策这一主旨在音乐问题上的体现,是其统治思想的一个组成部分,它主张"虚其心,实其腹",主张取消音乐及一切文化③。虽然,蔡先生肯定了老子"无声之乐"的音乐理想,但是其从老子的政治思想出发,也得出老子对音乐以及一切人为文化的取消。老子真的是要统治者不传播"五音",取消一切人为的音乐,使老百姓"无欲"做到"绝圣弃智"吗？"战国时期的音乐在更加广阔的范围内发挥着作用,各诸侯国都拥有自己的音乐规模,同时,民间音乐活动又相当普及活跃,"④不论宫廷或是民间,音乐活动都非常普遍,而且统治者特别重视音乐对人的教化作用。重读《老子》,"大音希声"确实有否定音乐的思想,但是这种否定是有特定的指向的。周代在礼乐制度上建立起我国历史上第一个比较明确的宫廷雅乐体系,对祭祀、宫廷、军事等活动中演奏的音乐及什么等级的人享受什么规格的音乐都有明确的规定,但"季桓子代表了新兴地主阶级敢于冲破礼制观念的束缚,树立以享乐为目的的音乐审美理论。因此,从鲁隐公五年的'始用六佾'到鲁哀公元年的'季氏八佾舞于庭'这二百二十余年间在鲁国发生的两个事例,最典型地反映了西周礼乐制度趋于崩溃的历史事实"⑤。因此,即使老子否定音乐,他否定的也只可能是享乐的僭越的音乐,而不可能是音乐本身。取消音乐,不仅不符合统治阶级的审美需要,也不符合老百姓的审美愿望。因而,对老子"大音希声"的理解,只从其为统治思想服务出发论"道"或音乐,只偏重于"希声"而忽略"大""音"的存在是完全不够的,仅止于老子对人为音乐否定、取消的思想,而忽视对老子"大""音""希"的文本分析,也是不能洞悉老子音乐美学的全貌的。

① 陈鼓应注译：《老子今注今译》,北京：商务印书馆,2003年,第215页。
② 蒋孔阳：《评老子"大音希声"的音乐美学思想》,《复旦学报》（社会科学版）,1981年第4期。
③ 蔡仲德：《中国音乐美学史》,北京：人民音乐出版社,2004年,第147—148页。
④ 刘再生：《中国古代音乐史简述》,北京：人民音乐出版社,1989年,第129页。
⑤ 刘再生：《中国古代音乐史简述》,北京：人民音乐出版社,1989年,第90页。

二、关于道教音乐养生

道家是哲学流派，道教是宗教流派。道家创始人是老子，道教创始人是张道陵。道教是以道家思想为基础，都讲究无为而治、顺其自然。不同的是，道教多了很多宗教仪式。老子是道家的创始人，庄子是老子思想的继承者和发扬者。在教内，老子被奉为太清道德天尊，庄子被奉为南华真人。

道家崇尚自然，主张通过这种修炼，达到长生久世，羽化登仙。其代表人物老子、庄周，都在他们的著作中提到了有关古代养生的话。如老子《道德经》中的"虚其心，实其腹"①；"绵绵若存，用之不勤"②，"致虚极，守静笃"③，"专气致柔，能如婴儿乎"④ 等等。庄周（约公元前369—前286年）在《庄子·刻意篇》讲了"呴呵呼吸，吐故纳新，熊经鸟伸，为寿而已矣。此导引之士，养形之人，彭祖寿考者之所好也"⑤。在《在宥》中，庄周借广成子之口，所讲的几条长寿经验中，如说："窈窈冥冥，至道之极，昏昏默默，无视无听，抱神以静，形将自正，必静必清，无劳汝形，无摇汝精，乃可以长生；目无所见，耳无所闻，心无所知，汝神将守形，形乃长生"，"我守其一，以处其和，故我修身千二百岁矣，吾形未尝衰"⑥。由于道家这一异于儒、佛的独特着眼点，决定了在传统养生、长生的修炼方法方面，道家的地位是最为重要的。

老子音乐之情态本体为"自然"。"孔德之容，惟道是从。道之为物，惟恍惟惚……吾何以知众甫之状哉！以此。"⑦ 叶朗先生认为："这段话说明'道'尽管是恍惚窈冥，却不是绝对的虚无'道'包含有'象''物''精'。'道'是真实的存在。"⑧ 老子的哲学体系总体上带有唯物论的倾向。如此，从老子哲学思想出发理解老子的音乐理论，老子的音乐也是真实的存在。与老子时代接近的哲学家毕达哥拉斯（公元前572—公元前497）创立了毕达哥拉斯学派，认为数是万物的本原。音乐则是数的和谐，因此"有组织的音响在时间轴线上的运动"即数理的统一一直是音乐的本体追求，因此，音乐必须"寓整齐与变化"，与秩序和有组织相联系。如果说毕达哥拉斯学派执着于音乐"有"的方面的话，老子的音乐理论境界则是"有""无""虚""实"的统一，境界辽远得多。作为"众妙之门"的"道"，她"道法自然"。"道"以"自

① 李玉成：《浅悟道德经》，涡阳县老子文化建设办公室，涡阳县老子文化养生院，第34页
② 李玉成：《浅悟道德经》，涡阳县老子文化建设办公室，涡阳县老子文化养生院，第36页
③ 朱立元主编：《美学大辞典》（修订本），上海：上海辞书出版社，2014年，第168页。
④ 彭富春：《论老子》，北京：人民出版社，2014年，第27页。
⑤ 张广德：《养生文化篇》，北京：北京体育大学出版社，2014年，第1页。
⑥ 马亚中、钱锡生、严明：《诸子曰》，福州：福建教育出版社，2014年，第450页。
⑦ 陈鼓应注译：《老子今注今译》，北京：商务印书馆，2003年，第156页。
⑧ 叶朗：《中国美学史大纲》，上海：上海人民出版社，1985年，第26页。

然"的方式存在、运动。"道"之美也即"自然"。"自然"是"恍惚""窈冥"的，是不可见、不可闻，不可触的"无""虚"与可以验证的、可操作的"有""实"的统一。如毕达哥拉斯派一样，老子也讲音乐的对立统一原则。"有无相生，难易相成，长短相形，高下相盈，音声相和，前后相随。是以圣人处无为之事，行不言之教。"①"音声相合"，"音"与"声"之"和"才能"恒"；人为之音乐合乎自然对人对社会的发展才起积极的作用。人为之乐不仅没有从老子理论中完全排除掉，而且是其重要的内容。《礼记·乐记》中讲到："凡音之起，由人心生也。人心之动，物使之然也。感于物而动，故形于声；声相应，故生变；变成方，谓之音；比音而乐之，及干戚羽旄，谓之乐也。乐者，音之所由生也，其本在人心感于物也。"音乐与人心相通，是一种"情态"。所以，老子的音乐理论也不是如有些学者所说是以"无声之道"否定人为之乐，恰恰相反，老子肯定人为之乐。"自然"是老子音乐的情态本体，之所是情态本体，是说"音"应以"自然"的状态方式存在、运动，"音"诉诸人的情感，既有其感性的朦胧的变动一面，又有理性的、抽象的、恒常的一面。在举国上下都喜爱音乐的情况下，老子不可能否定音乐本身，而只可能否定音乐中的不符合规范、不利于社会稳定的方面。并且，音乐在中国古代有着极为重要的地位。"礼"在古代就是"乐教"，"礼"须依托于"乐"才能实现。《尚书·尧典》中："夔！命汝典乐……诗言志，歌永言，声依永，律和声。八音克谐，无相夺伦，神人以和。"夔曰："於！予击石拊石，百兽率舞。"显示出古代"诗""歌""律"统称为"乐"，"从《说文解字》和近人罗振玉对'乐'的释义来看'乐'字原本像乐器，而上古乐器亦属礼器'乐'与'礼'在字源学上可以说是一致的，显示出它们相当密切的原始联系。"②"乐"是古代人们与神灵、祖先沟通的必要工具。当部分贵族无节制地追求感官享受，僭越了礼乐，混淆了老百姓的视听，不利于社会的稳定时，忧国忧民的老子提出"五音令人耳聋"，因为音乐已经不能承担对民众的教化作用。轩小杨在《先秦两汉音乐美学思想研究》中论及"大音希声"说其旨不在论音乐，而在论"道"这是整部《老子》的核心与宗旨。老子是依据显示世界的经验规律，来完成其所预设的"道"的哲学架构。③这的确是《老子》的本意。

三、"大音希声"是"道法自然"音乐的具体表达

"大音希声"显示出老子对音乐的见解，这也是毋庸置疑的。

音乐对人的吸引力，我们还可以从其文本中看出，"执大象，天下往。往而不

---

① 陈鼓应注译：《老子今注今译》，北京：商务印书馆，2003 年，第 80 页。
② 祁海文：《儒家乐教论》，郑州：河南人民出版社，2004 年，第 11 页。
③ 轩小杨：《先秦两汉音乐美学思想研究》，北京：中国社会科学出版社，2011 年，第 168 页。

害，安平太。乐与饵，过客止。道之出口，淡乎其无味。视之不足见，听之不足闻，用之不足既"①。意思是说"道"淡乎无味，不像"乐与饵"那么有声有味。"乐与饵"与"道"相对，"乐与饵"，有声有味，虽然吸引人但是有限的暂时的；"道"虽然无声无味，但却是无限的永恒的。老子是肯定"乐"对于人之吸引力的，人为的音乐对人的影响力是不可忽视的。"大音希声"，以"自然"为情态本体音乐才能永恒，周朝统治者的权威才能维持。

老子音乐之理想为"大"。"有物混成，先天地生……故道大，天大，地大，人亦大。域中有四大，而人居其一焉。"②"大音希声"，老子的音乐显示了"自然"的情态本体，肯定"乐"的存在及作用，而"音"之"大"本身作为"自然"情态的一种描述，这种描述本身就带有经验性和理想化的成分。"大"也是俗世之乐通达"道"的一种途径，是老子音乐的理想所在。胡健先生说："王弼的'大音'就是被抽象化了的音乐的道或本质，就是涵盖并决定一切具体作品的音乐意境或音乐精神。"③

"大音"由"希声"而来，又是"希声"的最高境界。即"音"之"大"并不与"声"之"希"相对。那么老子怎么论述"大"呢？

"大音希声"中的"大"，从字面意义上是"大小"的"大"，根据老子的哲学思想则可以理解成"道"的本身高于一切的地位。"道"囊括万事万物发展的起始和终点，它无边无际，无所不包；至高无上，宽广无限；动静相宜而又虚实合一。所以符合"道"的大音，既是隐于一切声音中的声音，又是可以包容世间万物的所有声音。当"道"还处在混成（无）的状态时，它存在，当"道"接化万物时，它也存在，因为"道"，它是至善至美的，是不可用普通的感官感受的，它是超越具体的形象的，是不可用惯常的思维来把握的。大音是"道"，"道"即"自然"，符合"道"的音乐即是符合自然情态的音乐"大音希声"之"大"，遵循"自然"的法则，自在地表现了天地人间事物的变化流转，是老子所追求的音乐艺术的最高境界，"大音"就是最大、最完美、最纯粹的声音。"大音希声"与"无为而无以为"的思想是一致的，作为"最完美的音乐"的"大音"是稳定民心的，是与"五音令人耳聋"的"五音"相对的，这种"大音"也是无法以个人私欲享受为出发点演奏的，它只能是一种自然而然返璞归真的理想。至于"希声"《老子》说"听之不闻名曰'希'"，《庄子·天运》说"无声之中，独闻和焉"。就是说在实际的社会生活中，"大音"是合和民心的理想音乐，把那些享乐的僭越的音乐剔除出去，天下都按照礼乐的规则来演奏和欣赏音乐，只有这样，社会才能趋于和谐。另一方面"大"指"道"是超时

---

① 陈鼓应注译：《老子今注今译》，北京：商务印书馆，2003 年，第 205 页。
② 陈鼓应注译：《老子今注今译》，北京：商务印书馆，2003 年，第 169 页。
③ 胡健：《王弼 ."大音希声"美学思想发微》，《音乐研究》，1990 年第 3 期。

空的："是谓无状之状，无物之象，是谓惚恍。迎之不见其首；随之不见其后。"① 老子"道"之变化也显示了"大"之无常性。对老子来说"道"之大时空是一个现实空间与虚拟空间相并置的空间。无论远近，并排还是散在，我们都能感受到这种"大音"。"大音"对我们来说是经验的、可以去体验的一种真。无论我们现在的生活是战乱还是困苦，我们的生存空间仍然存在希望，虽然日常生活中听不见，但是"大音"一直是开放的，一直处于人们的期待视域中，它不受时空的限制，存在于天地之间，弥补着现实空间对人的身心的分裂，引导着人们超越世俗的价值观。但浸染在私欲中不能自拔的人们根本不可能听到自然中的"大音"，只有"虚其心"才能体会"大音"，借助艺术才能让心趋向自由，人之主体才能树立，与天地道通为一。"大"的审美理想是音乐可以将主体人格与自然结合，实现其"无用之用"之和谐社会的作用。

老子音乐之超越性为"希"。"上士闻道……大音希声；大象无形；道隐无名。夫唯道，善贷且成。"② 这里，老子讲了上士、中士、下士三种人各自"闻道"的态度，并列举十二句古人说过的话，表明道作为现象与本质的一系列矛盾统一的关系，"道"的本质隐藏在现象后面。在十二句成语中，前六句是指"道""德"而言，后六句的"大白""质真""大方""大器""大音""大象"指"道"的形象。老子长期担任周朝图书管理的史官，相当于现在的图书馆馆长，使他有条件长期阅读大量图书典籍，他学问极高，通晓政治、历史、礼乐、天文、地理、人伦，对"上士""中士""下士"的言论非常熟悉，因而，老子的思想不仅是抒发个人对世事之见解，也是与各界有识之士的对话。陈鼓应解释"大音希声""大象无形"就是比喻大道幽隐未现"希音"就是"无形"，不可以形体求见。从政治上讲，各派论争熙熙攘攘，老子主张"希声"，真正的利于世的言论是不争的、"善贷且成"的。"希言自然。故飘风不终朝，骤雨不终日。孰为此者？天地。天地尚不能久，而况于人乎？故从事于道者，同于道；德者，同于德；失者同于失。同于德者，道亦德之；同于失者，道亦失之。信不足焉，有不信焉。"③ "希言自然"一般解释都倾向于是"治民之术"，就是为政者不空谈，少说话，政治上清静无为，不扰民，与老百姓相忘于无为。而"无为而治"是与"常使民无知无欲"联系在一起的，而要使民无知无欲则必须"虚其心，实其腹，弱其志，强其骨"④。老子鄙弃的是争权夺利的浮华与私欲之心，肯定了人基本的生活层面的感官欲望。从音乐的角度上来说，就是肯定人声与自然的朴素的声音，

---

① 陈鼓应注译：《老子今注今译》，北京：商务印书馆，2003 年，第 126 页。
② 陈鼓应注译：《老子今注今译》，北京：商务印书馆，2003 年，第 229 页。
③ 陈鼓应注译：《老子今注今译》，北京：商务印书馆，2003 年，第 164 页。
④ 陈鼓应注译：《老子今注今译》，北京：商务印书馆，2003 年，第 86 页。

使音乐摆脱政治、感官享受之束缚"同于大道"，达到"同声相应""音声相合"的混合的矛盾统一的境界。"希声"之"希"不是否定甚至取消音乐之存在，而很大程度上是否定"雅乐"僵化单一的形式——逐渐丧失生命力的一面，音乐"使民心乱"的状况引起了老子的忧虑；另一方面，从"始用六佾"到"季氏八佾舞于庭"，僭越的享乐的音乐也不断出现，老子认为统治者必须行"希声"即奏合乎"自然"之乐，也即"无声"之乐，融合着"精""气""神"的生命不息的涌动之乐才能"使民心不乱"。明代徐上瀛的《溪山琴况》"迟况"中将"希声"分为三个阶段："希声之始作""希声之引申""希声之寓境"①。"希声"从"始作"，到"渐入"再到"寓境"都表明"希声"是可以演奏的，当然最后"大音"的出现需要欣赏主体的"引申"与"忘我"。事实上，老子就是用这种"道隐无名"的玄言肯定"大音"的难以实现和把握，需要欣赏主体全身心地投入到对天地万物的体悟中，"大音"是离不开主体人格的张扬的。"希"也表明了老子的音乐态度："视之不见，名曰'夷'听之不闻，名曰'希'搏之不得，名曰'微'。此三者不可致诘，故混而为一。"② 不去听那些纷繁复杂的礼乐，在乱世之中保持一颗纯朴之心。"希"否定的是沉溺于感官享乐的"听"，肯定的是不执着于物象、复归于道德"听"，"其上不皦，其下不昧，绳绳兮不可名，复归于无物。是谓无状之状，无物之象，是谓惚恍。迎之不见其首，随之不见其后。执古之道，以御今之有。能知古始，是谓道纪。"③ 自然界看似头绪万分，但是自始至终总存在着"道"，用"希声"来喻"道"，悟"道"，认识万物，借助音乐的力量，主体才能与外在自然的相融为一，达至和谐之境"希声"需要"静"，即"致虚极，守静笃。万物并作，吾以观复"④。在《溪山琴况》中，明代徐上瀛解释"静况"为："惟涵养之士，淡泊宁静，心无尘翳，指有余闲，与论希声之理，悠然可得矣。所谓希者，至静之极，通乎杳渺，出有入无，而游神于羲皇之上者也。"⑤ 由此可见，主体人格之张扬，需"希声"，需"静"，"希声"与"静"是一种可以借助与"道"相通的力量。对老子而言，主体与客体没有绝对的隔阂，其哲学体现的"中国人文主义的内在性是：人是道或天最高的创造活动之结果，人是可与天地合其德、与日月合其明、与四时合其序、与鬼神合其吉凶的。儒家圣人、道家真人和中国佛学中的佛，都在证明着一种信仰，那就是人有一种宇宙的潜能来实现在自然中的价值和使自己成为完人"⑥。老子从来没有舍弃音乐，音乐是其哲学思想中审美主体否定自我、实现

① 朱良志：《中国美学名著导读》，北京：北京大学出版社，2004，第 240 页。
② 陈鼓应注译：《老子今注今译》，北京：商务印书馆，2003 年，第 126 页。
③ 陈鼓应注译：《老子今注今译》，北京：商务印书馆，2003 年，第 126 页。
④ 陈鼓应注译：《老子今注今译》，北京：商务印书馆，2003 年，第 134 页。
⑤ 朱良志：《中国美学名著导读》，北京：北京大学出版社，2004，第 240 页。
⑥ 刘小枫：《中国文化的特质》，北京：生活·读书·新知三联书店，1990 年，第 50 页。

自我的力量，是老子音乐美学的空间所在。

"道生一，一生二，二生三，三生万物。万物负阴而抱阳，冲气以为和。"[①] 老子音乐是合和的，是包容的，充满了"象""物""精"，这也即道之存在之美。对老子"大音希声"的音乐理论进行一种"拆解式"的分析并不妨碍把"大音希声"作为一个整体来理解。"大音希声"推崇作为声音之"自然"的情态本体存在，是老子音乐美学的重要特征。

"大音希声"，老子肯定了人为之音乐，更肯定音乐对人的影响；"五音令人耳聋"，老子坚决地否定"使民心乱"的音乐，绝不是否定人为的音乐本身。徐复观曾指出："老、庄因矫当时由贵族文化的腐烂而来的虚伪、奢侈、巧饰之弊，因而否定世俗福薄之美，否定世俗纯感官性德乐，轻视世俗矜心着意之巧。"同时，又认为他们"要从世俗感官的快感超越上去，以把握人生的大乐；要从矜心着意的小巧，更进一步追求'惊若鬼神'的，与造化同工的大巧"[②]。也就是说，老子的音乐理论体现了老子哲学的精神追求：超越，追求一个大而广阔的自由与宽广的社会存在的心理适意。"大音希声"的重点在于对于世俗感官之超越，对"道"之追求。魏晋时稽康的"声无哀乐论"就是对这一思想的继承和发挥。稽康反对统治者对音乐的控制和禁锢，认为音乐是自然产生的声音，"五色有好丑，无声有善恶，此物之自然也"[③]，肯定音乐本身的形式美。老子肯定音乐对人影响的特殊性："大音希声；大象无形；道隐无名。夫唯道，善贷且成。"因此，对音乐尤其是对"大音"的欣赏也必须超越世俗感官，如张少康先生论述庄子所言"美在神而不在形，也就是美在道而不在物，也就是美在自然而不在人为……在音乐上，只要形诸具体的声音，就不是最美的了，要你从'无声'中去体会。"[④] 音乐与社会联结，能直达人的心理，能反映社会生活，但是这种反应是不确定的，是"无状之状，无物之象"，是"无形的"。结合对老子"道"的体悟，领会这种"无声之大乐"庄子的"至乐无乐"就必须"涤除玄览""致虚极，守静笃"。音乐之境实际上是老子对人们适意生活的哲性思考的情态之一，体现"气化流和，生生不息"的"大音"，体现人之生存的人间境界的"大乐""大音希声"是令人向往的"天地之乐"的美学境界。"大音希声"既是对音乐本质的展示，又是对音乐的最高理想的概括；既是超越的精神性存在，也包括可操作的物质性存在；既有感性的朦胧的遮蔽的一面，又有理性的清晰的澄明的一面。它是老子整个哲学思想的一部分，明确地表示了老子对音乐的态度：既肯定了音乐本身的魅力，

① 陈鼓应注译：《老子今注今译》，北京：商务印书馆，2003 年，第 233 页。
② 李维武．《徐复观文集·第四卷·中国艺术精神》，武汉：湖北人民出版社，2002 年，第 50 页。
③ 稽康．《声无哀乐论》，http://www.yuqinfang.com/article-357.html. 2010-10-11。
④ 张少康：《古典文艺美学论稿》，北京：中国社会科学出版社，1988 年，第 47 页。

又否定了音乐中僭越的部分。虽然老子将社会矛盾的解决寄希望于统治者的包括"希声"在内的"无为"有不切实际的一面，但老子对音乐本身及其与人主体建构的认识是极具价值的。因而，为老子音乐理论翻案，正确理解老子的音乐美学在当下仍然是具有意义的。

总之，作为我国传统美学当中的音乐审美观，"大音希声"主要是描述"道"的无声音乐和无转之形，以"道"的自然本色作为音乐的界定与追求，主要是表现音乐的自然淳朴，并且产生出审美意义。"大音希声"是道教的基本音乐观，也是道家道教音乐的主旋律。道家认为"礼乐遍行，则天下乱矣"①，明确反对儒家的"礼乐"；提出"大音希声"，则是对自然音乐观、音乐本体的深刻命题。老子说"五色的令人目盲，五音令人耳聋"，并不是否认音乐的本体，而是反对主观、崇尚自然的意思，是从"破"礼乐的角度对"大音希声"做出的诠释。"听之不闻名曰希"，此"希"字体现的是一种"虚无"中的"妙有"，一种自然之道。庄子对"大音希声"的道家音乐观有更具体的发挥，把音乐分为："天籁""地籁""人籁""天乐""至乐"等。②所谓"人籁"，指的是人为的丝竹音乐；所谓"地籁"，指的是如高山流水、鸟语虫鸣等自然物质的音响；所谓"天籁"，则是"听之不闻其声，视之不见其形，充满天地、苞裹六极"③的，只有达到了"天人合一"，即人与自然融为一体靠微妙的精神与之共鸣，才能去理解、品味、欣赏，而达到"无言而心说"④的境地。庄子认为这种不能用言语形容的、完全自然、完全自发、完全自由的"天籁"才是"至乐"，"至乐"的追求以"擢乱六律，铄绝竽瑟，塞瞽旷之耳而天下始人含其聪矣"⑤为前提，意思是只有摒弃人为的各种乐器，造作的音乐观念、世俗的丝竹之声，天下人才能听到听懂"天籁"的"至乐"。显然，道家的这种音乐观、美学观有着"道法自然"的基本哲学内核，也为以后道家道教音乐虽然海纳百川，但总以"大音希声"为其主旋律，因为"大音希声"是"道法自然"在音乐上的具体体现。

四、"大音希声"是道教音乐养生的最高境界

现在西方的艺术家们对"道法自然"的音乐不约而同地加以推崇，更能充分说明问题，德国的汉斯·厄施在《源自道的精神的音乐》中说："'我的音乐作品与道教思想之间存在着紧密的联系……'人们从尹伊桑那里了解到，只有对道教，对存在

---

① 其注曰："以一体之所履，一志之所乐，行之天下，则一方得而万方失也。"[清] 郭庆潘撰，王孝鱼点校：《庄子集解》，北京：中华书局，1961 年 7 月第 1 版，第 548—550 页。
② 郭庆潘撰，王孝鱼点校：《庄子集解》，北京：中华书局，1961 年 7 月第 1 版，第 49 页。
③ 郭庆潘撰，王孝鱼点校：《庄子集解》，北京：中华书局，1961 年 7 月第 1 版，第 508 页。
④ 郭庆潘撰，王孝鱼点校：《庄子集解》，北京：中华书局，1961 年 7 月第 1 版，第 508 页。
⑤ 郭庆潘撰，王孝鱼点校：《庄子集解》，北京：中华书局，1961 年 7 月第 1 版，第 353 页。

和发展的哲学有所了解才能真正领会他的音乐。"①

　　"大音希声"的理念体现在道乐养生方面，具体表现为道乐在心理修养上的疏导。道乐重修心，利用虚静的心理作用，辅以行气法，达到神凝气聚。在人们修练过程中，应该强调"大音"——即为最原本的音乐，从音乐的起源上可以看到最原本的音乐特征表现为健康的属性，俗称之为"走心的音乐"，这类健康的音乐，其表现形式恰恰是最简单的，音乐行为是人人可为的，音乐内容是发自本心的，音乐特点是虚静的。虚静心理已含有审美因素。人的美感和被感知的美是超实用、超功利、超感官感觉的，而与人的虚静本性和纯任自然的心理状态相适应。道教音乐实践都贯穿着"存思""运心""鸣法""叩齿""咽气""变神"等内修法术，这些都是心理修养法术行为。以《澄清韵》为例，主要经文为"琳琅振响，十方肃清。河海静默。山岳吞烟。万灵振伏。招集群仙。天无氛秽。地无妖尘。冥冥洞清。大量玄玄也。"单从这诗意化的韵文即可感受到气象恢弘的意境，天地澄湛清寂的虚静的本质。再配之《澄清韵》的音律，起腔即用"商、羽、宫、清角"四音，散发出一种清虚淡雅的意韵，更加突出了此歌清雅闲适的情致。音乐旋律发挥音声的特长，表达出修养身心所需要的特定感情状态，"远距离"地渲染养生修炼过程的基本心态。

　　道乐，即"大音"，其"希声"的形态，虚静柔和的特征，是由多种音乐要素的综合运动构成的。如旋律性格的偏柔偏静，邻音环绕的级进旋法，旋线的平滑柔和，轻微渐变的发展方式，节奏的自然适意，平静顺畅，速度力度的平衡自然等等。显然这种音乐使人的新陈代谢和心律减慢，心理紧张消除，身心完全放松，从而阻止热能和精神的耗散，对于心理节奏偏于紧张快速的现代人来说，这样的音乐正可起到平衡调节的作用，进而达到祛病强身、延年益寿的功能。

　　修道即是养生。这种心身修炼的道教音乐实践，也是人之生命体的一种全身心的投入，是人同外部世界之间的一种精神性的交流、默契与融通。是心与身、灵与肉、体悟与操作的有机统一，由此不断开拓人的内部审美时空和外部审美时空，从而达到人与天谐、人与物谐的自由境界。这一包举天地人的博大审美观，从始点到终点，都围绕"大音""希声""虚静"这几个主旨。于此，我们不仅找到了乐与道的密切联系，也在根本上看到了道乐区别于世俗音乐的本质所在。而道乐正在这一点上艺术地体现了道教重视自然，重视人的本真生命价值的世界观，它的生命科学意义也是具体展示于此。对于当代因过多追求外物而造成的各种社会病与心理病，以及对于当代文化与审美思潮的浮躁与单向性，以人为本的道教音乐无疑会有一定

---

① （德）汉斯·厄施：《源自 道的精神的音乐》，尹耀勤，赵志扬编译，《中国音乐》，1996 年第 1 期。

矫枉纠偏的良好作用。

道教音乐作为中国传统音乐，有其内在的哲学规律，那就是中国传统的阴阳五行学说。阴阳学说在道教音乐中的表现和运用几乎贯穿于各个方面，道乐的产生是"阴阳者，动则有音声"[①]，道乐的功能是"感物类，和阴阳，定四时五行"[②]，道乐的制作需要"阴阳调"，若"阴阳不和"，则"音声难听"[③]。而将曲调形式分为"阳韵"和"阴韵"，则是阴阳学说在道教音乐中的直接表现。就音乐的"形态"而言，还是《汉书·律历志》所说的"律十有二，阳六为律，阴六为吕"[④]。

在道教经典与文献中，有关道乐与养生的论述屡见不鲜。在《太平经》卷一百一十三中有："乐，小具小得其意者，以乐人；中具中得其意者，以乐治；上具上得其意者，以乐天地。得乐人法者，人为其悦喜；得乐治法者，治为其平安；得乐天地法者，天地为其和……故上士治乐，以作无为以度世；中士治乐，乃以和乐俗人以调治；下士治乐，裁以乐人以召食……夫乐者致乐，刑者致刑，犹影响之验，不失铢分也。"[⑤]这里认为音乐对人是有教育作用的，并且可以用来陶冶人的情操。

道乐养生作用，最重要的体现于对心理的影响。在具体的修炼方法上，道乐体验中有运心、存思、叩齿、鸣法、变神、咽气等手段，通过这些方法的运用，呈现出人的本性中本然存在的虚与静的状态，从而调和身心，平复意气，发挥身心自我调养的功能。以《澄清韵》为例，主要经文为："琳琅振响，十方肃清。河海静默。山岳吞烟。万灵振伏。招集群仙。天无氛秽。地无妖尘。冥冥洞清。大量玄玄也。"[⑥]单从这诗意化的韵文即可感受到气象恢弘的意境、天地澄湛清寂的虚静的本质。再配之《澄清韵》的音律，起腔即用"商、羽、宫、清角"四音，散发出一种清虚淡雅的意韵，更加突出了此歌清雅闲适的情致。

可见，道乐养生主要尊崇的是朴素唯物论，非常重视思辨，强调自然的变化情况。道教音乐以其虚静阴柔之神韵，以其所含的巨大的"道"磁场，与"心"感应，对心灌注"自然"的能量，让心皈依自然之道，与宇宙同旋律，达到"天人合一"的和谐，这是人与自然之间的平衡生态；"心"作为"君主之官"，再与五脏六腑、五官九窍、四肢百骸感应，使得上令下从，各"部门"协调统一，这是机体内部取得平衡生态。两个平衡同意的层面只能是"自然"，平衡的方法当然是"修道"，平衡的

---

① （法）施舟人原编，陈耀庭改编：《道藏》第 24 册，第 493 页。
② 《道藏》第 24 册，第 432 页。
③ 《道藏》第 24 册，第 432 页。
④ 班固撰，颜师古注：《汉书》，北京：中华书局，1962 年，第 958 页。
⑤ 王明：《太平经合校》，北京：中华书局，1960 年，第 586 页。
⑥ 詹石窗总主编：《百年道学精华集成 第五辑 道医养生 卷二》，成都：巴蜀书社，2014. 年，第 195 页。

枢纽则只在于"心"！所以修心是养生重中之重，一如君安则臣安，臣安则民安。

　　"性命双修"中的修"命"主要指的是对有形的身体的摄养。在多数人看来，音乐可能对调节情志、稳定心态有点作用，不太可能对有形的物质发挥养生作用。事实上，不但有作用，且作用肯定。根本原因在于：哲学意义的物质和意识，传统医学范畴的"形神"，现代医学范畴的"心身"都遵循着"互动"的原则，即在病理状态下，形身之病可以导致心神之病，心神之病也可以导致形身之病；在生理状态下，健康的形身有助于心神的清净，清净的心神也有助于形身的健康。更为重要和直接的是，以"阴阳五行"为基础，音乐的"五音六律"和人体的"五脏六腑"建立了横向的且有机的联系。①也就是说，音乐的"五音六律"对人体的"五脏六腑"有直接的修复作用，如《太平经》指出道乐的本质是"天地阴阳五行之语言"②，道乐的产生是"阴阳者，动则有音声"③。道乐的功能是"感物类，和阴阳，定四时五行"④，道乐的制作需要"阴阳调"，若"阴阳不和"，则"音声难听"⑤。而将曲调形式分为"阳韵"和"阴韵"，则是阴阳学说在道教音乐中的直接表现。道教音乐中"阴阳"虽然根据不同的划分方法有不同的内涵，但就音乐的"形态"而言，还是《汉书·律历志》所说的"律十有二，阳六为律，阴六为吕"⑥。

　　再如《灵枢·五音五味篇》说："商音铿锵肃劲，善制躁怒，使人安宁；角音条畅平和，善消忧郁，助人入眠；宫音悠扬谐和，助脾健胃，旺盛食欲；微音抑扬咏越，通调血脉，抖擞精神，羽音柔和透彻，引人遐想，启迪心灵。"⑦

　　《黄帝内经》将五音纳入五行系统，指出"宫、商、角、微、羽"五音分别相应于"脾、肺、肝、心、肾"五脏，及"忧、悲、怒、喜、恐"等五类情志活动。如《灵枢。邪客篇》指出："天有五音，人有五脏，天有六律，人有六脉……此人之与天地相应也。"⑧说明了道教音乐中五音六律与人体的五脏六腑统一于五行学说。

　　如同人体是以五脏为中心的有机整体一样，道教音乐是以五音为中心的有机整体，从这角度说，五音六律是道教音乐的"形"。

　　道教音乐的"性命双修"机理，不仅从传统医学的"形神共养"方面有医理可循，也逐渐被现代医学认识、证实和接受。如近年来，东西方医学界都再次认真研

---

① 吴敦序：《中医基础理论》，上海：上海科技出版社，1995 年，第 22 页。
② （法）施舟人原编，陈耀庭改编：《道藏》第 24 册，第 493 页，下文所引《道藏》均为此版本。
③ 《道藏》第 24 册，第 493 页。
④ 《道藏》第 24 册，第 432 页。
⑤ 《道藏》第 24 册，第 432 页。
⑥ 班固撰，颜师古注：《汉书》，北京：中华书局，1962 年，第 958 页。
⑦ 《道藏》第 22 册，第 442 页。
⑧ 《道藏》第 22 册，第 446 页。

究及肯定音乐的治疗价值。目前，在中国、美国、加拿大、日本等地已将"音乐治疗"应用在医疗上。这些国家的音乐治疗师都是拥有专业执照，受过专门训练的医疗人员，同时，现在市面上有睡眠音乐、消除神经疲劳音乐、养生音乐等出现。现在已经较为肯定的是，艺术疗法、音乐疗法可以运用在精神疾病或"心身疾病"的养生康复上，或作为一种辅助治疗方法用于其他疾病。

从现代医学的角度，音乐可以对心（心理）身（生理）两个方面进行调节。如现代神经生理学家证明，音乐对神经系统，特别是大脑皮层，有直接影响。不同乐曲作用于人的感觉器官，用乐曲的旋律、速度、音调等不同，可分别使人产生镇静安定，轻松愉快，活跃兴奋等不同作用，从而能调节情绪，稳定内环境，达到镇痛、降压、催眠等效果。所以国外医生对胃肠神经功能紊乱的病人，可能会在处方里开具"德国古典乐曲唱片一张，每日三次，饭后放听"。

相关研究还证实：人体皮肤表面的细胞都在做微小的振动，这种微小的振动简称"微振"。实际上全身所有的细胞都在做这样的微振，心脏、大脑、胃肠等处细胞的这种微振更为突出。在大脑皮层的统一指挥下，周身所有细胞都在按一定节奏作微振运动，合成一个非常协调的全身细胞大合唱。当一定节奏的音乐作用于人体时，如这样音乐的节奏和人体生理上的"微振"节拍合拍时，两者便发生了共振，体内的微振加强，导致人体产生快感。音乐则是带来这种快感的媒介。当人体机能失调后，体内微振也就处于不正常状态。这时我们科学地选择某一种音乐，有意识地借助音乐的力量。调整体内微振活动，使其恢复到正常状态，以达到祛病延年、养生康复的目的。

现在提出的音乐疗法无论是在疗效的验证上，还是在作用机制上，多较为肯定和明确，却又有"西化"之弊端，如认为音乐养生的机制有"调节神经""微振"等，很难找到音乐疗法，事实上为在中国已经传承很久的"中国特色"。考究其原因，主要在于：不熟悉中国的传统文化，对中西文化的共同之处也缺少研究，才造成古今的断层，内外的脱节。以现代所谓的"调节神经""微振"为例，太史公曰："夫上古明王举乐者，非以娱心自乐，快意恣欲，将欲为治也。正教者皆始于音，音正而行正。故音乐者，所以动荡血脉，通流精神而和正心也。故宫动脾而和正圣，商动肺而和正义，角动肝而和正仁，徵动心而和正礼，羽动肾而和正智。故乐所以内辅正心而外异贵贱也；上以事宗庙，下以变化黎庶也。"[1] 表述的本是相近的意思。所以本文从"道乐养生"的角度进行相关哲学的思考，立足于"中国文化的根柢"——道教，着眼于道教的"性命双修"，用力于传统医学的"形神共养"和现代医学的"心身并

---

① 司马迁：《史记·乐书》卷24，北京：中华书局，1959年，第1236页。

调"，并且追求"三位一体"，即"性命双修""形神共养""心身并调"，从而探求其与"大音希声"的哲学思想之间所存在的一些相同或者相似的内涵。

结语

道乐作为中国传统音乐文化，有其内在的哲学思想，"大音希声"以及中国传统的阴阳五行学说等等，这些理论在道教音乐中的表现和运用几乎贯穿于各个方面，道教音乐的"音韵""韵律"具备传统医学的"形神"关系。形神关系是一种体用关系，形为体神为用，表现在道教音乐上，是以五音六律为体，以韵为用的一种辩证关系，其哲学思想便成了道教音乐养生的重要理论基础。

道乐养生的实质就是修道，道乐养生的实践主要是修炼身心，使得人可以全身心投入其中，可以作为人与外界之间产生的精神性沟通交流，并且有机统一操作与感悟，肉与灵等，并基于以上方面不断探索人的外部审美空间和内部审美时空，进一步形成人与事物，人与天之间的和谐状态。道乐养生主要表现出博大的审美观念，并且主要是围绕"虚静"为出发点。基于以上方面的认识，我们不仅可以寻找道乐养生与道教之间的关联性，还可以从道乐养生的这个全新视角更加深刻地理解"大音希声"等中国传统哲学思想。

道法自然的身心和谐观

赵建永 *

摘要："道法自然"的原义，简言之就是"道法自己"。道教文化的核心在于以道法自然的原则来养生，这在魏晋时期构成了名士玄谈的"三理"之一。透过道教与玄学的不同表象，看出它们的相通之处在俱本乎道家自然之说。道教方术与玄学中顺应自然之道思想的内在一致性常被学界所忽视，因而在这方面的研究就十分值得重视。将道法自然的身心和谐观加以现代诠释，它们可在激烈的社会争斗中起着缓冲作用，是解救心态失衡所致顽疾的一剂良药，为现代文明不可缺少的有益补充。

关键词：道家（教） 自然 养生 身心 和谐

拙文内容源于我自幼对宇宙自然"万物一体"的感悟。正是带着这些问题，我1996年求学北大，在与汤一介诸先生反复探讨中，逐步提出了这些道法自然与身心和谐关系的基本观点，颇受先生嘉许，在此希望与大家交流探讨。

一、"道法自然"原义

"道法自然"出自《老子》第25章，是说人的活动效法地，地的运动效法天，天的运转效法"道"，"道"的运行效法自身。它揭示了人之所以应效法道，是因为道具有"自然无为"的特性，体现着宇宙秩序的和谐。"道"本指道路，引申为本源、道理、法则诸义。总体来说，"道"就是万事万物生长发展的原动力和规律，顺之则昌，逆之则亡。"自然"的今义，从形而上的角度看，是指客观规律和法则。从形而下的角度来看，则包括原生态的自然、由人类社会和自然界相互影响而生成的"人化自然"。历史上对"自然的和谐"的看重莫过于道家，"道法自然"作为道家的核

---

* 作者简介：赵建永（1972 一），青州人，天津社科院哲学所国学与跨文化研究中心主任、研究员，兼华夏文化促进会首席专家、中国社科院《中国哲学年鉴》特约编辑。

基金资助：本文系国家社科基金重大项目"黄老道家思想史"（项目号 16ZDA106）阶段性成果。

心思想，为当代身心和谐观提供了丰富资源。

道家以"自然为宗"，崇尚"自然"是其根本特点。据汤用彤考察，"自然"（nature）一词本为形容词，后来才用作名词。至魏晋，自然观念方大盛行。他对自然的多层含义详加解析："自"指本身（its own）、自身（itself），"然"指如此（so, thus）。"自然"指本然如此、它自身（by itself），即以自动为依据，没有任何动因，亦即相对于人为来说一种自发的、天生而然的状态。"自然"后来才用作名词，用作名词表示自然界 [①]，具有了自然物理（physical nature）之定律、和谐、原初状态（primitive state）等。[②] 如郭象《庄子注》的自然观念就可区分为：独化、非人为、自为、本性、必然、偶然等。[③] 汤一介先生将郭象的这种自然学说用"自性"一词来概括，可谓深得其精髓。可见，"道法自然"的原义，简言之就是"道法自己"。"自然"作为名词，在魏晋时期已具备的上述含义，与其作为形容词的原义，同时被人们广泛使用，既指生活之顺适本性，又可指大自然。

二、道法自然的养生原则

人生活在身心内外往复之间。[④] 身心和谐的主要内容为，心理和谐与生理和谐，及其相互间的和谐。以往哲学常偏重心灵而忽视或轻视身体的意义。梁漱溟年近不惑方晓悟道家在人类生活中自有其真价值，并谓之为"身学"："道家为学所重在人身，趋向于此身之灵通而造乎其运用自如之境。"[⑤] 道家（教）以解决身体问题为中心，其科学性在于生理健康是心理和谐的物质基础，并且由身体到心灵，注重身与心之间的良性互动。在国内学界，汤一介较早关注到道家道教的身心和谐观。他指出：道教通过行气导引排除内外对自己身心的干扰，这"又发展为所谓的'气'的内循环，而有'内丹'学说"[⑥]。"性命双修"即寻求身与心相互间的和谐沟通：内养心性，外炼形体，形神俱妙，与道俱化。如身心合，性命全，形神妙，谓之丹成。其道甚广，并非限于物理性层面的身体。像《庄子》的坐忘、心斋，就是"不执着自我的形骸与心志，否定束缚身心内外的一切，才能和'气'一样'虚而应物'，以达到物我两忘的超越自我的身心内外的和谐境界"[⑦]。

① 汤用彤：*The History of Chinese Thought from Han to Sui Dynasty*（《中国汉隋思想史》），《汤用彤全集》第 4 卷，石家庄：河北人民出版社，2000 年版，第 213 页。

② 参见《汤用彤全集》第 4 卷，石家庄：河北人民出版社，2000 年版，第 332—335 页。

③ 汤用彤：《郭象的自然观念》，《汤用彤全集》第 4 卷，石家庄：河北人民出版社，2000 年版，第 286—288 页。

④ 《梁漱溟全集》第 3 卷，济南：山东人民出版社，1993 年版，第 744 页。

⑤ 参见《梁漱溟全集》第 7 卷，济南：山东人民出版社，1993 年版，第 339—349 页。

⑥ 汤一介：《魏晋南北朝时期的道教》，西安：陕西师范大学出版社，1988 年版，第 170 页。

⑦ 《汤一介学术文化随笔》，北京：中国青年出版社，1996 年版，第 152 页。

道教与玄学皆同源于汉代黄老道家，但前者博采民间仙方沿长生修炼之道，由黄老养生道术于魏晋之际发展为神仙道教；后者则循理性思辨之途，从黄老形名学进化成魏晋玄学。汤用彤透过道教与玄学的不同表象，看出它们的相通之处在俱本乎道家自然之说。方技全身养生之道虽在表面上与魏晋玄学差异甚大，然却有顺乎自然的旨趣蕴含其中，而这正是老庄道家之根本精神。此种精神之发展，自必渐远形而下之末技，而趋于探本求源之形上思辨。① 在汤用彤看来，王弼人生之学以返本为鹄，而返本即顺自然无为。② 汤一介先生进而指出，王弼所谓"返本"要求个体与宇宙全体相结合，这与道教"守一"或"守真一"超越个体而与整个宇宙合一的要求是一致的。③ 这种共通的要求，为道教与玄学在"返本复命"问题上的参同互释，提供了动力和可能。道教方术与玄学中顺应自然之道思想的内在一致性常被学界所忽视，因而汤用彤在这方面的研究就十分值得重视。

道教文化的核心在于以道法自然的原则来养生，这在魏晋时期构成了名士玄谈的"三理"之一。汤用彤指出，两汉方士有祠祀、丹药、辟谷、吐纳等道家长生久视之术，而老庄玄学亦尚全身养生。方技虽常为世人所讥，然其全身养生之道，亦旨在顺乎自然，而贵自然正为玄学之根本义。葛洪借鉴玄学以"无"为本的自然本体论以建构其仙学体系，将宇宙本原——"玄道"视作自然万物产生的根源和存在的根据，并具有无边神力，与之合一，便可成仙。汤用彤认为《抱朴子内篇·畅玄》开篇所言，是说凡咽气餐霞之术，神丹金液之事，均须与自然契合。而清谈家尚清净无为，固亦全生养性之道。凡与自然同德者，可与天地齐寿。故嵇康十分向往神仙长生，常修习养性、服食之事，以为神仙禀之自然，非积学所得；至于导养得理，不为声色所毁伤，则安期、彭祖之伦可及。④ 在汤用彤看来，嵇康《养生论》是说在顺乎自然之道的前提下，吐纳、服食诸术才能奏效；若不知全神虚静，而徒事服食则必至倾败。牟子亦谓佛道在法自然，与嵇康所言虽有不同，然其所据之玄旨同为自然。⑤ 汤用彤可谓最早关注了作为玄学家的嵇康与神仙道教之间的联系，其研究表

① 汤用彤：《汉魏两晋南北朝佛教史》第六章，《汤用彤全集》第 1 卷。参见孙尚扬：《汤用彤对汉魏两晋南北朝佛教思想脉络的疏寻》，《中国哲学史》2001 年第 2 期。

② 汤用彤：《魏晋玄学论稿》，《汤用彤全集》第 4 卷，石家庄：河北人民出版社，2000 年版，第 43、271、272 页。

③ 汤一介：《郭象与魏晋玄学（增订本）》，北京：北京大学出版社，2000 年版，第 111 页。

④ 汤用彤：《汉魏两晋南北朝佛教史》，《汤用彤全集》第 1 卷，石家庄：河北人民出版社，2000 年版，第 92—93 页。

⑤ 牟子《理惑论》在中国佛、道教发展史上是重要的分水岭。汤用彤以牟子为体现汉魏之际佛道向佛玄过渡的关键人物。牟子之信佛道，乃因有会于《老子》。汉魏之际，清谈之风大盛，佛教乃脱离方士而独立。进而高谈清净无为之玄致。其中演变之关键在佛、道二义。由此变迁附益，而为神仙方技枝属之汉代佛教，至魏晋遂进为玄理之大宗。此二义变化之始，具在牟子。汤用彤：《汉魏两晋南北朝佛教史》，《汤用彤全集》第 1 卷，石家庄：河北人民出版社，2000 年版，第 93 页。

明嵇康与道教的关系甚为密切，如他的读《道藏》札记还注意记录"嵇康与伏鬼神"之事。新近研究进而认为嵇康创立了文士道教，并启迪了魏晋士族道教①。

道家各派都反对"人为物役"的异化，要求"不物于物"，复归人的本真之性，达致身心的逍遥。在彻究身心关系，通向终极关怀的途径上，道家介于儒家与佛家之间，故印度佛教通过道家及玄学的桥梁而融入中国文化。以解决心识本源问题为核心的佛教，讲求五蕴皆空，心无挂碍，寂灭无生，出生死轮回而得大自在，以实现生命的彻底解脱。汤用彤指出："禅之用在洞悉人之本原。"②汤一介认为，中国禅宗虽有南北、顿渐之分，而只不过在理论架构和修养方法上有所不同，其目的皆在追求自我身心内外之和谐。禅宗对待"自然"的态度多受道家影响，在社会问题上则多受儒家影响。③

历史上的修仙已难以普遍成为当代人的追求，新时代的主流追求应当是身合自然。和谐本就是自然的道法属性，是寓于我们本身民族性格中的基本元素，值得大力发扬。摈除佛、道教中不合时宜的因素并加以现代诠释，它们可在激烈的社会争斗中起着缓冲作用，是解救心态失衡所致顽疾的一剂良药，为现代文明不可缺少的有益补充。

① 孙明君：《嵇康与文士道教》，《哲学研究》1996 年第 6 期。
② 《汤用彤全集》第 1 卷，石家庄：河北人民出版社，2000 年版，第 105 页。
③ 《当代学者自选文库：汤一介卷》，合肥：安徽教育出版社，1999 年版，第 792、794 页。

老子章句研究

《道德经》第一章的解读与说明

孙文鹏[*]

摘要:《道德经》是全世界最难读、难懂的古代经典，充分反映在它的第一章里。作者以老子思想为指导，分析了难懂的原因，从确立《道德经》是本"以德治国"专著入手，以探求《老子》的原本。老子在《道德经》第一章提出了"道"（抽象）与"名"（实体）的概念；宇宙分为"有"与"无"两部分；以及"有欲"与"无欲"两种认识世界的视角（或方法）。

关键词： 道　道德经　以德治国　有欲与无欲

《道德经》既是世界名著，也是最难读懂的经典。它的难读、难懂是由诸多因素综合造成的：它是本什么书？因不被重视，少有人专门研究，至今没有结论；既不知是什么书、又不了解作者身世和成书时代，《道德经》因失去了解读的依据，则怎么解读都行！此外《道德经》原本失传，现有版本皆为抄本；由文言文写成，且不断句；再加上自古至今词义的演变等，都给《道德经》正确解读增加了难度。除以上的客观原因外，它还受读者主观因素的影响。众所周知，一个完全不懂中华文化的外国人是很难，或根本读不懂《道德经》的；即便是中国人，如果读者的知识结构达不到读懂《道德经》的起码要求如：你不了解西周与春秋、战国的社会特点，你就不可能正确判别《道德经》的成书时代；若没有天文与地质知识，或读者是个忠诚的宗教信徒，他就理解不了《道德经》关于"道"与宇宙的论述；若不了解一些关键文字、词义的演变，你也会错解《道德经》；更为重要的是：读者的上述基础知识还必须是真知，否则它会将你引入歧途，而不自觉。除上述主客观因素外，读者还须掌握正确的学习方法，而不宜用不同文化的思想、如佛学的"不可言传"概念，或用分析逻辑方法、"就事论是"地解读《道德经》。建议：最好遵循老子"致

---
　*　作者简介：孙文鹏，地质学副博士、资源评价专家、研究员；"天地生人讲座"主要成员，著有《思维之辩》（合著，2012年，光道新世界国际出版社）、《"道德经"解玄》（2018年，九州出版社）。

虚极、守静笃……"的认知方法来解读《道德经》！

众所周知《老子》原本失传，《道德经》的版本很多，在"《道德经》是本什么书"不确定条件下，就不可能确定那个版本更接近《老子》原本！《道德经》给我的印象是：它的 81 章都在讲述"以德治国"！以此为标准来看各个版本，彼此差别不大，它们基本上都不违背"以德治国"主旨。后统计证明此观点正确、可信！并选择了河上公本和王弼本作为解读的主要版本。河本与王本的第 19 章，均以"绝圣弃智"开头，而"绝圣"与《道德经》"尊圣"主调相悖，疑是后人做了"手脚"。陈光柱先生率先提出应为"绝礼弃智"！作者赞同并将陈本《道德经》作为参考本。

作者为了使读者能直观看到自己对《道德经》的解读，此次只对第一章的文字做解读（不离本文、不引申发挥），为了便于读者理解，恢复了《道德经》原文中被省略的主语，用括号"（）"标出系我所加，力求达到作者解读与《道德经》原文一目了然，以利读者自主判断！

一、《道德经》第一章的解读

道可道，非常道；名可名，非常名。无名天地之始；有名万物之母。故常无欲以观其妙，常有欲以观其徼。两者同出而异名，同谓之玄，玄之又玄，众妙之门。（汉·河上公本）

直译："道"，可类比如"道路"，却不同于通常的"道路"；（道这个）"名"类似于通常的名称，却不同于通常的"名称"（它是抽象的概念）。天地初始，没有"名"（因无物）；万物（有）用"名"称来表示自己的本质特征。

故：不带主观欲望（客观地）观察、体验事物，就能领悟宇宙万物变化的奥妙（"道"，即认识世界）；带着主观欲望（目的）去观察事物，就能发现事物的端倪（功能与用途：改造利用世界）。两者（"有欲"与"无欲"）都是认识事物的方法，出发点、视角不同，目的相同。（认识宇宙万物之"道"）玄妙之极，用它（"有欲""无欲"两种方法）打开众多奥妙之门。

二、与第一章有关问题的探讨

1. 关于帛书《老子》为"非恒道""非恒名"的问题

不论是"常"还是"恒"，都不影响老子将"道"类比于道路！两者的差异在于一个强调的是不同于"常见的道路"，一个突出的是不同于"不变的道路"。我与汉人相通，两者均可！

2.关于"道","常道"与"非常道"。

"道"是《道德经》的核心，能否读懂《道德经》的关键，也是人们认识分歧最大的问题。

有学者对"道可道，非常道"解释为"可以用言词表达的道，就不是常道"。还有学者认为：《道德经》中所说的"道"是常道，而不是非常道；或者，相反。即认为：除了常道外，还存在一种非常道。将"道"分为"常道"与"非常道"，且不能用言词表述（可能受佛祖不立文字遗嘱影响）一下子就把读者搞糊涂了，使《道德经》变成说不清、听不明，越解释越糊涂，让《道德经》背上"玄学"恶名。

为了正确地理解"道"，需了解、明确如下几点：

★ 照《说文》的注释："道者，径路也。"把"说话"用"道"字代表，那是唐宋时期的事。

★ 当老子对上古历代文献、资料、《易经》（所记录和阐述的自然、社会现象）进行整理、综合概括总结时，发现宇宙万物的演化与无休止的运动都是有序的。当他在把自己的"新发现"——宇宙万物演变、运动的基本规律说出来或用文字表述时，遇到了给"新发现规律"命名的问题。此时，他想到了四时的变化与天上的星星沿一定的轨道运行与人类沿着道路行走相似，因此借用了道路的"道"字来表达他的"新发现"——宇宙万物运动、变化的规律。此外，"道路"具有如下特点：路是人们走出来的客观存在，前后相连，不断延展，通向未知的它国、异域、各家宅之门，与时俱进、没有终点等特点。道路的这些特征都与老子的"新发现"——宇宙万物生成、运动、演变的普遍、无处不在的规律相似，所以借用了"道路"的"道"字。然而老子认为"道路"是人们能看得见的具体事物，而非抽象的概念。因此"道路"又不同于他的"新发现"——宇宙万物的演变规律，这才有了"道可道，非常道"。即："道"可类比于道路，又不同于通常的道路。老子"道"乃是宇宙万物运动、演变规律的总和。老子是提出"道"并对"道"进行全面论述的第一人。后为诸子百家所接受、采纳，并写入诸子的经典（无人解释过"道"）和《易传》中。有人说，古籍中已有道的概念。然而，除《易经》外我国的许多古籍，它们成书都晚于《道德经》（西周晚年），并且在以前考古发现的甲骨文、金文中，并无"道"的概念。

★ 在第 25 章老子又对他的"新发现"增添了一个名，叫"大"。以补充用道路（具体的"物"）来类比"道"的不足。因此用抽象的"大"对"道"做了进一步说明："大曰逝，逝曰远，远曰返。"即将"道"的适用范围扩展到无限的时、空。当今有学者根据"远曰返"而认为老子是保守的"循环论者"。其实，老子文中的"远曰返"并无重复过去之意。"远曰返"应理解为新的开始，或在"远曰返"后再添三个字："返曰新"，以强调是新的开始。此外，在第 14 章、21 章还详细描述了"道"的一些其他特征。

★ 本章的最后两句"玄之又玄，众妙之门"反映出：老子所说的"道"是通往宇宙万物奥妙之门的，而不同于通往家宅之门的普通道路。进一步证明本章对"道"的理解符合老子本意。

★ 将老子的"道"分为"常道"与"非常道"只会使"道"的概念复杂化、神秘化。在《道德经》中除第一章外，并未对"常道""非常道"做过进一步论述。在《道德经》中"道"被理解为一种常态。常态总是符合"道"的："……复命曰常，知常曰明。不知常，妄作凶。知常容，容乃公。"（第 16 章）。

★ 在西周晚期"道"字专指"道路"。《道德经》问世前既无老子"道"的概念、更无"常道"与"非常道"的概念。春秋战国时诸子百家接受了老子关于"道"的概念，并将它应用于各个领域或不同的"学科"，从那时开始"道"的概念在中华大地一直流传至今 2000 多年。罕见有人论述过"常道""非常道"。

★ 进入近代，牛顿、笛卡尔提出了一种全新的认知方法。即分析、逻辑、试验的方法，应用这一方法建立了新的近代西方科学体系。因此，只是在 17—18 世纪以后世界上才真正有了"常道"（老子道）、"非常道"（西方科学道），两种不同的"道"。西方近代科学是一种只有在它所规定的条件下才正确的"特殊道"。它不同于"老子道"（无预设条件的）"常道"。

3. 关于"有欲"与"无欲".

本章的河本、王本与陈光柱本采用了两种不同的断句方式："故常无欲以观其妙，常有欲以观其徼。""故常无欲，以观其妙，常有欲，以观其徼。"两种不同的断句方式对内容的理解差别不大。此外，还有一种断句方式："故常无，欲以观其妙，常有，欲以观其徼。"则与前两种断句在内容解读上差别很大。持最后断句方式的学者认为：唯有第三种解读方式结构清晰，始终围绕"有"与"无"立论，而不黏滞于（回避）有欲无欲、有名/无名的辩论。并且还强调，老子追求"无欲"之恬淡境界。因此，对"有欲，以观其徼"令人困惑不解（有悖老子"恬淡"思想）。而采用此种解读方式则规避了有欲/无欲的纠缠。具体解释为："从'无'中去观察、领悟'道'的奥妙，从'有'去观察、体会'道'的端倪。有与无来源相同，而名称各异。"（为求真，不指名。作者）其实，这种说法是对老子与《道德经》的误解，且难于联系实际。

首先，《道德经》中反复强调的"无欲"，是要求为王者去私欲，不与民众争利，唯有君主不欲或做到无欲，方能依道治国，民众才能信任他、拥护他，国家才能长治久安。

其次，《道德经》讲"无欲"并不是要求民众或说他自己无欲，或强调自己追求恬淡的生活，这在《道德经》中是没有的。在第 70 章："吾言甚易知，甚易行，天下莫能知，莫能行。言有宗，事有君，夫唯无知，是以不我知。知我者希，则我者贵。"反映出老子对不听他教诲的"门生"是多么的生气和失望，能说他"无欲"？《道德经》中的"无欲"是专指统治者治国必须"无欲"，不贪图钱财、名声。

第三，与此相反，老子主张让民众过上"甘其食，美其服，安其居，乐其俗（此种生活恬淡吗？）。邻国相望，鸡犬之声相闻，民至老死，不相往来"的好日子（第 80 章）。让民众过上好日子才是老子的追求，这是他著《道德经》的崇高宗旨与目的。

第四，不能把道家或道教对《道德经》的解读强加在老子或《道德经》身上。老子未收道家、道教为徒，道家、道教自认为是老子的继承人、发展了老子思想。既然是发展了老子思想，很自然就不能等同于老子思想。因此，它们代表不了老子，唯有《道德经》反映老子的真实思想。

作者认为：不论是学习、研究、观察、认识事物不外两种情况，一种就是为了解决某一问题，另一种就是为了认识客观规律（以备未来之用）。这大概就是"故常无欲观其妙，常有欲以观其徼"。所说的两种认识万物的视角吧！故：作者认为老子在第一章中讲了三个关键问题：定义"道"与"名"；"有名"与"无名"即构成宇宙的两大部分"有"与"无"；"有欲"与"无欲"两种认识世界万物的视角或方法。

4."道"的划时代意义．

在人类的进化或文明史上，经历了很长一段从图腾、多神崇拜到一神崇拜的发展阶段。中华民族也不例外，上古时代的各氏族部落都有自己所崇拜的图腾。夏商时期则崇拜神灵，迷信巫术，从甲骨文记载可知，商人事无巨细，大至迁都、征伐、耕种，小至出行、婚嫁、生病求医，事前都要占卜、祭祀，以求得神灵与祖先的护佑。在《道德经》中老子以"道"阐述了宇宙万物生成、演变与运动的规律，人类社会和谐与君主为王之道，它使得人格化了的万能之神失去了存在空间与价值，老子的无神思想在全球各民族文化中十分罕见、是独一无二的。因此，在我国自西周以后尽管祭祀活动从未中断，可是人们的祭祀活动与殷商比在内容或本质上都已发生了很大的变化，神再也不被视为人类命运的主宰，从此以后中国人的祭祀活动，通常只是人们对祖先或"天"尊重、感恩、期盼保佑的一种表现形式。而不相信有一个能主宰人类一切、万能神的存在，这就是我国的各种宗教一直被排除在主流社会之外，长期处于社会边缘，对我国政治、社会生活影响较小、都不直接干预朝政，而依附于皇权，对社会发挥一种安定民心的作用。"道"的思想深深地影响着中华民族成长和中华传统文化的发展：形成了中华民族重实践、讲实用的文化传统；塑造了勤劳、节俭，吃苦耐劳的民族性格。两者相结合极大地推动了我国古代生产、科学技术超前、快速发展，并长期处于世界的领先地位直到 18 世纪西方近代科学文化的兴起。老子将无形的"道"放在至高、决定性的地位，把古公的"以德治国"提高到"尊道贵德"新高度，与西方唯物、唯心二元对立，重唯物、批唯心的哲学思想相区别。

学习《道德经·体道一章》心得

熊国宝 *

内容提要：《道德经》首章高度概述了"道"，紧接着，教谕世人如何才能"体道"，并进一步阐述两者之"玄"。正是老子《道德经》博大精深，语言精练，结构严谨，概述有序之处。

关键词：道德经，第一章 道 德

道祖老子之著《道德经》，道教尊之为《道德真经》，奉之为最高经典。千百年来，上至帝王、下至百姓，历代道门高真、文人政客作疏注释《道德经》，无不从这部思想蕴藏极为丰富的智慧圣典中汲取治国安民、修身养性等方面的精髓。古人云：《道德经》用之于国，则国泰民安；用之于兵，则百战不殆；用之于身，则修身治平；用之于武，则神化无方。老子所创的道家思想和孔子的儒家思想共同构筑了中华民族文化的主干。道祖老子《道德经》一书，博大精深，义理渊明，不仅是我国传统文化思想的结晶，也是人类文明史上的一部伟大的经典著作。

《道德经·体道一章》是道祖老子著书阐道的首篇，在整部《道德经》中，有着开宗立义、总述全文的重要作用。然而，当今社会上较多的《道德经·体道一章》注解过多注重于"老子之道"的本体论，却忽略了《道德经·体道一章》的总纲位置，把它作为《道德经》的一个普通篇章的角度去诠释，似有违背老子之本意。我自入道近30年，多次诵习道祖老子《道德经》，略有所得，诚惶诚恐，略而述之，是以与十方同道商榷。

我以为《道德经·体道一章》可分为三小段。"道可道，非常道；名可名，非常名。无名，天地之始；有名，万物之母"为第一小段。老子在此小段中概括性地阐

----

* 作者简介：熊国宝（1970—），男，江西南昌人。1991年入道于西山万寿宫，师承李清雨，2005年7月毕业于中国道教学院首届宫观管理班，现任南昌市道教协会副秘书长、新建区道教协会副秘书长、西山万寿宫办公室主任兼净明道研究室主任，研究方向：净明道文化研究。

述了"道"的本体。"故常无欲，以观其妙；常有欲，以观其徼。此两者，同出而异名，同谓之玄"为第二小段。老子开宗立义地提出了主要思想论点"道"后，紧接着教谕人们怎样才能真正地感悟"道"之妙。"玄之又玄，众妙之门"这句话应是作为《道德经·体道一章》的结语。如此剖析《道德经·体道一章》，比较容易结合整部《道德经》去理解老子所著《道德经·体道一章》之本意。概括地说：《道德经·体道一章》应是整部《道德经》的总纲，其实质就是一部高度浓缩了的《道德经》！

接下来我们可以结合历史上一些著名的《道德经》作疏注释本的诠释来论述这个观点：

道祖老子开门见山地在"道可道，非常道；名可名，非常名。无名，天地之始；有名，万物之母"这一小段话中给我们大致描述了"道"的轮廓，首开历史之先河将"道"作为道家思想的主要概念升华到本体论的高度。诸如"道不可言，道为宇宙之本源（天地之始，万物之母），道尊高伟大"等等，这便为老子之"道"论，也被历代《道德经》版本及诠释本所共识。至于如何论"道"，老子在《道德经》的其他篇章中多见论述。如《道德经·道冲四章》"道冲，而用之或不盈。渊兮，似万物之宗……湛兮，似或存。吾不知谁之子，象帝之先。"阐述了"道"的内涵；《道德经·象元二十五》："有物混成先天地生。寂兮寥兮独立而不改，周行而不殆，可以为天下母，吾不知其名，字之曰道……"阐述了"道"的至高无上，"道"周行不殆的大自然之规律，"道"生化万物为大自然之本源；《道德经·去用四十》"反者道之动，弱者道之用。天下万物生于有，有生于无"则阐述了"道"之变化规律。至于"道"的双重性、"道"的柔弱、"道"的无情、"道"的不争等等，皆见于《道德经》其他篇章中。所以说，我们无须在《道德经·体道一章》中过多地着墨渲染"道"了。

如此，我们接着来看第二小段："故常无欲，以观其妙；故常有欲，以观其徼。此两者，同出而异名，同谓之玄。"就不必再继续停留在"道"概念性的范畴，从感悟"道"之妙的角度领会老子之本意了。那么老子在第二小段阐述的意思是什么呢？我以为阐述的是老子另一个重要思想范畴"德"。即指导人们如何领会道的精深与奥妙，如何理解道的微妙与玄远，简而言之为老子之"德"论。先看早期的《道德经》作注本——西汉智者河上公的《老子道德经河上公章句》关于这一小段的注解："故常无欲，以观其妙；"注释为：妙，要也。人常能无欲，则可以观道之要，要，谓一也。一出布名道，赞叙明是非。"常有欲，以观其徼。"注释为：徼，归也。常有欲之人，可以观世俗之归趣也。"此两者，同出而异名。同谓之玄。"注释为：两者，谓有欲无欲也。同出者，同出人心也。而异名者，所名各异也。名无欲者长存，名有欲者亡身也。玄，天也。言有欲之人与无欲之人，同受气于天也。可以看出，河上公注释本关于《道德经·体道一章》这段话的注解精辟阐述了老子之"德"。欲、欲望也，泛指世人的种种贪婪之心；无欲、德也，可指世人超脱于世俗欲望之上的品德操行。进一步说，如果世人能够摆脱世俗欲望所激发而来种种世俗贪婪之利益驱动的话，那么，他自然而然地能够感受悟"道之要"，即"大道真谛"。反之，有欲者，泛指那些见财贪财，见权篡权，见色淫色，其内心世界被贪婪之心所充塞的世俗之人，试问，他们能悟到"道之要"吗？他们所能得到的永远是一些"世俗之归趣"。不难看出，《老子道德经河上公章句》中河上公并且进一步引申了老子"德"的思想，总结为"名无欲者长存，名有欲者身亡"。古往今来，落有"名有欲者身亡"悲惨下场者不计其数，且不说多见于史书陷身于后宫三千粉黛淫欲中不可自拔而短寿的封建帝王，丧身于贪权夺位的奸臣，葬身于敛财横富的污吏，就是当今社会之中，被贪婪欲与而淹没的显赫一时的人物并不少，无不警醒世人。正如老子在其《道德经·检欲四十六》中所言："……罪莫过大于可欲，祸莫大于不知足，咎莫大于欲得。故知足之足，常足矣。"

　　基于以上的分析，再来诠释理解道祖老子"此两者，同出而异名，同谓之玄"这句话就较轻松自如了。简单说，"有欲"与"无欲"是世人两种截然相反的心态，同去感悟、体会"大道"、而所得到必然是两种截然不同的结果（"无欲"者真实地体悟到了"道之妙"，而"有欲者"则徘徨于"道之徼"，失陷"世俗之归趣"之中）。认识"大道"、体悟"大道"的心态的转化过程是很深奥玄秘的，这就是我们常说"德为道之基"，要想得道，必须积德。也就是"道"与"德"共性与个性的道理。这道理自然深奥玄妙得很。所以说老子这句话阐述了"道"与"德"的关系，养德者，有德也，有德者，得道也。唐玄宗御注《道德经》的序言中不是说"道之在我便是德"吗？当然，在《道德经》以后的篇章中，阐述"道"和"德"之间的关系之"玄"，并不少见，如《道德经·养德五十一》"道生之，德畜之，物形之，势成之。是以万物莫不尊道而贵德。道之尊，德之贵，夫莫之命而常自然……"阐述的就是"道"和"德"之间的"玄"。综合上述，我们要看出，老子高度概述了"道"，紧接着，教谕世人如何才能"体道"，并进一步阐述两者之"玄"。正是老子《道德经》博大精深，语言精练，结构严谨，概述有序之处！

　　最后，我们来理解《道德经·体道一章》的最后一句："玄之又玄，众妙之门。"

　　此句的关键词是"玄"字。"玄"的本义是深黑色，其引申意为深奥、玄妙、玄远。《说文》中"玄"的释说明书为"幽远"，指的就是"玄"的引申意。《老子道德经河上公章句》注释为："玄"，天也，也是从"玄"的引申义作解，那么"玄之又玄"的意思是什么呢？自然是"玄妙又玄妙，深奥又深奥"之意，是指什么"玄妙又玄妙，深奥又深奥"呢？自然所指的是老子的思想——"道、德"之论。"众妙之门"，《老子道德经河上公章句》注释为：能知天中复有天，禀气有厚薄，除情欲，守中和，是谓知道要妙之门户。王弼《道德真经注》注解为：众妙皆从同而出，故曰众妙之门。这两种历史上权威性的注本已经十分明了地告诉我们老子"众妙之门"之所指，老子"众妙之门"之所在了。据我看来，老子以其精深的语言"玄之又玄，众妙之门"来结束《体道一章》，实为点睛之笔，寓意深邃，含意深刻！

总之，整部《道德经》中，论"道"者74条，述"德"者44条，当然，也有既述"德"又论"道"的。无不为后世人们能触及"众妙之门"，能进入"众妙之门"指明了方向，激励着人们修道养德，遵道而行。二千年以来，政治家、军事家、文学家、哲学家、医学家、宗教家等各领域学者无不研读《道德经》，从中汲取智慧，受其启示，明其事理。正如魏源所撰《老子本义》所言：老子之书，上之可以明道，中之可以治身，推之可以治人。我等道末更应勤以研习，尊道贵德，修道养德，为弘道宣德而不懈努力！

"自然"之辨

——《老子》十七章专题研读

李汶陕*

摘要："自然"作为《老子》一文中的重要概念，不仅用于指天下、万物、百姓发展的最佳状态，也是老子理想社会追求的价值目标。对"自然"一词的解读，"六经注我"与"我注六经"兼而有之。后人将老子"自然"思想具有的整体性延伸到个人精神发展的内在依据。也有对其进行思想内涵层面的重新解释，如将其思想内涵引申为"不受外力影响"的层面。而老子"自然"思想凸显了事物本身具有向上发展的潜力，是事物所能达到的理想状态。同时，它映射了一种自觉的、无目的的、真实的人文品格。

关键词：老子　自然　道　无为

《老子》一书表达了心系人类群体发展方向的人文关怀，体现着上善若水的精神品格，是中华优秀传统文化典籍的代表之一。它虽仅有五千言，但所传递的思想却是深刻与难以把握的。《老子》一文具有文辞简约和玄理古奥的特点，加上对"老子是谁""《老子》成书年代""老子与《老子》之间关系"等问题模糊不清的认识，使这部哲学著作更加"玄之又玄"。其中老子思想的主旨为何？是历代研究者关注和争论的焦点之一。有人认为，其主旨是"道"和"无为"，因为它们开创了老子思想体系的形而上部分。也有人认为，该书内涵一套"自然哲学"，"自然"是《老子》一书的主旨。就以"自然"这一主题而论，不仅涉及"自然"的篇章文本主旨问题存有争议，连同"自然"一词的真实意涵也众说纷纭。由此，本文以《老子》十七章为例，对"自然"在文本中的应有之意和它所处的哲学地位进行讨论。

---

* 作者简介：李汶陕（1994—），女，新疆塔城人，新疆师范大学政法学院硕士研究生，研究方向：中国哲学与西域文化。

一、"自然"在《老子》思想解读中的误读

研究者对"自然"思想的误读从两方面进行。第一，认为老子构成了一套"自然哲学"，主旨是宇宙万物的生成。第二，认为老子"自然"思想具有消极无为的特性，暗含着反对人类文明、向往原始社会的意识。其中，第一种观点显然受到了西方相关学说的影响，有"以西释中"之嫌，但随着研究的深入，此观点已影响力不大；而第二种一直以来颇有影响力，但争议的声音也较多，主要围绕这几个方面。第一，老子对自然事物具有"柔弱""处下""不争"状态的赞扬是否表明其思想具有消极性。第二，老子对"仁义道德"的批判是否表现了其思想是对人类文明的反叛。第三，老子对"小国寡民"社会的描写是否凸显了其对原始社会的向往。我们认为，老子的"自然"思想是遵循事物"自己如此"的本性，但这并不是主张返回到人类文明之前，达到无所事事的境况，而是倡导以最低程度的干扰，使万物能随顺"道"赋予它们的本性自然发展。

（一）老子并非主张"贵柔论"——无为之有益

有学者认为老子对自然事物具有"柔弱""不争""处下"状态的赞扬，是其"贵柔论"的表现。如《老子》一文中指出"天下之至柔，驰骋天下之至坚"（四十三章）①，"知其雄，守其雌"（二十八章），"水善利万物而不争"（八章），"江海所以能为百谷王者，以其善下之，故能为百谷王"（六十六章）等。好像老子通过对"柔""雌""不争""处下"的大量描写表现了其哲学"贵柔"的特点，这种认识是存在偏颇的。

首先，老子"贵柔"的出发点是纠正人们认识上存在的偏差。老子提出的"天下之至柔，驰骋天下之至坚"与一般世俗价值观念中"刚强"胜"柔弱"的观点相反。此处可以参看十一章："三十辐共一毂，当其无，有车之用。埏埴以为器，当其无，有器之用。凿户牖以为室，当其无，有室之用。故有之以为利，无之以为用。"毂中间不是空的，就无法插入轴使车轮转动。陶土黏合成的器皿中间不是空的，就无法作为瓶子来盛东西使用。房屋中间不是空的，就无法达到房屋居住的功用。这里表明事物的价值体现在两方面，一方面在于"有"的存在使事物具有成为"用"的条件。另一方面，"无"的存在使事物的"用"成为可能。"有""无"是相互成就，是一体、不可分的。人们执着于"持而盈之""揣而锐之""金玉满堂""富贵而骄"（九章）的世俗价值追求，忽略了事物在发展过程中潜藏"反者，道之动"（四十章）

---

① 楼宇烈：《老子道德经注校释》，北京：中华书局，2008年，第120页。以下凡引此文皆以章节注于句末。

的一面。相比于"有""刚强""争"所潜藏的危险性，"柔弱""朴""不争""处下"则提醒了另一面的价值。老子用"柔弱胜刚强"的观点消解人们心中对"刚强"处上的追求。因此，老子并不是刻意强调"无""柔"的作用，而是以此来纠正人们认识上存在的偏差。

其次，老子"贵柔"的效用是超越差别。通常人们会根据"祸兮福之所倚，福兮祸之所伏"将五十八章作为辩证法来解读。但是文中"孰知其极？其无正"两句表明老子的关切点是指明祸福之间的转换是没有尽头的。同样的道理，老子的"贵柔"也不仅仅是停留在对"柔弱"具有生命力一面的赞扬。以"知其雄，守其雌"为例，老子最后的落脚点是"守其雌"，要持守"谦逊、不争"的一面。但其出发点是"知其雄"，也就是说要知道自己所具有的优势，但又不过度张扬。老子旨在告诉统治者"物壮则老"（三十章）。老子的"知其雄，守其雌"表现了其对事物价值判分的超越，以全面的、立体的视角清晰而准确地把握事物。由此，贵柔的效用是超越差别。

最后，老子"贵柔"的指归是"无为"。"水善利万物而不争，处众人之所恶，故几于道。居善地，心善渊，与善仁，言善信，政善治，事善能，动善时。夫唯不争，故无尤。"这里的"善""不争"不是退让、懦弱的表现，而是指水的所做所为是没有目的性的。正如严遵所说："是故，江海之王也，非积德政、累仁爱、流神明、加恩惠以怀之，又非崇礼义、广辞让，饰知故，设巧能以悦之也，又非出奇行变、起权立势、奋物扬威、重生累、息百事以制之也，清静处下，虚以待之，无为无求而百川自为来也。"[1]因为"无欲"所以"无求"。因为没有目的性，所以"不争"。"无为"不是消极不作为，"柔弱"不是懦弱或者阴谋。"无为"代表了老子对世人在欲望不止的追求带来过度"有为"的批判。老子希望看到世间如"水善利万物而不争"一般处于"柔弱""不争""处下"没有目的性的状态，统治者治理国家则"以辅万物之自然，而不敢为"（六十四章）。

（二）老子并非反对"仁义道德"——下德之超越

儒家与道家代表了两种不同的处世方式，儒家以积极、有为的入世行为展现在世人面前，道家则将洒脱、自由的一袭背影留给世人。人们对于道家的消极印象，一方面来源于道家对儒家"仁义道德"价值观念严厉的批判。另一方面在于老子对世间欲望的批驳和对小国寡民社会的描写。老子对孔子思想的真实态度是否如后世道家对儒家存有强烈的批判一般，值得商榷。

---

① 严遵：《老子指归》，王德有点校，北京：中华书局，1994年，第85—86页。

　　首先，"《老子》一文中存在对儒家仁义道德价值观念的批判"这一观点遭到疑议。儒道之间的纷争最早开始于什么时候？是很难确定的。有主张认为在孔子和老子同处的时代就已存在儒道对立的现象。其主要依据在于传世本《老子》十九章出现："绝圣弃智，民利百倍；绝仁弃义，民复孝慈；绝巧弃利，盗贼无有。"部分学者认为这就证实了《老子》中存在对儒家"仁义"批判的思想。直到1993年郭店楚墓竹简本《老子》出土，学者们对这一观点产生怀疑。竹简本《老子》除了内容仅有帛书本的一半之外，在章节排序、文句的个别用字上也有些许不同。最引人注目的是帛书本中的"绝圣弃智""绝仁弃义"在竹简本中作"绝智弃辨""绝委弃虑"。由于，竹简本没有直接对"仁义"批判的文字出现，这就有后世因学派纷争而引起文本变化的可能。

　　其次，老子与孔子的思想并无明显对立。正如尹振环先生指出："楚简《老子》所展示的老子，与帛书、今本《老子》所展示的老子不同，也不像与韩非同传的老子：不摒弃'仁义'，不直倡愚民、权术、'小国寡民'，不谈论鬼神，与孔子思想并无抵牾……而且简、帛两本各自的春秋、战国时代印痕，隐约可见，比比皆是。"[①]十九章因版本不同，可以暂且排除具有反对儒家"仁义"的思想。那么对三十八章对"礼"的批判"夫礼者，忠信之薄而乱之首"怎么看呢？其实，对礼的控诉不仅存在于老子思想中，墨家的观念里也有体现。比如，"节葬"就是针对儒家繁多的丧礼而提出。对此，孔子也有批驳："礼与其奢也，宁俭；丧，与其易也，宁戚。"（《论语·八佾》）他强调行礼重要的是情感的延续，而不是对形式的追求。这与老子针对当时人们只追求表面行为而进行的批判并无不同。孔子与老子对待礼的态度区别在于，孔子是针对当时礼崩乐坏的景象提出修正以期恢复礼的效用，而老子是针对礼所产生的问题进行批判和否定。由此，在春秋时期，孔子与老子之间不具有学派的对立或者学派之间的分歧并没有那么深。

　　最后，老子的"上德"思想是对"下德"的超越。"德"字在王弼本中出现在十六章之中，在竹简本中则有八章。可见，"德"的观念在《老子》一文中的重要性。什么是"德"？"孔德之容，惟道是从"（二十一章），"德"依据"道"，是"道"在人世间具体的体现。"常德不离，复归于婴儿"，持有"德"的人会达到类似"婴儿"的状态。"含德之厚，比于赤子。蜂虿虺蛇不螫，猛兽不据，攫鸟不搏。骨弱筋柔而握固"（五十五章），这里用"婴儿"来比喻"德"所能达到精神凝聚的状态。"上德不德，是以有德；下德不失德，是以无德。上德无为而无以为，下德为之而有以为"，"德"分为具有无目的的"上德"和没有目标的"下德"两种行为方式。"上

---

　　① 尹振环：《楚简老子辨析》，北京：中华书局，2001年，第6页。

德"的实现是对"道"的体认，是对"下德"的超越，是随顺了万物的自然本性。

（三）老子并非主张"小国寡民"——欲望之反叛

八十章说："小国寡民，使有什伯之器而不用，使民重死而不远徙。虽有舟舆，无所乘之；虽有甲兵，无所陈之；使民复结绳而用之。甘其食，美其服，安其居，乐其俗。邻国相望，鸡犬之声相闻，民至老死不相往来。"往往"小国寡民"不仅被称为老子的理想社会样态，同时也被认为是老子消极避世、退隐山林、返回原始社会思想的集中体现。其实，老子对小国寡民社会的描写是对世人欲望膨胀的抨击。老子期望人们回到"朴"的状态，不为"名""利"而起"淫思巧智"，不过度的"作为"而干扰天下、万物、百姓随顺自然的发展。老子对"欲望"的反叛主要体现在对"知""欲"的批判和对"愚"的追寻。

首先，老子对"知"的批判。"知"分为"为学"和"为道"两个方面。"为学"是日常生活中学习和积累的知识。"为道"是指对"道"的体认。二章说："天下皆知美之为美，斯恶已；皆知善之为善，斯不善已。"世人的"知"并没有达到"道"的境界，不能从根本上把握事物的本质，具有局限性。这就造成了人们片面地理解事物。当人们都知道什么是美的时候，会刻意行"美"，这就是"恶"的行为。当人们都知道什么是善的时候，会刻意行善，这就不是发自本心的"善"。老子在六十五章同样指出："民之难治，以其智多。故以智治国，国之贼；不以智治国，国之福。"这里的"智"是指"权术"之治。老子所批驳的"智"是具有"淫思巧智"，是片面趋利的意识。

其次，老子对"欲"的批判。有人认为，对世俗价值的批判符合老子的所思所想。"虽有舟舆，无所乘之；虽有甲兵，无所乘之；使人复结绳而用之。甘其食，美其服，安其居，乐其俗。邻国相望，鸡犬之声相闻，民至老死不相往来"，这表现了老子对人们在生活中过度追求"欲望"的批判，正如王弼所注："无所欲求。"① 但是由此得出老子想回到人类文明之前的结论，是不符合老子对"自然"赋予的基本内涵的。人们欲望的膨胀导致了社会的动乱和礼坏乐崩的发生。因此，老子希望看到人们"结绳记事"，以自己生活中已有的事物感到满足并乐在其中。这里表述了他对当时社会因欲望引起的纷争及带来的灾难的深恶痛绝。

最后，老子对"愚"的追寻。有人认为"使人复结绳而用之"一句表明老子主张历史的倒退，期望社会退回到"邻国相望，鸡犬之声相闻，民至老死，不相往来"的境况，体现了"愚民"的思想。以及三章明确指出"常使民无知无欲"的"愚民"

① 楼宇烈：《老子道德经注校释》，北京：中华书局，2008年，第190页。

策略。但是，"常使民无知无欲"一句针对的是"使夫智者不敢为"，也就是有"巧智"的人不敢妄为。"愚"在《老子》一文中是对"淫思巧智"的批判，是对人们有着纯粹、朴实精神面貌的渴望和向往。老子在第二十章自白道："我愚人之心也哉！沌沌兮！"

老子思想具有消极、无为、避世的特点是世人根深蒂固的误解。这样的认识或许来自将老子的"自然"思想与现实中的大自然相联系。因为《老子》一文中出现对自然事物"处下""不争""柔弱"等特点的赞扬，使得研究者认为老子是一位向往自然界、主张返回人类文明之前社会的反智、反文明的运动者。其实，在老子思想中"自然""处下""不争""柔弱"等词都被赋予哲学意涵，与当今时下所具有的内涵并不相同。比如，有学者认为"自然"一词做"大自然"讲，但有学者指出"自然"具有"大自然"的含义是在魏晋时期，如张岱年①、徐复观②等学者。也有学者认为"自然"具有"大自然"的含义是近代才有，如刘笑敢③、吴国盛④等学者。不论是哪类观点，据现有文献资料来看，"自然"一词作为组合词首次出现在《老子》一文中，其基本内涵为"自己如此"，不具有"大自然"的含义。由此，老子的"贵柔"并不具有消极性，它是对人们认识的纠偏，指向于"无为"。老子与孔子的思想之间不存在巨大的差异，孔子指向德的教化功用，老子指向德的自发性和无目的性，即随顺自然本性便是彰显"德"。老子的主张不是期望返回到人类文明之前的社会，而是针对统治者"为"对"天下""万物""百姓"妨害的批判。

二、"自然"在《老子》文本中的应有之意

对"自然"的解读历来存有"六经注我""我注六经"的现象。如魏晋士人将"自然"引向个体发展的依据，强调主体自身的自由、不受拘束。这就与老子的"自然"思想强调事物的整体性有一定区别。同时也有研究者将"自然"具有"不受外物干扰"的特性作为引申意对"自然"思想进行解读。其实，"自然"的引申意与"自然"的哲学含义并不相等。

（一）"自然"的基本义理

首先，《老子》十七章的主体是"百姓"。太上，下知有之。其次，亲而誉之。其次，畏之。其次，侮之。信不足，焉有不信焉。悠兮其贵言。功成事遂，百姓皆

---

① 张岱年：《中国古典哲学概念范畴要论》，北京：中国社会科学出版社，1989年，第81页。
② 徐复观：《中国艺术精神》，北京：九州出版社，2014年，第213页。
③ 刘笑敢：《老子古今》，北京：中国社会科学出版社，2006年，第74页。
④ 吴国盛：《自然的发现》，北京：北京大学学报（哲学社会科学版），2008年，第2期。

谓我自然。（十七章）对于"百姓皆谓我自然"一句中"我"代表"圣人"还是"百姓"，这一问题存在争议。一方面，依据"太上，下知有之"一句，指出无论"太上"指的是最好统治者还是最好时代，都表现了社会治理所达到的一种状态，理想社会的达到者是圣人。圣人之治"功成事遂"，百姓都说"是圣人随顺自然、没有干预的结果"，因此，"百姓皆谓我自然"一句中"我"代表"圣人"。另一方面，则认为"我"代表"百姓"，将"谓"译成"认为"，句子翻译为"百姓认为，我们自己如此"。十七章的主体应当是"百姓"。因为，第一，该章并无意欲于对圣人的夸赞。第二，"自然"是最高价值，"天下""万物""百姓"是《老子》一文中关注的重点。因此，"自然"的主体是"百姓"，且"百姓皆谓我自然"一句中"我"代表"百姓"与前面主语一致。

其次，《老子》十七章的主旨是"无为"。有学者指出在"太上，下知有之。其次，亲而誉之。其次，畏之。其次，侮之"一句中，"下知有之"代表无为之治，"亲而誉之"代表德治，"畏之"代表法治，"侮之"代表乱世。其实，此处并非意欲于凸显无为之治的重要性或德治优于法治的问题，而是就统治者在社会治理时的"为"所带来境况的描述。这里的"为"是指对事物本身的干扰。老子认为统治者的"为"会妨碍百姓"我自然"的发生。由此，老子指出"悠兮其贵言"，主张少颁布政教法令使万物随顺其自身的本性发展。

最后，《老子》十七章的核心价值指向"自然"。《说文解字》指出："自，鼻也。象鼻形。凡自之属皆从自。"[1] 引申为"本始""本初""本性"。《说文解字》："然，烧也。从火，肰声。"[2] 后引申为"如此""对的""然而"。由此，"自然"的基本义理为"自己如此"，即用于描绘事物的自发、无目的样态。"下知有之""悠兮其贵言"表现了统治者的少干预。"功成事遂"是指事物自身发展的趋势。统治者的"无为"使百姓自身具有的力量得到发挥，因此"功成事遂"，百姓都说我自己如此。事物顺其自身的发展，即为"自然"。"自然"是本章的核心价值。

（二）"自然"的哲学意涵

首先，"自然"具有哪些特征？"自然"是一种没有目的性的自觉发出，是最高原则和核心价值，所体现的稳定平和的整体秩序是理想的状态。"自然"一词具有的哲学意涵是由其词源义"自己如此"引申而来。老子看到统治者过度的"为"对事物本身发展的干扰和破坏，将"自然"的概念进行哲学层面的延伸，即成为最高原

---

① 许慎：《说文解字》，南京：江苏凤凰美术出版社，2017年，第368页。
② 许慎：《说文解字》，南京：江苏凤凰美术出版社，2017年，第249页。

则、核心价值和理想状态。"道法自然"体现了"自然"是"道"的根本原则，即万物的最高原则。

其次，"自然"具有哪些哲学内涵？刘笑敢先生的认识非常有价值。他所述的"最高义""整体义""价值义"和"自觉义"是就"自然"具有的哲学内涵进行整理和划分。刘笑敢先生指出，"自然"往往与"道"和"圣人"相联系，因此具有"最高义"。"自然"不是针对事物的个体而言，是指整体的状态和理想的样态，因此具有整体义。"自然"具有一定的价值内涵，因此具有"价值义"。"自然"是事物主体自发的活动，因此具有"自觉义"。①

以五十一章为例："道生之，德畜之，物形之，势成之。是以万物莫不尊道而贵德。道之尊，德之贵，夫莫之命而常自然。故道生之，德畜之：长之、育之、亭之、毒之、养之、覆之。生而不有，为而不恃，长而不宰，是谓玄德。""道"生万物，随顺其"自然"生长。创生万物却不占有，增益万物却不自恃，滋养万物却不主宰他们。这里将"自然"与"道"和"德"相联系，并对"道"和"德"进行肯认，因此具有最高义和价值义。"自然"针对的是"万物"，是整体而非个体，因此具有整体义。"道之尊，德之贵，夫莫之命而常自然。"这里指出万物顺其自然本性、自觉地发展，因此，具有自觉义。

最后，"自然"具有哪些思想内涵？将引申义用于诠释老子的"自然"思想是常见的做法。一般引向两个方面，一方面是指"事物的活动不受外力影响"，另一方面是指"事物本身没有意图、本来如此"。"自然"是否同时具有这两方面的思想内涵，值得商榷。

人们将"自然"的思想内涵引向"事物的活动不受外力影响"的一面。对于老子的思想，研究者常以"自然无为"加以概括。比如"悠兮其贵言。功成事遂，百姓皆谓我自然""希言自然""道常无为而无不为，侯王若能守之，万物将自化"这些例子表现了圣人"无为"所创造的环境有利于事物随顺自然的发展。由于，少颁布政教法令，所以百姓可以随顺自然。

"自然"真正的思想内涵是"没有意图、本来如此"。"自然"具有的基本义理为"自己如此"，其表明事物随顺自然的发展是"没有意图、本来如此"的。总体看"事物的活动不受外力影响"和"没有意图、本来如此"这两者应当是相辅相成的。当事物的活动不受外力影响的时候，事物才有机会随顺自然的发展，达到"任用自然"的境况。但是，"事物的活动不受外力影响"指向的应当是"无为"，这就表明"无

---

① 刘笑敢：《老子哲学的思想体系：一种模拟性重构》，南京：南京大学学报（哲学·人文科学·社会科学），2018 年，第 2 期。

为"的发生带来了"自然"的结果。由此,"自然"的发生应从两方面来说,一方面在于外在环境的不干扰,在《老子》一文中指的是"圣人无为"带来"百姓自然"的境况。另一方面在于事物自觉地、没有目的地、随顺自然地发生。概而括之,老子对"自然"赋予的基本内涵是针对事物本身具有的性质而言。"无为"的提出则是对统治者"有为"的批判,统治者的"有为"妨碍了事物自身潜能的发展。

由此,按十七章章旨,圣人无为,百姓自然,功成事遂。这并不在于鼓吹无为之道的高妙,而在于对造成"畏之""侮之"的妄为的批判。老子从事物自身具有的发展潜能出发,指出"自然"的状态即为事物本身所能达到的最佳状态。而"为"则会对事物的发展造成干扰,因此"自然"不仅是《老子》一文中的价值目标,也是"道"所遵循的根本原则。

三、"自然"在老子哲学的地位

老子哲学以"道"为本源性发出,以"无为"为根本性原则,以"自然"为最高价值,以"圣人"为理想社会的实现者,以"安平太"为理想社会样态,构建了一套形而上秩序。在老子的构想中,现实世界应当以形而上秩序为原则,谋求与形而上世界的统一。老子的"道"最终落实于现实生活之中。

(一)自然与无为

首先,"无为"是对统治者过度"有为"的批判。老子在五十七章指出:"天下多忌讳,而民弥贫;民多利器,国家滋昏;人多伎巧,奇物滋起;法令滋彰,盗贼多有。"统治者的"有为"对社会发展没有起到积极引导的作用,反而造成了一定程度的干扰。比如,为了达到社会的和谐鼓励人们崇尚"仁爱",造成"假仁义道德"的出现。比如,为了达到社会的稳定颁布政教法令,造成人们对政策表面遵循而实质成为人们谋求利益的手段。统治者提出的"美好愿景",往往导向虚假的表象。根本原因在于利益的牵引必定会导致趋利避害的发生,不断追逐"欲望"遂成为选择。由此,老子的"无为"是对统治者的"为"进行的批判。"无为"不是具体的方法,而是具有根本性原则的导向。

其次,"无为"不是否定一切行为,而是指向更高的目标。老子对世俗价值行为的批判是其突出特点之一。在世俗生活中追求"名""利""美""善""贤能"是人在社会集体中的重要活动。老子提出了相反的意见。如"天下皆知美之为美,斯恶已;皆知善之为善,斯不善已""不尚贤,使民不争;不贵难得之货,使民不为盗;不见可欲,使民心不乱""名与身孰亲?身与货孰多?得与亡孰病?是故甚爱必大费,多藏必厚亡"(四十四章)等。"有为"是世间普遍价值追求所导致的行为。"无为"

是针对"有为"的妨害提出。"自然"价值的达到是"无为"根本性原则导向的结果，也是"无为"所指向的更高的目标。

最后，圣人无为，百姓自然。"以正治国，以奇用兵，以无事取天下。吾何以知其然哉？以此。天下多忌讳，而民弥贫；民多利器，国家滋昏；人多伎巧，奇物滋起；法令滋彰，盗贼多有。故圣人云，我无为而民自化，我好静而民自正，我无事而民自富，我无欲而民自朴。"老子指出，统治者在治理国家时的"有为"以利益作为引导对象，加促了人们对于利益的追寻。为了满足更多的物质需求，出现了"民多利器""人多伎巧"的现象。这也是导致社会混乱的原因之一。统治者应当以少的干预作为治理国家的根本原则，使百姓发挥出自身最大的潜力。《老子》一文为政治哲学，其主要以实现"天下""万物"和"百姓"所能达到的最佳状态为目标。它们的最佳状态体现在随顺自然而然的本性发展。"圣人"就是实现此目标的理想人物。"无为"则是实现此目标的根本性原则。

（二）自然与道

"道"作为《老子》一文中的最高实体和本源性存在，其代表了《老子》一书具有形而上思辨的特性。"道"不仅存在于《老子》一书中，《论语·里仁》也同样存有对"道"的描述："朝闻道，夕死可矣。"老子的"道"与孔子的"道"是不相同的。老子的"道"具有强烈的形而上色彩，它是万物的本源，是万物开始与回归的方向。孔子的"道"指"人道"，强调个人应具有的社会责任感和使命感。当然，老子的"道"最终要落实于"人道"之上，"德"就是其在世间落实的具体体现。

首先，"万物"遵循"自然"原则。二十五章指出："域中有四大，而王居其一焉。人法地，地法天，天法道，道法自然。""道"作为世界的本源，其具有创生万物的能力。同时，它又是运动变化的、玄虚不可捉摸的。对"自然"的解释成为理解"道法自然"的关键。如果将"自然"翻译成"自然界"，"道法自然"则译为"人需要效法地的规则，天需要效法道的规则，道需要效法自然界的规则"。有学者指出，若按此讲"四大"变为"五大"，且前面的天、地与自然界相重复。也有学者指出，此处的"道法自然"应当是"道效法自己"。基本可以肯定的是，"道"作为最高的实体性存在，在它之外无所法。

"道"何以"自然"？"致虚极，守静笃，万物并作，吾以观复。夫物芸芸，各复归其根。归根曰静，是谓复命。"老子在这里指出，万物需要归根。何谓归根？三十九章指出："昔之得一者，天得一以清，地得一以宁，神得一以灵，谷得一以盈，万物得一以生；侯王得一以为天下贞。""道"在创生万物的时候，赋予万物各自的本性。因此，老子指出要使万物归根，回归它的本性，即回"道"。为什么回归"本性"才是有利于事物的发展呢？"反者，道之动；弱者，道之用"，"道"作为万物的本源其运动具有向相反方向发展的趋势。因此"弱"成了"道"作用的体现，因为持"弱"使事物保持自己的本性，才可避免"反者，道之动"的发生。事物只有回归本性才可以随顺本性发展，此即为"自然"。

其次，"道"以"自然"作为最高的法则。"道"作为最高的存在体，先天地而生具有创生万物、赋予万物本性的功用。"道"何以"法自然"？第一，坚守"道"的本性。"道"具有哪些性质？"道常无名、朴""常无欲""道常无为而无不为"，"常"在此处作"恒常"解。"道"具有"无名、朴""无欲""无为而无不为"的性质。在《老子》一文中常出现"归根""复归于婴儿""复归于无极""复归于朴"。老子指出要归于"道"所具有的性质。如何回归"道"的本性？"致虚极，守静笃"（十六章）"见素抱朴，少私寡欲"是回归"道"本性的方法。第二，"道"具有无目的性。第五章指出："天地不仁，以万物为刍狗；圣人不仁，以百姓为刍狗。"二十七章指出："是以圣人常善救人，故无弃人；常善救物，故无弃物。"以天地、圣人的不仁和"不弃人""不弃物"表现了"道"对于世间万物不存在偏私，表明"道"的无目的性。第三，"道"的"德性"体现。老子在第十章中指出："生而不有，为而不恃，长而不宰。"道虽生养万物，却并不占有，不自以为是，不主宰万物。正如五十一章中所说："道生之，德畜之，物形之，势成之。是以万物莫不尊道而贵德。道之尊，德之贵，夫莫之命而常自然。"

最后，老子的"天道"落实于"人道"。"道"先存性和最高性原则摆脱了神的束缚。"吾不知谁之子，象帝之先"一句表明"道"创生于万物之前。"道生一，一生二，二生三，三生万物"（四十二章）一句表明"道"创生万物。"道"作为最高性原则是宇宙万物创生的本源，这就摆脱了"神"不可撼动的地位。"道"对万物的态度与"神"统摄万物的态度不同，"道"是"生而不有，为而不恃，长而不宰"的。"道"创生万物却不占有，是万物的出发与回归的落脚点，是世间万物的根本性原则。它超越了"神"至高无上的地位，使得人们摆脱了对神"依赖"。《老子》一文中有许多理想的设计，比如实现国家治理的理想人物"圣人"，"道"的功用在人间体现的"德"，国家治理最优方式的形而上的体现"无为"等。"道"是这一切理想的最初动力、最后根据、本源性支持。现实世界应当以形而上秩序为依据，与其形成统一的秩序。最终，老子将"天道"内化于"人道"之中。

（三）自然与安平太

首先，"安平太"是理想社会的样态。通常人们将"小国寡民"作为老子的理想社会，其原因在于此章既有老子对欲望批判的实现，又有对美好社会的设想，符合老子的整体思想。其实，"小国寡民"的创设是老子对欲望膨胀的批判。而"安平太"则是老子向往的理想社会。老子在三十五章指出："执大象，天下往；往而不害，安平太。乐与饵，过客止。道之出口，淡乎其无味，视之不足见，听之不足闻，用之不足既。"由此，可以得出"安平太"是合"道"的体现，是老子理想的社会样态。

其次，"安平太"是对"自然"目标达到的体现。"自然"的目标是天下、万物、百姓能顺随其本性自然发展。"安平太"是其设定的理想社会样态。"安平太"表现了一个社会安定、平和、昌泰的样貌。这样的社会里，人民自然顺和，"甘其食，美其服，安其居，乐其俗"。这样的社会里，没有战争的破坏，利益的追逐，钩心斗角的政治。这样的社会里，人与自身和谐，人与人和睦，人与自然和谐。"安平太"理想社会的达到是对"自然"追寻的体现。

最后，"安平太"与"自然"体现了"道"的社会实现和根本原则。在老子的设想中，现实世界需要遵循形而上世界的秩序，达到统一和谐的状态。"道"作为万物的本源，是一切事物发生、发展的根源性依据。"安平太"作为理想社会样态，它代表了事物不受外在环境的干扰、随顺自然的发展，是事物真实、本真的状态。而这一切的达到就是对"道"的实现。

人们将老子的"自然"认为是"柔弱""不争""原始"的状态。这样的理解就勾勒出一位反人类文明、向往原始社会、消极无为的老子。其实，老子以满腔热血表达了对人类群体发展方向的急切关怀，是旨在纠正人们认识上存在的偏差，是期望人们能顺其本性自然的发展而不被欲望所牵引。

老子的"自然"思想关注人类群体本身，为人类群体的发展指明方向，不仅成为"天下""万物""百姓"理想中最佳的状态，还成为具有自觉地、无目的性的、真实的人文品格。这在春秋时代是难能可贵的，在当今依旧具有可以转换资源的潜质存在。老子"自然"思想的提出对于形成中国两千多年来的人文品格具有不可磨灭的作用，是中国人文精神的突出特征之一。

《老子》第五十章奇门遁甲揭橥

李 永[*]

摘要：奇门遁甲作为一种古道术，至今仍然归于上古传说，缺乏历史实证。本文利用文献与考古材料考证追溯奇门遁甲的流传，强调"神仙抱一之道"是其"体"，占验兵法之术仅仅是其"用"。本文考证奇门遁甲的宗旨在于正本清源，提醒世人不忘奇门"初心"。如何挖掘古道术的炼养价值，"让文化遗产活起来"，是一个既古老又具有现代意义的永恒话题。

关键词：《老子》第五十章　奇门遁甲　十有三

奇门遁甲通常是指中国古代术数中一种非常古老的道术，堪称术数之王。《四库全书总目·术数类·遁甲演义》："其法以九宫为本，纬以三奇、六仪、八卦、九星，视其如临吉凶，以为趋避。以日生于乙，月明于丙，丁为南极，为星精，故乙、丙、丁皆为之奇，而甲本诸阳首，戊己下六仪分丽焉，以配九宫，而起符使，故号'遁甲'。"[②]

胡孚琛先生主编《中华道教大词典》第六类符箓、法术及占验术"奇门遁甲"条：亦称"遁甲""循甲"。与六壬、太乙合称"三式"……以十天干中的"乙、丙、丁"号为三奇，以八卦之变相"休、生、伤、杜、景、死、惊、开"为"八门"，故名曰"奇门"。十天干中以"甲"最为尊贵，而常不显露，"六甲"常隐于"戊、己、庚、辛、壬、癸"此"六仪"之内。三奇、六仪分置于九宫，而"甲"不独占一宫，视"甲"如临吉凶，以为趋避，故称"遁甲"……相传遁甲之法出自黄帝、风后及九天玄女。……其法采用式盘，上层象天，名曰天盘，用以排立九星；中层像人，名曰人盘，用以开列八门；下层象地，名曰地盘，用以排列八卦，随阴阳二遁、顺

＊　作者简介：李永（1967— ），男，江苏仪征人，四川大学道教与宗教文化研究所 2016 级博士生，研究方向：中国道教。

①　永瑢等撰：《四库全书总目》，北京，中华书局，1965 年，第 930 页。

逆以占吉凶。① 所谓"阴遁"是指"遁甲阴遁局自夏至后从离九宫起，逆布六仪，顺布三奇，以戊在何宫确定在何局。"所谓"阳遁"是指"遁甲阳局自冬至后从坎一宫起，顺布六仪，逆布三奇，以戊在何宫确定在何局。"②

为什么在夏至、冬至后有阴遁、阳遁？这与一年季节变化中阴、阳消涨相关，也体现了上古之人养身修炼之道，即夏至后养阴，冬至后养阳，阴阳相反相成也。正如有学者认为，"传说中的奇门遁甲术是与道教的法术、气功和修炼术密切相关的，书籍很少记载"。③《黄帝内经素问·四气调神大论篇第二》："夏三月，此谓蕃秀，天地气交，万物华实。夜卧早起，无厌于日，使志无怒，使华英成秀，使气得泄，若所爱在外，此夏气之应，养长之道也。"④ 夏至五月为"夏三月"之中，"天地气交"即阴阳在天地之内"交午"。《说文》："午，牾也。五月，阴气午逆阳，冒地而出。"⑤ 即阳极阴生。"使志无怒，使华英成秀，使气得泄"，呵护刚生出的阴气。《黄帝内经素问·四气调神大论篇第二》："冬三月，此谓闭藏，水冰地坼，无忧乎阳。早卧晚起，必待日光，使志若伏若匿，若有私意，若己有得，去寒就温，无泄皮肤，使气亟夺，此冬气之应，养藏之道也。"⑥ 冬至十一月为"冬三月"之中，一阳来复，必须"无忧乎阳"，"使志若伏若匿"，"去寒就温，无泄皮肤，使气亟夺"，滋养刚生出的阳气。《黄帝内经素问·上古天真论篇第一》岐伯对曰："上古之人，其知道者，法于阴阳，和于数术，食饮有节，起居有常，不忘作劳，故能形与神俱，而终其天年，度百岁乃去。"⑦

奇门遁甲作为道家炼养之道，书籍确实很少记载，但毕竟有道门的隐者用隐喻的方式记录过。霍裴然先生著有《黄帝阴符经奇门遁甲揭秘》一文，只是重在揭示其中的术，忽视了其中的修炼之道。传唐代李筌将《黄帝阴符经》分"上篇神仙抱一演道章、中篇富国安人演法章、下篇强兵战胜演术章"⑧ 三篇结构，可见"神仙抱一演道"是奇门遁甲之"体"，而"富国安人演法""强兵战胜演术"则是"体"之"用"。这符合中国文化"内圣外王"的理路，也与《老子》第五十四章所云"修之于身""修之于家""修之于乡""修之于国""修之于天下"，即所谓"修身、齐家、治国、平天下"的理念相一致。

① 胡孚琛主编：《中华道教大词典》，北京：中国社会科学出版社，1995年，第777页。
② 胡孚琛主编：《中华道教大词典》，北京：中国社会科学出版社，1995年，第778页。
③ 郭志诚 李至高：《揭开奇门遁甲之谜·前言》，长春：东北师范大学出版社，1993年，第3页。
④ 张登本 孙理军主编：《全注全译黄帝内经》，北京：新世界出版社，2010年，第8页。
⑤ 许慎撰，徐铉校定：《说文解字》，北京：中华书局，2013年，第312页。
⑥ 张登本 孙理军主编：《全注全译黄帝内经》，北京：新世界出版社，2010年，第8—9页。
⑦ 张登本 孙理军主编：《全注全译黄帝内经》，北京：新世界出版社，2010年，第1-2页。
⑧ 《黄帝阴符经疏》，《道藏》第2册，第737—742页。

　　然而，对于这一古老的"道"与"术"的来源，至今仍然归之于上古传说，缺乏历史实证。本文将利用文献与考古材料追溯考证奇门遁甲的流传，揭示其历史的本来面目。

　　《老子》第五十章："出生入死。生之徒，十有三；死之徒，十有三；人之生，动之于死地，亦十有三。夫何故？以其生生之厚。盖闻善摄生者，陆行不遇兕虎，入军不披甲兵，兕无所投其角，虎无所用其爪，兵无所容其刃。夫何故？以其无死地。"

　　古棣先生考辨，"王弼注'十有三'为'十分有三'，完全违背了上古语法。王力在《汉语史稿》之《数词的发展》一节中论之甚详，兹摘述于下：'在上古汉语中，十被认为整数，十以下被认为零数。因此，'十'字一般不能直接和零数结合，中间往往加一个介词。在殷墟卜辞中，这个介词是'有'字和'又'字。'"关于上古和中古的分数，分母往往是'两'、'三'、'十'、'百'。……例如：'以两之一卒适吴，舍偏两之一焉'（《左传》成公七年）；'大都不过参国之一'（同上隐公元年）；'其实皆什一也'（《孟子·滕文公》上）……"（《汉语史稿》中册）"很清楚，在古代，十分之一、十分之三……皆作'什一'、'什三'，有个别例外，'什'作'十'者"。[1] 本文采纳古棣先生的观点。

　　杨力先生主张："奇门遁甲的时间参照系自始至终以太阳运行为核心，以阴阳升降为准则，一年之内阴阳盈缩逆顺无不是以太阳升降为准则。"[2] 此术可追溯至殷人对日出日入的祭祀之礼。如甲骨文："辛未卜，又于出日？"（《粹》五九七）"出日……卯八兔"（《明》一九九六）。"戊戌卜，丙呼雀束戊于出日，于入日，宰。"（《乙》二〇六五）等。"出日"指太阳升起，"入日"指太阳落山，月亮随后升起。而"人之生"则与星星相关。道门《太上老君说五斗金章受生经》认为"人之生"乃是五斗星君"注生"，即注入五行真气而成。"甲乙生人，东斗注生。丙丁生人，南斗注生。戊己生人，中斗注生。庚辛生人，西斗注生。壬癸生人，北斗注生。""且人之生也，皆受五方五老帝君各降真气、金章灵符，混合自然，化生为人。"[3]《黄帝阴符经》曰："天有五贼，见之者昌。"即此理。由"出"（太阳）、"入"（月亮）、"人之生"（星星）构成三奇门。"生之徒，十有三"隐含天盘。《韩非子·解老》："人之身三百六十节，四肢九窍，其大具也。四肢九窍十有三者，十有三者之动静尽属于生焉。属之谓徒也，故曰：生之徒也，十有三者。"[4]《淮南子·天文训》曰："孔窍肢体，皆通于天。

① 古棣：《老子校诂》，长春：吉林人民出版社，1998年，第412—413页。
② 杨力：《周易象数预测学》，北京：北京科学技术出版社，2012年，第145—146页。
③ 《太上老君说五斗金章受生经》，《道藏》第11册，第418页。
④ 王先慎撰，钟哲点校：《韩非子集解》，北京：中华书局，2016年，第158页。

天有九重，人亦九窍。天有四时以制十二月，人亦有四肢以使十二节。"① 故根据天人同构原理，"四肢"对应"四时"，"九窍"对应"九野""九星"，天盘之象托盘而出。"死之徒，十有三"隐指地盘。"出"即开天门，即天盘；"入"即入地户，即地盘也。"生"与"死"指代阳与阴，隐喻阳遁与阴遁。即《黄帝阴符经》云："生者，死之根；死者，生之根。"此处"十有三"是五与八之和。四与九这对数来源于含山凌家滩玉版上天地钻孔数，五与八这对数亦源于含山凌家滩玉龟腹甲、背甲上钻孔数（参阅拙文《凌家滩玉版、玉龟、玉鹰新考》）。"人之生，动之于死地，亦十有三。"指向人盘。此"十有三"为六与七之和。六与七分别为水、火成数。内丹中派创始人李道纯《道德会元》卷下第五十章：出生入死（忿欲，生死之门）。生之徒（绝忿欲），十有三（水火济）；死之徒（纵忿欲），十有三（水火不济）；人之生（皆赖水火），动之死地（水火相违），亦十有三（水成数六，火成数七）。② 只是他将三个"十有三"均释为水火成数，视野受到限制。"纵忿欲"即"生生之厚"，体现在卦象上即火水未济卦，指向"动之于死地"。心（火）"动"则不能下行与肾（水）相交而成既济卦，自然就"之于死地"了。

三组"十有三"是很神秘的数字，它涵盖天、地、人三道，既"通广大"，又"致精微"，能与安阳殷墟四盘磨 SP11 探坑出土的卜骨上三组筮数易卦相应。三组筮数易卦分别为：七八七六七六（曰由女）、八六六五八七、七五七六六六（曰［由女]），分别释为未济卦、明夷卦、否卦（图一）。③ 学界对上、下两组筮数易卦后文字释义不一致，尤其对甲骨文（⊕）（由）字释义分歧很大。张政烺释为"隗"与"魁"，李学勤释为"斯"，李零释为"思"等等。《说文》："由，鬼头也。"陈独秀《小学识字教本》："画怪夔于假面为由。"④ 引申为"变化"之意。离卦象为"女"，故"由女"即"变离"，相当于变卦"之离"。下组天地否卦中，只有上卦乾中爻变阴为离，这在卜骨背面钻凿形态中也找到依据。曹定云先生指出："卜骨背面共有 10 个凿，其分布是：左右两边各 4 个大弧形凿，胛冈上有 2 个小长方形凿（图二）。"即左右各五凿，与含山凌家滩玉版上左右五孔数相对应。五为中，隐含阴阳相交。只是第五凿变小了，隐指第五爻为变爻。由否卦之晋卦（第五爻变为阴爻），即地上火"日出"也。下组"由女"外加一方框（指向地穴），意即"火入地中"，即是中组明夷卦，"日入"也。明夷卦第五爻变为阳爻，即明夷之既济卦。水火既济为《老子》上文云"人之生"，但"动之于死地"即心火动起来向上窜，既济之未济卦也。《黄帝阴符经》

① 何宁：《淮南子集释》，北京：中华书局，1998 年，第 282 页。
② 《道德会元》，《道藏》，第 12 册，第 653 页。
③ 张政烺著，李零等整理：《张政烺论易丛稿》，北京：中华书局，2010 年，第 8—9 页。
④ 汤可敬：《说文解字今释》（增订本），上海：上海古籍出版社，2018 年，第 1310 页。

所谓"心生于物，死于物，机在目"三组筮数易卦在象数、义理上存在内在联系，可以相互转化，形成一个有机的整体。《黄帝阴符经》所谓："天地，万物之盗；万物，人之盗；人，万物之盗。三盗既宜，三才既安。"天地否卦中，天数为五，地数为八，这是第一组"十有三"。地火明夷卦中，地数为四，火为日，为老阳九，这是第二组"十有三"。水火既济与火水未济中，水成数六，火成数七，这是第三组"十有三"。可见《老子》第五十章三组"十有三"承载着古道，与这三组筮数易卦穿越时空，遥相呼应。两者均内涵"守中"之意，即《黄帝阴符经》云："禽之制在气"。"禽"指天盘九星中天禽星中五宫，"制在气"即运转机制在于阴阳中和之气。《遁甲符应经·九星所值宫第三》："中宫者土，火之子，金之母。"金又是水母，如此水火运转平衡。

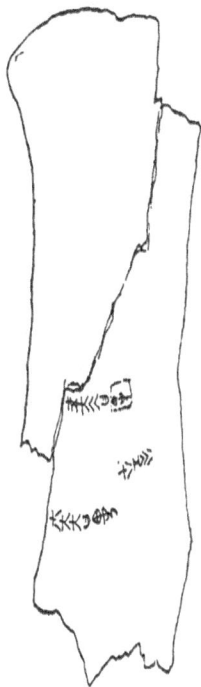 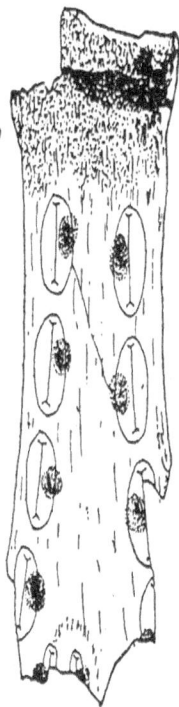

图一　　　　　　　　　　　图二

"盖闻善摄生者，陆行不遇兕虎，入军不披甲兵，兕无所投其角，虎无所用其爪，兵无所容其刃。夫何故？以其无死地。"对此段文字，历来解释分歧不一。《说文》："摄，引持也。"《段注》："引持，谓引进而持之也。"[①] 陈撄宁先生主张"摄"字有四种作用，其中之一就是"摄持自己身心，勿使妄动"。[②] 故"摄生"是在养生基础上，进入长生久视的境界。本文认为，"摄生者""无死地"，是运用奇门人遁"隐形"法术的结果。这就要求"摄生者"惟道集虚，身心两忘。海印子悟道："此谓摄生者，让真空无我，故外物不能伤。空故无生，无生则无死。所谓生灭既灭，寂灭现前，此摄生之效，非养生者所能堪也。何以故？养生者，身见未空，我执犹在故也。有我见，斯有人见；有人见，斯有物见。我与人物，常处于对立地位，即不能不动心。然我一动心，物亦动心，故兕即有所投其角，虎亦有所措其爪矣。摄生者，身心不动，身心寂灭。"即《老子》第十三章云："及吾无身，吾有何患？"《老子》第二十八章亦云"复归于无极"也。道教上清派传有"隐地八术"，似奇门遁形法术的传承。《上清丹景道精隐地八术经》云："一曰藏形匿影，二曰乘虚御空，三曰隐沦飞霄，四曰出有入无，五曰飞灵八方，六曰解形遁变，七曰回神转玄，八曰隐景儛天。"[③] 摄生修道者炼成此"隐地八术"，自然就"无死地"了。

鲁迅先生曾说过，"中国文化的根柢在道教"。实际上，中国文化的根在"道"，在天、地、人三道三位一体。即《老子》第二十五章所云"故道大、天大、地大、人亦大，域中有四大，而人居其一焉"。奇门遁甲这种模式就承载着天、地、人三位一体之道，开三元丹法的先河。"神仙抱一之道"是奇门之"体"，占验兵法之术仅仅是其"用"。后人只知其"用"，不知其"体"，遂舍本取末矣。《老子》曰"是谓深根固蒂，长生久视之道"。

本文考证奇门流传，就是要正本清源，提醒世人不忘奇门"初心"。炼养身心，是一个既古老又具有现代意义的永恒话题。如何挖掘古道术的现代价值，"让文化遗产活起来"，使之作用于芸芸众生的养生、修炼需求？为此，我们必须继往开来、推广普及，开创中国养生文化的新纪元，让中国文化的智慧惠及人类命运共同体，启迪构建和谐世界新秩序。

衷心祝愿人类的未来"深根固蒂"，人类的文化"长生久视"！

---

① 汤可敬：《说文解字今释》增订本，上海：上海古籍出版社，2018 年，第 1744 页。

② 胡海牙总编，武国忠主编：《中华仙学养生全书》（下），北京：华夏出版社，2006 年，第 1383 页。

③ 《上清丹景道精隐地八术经》，《道藏》第 33 册，第 782 页。

老学范畴研究

老子："一无一有之谓道"

王建中[*]

内容提要： 老子《道德经》中无与有概念，似与古印度原始宗教用语有关。老子将其提炼升华后取代阴与阳，形成"一无一有之谓道"，在对宇宙演化万物生成诸多终极追问的回答中，揭示了对立统一根本规律，确立元气一元论唯物辩证宇宙观。其天人合一、道法自然论断以及所揭示的肯定之肯定而大道和生、和合、和同思想，与无为之学的大道智慧，为《道德经》篇末天之道与人之道合一总结论，提供了终极的立论根据和方法，经典地回答了社会出路何在的时代之问。在对无为（无违）进行针砭基础上，厘清无与有三种基本相通又有区别的含义。以无与有取代阴与阳，无疑是先秦思想史上一次巨大飞跃，标志哲学之为哲学的一次"壮丽日出"。无与有概念影响后世深远，为庄子、魏晋玄学，乃至传入欧洲为德国古典哲学所承续，最终成就了黑格尔。

关键词： 无与有／由来、承续　字道名大　无为

《道德经》自问世至今，版本虽然杂多，而无与有，却是诸多版本中共有的基本的核心概念。粗略统计一下，无与有似有百处之多。如何读懂无与有，如何真切地理解无与有这对概念的由来、含义和承续，对于理解老子思想及其对人类文明的贡献关系重大，应予细察之深研之。笔者乞愿抛砖引玉，以就教于方家。

一、关于无与有概念的由来

在老子之前我国先秦的思想史上，有提出并运用阴与阳概念的传统，却没有提出和运用无与有概念的先例。而《道德经》中运用无与有概念，在本体论上论说宇宙演化万物生化，开了中国哲学史乃至世界哲学史之先河，却颇显突兀。细究之下，

＊　作者简介：王建中（1947—），男，安徽合肥人，安徽广播电视大学滁州分校原校长，副教授，研究方向：老子哲学。

有与无概念虽系老子原创，却另有其由来——与接触古印度原始宗教有关。

这在罗尚贤先生所著《和生论》①中有所陈述。《和生论》第二章"和生之道的昆仑实验"中，较为翔实地考证了老子出关西行的目的和建树——老子"带领他的弟子们西行传道，在守关将领尹喜的支持下，首先在塔里木盆地做实验，然后发展到了中国、波斯、印度的边境地区。""更重要的还在于当时的实验不仅吸引了中国、波斯、印度的许多智士，还超出亚洲而吸引了希腊的一批智士参加。""被称为《老子经》的《道》和《德》，是经昆仑实验后，才可能写出来的。老子传道团到西域做以道立天下的社会实验，事有大成，总结规律性认识并吸取印度、波斯的文明成果而写成《道》和《德》，后人合称《老子》书，或《道德经》"②"以老子为设计师的大道革命的昆仑实验中，国际智士们，如中国的尹喜、文子，波斯的琐罗亚斯德，希腊的毕达哥拉斯，印度的婆罗门迦叶波兄弟、大雄耆邦、释迦牟尼、提婆达多等集体创造浮图法"③……

所谓昆仑实验，是老子带领弟子们出关西行后，在昆仑山及其以西一带，建浮屠塔开坛布道，创建浮屠邦创立浮屠法，践行"以道立天下"的壮举。正是这一壮举，使得老子接触到波斯、印度等他国文明成果，为老子提供了将本土文明与他国文明思想碰撞，并吸收、借鉴、升华他国文明成果的现实可能与难得的机缘。《和生论》在第四章"老子建构的和生哲学"第五节"有无相生的宇宙观"中，专述了《道德经》中无与有概念的印度缘起与由来——

老子住在檀特山较长时间。檀特山在乾陀罗邦，跨罽宾、乌仗那边境。这是印度吠陀文化的发祥地。在老子之前约一千年，吠陀文化的名著《黎俱吠陀》便对"天神"提出了疑问："那时既没有有，也没有无，既没在空中，也没有外面的天，是什么东西在转动着呢？""是不是有浓厚的深沉的水？""起先爱欲出现在其上，那是心意的第一个水种。智者们在心中探索，在无中发现了有的联系。""这（世界）从哪里生出来？天神们是在它的创造之后，那么谁知道它是从哪里出现的呢？"④《和生论》作者进而认为："从上述引文中可见，《黎俱吠陀》对天神提出质疑时，已经悟到了有和无在现象世界的联系，却未能认识这种联系的意义。它提出了不少问题，却未能解决问题，故无法形成对世界根本看法的理论，未形成一种宇宙观。""生活在吠陀文化发祥地的老子，且与婆罗门（高级知识阶层）结成联合阵线，故对《黎俱

① 罗尚贤：《和生论》，广东：广东人民出版社，2012年。
② 罗尚贤：《和生论》，广东：广东人民出版社，2012年，第28—30页。
③ 罗尚贤：《和生论》，广东：广东人民出版社，2012年，第210页。
④ 罗尚贤：《和生论》，广东：广东人民出版社，2012年，第110页。

吠陀》提出的种种问题很感兴趣，进行系统的穷根究底的探索。"①

通读《道德经》，不难发现仅有一处运用了阴与阳（即"万物负阴抱阳"），却频繁运用无与有。显然，无与有这对印度原始宗教的用语，一经进入有极高哲商和智慧的老子视野，便被提炼升华，取代先秦本土文明中阴与阳术语，成为对世界形成根本看法的理论和完整宇宙观中的核心概念，为著述《道德经》，创立独树一帜的天人合一思想体系的道家学说，发挥了奠基性作用。

二、关于"一无一有之谓道"

应当说，吠陀文化中运用有与无这对宗教用语所发出的诸多疑问，实质上是在对世界的生成和状态的根本看法上，形成对宇宙、世界的终极追问——是什么？何处来？去何处？若回答这些追问，逻辑地包含着a.这世界是有还是无（没有），即是存在还是不（非）存在？这是首要的，也是最基本最高的追问，是逻辑的起点，也是历史的起点；b.若有，是什么？若无，又是什么？c.有与无是何关系？d.（无）何处来、（有）去何处？e.何以认知？这些追问显然不是先验的设定，而是逻辑思辨的必然。老子无与伦比的伟大之处，正在于他以非凡的敏锐性和洞察力，以悟道的方式，从无与有这一逻辑和历史相一致的起点开篇，对终极追问（这不应理解为老子当时已明确提出了这种追问，而是打破砂锅问到底式自然而然会形成的这种追问）给出了完整答案，为《道德经》展开论述人之道与天之道合一，提供了坚实的哲学上的立论根据，可谓人类首创，石破天惊，意旨高远，宏论卓绝。

（一）无与有：道在气中，天人合一

老子对于终极追问的思考和回答，可见之于《道德经》的第一、二、二十五、四十及四十二诸章。

第一章："道可道，非常道。名可名，非常名。无名，天地之始。有名，万物之母。故常无，欲以观其妙；常有，欲以观其徼。此二者同出而异名，同谓之玄。玄之又玄，众妙之门。"

第二章："天下皆知美之为美，斯恶矣；皆知善之为善，斯不善矣。故有无相生，难易相成，长短相形，高下相倾，音声相和，前后相随。"

第二十五章："有物混成，先天地生。寂兮寥兮，独立而不改，周行而不殆，可以为天下母。吾不知其名，字之曰道，强为之名曰大。大曰逝，逝曰远，远曰反。故道大，天大，地大，人亦大。域中有四大，而人居其一焉。人法地，地法天，天

---

① 罗尚贤：《和生论》，广东：广东人民出版社，2012年，第111页。

法道，道法自然。"

第四十章："反者，道之动；弱者，道之用。天下万物生于有，有生于无。"

第四十二章："道生一，一生二，二生三，三生万物。万物负阴而抱阳，冲气以为和。"

以上所引五条，已足以建构出对世界的根本看法，形成完整的世界观，形成对宇宙演化和万物生成的精辟而经典的论述。

第一章是《道德经》的开篇，全书的总纲。老子开宗明义——"道可道，非常道。名可名，非常名。"什么意思？历来众说纷纭、歧义各见。歧义不在"道可道"上。对"道可道"基本形成了共识，即前一个道是名词，是可以写在老子旗帜上的大写的"道"，是《道德经》的核心概念，也是道家学说的最高概念。而后一个道是动词，是说、界说、说道说道之义。歧义的症结在于非常二字上。笔者以为，"非常"的含义有二：一是"非"与"常"成动宾搭配，指不是通常、惯常之义（常，原为恒。恒有多义，其中有与常通义。笔者排除恒久之义而取常义）；二是非常作形容词，指特别、特殊之义。以此二义合起来看，老子表达的意思似指，自己主张的"道"不再是先秦本土通常所主张的阴阳、五行、水本原（管子的主张）之类道，而是与众不同的特别之道、特殊之道。这特别之道、特殊之道该叫什么名？名字当然要取，但也是特别之名、特殊之名。紧接着老子就说，一个名为无（无名，应颠倒过来作名无、名之为无理解），天地之始；另一个名为有，万物之母。仅此两句，我们当不难明白，如果说《易经》指明"一阴一阳之谓道"，那么，在老子这里，实则已成"一无一有之谓道"。"一无一有之谓道"即是非常道。此之道特别、特殊在哪里？特就特在无与有。这已不再是吠陀文化中的宗教用语，而是对宇宙演化和万物生成终极追问做出富有天才猜测的哲学概念。无，不是子虚乌有，是天地之始的状态，应是传说中的开天辟地时的混沌存在，是天地未分万物未生，而又孕育在混沌中的无形、隐性存在。其要义是无形与隐性。而有，万物之母，即万物的本原、本体。有，果真是万物本体？相比于无，无岂不更应为万物本体？细揣之下，有，既不是天地万物，也不应是万物之母，而应是万物之母的有形化显现、显在。其要义是有形、显性。作此解读，正可与无之无形、隐性相对应。无与有，一个是无形、隐性，一个是有形、显性，分界线（即微，边际）在形上，指谓明确，无是无，有是有。然而二者并非决然两立，而是密切相关的，为源于同一本体（同出）的天地万物隐或显的不同的存在状态、形态所抽象出来的不同名称（异名）。两者既同一（同出，无中有有，无即是有；有中有无，有即是无）又对立（异名，无形与有形、隐性与显性），既对对方肯定也对对方否定。无，是混沌中惚兮恍兮，其中有物有象有精而真实可信的存在，似无若有、若有若无（即妙，通眇），应是尚在孕育生成中的未成形之有、隐性潜在之有、未定之有；而有，在未成形为天地相分、万物化生时，尚无以确知为何之有，仅纯粹是有、确实为有。这种有，说是有，毋宁说只是能够生成为有之无，或即将转化为有的无而已。魏晋时玄学大家王弼就曾对无与有的含义解之："欲言无耶！而物由以成。欲言有耶！而不见其形。"[①] 可见，无与有相互联结依存，若即若离，有即是无，无也即是有。两者具有同一性，却又是包含有差异（异名）的同一。正是这种有差异（矛盾性）的同一，形成两者特殊的关系——对立统一的辩证关系。由于无与有同是"观其妙"和"观其徼"后的抽象，所以老子进而告诫和提示，把握住《道德经》中的抽象思维及所连带的抽象性这种（认知）特点，是得以理解各章节精彩内容的入门。

紧下来的第二章中，老子对无与有辩证性做了推而广之的应用和佐证——天下都认知美之为美，是因为有丑做比较而显现；善之为善，是有恶做比较而确认。另如有与无、难与易、长与短、高与下、音与声、前与后等，无一不是具有相对性，既同一又对立（例如，美与丑相对，美是美，丑是丑。可是若出现更美的与原来的美相对做比较，原来被认为的美就会略显其丑。 美，其实既有美的一面，也有丑的一面 ，反之亦然。此即美与丑的有差异同一 ，其他可类推），既相比较而显现，相联结而依存，又相对立而转化（依此还可举出生死相形、左右相对、大小相较……）。由此可证对立统一辩证关系，不仅客观存在，而且具有普遍意义。

那么，老子对天地之始和万物之母何以认知？在于观。老子用"欲以观其妙"和"欲以观其徼"中的同一个观字，做出了回答。观，直观，且深入于眇（精妙）、深入于徼（边界）。这是观而思、观而悟，此当谓之直觉思辨。老子当然不可能对天地之始做直观直觉，但他对万物生成的从无到有的过程，进行直观直觉却是能够做到的。万物生成的从无到有过程，在现实生活中可谓比比皆是。例如，在特定条件下，从树种中长出大树、鸡蛋（受精卵）中孵出小鸡、受精的蛙卵育出蝌蚪，乃至母亲十月怀胎生出婴儿等等，无一不是从隐性的无形混沌中转化出显性的有形生物。假如再将这些观察，与盘古开天地的传说结合起来思考，当不难开悟直觉出天地之始时的混沌，与天地相分万物生成之间的从无到有的奥秘。以此当不难理解和不能不钦佩老子揭示无与有辩证关系，表达"一无一有之谓道"，对宇宙演化和万物生成奥秘做出天才猜测而又举重若轻的袭明（不显山露水的高明）。

《道德经》的开篇，用字百余个，已精辟而透彻地回答了终极之问中有还是无（没有）、有是什么与无又是什么、有与无的关系、何以认知这一系列问题，在人类历史上，第一次揭示了宇宙演化万物生成对立统一的普遍规律和根本之道。不过必

① 张松辉：《老子研究》，北京：人民出版社，2009年，第88页。

须指出，无不是道，有也不是道，一无一有的同一、依存、差异、对立和转化的辩证性才是道，是老子确立的"一无一有之谓道"的大道！

第二十五章是对第一、二章的衔接和呼应。终极之问中，还有一问——"（无）从何来，（有）去何处？"第二十五章对此给出了具体而明确的答案——有某种东西，与其他东西混合，先于天地而生成混沌体。它无声无形，独立自在，不依赖外力也不为外力所改，旋转周行而永不止息。可视之为天下万物的本体、本原。这就回答了隐性的混沌之无，来自周行不殆的天下母（有）与他物混合而成。天下母（有）是什么？老子坦言不知它该叫什么。但可以明确字之为道，至于其名只能勉强曰大（笔者提示：截至目前《道德经》的几种主要版本中，对天下母字道名大，文字上基本一致，没有歧义）。何谓字道名大？弄清字道名大的意思，是本章的关键，也是正确解读《道德经》乃至道学的关键。历来多有将道误以为化生主宰万物的宇宙本原、本体，实在是对"字之曰道"中的"字"误解所致。据姓名学应知，古代男子出生后即由其父起名，长至二十岁及冠（成人）时，一般由相关人士据此男子形成的秉性（或有所期许）而取字，以表其名，即辅助说明并从属于名。且在先秦时，称呼某人则字在前名在后。《道德经》中字道名大的用法合乎先秦的传统。[①] 而"名之曰大"中的大，历来又多有望文生义，将"大"真的当成大小的大。其实，此之大读音为太，为道家用语，是指天地混沌未分时的元气，名为太极、太一，简称为太[②]。厘清了字道名大的本义，即可明白为天下母（有）的，是名为太极、太一、简称为太的元气而不是道。而道，只是元气的字（号），即元气（太）的属性、本质属性。道，原义为路，或运行轨迹。元气运行的轨迹是什么？是从有到无（即有物混成），又从无到有（从混沌中形成相分的天地，乃至万物）地周行不殆。此正所谓一无一有之道。故以道为元气（太）取字，最为切近妥帖。一无一有关系的实质是对立统一，以此推论可知，道即对立统一（规律）或矛盾（法则）。为天下母的元气取字为道，意即元气不仅是（太）极、是原，且具有对立统一或矛盾法则的辩证属性、辩证规律。这是老子在第一章基础上，进一步确立起元气一元论唯物辩证世界观，明确对立统一是物质世界根本而普遍的规律、根本大道。

颇有意味的是，老子在为天下母取名曰大（读音为太）时用了一个"强"字。强，勉强（当然也可作强行或硬性解，但此解不合上下文义）。老子既然坦言自己不知天下母该叫什么，那么取名为大时显然是谨慎、审慎的。由于为天下母取名，前人已各有主张（阴阳、五行、水等），老子不可能不知，不可能避而不见，不可能

---

① 《辞源》，上海：商务印务馆，1915 年，"字"的词条，第一部寅集子部第 7 页。

② 《辞源》，上海：参见"大"的词条，第一部丑集大部第 195 页；另参见新版《辞源》，1979 年，"大"的词条，第 650 页。

不做推敲和斟酌。笔者以为，博综钩稽之下，老子应是承续了自伏羲始形成的"元气论"[①]，摒弃了伯阳父的阴阳二气说，坚持元气一元论。一个强字，表明老子不是独断论者，而当是留有余地，为后人的再探索再抽象，概括恰当之名（科学概念）留下发挥的空间。

老子的元气一元论，以今天来看是朴素的，但却影响了后世中国两千多年，为庄子、荀子、王充、王夫之等思想家所传承，直至清代谭嗣同舶来西方的"以太"取而代之为止，乃至于马克思主义哲学科学的物质概念传入中国。而所言元气所支配的从无到有，又从有到无的周行不殆，仅根据现实生活中的实例（如生物从无到有又重归于无）作直觉推论，似难以足信。两千多年后，近现代天体物理学在经历盖天说→地心说、浑天说→日心说→无中心说相继发展的基础上，已对天体演化做出了全新的科学界说。千年相隔，不谋而合，老子的天才猜测终于有了近现代天体物理学为印证。据《天体的来龙去脉》第二章"恒星从来不恒"[②]和《人类认识的自然界》第九章"演化"[③]介绍：宇宙无边无际、无始无终，而天体却有始有终。天体起源于太空中悬浮的巨量物质尘埃和星际气体（主要是氢气），即在气的作用下汇聚成巨大的混沌性气旋状旋涡。当旋涡的密度达到相当大的程度，以及内层的温度升到相当高程度之后，在一定条件下（例如内外层温差、疏密不一和引斥力不均等）和某个时点，就会碎裂成大小不一的星气球。星气球间由于质量、距离、引力不同等诸因素而形成不同的恒星及其恒星系统。恒星也有寿命，也会老去。以太阳为例，它持续地在特高温下从轻元素（气体类）的氢气始，依次向重元素（金属类）核聚变，直至耗尽能量而成残骸——白矮星。白矮星持续压缩坍塌，最后进入黑洞（坍缩星）加速散落而重新回归为悬浮天际的物质尘埃和星际气体。"恒星也会转化为非恒星的另一种物质形态，即会由生转化为死，然后再由另一种形态（如星云）转化为恒星，即由死就再转化为生。恒星的生死转化是宇宙间物质无限循环、无限发展的重要一环。"[④]以哲学视之，这毫无疑义就是从无（气旋星云混沌旋涡）到有（某个特定的星球与星球系统，特定的天与地乃至万物）再回到无的周行不殆的辩证过程，一无一有之谓道，大道也哉！

然而，老子的遐思宏论意犹未尽，接着指出：元气（太）忽聚忽散（曰逝）、忽近忽远（曰远），远极必反（曰反）。无既从有来，那么有又去往何处？必然是有无

---

① 张松辉：《老子研究》，北京：人民出版社，2009 年 11 月，第 90 页。

② 余衡泰：《天体的来龙去脉》，上海：上海人民出版社，1974 年，第 34—46 页。

③ V.F. 韦斯科夫，张志三等译：《人类认识的自然界》，北京：科学出版社，1979 年，第 163—169 页。

④ 余衡泰：《天体的来龙去脉》，上海：上海人民出版社，1974 年，第 35 页。

相生，远极而重反于无、重归于无方可周行不殆。如此，道、天、地、人都与元气密切相关①，在元气曰逝曰远曰反而有无相生的永恒过程中，天地（准确地说应是特定的天体星系）相分、万物生成而又各有相应的气数、气势、气场、气脉、气运，从无到有又从有到无，生死存灭而又生生不息。老子重言四域之中人居其一，这在人类历史上是首次明确突出和强调了人（而不是神）与天、地的齐一地位。但是人也必须法地、法天，最终法于道，与道一样按自己辩证本性自然而然自在自为（道法自然）。老子寥寥数语，言简意赅地揭示了因同源于元气（物质性本原）、同遵循对立统一根本规律之大道，天人必然齐一、合一。天与人合一，天之道与人之道也就必然合一，从而顺理成章地为《道德经》旨在论述天之道（利而不害）与人之道（为而不争）合一，回答在诸侯迭起、礼崩乐坏背景下社会出路何在的时代之问，提供了立论的终极根据——天人合一、道法自然。

　　常有人停留于第四十章中后一句"天下万物生于有，有生于无"，却不顾前一句"反者，道之动；弱者，道之用"，以至片面夸大无，将其神秘化唯心化。"反者，道之动"之反，或为对立的双方相互作用，或为反向的转化复归。第四十章文字本不多，就此两句，若依据前一句来理解后一句：万物生于有，有生于无之后，自应明白无必又生于有。可是用得着再赘续一句，说破无又生于有吗？若偏执于有生于无，以无为本、无为道，则前后两句语义上岂能连贯，且也与第二章的"有无相生"相悖。老子似不至于如此前后语不搭义而自相矛盾吧？不妨将万物生于有，有生于无，解读为万物生成于有形，有形又生成于无形，岂不较为妥帖？

　　既然万物生于有，那就还有一问——如何生成？这应是合乎逻辑的又一问，是不容规避而必须回答的重要一问。在第四十二章中，老子继续以缜密的哲学思考和高度的哲学抽象，给出了万物如何生成的极为经典、极其出彩的答案——"道生一，一生二，二生三，三生万物。万物负阴而抱阳，充气以为和。"如何解读？笔者以为，这是具有普适性经典性的哲学公式。就宇观（宇宙演化）层面看，则道生一，当不应解读为由道诞生出一来，而应是天下母（元气）依循其道（对立统一）的辩证本性与它物混成原初之物，此为一。其含义为原初、元初、最初的原生态、原始性的某种、某类东西统一体、和合体（混沌物），是特定界域的逻辑和历史相统一的起点。它的生出，也似不是某一个，而可能是某一批、某一群。且这种原初的一，也不会是简单的自身同一体，而当是有差异、矛盾的同一体。因此，一可分为二（二重性、二重化、二分法），即形成不同的对立面，如阴与阳、柔与刚、冷与热、疏与密、引力与斥力、无与有等，处于诸多矛盾的交互作用与矛盾辩证运动过程中。有基于此，

---

　　①　胡羽泰：《气在中医学方面的表现》：百度网，"中医认为，人禀天地之气生"。

才导致冲气（相互作用——相反相成或相辅相成）以为和，而形成天地相分乃至天地人之三（才）的崭新统一体。由此之三，仍会依循对立统一之道辩证运动而化生出万物。在宏观应用层面上，试以无机界向有机界转化为例证——生物学告诉我们，在特定的条件下，诞生出最早的原初生命体（微生物单细胞）——真菌类。单细胞会分裂滋生为双细胞或多细胞→组织→系统→低级生物→高级生物……细胞就是生命体的逻辑和历史相统一的起点，即是有机界生命体之"一"，并遵循新陈代谢和遗传变异的矛盾运动规律而进化发展。再如，商品是资本主义细胞，是逻辑和历史相统一的起点。《资本论》正是从分析商品二重性（使用价值和价值）即内在矛盾起始，逻辑地再现了资本主义的历史进程……总之，老子目炬苍穹，思通万载，智慧非凡地从哲学层面揭开了万物生化辩证的曲折律动的节律、节奏、内在逻辑，简洁而明了：一→二→三→万物（一→二→三……）。也可解读为：统一分—统、合—分—合、和—分—和、有（无）—无（有）—有（无），或肯定—否定—肯定……如此，大道和生、和合、和同天下万物的辩证过程，便即刻生动鲜活跃然纸上。这可视为老子在揭示宇宙演化万物生成的对立统一根本规律基础上，进一步揭示其从简单到复杂、从低级到高级发展的辩证运动，且显示出相分、否定、冲气的交互作用的矛盾斗争的过程性。而辩证运动过程的实质，则是肯定之肯定（即强调有所肯定而否定、为了肯定而否定。其与否定之否定的根本区别，拟另文专述）而大道和生、和合、和同的过程集合。这当是老子从对于万物生成的深刻洞察中，以高度形象化的概括（一→二→三→万物）揭示了物质世界运动发展的源泉和动力，以及冲气而和的肯定之肯定又一重要规律。如是，当使回答社会出路何在的时代之问的答案——天之道利而不害和人之道为而不争的合一，在内涵上就大大地深化了，即二者的合一不应是直接的同一、简单的等同，而是有差异的矛盾的自然过程的同一、统一。此正如老子所言"犹如张弓乎？高者抑之，下者举之"（七十七章）之辩证，从而为天之道与人之道的辩证性合一提供强有力的哲理支撑。

（二）无与有：道在器中 用无利有

大道并非高深莫测，真理就在眼前。在第十一章，我们可以读到"一无一有之谓道"在现实生活中的生动实例。只是此章中的无与有概念的内涵，与本体论上的无与有内涵有所相通而又有所不同——"三十辐共一毂，当其无，有车之用。埏埴以为器，当其无，有器之用。凿户牖以为室，当其无，有室之用。故有之以为利，无之以为用。"这段文字中的三个实例——车子、器皿和房子，尽人可知却司空见惯。老子却点石成金般从中悟出深刻哲理，说出极其深刻的哲学思想——有之以为利，无之以为用。

三十根车条连接在一个车轴头上。当车条间显示出虚空、空隙，车子便能发挥其之为车子之功用。和揉黏土制作器皿，当器胚显示出中空，便能发挥出器具成品可盛东西之效用。建房屋开凿门窗，当预留出通风、进出和活动的空间，才可作为居室而使用。所以，有，是对各种有形物（原材料）的抽象，是加工制作的条件、基础和根据；而无，是对虚空、中空、空间的抽象。有，只有与无结合，方才实现加工制成品的功利价值；无，也只有与有结合，才能发挥无之为无的妙用。如此来看，"一无一有之谓道"并非只是形而上，而是道在器中、道在身边。老子有言"吾言易知、易行"①。的确，抽象思维虽然玄，哲理却通俗而平凡，弄通抽象思维之窍便可入门。本章中的有与无，其概念内涵确实略不同于本体论上的有与无。后者是指宇宙本原的元气天体演化中的两种不同状态或形态——无形而隐性、有形而显性。前者则指有形的原材料之物（有）和无形的虚空、中空、空间（无）。此之有与无一经结合，相互联结相互依存，乃至相互作用（原材料之有与空间之无的结合要有所取舍、匹配合适），便相得益彰地成器而可派用。

"有之以为利，无之以为用"，看似两句话，其实是容不得片面割裂任何一方的一句完整话，是体现有与无辩证关系的一句话。有，若不与无结合，就只是原材料（质料），实现不了应有价值，发挥不出应用的功利，就一事无成；而无若不与有结合，无从发挥其可用之用的妙用、效用，就只是虚、空，什么也不是。全面把握有与无的辩证关系，用无而为、用无利有，才能得其"一无一有之谓道"的精髓。也许是有形之有，太过为世人所易知、重视与青睐，而常忽略无的作用、大用，老子慧眼独具，以五千言《道德经》，偏重于突出和推崇无、发掘无与有相结合之大用。以此形成了道学与众不同见解卓异的鲜明特色，以至于道学被称为玄学之外，又俗称为无为之学。

（三）无与有：无为之益 治国修身

若称道学为无为之学，《道德经》中确有出处："道常无为而无不为。"②"为学日益，为道日损。损之又损，以至于无为，无为而无不为。"③"为无为，事无事，味无味。"④理解这些话，关键在于弄清无为的本义。若把握住"一无一有之谓道"的总纲，厘清老子无为的本义应不难，亦将有助于正确运用之。称之为无为之学，其实不谬。

上述三个章句中的无与为相联结，似已转义、令人费思。历来解读为：不妄为

---

① 《道德经》第70章。
② 《道德经》第37章。
③ 《道德经》第48章。
④ 《道德经》第61章。

不乱为，按规律、规则而为，亦有解读为不自为（不主观而为）的，等等。且都认定无为并非不作为。这些解读当然未错，只是未能体现“一无一有之谓道”之要义。比较切近无为字面意思的，当属将无为作无违解：“为与违音同而义通，故汉朝以前的人理解无为，都毋庸置疑地解作无违，即是循理而举事，按道理而不违反道理行事。”另据《文子·自然》：“老子曰：所谓无为者……谓其私志不入公道……循理而举事……事成而身不伐（不自高自大），功立而不言有。”“老子曰：……无为者非谓其不动也，言其莫从已出也。”[①] 文子是老子的嫡传弟子，这些文字系其追随老子进行“昆仑实验”以道行天下，创建浮图邦过程中对老子布道言论的记录。不可不信，似又不可全信。理，可作道理、规矩、规则、规定、规律乃至习俗等诸多理解。然道理有大小之分，小道理服从大道理，以大道理为依归。若不分道理大小而循理举事地无违，易偏离老子无为之本义，以致“大道废”之而变调走样。且若以无违而循理举事去解读道常无为而无不为，似嫌勉强而又有所不顺；若用以解读为道日损以至无为，似又境界偏俗偏低，达不到为道日损至于最基本最高抽象的一无一有辩证关系之境界。所以，解读无为还是要回归于大道——“一无一有之谓道”。正如文子记录中有言：“事成而身不伐（不自高自大），功立而不言有。”其中的事成、功立若视作有，则身不伐、不言有即为无。如此一无一有方合于道。若把握住“一无一有之谓道”解读无为，笔者以为其本义应是无有，即将无为中的为还原为有，形成无与有相结合之为、用无利有之为，或有所为有所不为。当然，称之为“无有”，不合于口语习惯，也不如无违而循理而举事通俗易懂。而将无与为搭配成词，虽似转义、费解，却未脱离本义（为，行为、作为、行动，皆可谓有）。只要不离本义，称作无为、解读成无违于一无一有之道（理），就既合于日常口语习惯，也便于泛化运用和适度发挥。

上述解读的思路一开，《道德经》中许多在无为总揽下的内容，便可一一豁然开朗起来，无与有的含义也宽泛实用多多。笔者将《道德经》中运用和体现无为的内容，试综合出如下四类——

第一，治国行政方面：功成弗居（第二章）、功遂身退（第九章）；生而不有，为而不恃（第二章）；圣人为而不恃，功成而不处，其不欲见贤（第七十七章）；生而不有，为而不恃，长而不宰，是谓玄德（第五十一章）；天之道，利而不害。圣人之道，为而不争（第八十一章）。老子这些治国行政方面的“无为”净言，其核心正是文子记录中的“老子曰：所谓无为者……谓其私志不入公道”，倡导的是大道为公政治、清明政治、廉洁政治、利民政治。这些净言中，功、生、为、长、利等即是

---

① 罗尚贤：《和生论》，广州：广东人民出版社，2012年，第123页。

有、有为；而弗居、不处、不有、不害、不宰、不争等即是无、用无、不为。无的含义基本上是不（有所否定），有的含义则是有所肯定。

第二，修身修为方面：不自见，故明。不自是，故彰。不自伐，故有功。不自矜，故长（第二十二章）。自见者不明，自是者不彰。自伐者无功。自恃者不长（第二十四章）。这些话明白地说出了在个人素养上的用无利有之要——不自我显示，才能清醒。不自以为是，才能明是非。不自我吹嘘，才能建功。不自我矫情矜持，才能行稳致远。此处之不，皆与无、用无、有所不为相通。如何能不自见、自是、自伐、自矜？老子另有所示。即自知、知人、知强、知志、知常、知足知止、知不知——自知者明（第十三章）；圣人自知不自见，自爱不自贵（第七十二章）；知人者智（同上章）；胜人者力，自胜者强（同上章）；强行者有志（同上章）；夫物芸芸，各复归其根。归根曰静，是曰复命。复命曰常，知常曰明（第十六章）；知足者富（第三十三章）；祸莫大于不知足……知足不辱，知止不殆，可以长久（第四十六章）；知不知，尚矣。不知知，病也（第七十一章）……如此多之知，皆当是有、利有、有所为。与前述的不自见等结合起来观照，岂不正好一无一有？此之无与有结合，方能清醒、明是非、建功业、行稳致远……如此无为（无违）而为，确有不妄为不乱为合规律不自为之义，有所为而有所不为。此之无与有相结合，若形成素养和思维定式，当能自然而然地无为而无所不为。

第三，无或用无的泛化方面：a.致虚持静：致虚极，守静笃（第十六章）；重为轻根，静为躁君（第二十六章）；孰能浊以清？静之徐清（第十五章）；旷兮其若谷（虚怀若谷，第十五章）；b.贵柔崇弱：弱者，道之用（第四十章）；天下之至柔，驰骋天下之至坚（第四十三章）；弱之胜强，柔能胜刚（第七十八章）；c.若拙若讷：大巧若拙，大辩若讷（第四十五章）；混兮其若浊（难得糊涂，第十章）；d.善下自贱：江海之所以能为百谷王者，以其善下，故能为百谷王（第六十六章）；大邦者下流（第六十一章）；故贵以贱为本，高以下为基（第三十九章）；和其光，同其尘（第五十六章），等等。这些章句中的静、虚、弱、柔、拙、讷、浊、贱（虚己谦下）、下、谷等，皆可视为无的泛用。以此等之无而用，皆可起到发挥有之利的作用。

第四，在转识成智方面："善行，无辙迹。善言，无瑕谪。善计，无筹策。善闭，无关楗而不可开。善结，无绳约而不可解。是以圣人常善救人，故无弃人。常善救物，故无弃物，是谓袭明。故善人，不善人之师。不善人者，善人之资。不贵其师，不爱其资，虽智大迷，是谓要妙。"（第二十七章）这段文字，一口气讲出十来个善，并且两两相对，构成八个方面有与无的对立统一：行为有，隐去辙迹则为无；言为有，不出瑕疵毛病则为无；计谋为有，不用占卜打卦则为无；闭（关闭、封闭式自我保护）为有，隐去关楗（轻易打不开）则为无；结（结绳记事式行为举止，或如当今的密码编码，或说话常用借喻、隐喻、反语等）为有，隐秘绳约（指设定的路数、奥秘不露破绽，或隐去解码使其不可解）则为无；救人（教化或帮助人）为有，没有遗弃则为无；救物（修理器物或废物利用）为有，没有浪费遗弃则为无。此外，善人与不善人，也是构成有与无的对立统一。如此多的无与有相结合，不可谓不善。此等之善，犹如神龙见首不见尾，高深莫测。难得老子感慨系之，赞为袭明——不显山露水的高明、智慧。老子就此告诫人们，不贵师不善资（贵师善资即以他人为师、借鉴他人，用人之长补己之短）自以为聪明，实在是大大的糊涂。读着此章，真是如见老子。老子其人，其言其行其智其德，何尝不堪称善于无为的典范。

总而言之，源自古印度的有与无，一经老子的吸收和升华，便已将其中国化，成为道学原创的核心概念。究其含义，可归纳为三：a.在本体论上，有即天地混沌未分的元气、万物之母（本原、本体）的有形化、显性化状态，无即天地未分的混沌、天地之始的无形、隐性状态；b.在哲学抽象上，有，意为有形之物（质料原材料）。无，意为无形的虚空、空间。且有之为利，无之为用，二者结合为用无利有，或简称作无为；c.把握无为的本义，无为之为应还原为有，无为即无有。其中的无，多作否定性词语——不、没有（或隐去）意义上使用；而有，亦多作动词，在有所为、为的意义上做有所肯定使用，如利、生、为、长、功成、功遂等。

无为（无违）之为，即无私而为（私志不入公道）、无亲而为（天道无亲，不分亲疏、平等相待）、不自为（不主观、不妄为，而按照"常"——客观规律而为）、用无（用隐、虚空、归零、否定等）而为，或用无利有而为，强调必须用无与有结合，无违于"一无一有之谓道"的对立统一总规律。这是老子奉献给人类的至简至凡的哲学思想，以及转识成智的大智慧。可广泛应用于现实的政治、经济、军事、外交、宗教、艺术、自然、社会生活，乃至个人修为的各个层面，因时因地因对象而变化无限，其利其用其动而其妙无穷，以达于无所不无为。《老子》这口深井，真真地满是宝藏，取之不尽用之不竭。老子以"一无一有之谓道"的直觉辩证思维，揭示出宇宙对立统一根本规律、矛盾法则，确立天人合一、道法自然，肯定之肯定的大道和生、和合、和同思想、无为之为的大道智慧，论其价值，无与伦比。

三、关于无与有概念的承续

老子所确立的中国化的无与有概念，影响后世极为深远。从战国时的庄子，到魏晋时玄学的贵无崇有。从德国古典哲学的开山大师康德，到西方辩证法大师黑格尔，这些世界著名的哲学思想家，都对无与有概念有所关注有所承续，或做出针砭、偏执，或有所误读贬损却又加以利用和借鉴。更甭提国内外对《道德经》中无与有概念数不清的解读，其承续性可谓连绵未绝。

（一）庄子的无与有圆圈论

庄子是老子的嫡传子弟，不仅承续了老子的元气一元论，而且承续了无与有概念，对老子的有无相生和周行不殆做了具体化的精彩论证，完善了老子的唯物辩证本体论。

老子所处的时代，人类对宇宙天体——天与地的认识尚持"盖天说"。天与地是否从来如此，并如此永恒地存在？老子的认知有所突破："有物混成，先天地生。寂兮寥兮，独立而不改，周行而不殆""万物生于有，有生于无""有无相生"以及"大曰逝，逝曰远，远曰反"。这些客观而辩证的天才猜测不同凡响，却又有所美中不足。周行不殆与有无相生有何内在联系？有无相生又如何构成周行不殆？老子未做进一步的界说和论证。弥补这个不足，使之锦上添花，则是庄子承续无与有，以无与有圆圈论做出了杰出贡献。

庄子在《齐物论》中指出："有始也者，有未始有始也者；有有也者，有无也者，有未始有无也者，有未始有夫未始有无也者。俄而有无矣，而未知有无之果孰有孰无也。"这段文字的意思是，若有开始，那么开始之前的未开始又从何而来？若说有有，又说有无，有开始的有与无，又有未开始的未开始的有与无。时而说有时而说无，不知其到底是有还是无。这些质疑，犹如"鸡生蛋、蛋生鸡"循环的困惑。其实，庄子是明知故问。他接着给出答案："是亦彼也，彼亦是也。彼亦一是非，此一亦是非。果且有彼是乎哉，果且无彼是乎哉？彼是莫得隅，谓之道枢"，"枢且得其环以应无穷"。[①] 意思是，公说公有理，婆说婆有理，到底谁有理、是有理还是无理，难以两者兼顾（即隅）。这涉及悖论，解决悖论的关键（枢，车轮之中轴、圆心，引申为关键）在于，用环（即圆圈）可以解决有限与无限的无穷性循环。环上任何一点，都既是起点，也是终点，既是无也是有，既有始又未始，无论是逆时针运转，还是顺时针运转，都不仅必然是有无相生，也必然是周行不殆的。从而完善了老子运用无与有界说宇宙演化和万物生成的本体论。庄子此番辩证的论证，亦当是在客观上突破了其时人类认识天体的"盖天说"，也超前突破了"地心说""日心说""混天说"，可谓"无中心说"的前驱，可为近现代天体物理学所佐证[②]，却已大大地超前了两千多年。

（二）魏晋玄学中的无与有

魏晋玄学，是指我国东汉末期三国时乃至一统于晋时，以研究源于老子玄之又

① 参见任继愈主编：《中国哲学史》，北京：人民出版社，1963 年出版 1979 年第 5 次印刷，第一册第 155 页。

② 余衡泰：《天体的来龙去脉》，上海：上海人民出版社，1974 年，第 34—46 页。

玄、玄远幽深的形而上称谓，形成以老庄思想为骨架，鲜明突出地承续老子的有与无，糅合儒家思想的一种哲学思潮，在中国哲学史上占有重要地位。魏晋玄学以早熟天才王弼注解《道德经》，却割裂无与有的辩证关系，片面夸大无的作用，强调以无为本的"贵无"论开场，经竹林玄学过渡到西晋玄学，以裴頠、郭象同样是割裂有与无辩证关系，主张"崇有"论达至高潮，最后至东晋玄学，特别是以著名的陶渊明田园牧歌式《桃花源记》，将老子"小国寡民"漫画化而收场[①]。如果说西汉初中期，偏重践行黄老之学、无为而治，却鲜作理论思考，鲜有理论建树（淮南王刘安等继承道家思想、颇得老子辩证法真传而著《淮南子》似是例外），那么，魏晋玄学则只重理论思考，陷于思辨性清谈。其很强的思辨性和正宗的哲学味，高扬注老解老的旗帜，本应能实现继往圣之绝学，实现复兴道学创新道学的担当。然而，无论"贵无"还是"崇有"，皆割裂有与无而各执一端，终因未得老子"一无一有之谓道"的辩证法真髓，而难有建树、难有大成（王弼堪称道学大家，却难称大师）。

此后，道学仍在传续，宋明时期苏东坡、王安石、张载、朱熹等也曾对无与有做过解读，却未起大波、未成大器。反倒是 16 世纪末万历年间道儒经典传入欧洲后，经莱布尼茨至 18 世纪德国古典哲学时期，老子的无与有受到了高度的关注和青睐，终至成就了理性思辨逻辑形态辩证法大师黑格尔。

（三）德国古典哲学中的无与有

公元 1583 年，意大利传教士利玛窦成功地从广东肇庆来到中国。在与明朝大学士徐光启结识后，经二人努力，开启了中英文（经拉丁文）互译的先河以及中西学互渐的潮流。《道德经》传入欧洲后，在德国自莱布尼茨起，极为推崇老子及其被取名为辩证法的思想（莱布尼茨创立二进位数学的灵感，源于《易经》的太极生两仪，还是老子的无与有→无 =O、有 =1，有待考查确证）。据赵广明先生所著《论无的先验性》一文[②]介绍，康德、谢林、黑格尔和海德格尔等都对老子的道、无与有做出过不同评析，给予了极大的关注——

1. 康德在《纯粹理性批判》中，直接将"无"作为先验的设定，与"自在之物"相联系。结论是——无是空概念、空对象、空直观而不可知。康德如此将无与有割裂开来，片面地评析先验设定的无，表明他未能读懂老子。其后继者，早熟的天才哲学家谢林，似乎是半懂不懂老子的道与无，指出："道意味着门。道的学说意味着关于由以进入存在的大门的学说，关于非东西的存在……生活的伟大艺术或智慧正

---

① 参见任继愈主编：《中国哲学史》，北京：人民出版社，1963 年出版 1979 年第 5 次印刷，第二册第 151 页。

② 赵广明：《论无的先验性》：2017 年 4 月 7 日"中国社会科学网"，原发《哲学研究》。

是在于保持这一纯粹的可能，这种可能是无，然而同时是一切。"首先，道可不是什么门；其次，可能是无，又同时是一切，似乎切近了无即是有、无与有（相矛盾性）密切相关的意涵。但远未了悟"一无一有之谓道"辩证精髓，未能开悟而形成辩证思维，也未将此理解引入他的"绝对同一"概念。

2. 作为谢林在图宾根神学院同学和密友的黑格尔，对老子的道、无与有的评析，及其实际所为，则颇为耐人寻味。

其一，黑格尔哲学灵感来自老子思想。他出生于 1770 年 8 月，1788 年考入图宾根神学院。1790 年前后，黑格尔加入一个受法国大革命影响而成立的政治俱乐部。一次偶然机会，荷尔德林（黑格尔另一位同学和密友）送给黑格尔一本纪念册，那里载有歌德的彼得拉斯中关于成就伟行的警句，还附有一个神秘的标志："象征：万物如一"。在黑格尔看来，"这句话却有乍看之下完全不同的更深刻意义，新的哲学——一切宗教和哲学的基本思想，二者统一的标志，世界伟大的秘密，难道不正好就是这个吗？"为此，他专门创作一首告白自己发现一个很大秘密的祭祀赞歌（诗）："人们只有在自己的心灵深处，才能体验到并给无生气的世界启示出神妙的万物如一的思想。"① 作为哲学灵感的"万物如一"，显然来自中国，似出自《庄子·德充符》："自其异者视之，肝胆楚越也。自其同者视之，万物皆一也。"② 万物皆一、万物一齐、万物如一，语义相同、语词小异。其思想内涵，与"天人合一"同义（《庄子·山水》："有人也，天也；有天也，天也"），应源自老子"道大，天大，地大，人亦大""人法地，地法天，天法道，道法自然"。直接师承老子的庄子思想，深深影响了德国文艺界的歌德、荷尔德林以及哲学界的谢林和黑格尔等③。

其二，黑格尔哲学形成期急待寻求突破时，研读过《道德经》。1793 年至 1797 年，黑格尔旅居瑞士伯尔尼城被聘为家庭教师。这是其哲学形成期。1794、1795 年，费希特（康德学生）和谢林（费希特学生）分别以主观唯心主义的"自我"哲学，和客观唯心主义的"绝对同一"哲学，即不同于康德批判哲学的新哲学称雄德国哲坛。两人的哲学都致力于将上帝理性化，为拯救因路德宗教改革对上帝人格化客观存在的否定以及康德以自在之物（＝上帝）不可知而对上帝是否存在的存疑，奋力证明上帝理性化的存在。黑格尔虽身在伯尔尼，却与谢林保持通信而清楚新哲学的狂飙突进。黑格尔坐不住了，奋起追随谢林，曾以惊异和怀疑的口吻询问新哲学是否

---

① 库勒·根舍尔著，张世英译：《青年黑格尔的哲学思想》，吉林：吉林人民出版社，1983 年，第 39、52、81 等页。

② 参见任继愈主编：《中国哲学史》，北京：人民出版社，1963 年出版 1979 年第 5 次印刷，第 158 页。

③ 库勒·根舍尔著、张世英译：《青年黑格尔的哲学思想》，吉林：吉林人民出版社，1983 年，第 39、52、81 等页。

确实不立足于有神论，谢林婉转告之新哲学急需否定有神论（即否定人格化的上帝，转向将上帝理性化）。黑格尔悟性极高，立即抓住主题进入角色。1795 年元月，他在给谢林的信中表示：一些时候以来，他重新研究康德，并表白"让我们经常重温你的号召吧……我们的共同点仍然是看不见的教堂"（即对上帝理性化、哲理化）①。正是在此期间、在此背景下，黑格尔来到奥地利的维也纳。在维也纳的图书馆研读了老子的《道德经》②。大约也是在这个时期，黑格尔赴法国问学于汉学家雷慕莎，向其讨教对《道德经》的理解③。

其三，黑格尔关注《道德经》，以德国人特有的理性思辨思维方式，吸收和运用了老子的无与有。

（1）从其最初形成的哲学轮廓（公式）看。1796 年底或 1797 年初，黑格尔从伯尔尼回到德国法兰克福，开始构思出自己哲学的最初轮廓——绝对的存在 = 绝对的东西 = 上帝 = 绝对精神 = 理性（绝对理性）= 自我认识（自我区分）= 绝对的东西的自我二重化④。这个轮廓中前面等号的内容似与费希特的"自我"、谢林的"绝对同一"，甚至也与其误解老子的"道"雷同，而最后一个等号的内容，则预示黑格尔哲思的重大突破，和对费希特和谢林的超越。什么叫绝对的东西的自我二重化？就是绝对的东西（黑格尔哲学成熟时已确定为绝对理念），不是单纯地自我同一（不是铁板一块），而是自我内在地包含有差异、有矛盾的两个方面或二重性。康德在《纯粹理性批判》中，运用（更准确地说是囿于）形式逻辑的矛盾律（实为不矛盾律，主张论题或语义，前后不能自相矛盾），列出四个二律背反证明自在之物不可知。黑格尔洞见到康德的局限恰恰在于不能认识矛盾、害怕矛盾，决心予以突破而大胆引入矛盾。那么，黑格尔何来如此高明的胆识？这就不能不考虑其受到《道德经》的影响。正是老子可以启迪黑格尔——事物、世界本来就是矛盾的（既对立又统一），其最基本也是最高的对立统一，只能是终极追问（说到底）：是无（不存在）还是有（存在）。无与有又对立又统一（同一），既是宇宙（确切地说是某个特定星系的特定天地）演化的历史起点，又是逻辑性回答终极之问以再现宇宙演化的逻辑起点。如果黑格尔不做这样解读，那他会一事无成，因为欧洲哲学史上无此思想前驱可资借鉴；如果他真的对此有所开悟，明白"同出异名"即 A 亦非 A，以及逻辑起点与历史起点相一致，那他才能突破康德形式逻辑思维，超越费希特和谢林而成就自己，

---

① 库勒·根舍尔著、张世英译：《青年黑格尔的哲学思想》，吉林：吉林人民出版社，1983 年，第 39、52、81 等页。

② 黑格尔著、贺麟、王太庆译：《哲学史讲演录》，北京：商务印书馆，1983 年，第一卷第 127 页。

③ 诸玄识："黑格尔抄改《老子》制造西方中心论"：《中华人文文化网》，2013 年 6 月 19 日。

④ 库勒·根舍尔著、张世英译：《青年黑格尔的哲学思想》，吉林：吉林人民出版社，1983 年，第 39、52、81 等页。

二者必居其一。后来的事实证明，黑格尔得益于老子。历史和逻辑起点的一致，有（存在）与无（非存在）的辩证关系，在黑格尔于1798年最早开始著作的《逻辑学》中，成熟而鲜明地呈现出来；

（2）翻开《逻辑学》存在论部分的第一篇第一章——存在，读着读着，不由得感到其对纯存在（纯有）与无、纯无的种种界说，诸如纯无与纯有的同一、纯有即纯无、纯无即纯有、二者统一于存在、无与有的有差异的同一、无作为否定性因素，有作为肯定性因素的对立等等①，简直就是对《道德经》开头"无名天地之始，有名万物之母……此二者同出而异名，同谓之玄"，做了德国思辨式的意译和发挥。所不同的是，《道德经》的无与有同出于道（这当然是误解，其实是同出于"大"即物质性元气的不同存在状态、形态），而《逻辑学》中的无与有同出于存在（精神性的绝对理念的最初环节、尚未展开的规定）。

（3）不当地推崇古希腊的巴门尼德。经由黑格尔的自宣和推介，似乎已成共识和定论的是，黑格尔《逻辑学》中的存在（有）与非存在（无）源自古希腊的巴门尼德，而不是中国的老子。为着厘清真相，不妨找来黑格尔《哲学史讲演录》的相关内容，以一探究竟：《哲学史讲演录》第一卷讲述古希腊哲学家巴门尼德时，介绍了巴门尼德借一位女神之口，说出什么是求得知识的两条路：一条路是只有"有"存在，"非有"不存在；另一条路是"有"不存在，有必然是"非有"②。女神口中的有与无决然两立——有是有，有若存在，无本来就不存在。无是无，无若存在，有必然不存在。这分明是形式逻辑的A=A的认知，而不是辩证逻辑的A亦非A的认知。女神的两句话各自都符合同一律，就是丝毫看不出二者具有同一性（A亦非A）。黑格尔在介绍时并不说破此点，却巧换词义做了辩证思维解读："当我们要思维无，言说无时，我们就是思维某物，言说某物了。"如此一来，巴门尼德本来不包含有的无、绝对排斥有的无，却变成肯定有的无。于是黑格尔立刻妄加推崇："真正的哲学思想从巴门尼德起始了……这个起始尚不能加以进一步的说明。"③

（4）误解老子的道、无，并不当地大加贬损。在介绍巴门尼德的同一本书中，黑格尔对老子的评价和对道、无的解读，则完全是另一种心态。黑格尔对老子及对道与无的认知，虽来自法国汉学家雷谬萨（与雷慕莎似为同一人，似是译音差异），但却做了自己的理解和界说。一是把道理解为超自然的理性，既不是逻各斯，也不是耶和华，而是比拟他的绝对理念或绝对精神。二是道是至高无上的和一切事物起源的纯粹抽象的本质，除了只在一个肯定的形式下表示那同一的否定，即具有同一

① 张世英编著：《黑格尔〈小逻辑〉绎注》，吉林：吉林人民出版社，1982年，第236、237页。
② 黑格尔著，贺麟、王太庆译：《哲学史讲演录》，北京：商务印书馆，1983年，第一卷第265页。
③ 黑格尔著，贺麟、王太庆译：《哲学史讲演录》，北京：商务印书馆，1983年，第一卷第267页。

性的有（肯定）与无（否定），内涵空疏而毫无意义；三是一切事物的起源、最后者、最高者乃是无。这种无不是人们通常所说的无或无物，而是单纯的、自身同一的、无规定的、抽象的统一（体），因此这无（否定）同时也是肯定的（即指有）。四是无作为否定环节，如果不扬弃一切规定，它就没有意义。如果哲学思想——道、无，不超出这种抽象的开始，不能建立起范畴的王国，便永远只能和中国哲学一起处于萌发浅显的阶段，没有能力创造一个范畴的王国[①]。

黑格尔显然对中国哲学，特别是老子哲学半懂不懂、似懂非懂。他关于道是最高的本原的见解，表明他读不懂老子的万物之母（本原）字道名大。但他却明白无误地告诉我们，似乎懂得了道的抽象本质包含自身同一的否定和肯定、无与有的规定，且无与有具有同一性。若把道置换成"绝对理念"，这不正是《逻辑学》存在论中的逻辑起点？黑格尔岂不是自我表白式地佐证了，《逻辑学》存在论中的有（存在）与无（非存在），源自老子《道德经》，而非古希腊的巴门尼德。

至于指责老子哲学未能创造一个从无与有开始，而扬弃一切地展开的范畴王国，这又表明他不懂中国国情和老子哲学的东方特色。老子时代尚属人类童年阶段，哲学成长并不充分，不可能提出足够的可以构建逻辑联系的范畴，因而压根就不具备建立范畴王国的条件。而老子悟道，靠的是直觉思辨，压根就不可能也不是做理性思辨式的逻辑演绎。老子天下第一的伟大之处，在于他直觉思辨，以 一无一有为逻辑起点，"一无一有之谓道"为逻辑主线，以肯定之肯定的大道和生、和合、和同过程集合（道生一，二，三，充气而和生万物）为立论根据，以转识成智、经世致用的无为无不为的大道智慧为方法展开，以"天之道，利而不害。圣人之道，为而不争"的天人合一为总体结论，构建出人类历史上第一个包罗万象的天人合一哲学体系。老子以东方人特有的直觉思辨智慧，经典地回答了宇宙演化万物生成的终极追问和社会出路何在的时代之问。老子无须建造范畴王国，而是开辟了为天地立言、为生民立命、为万世开太平的天下为公之大道。老子的智慧和境界，当是黑格尔无以读懂无法体悟的 。相比之下，黑格尔洋洋自负所表现出的日耳曼人的傲慢与偏见，实在是有损其世界一流大师的形象。

（5）黑格尔关于哲学开端的说法自相矛盾。黑格尔关于哲学开端的说法有两处。一处是上文中已引用，推崇巴门尼德的存在（有）非存在（无）："真正的哲学思想从巴门尼德起始了。"另一处则出现在黑格尔《历史哲学》中。黑格尔认为，世界历史是精神的发展和实现过程，绝对理念、绝对精神乃是世界历史全部丰富现象发展

---

① 黑格尔著，贺麟、王太庆译：《哲学史讲演录》，北京：商务印书馆，1983 年，第一卷第126—132 页。

的基础和原则，每一个世界历史的民族都在自己的历史中体现着正在发展着的世界精神的特殊阶段和特殊原则。世界历史作为世界精神的体现者，它的发展路线大体是同太阳的行程相一致的。太阳升起于东方，沉没于西方，世界历史也是从东方发展到西方。具体地说历史开始于中国[①]。即是说绝对理念最初是从中国开始的。我们知道，黑格尔的绝对理念是其《逻辑学》的终点，黑格尔将其化终点为起点，从其最初最基本最抽象的环节"存在"（即无与有）开始。因而，申言绝对理念从中国开始，这无异于宣示《逻辑学》的开端的存在（无与有）源自中国、源自老子。会有两个开端吗？不可能。历史起点和逻辑起点总不能一东（东方中国）一西（古希腊）而不相一致吧？即便巴门尼德的"存在"可以作为逻辑起点，但它绝不能是历史起点。历史起点和逻辑起点相一致的无与有（存在），只能源自老子、借鉴老子。正是老子的"同出而异名"、逻辑起点和历史起点相一致的无与有概念（及其矛盾思维，以及生一、二、三、万物之肯定之肯定，黑格尔解读为正一反一合的否定之否定的圆圈论等），奠定了黑格尔包罗万象哲学大厦的基石。当然，黑格尔在借鉴基础上亦有所创新，分别赋予无与有具有否定和肯定的新含义，从而形成定义自己的运动，以此著就《逻辑学》，成就出辩证法大师黑格尔。十分遗憾的是，这座大厦不过是黑格尔孜孜以求的看不见的教堂，终究难逃其哲学甘为神学婢女的宿命。

　　要而言之，老子以无与有概念取代阴与阳，不能不说是中华先秦思想史上的一次巨大飞跃。无与有概念一出，同出异名、对立统一、经天纬地，宇宙演化、万物生成的终极追问迎刃而解，标志着人类抽象思维的成熟以及哲学之为哲学的壮丽日出。中国哲学乃至世界哲学由此开端和确立。无与有这对概念，不啻是形而上哲学大厦的基石。这块基石是老子奠定的。这是老子对于人类文明的巨大贡献，是人类文明无可比拟的伟大成就。老子天下第一，名副其实，当之无愧。

　　"一无一有之谓道"哉！

---

　　① 侯鸿勋：《论黑格尔的历史哲学》，上海：上海人民出版社，1982年，第99页。

对老子《道德经》中"母"与"子"概念的思考

吕 昂[*]

摘要： 在《道德经》中，作为比喻的"母""子"两个概念一直反复出现，对我们理解《道德经》的思想有很多帮助。"母"可以看作"道"偏于形而下的表述，是开向万物之"道"，当作为状态时，《道德经》用"雌"与"牝"来形容。"子"是人近于"道"的状态，修道之人与常人的不同就是更接近于婴儿的状态。"母"以喻"道"，"子"以喻人，人是能够归于大道、同于大道的存在。

关键词： 道德经 母 子 道

在《道德经》中，作为比喻的"母""子"两个概念——包括类似概念一直反复出现。"母""子"的概念是世人能够深切体会的，虽然未必为人之母，但一定为人之子。领会"母""子"在《道德经》的比喻，对我们理解《道德经》的思想有很多帮助。

一、"母"："道"偏于形而下的表述

《道德经》开篇便言"道可道，非常道。名可名，非常名。无名，天地之始。有名，万物之母。"[1] 无名者，自然是"道"，唯"道"可称天地之始。那么有名者为何？可以说是天地、是万物，也就是实在的，遍在万物的"道"。老子将这种状态的"道"称之为"母"，应当是强调其中的创生义与本源义。而作为那种不可名状，"象帝之先"[2] 的形而上之"道"，则不可称之为"母"，因其无对之故。所以，"母"可以看作是"道"偏于形而下的表述，是开向万物之"道"。《道德经》中其他"母"的使用，也是如此。如"有物混成，先天地生。寂兮寥兮，独立不改，周行而不殆，可以为

---

　　* 作者简介：吕昂（1989—），男，辽宁抚顺人，南京市佛教文化研究院助理研究员，南京大学哲学博士，研究方向：中国哲学、佛教文化。
　　① 陈鼓应：《老子今注今译》，台北：台湾商务印书馆，1970年，第47页。
　　② 陈鼓应：《老子今注今译》，台北：台湾商务印书馆，1970年，第57页。

天下母。吾不知其名，强字之曰道。"① 自"有物"到"不殆"，都是"道"的形而上表述，但"道"同样也有"可以为天下母"开往形而下的一面。又如"有国之母，可以长久。"② 这里的"母"，就是更具体的"治国之道"。

"母"是形而下之"道"作为名词的表述。当作为状态时，《道德经》用"雌"与"牝"来形容。如"天门开阖，能为雌乎"③。在这里，"雌"是一种向道靠拢、雌伏收敛守柔的状态。又如："谷神不死，是谓玄牝。玄牝之门，是谓天地根。绵绵若存，用之不勤。"④ 谷神者，为"道"之虚空神妙之意，因其不生不死，又能生万物，所以称之为"玄牝"，即有玄妙的生养之能，故"玄牝"是天地生成的根本。这里的"牝"也指的是"道"化生之状态。至于"大国者下流，天下之交，天下之牝。牝常以静胜牡，以静为下"⑤ 的比喻就比较浅白了，"牝"指的就是谦和、柔弱、安静的状态，这种状态是合于道的，所以能够长久安康。

二、"子"：人近于"道"的状态

《道德经》认为孩子，尤其是刚出生的婴儿是最近于"道"的，因其尚未被世俗所沾染、观念所束缚，一举一动同于自然，所以近于"道"。《道德经》言："含德之厚，比于赤子。毒虫不螫，猛兽不据，攫鸟不搏。"⑥ 因赤子无心于万物，故万物不伤于赤子，这是人一生中不必努力而最接近于道的状态。所以圣人或是修道之人，与常人的不同就是更接近于婴儿的状态。"专气致柔，能婴儿乎？"⑦ "我独泊兮其未兆，如婴儿之未孩。"⑧ "为天下溪，常德不离，复归于婴儿。"⑨ 但是，这里的"婴儿"是自觉地接近于"道"，而不是真正婴儿的蒙昧状态。真正的婴儿或许更合于道，但他们是无认知的，故会与道脱离，走向壮、老、死。而修道之人则不同，他们是有意识地回转到无意识的"婴儿"之状态，所以能够长期地保持合于道。

婴儿另一个近于道的特点是生命力极强，"未知牝牡之合而全作，精之至也"⑩，且拥有无限发展的可能性。道能生万物，婴儿能成就一切人生。正是这样的不确定

① 陈鼓应：《老子今注今译》，台北：台湾商务印书馆，1970年，第113页。
② 陈鼓应：《老子今注今译》，台北：台湾商务印书馆，1970年，第196页。
③ 陈鼓应：《老子今注今译》，台北：台湾商务印书馆，1970年，第70页。
④ 陈鼓应：《老子今注今译》，台北：台湾商务印书馆，1970年，第63页。
⑤ 陈鼓应：《老子今注今译》，台北：台湾商务印书馆，1970年，第199页。
⑥ 陈鼓应：《老子今注今译》，台北：台湾商务印书馆，1970年，第184页。
⑦ 陈鼓应：《老子今注今译》，台北：台湾商务印书馆，1970年，第70页。
⑧ 陈鼓应：《老子今注今译》，台北：台湾商务印书馆，1970年，第99页。
⑨ 陈鼓应：《老子今注今译》，台北：台湾商务印书馆，1970年，第122页。
⑩ 陈鼓应：《老子今注今译》，台北：台湾商务印书馆，1970年，第184页。

性与可能性，才使得其能与道相比拟。修道之人"万物并作，吾以观复"①的状态，同样类似于婴儿以好奇的眼光审视世界。但婴儿会做出选择，修道之人则不然，只是保持着虚静的存在，保留着一切可能，故能长久而不灭。

三、"母"与"子"：人通向"道"的方式

"母"以喻"道"，"子"以喻人，那么"母"与"子"的关系，自然就是"道"与人的关系。人归于"道"，就如同"子"寻"母"，只要有这样的意图，完成并不是困难的事。《道德经》言："天下有始，以为天下母。既知其母，以知其子，既知其子，复守其母，没身不殆。"②首先要知晓大道的存在，接下来要理解人本身也是从大道中所衍生，是能够归于大道、同于大道的存在。所以只要能够守住大道无为，那就不会终结危殆。众人有为而我无为，"我独异于人，而贵食母"③。食母即用道。对于母亲而言，婴儿的一切小伎俩、小动作都是一目了然的，对于大道来说，人类的智慧也是如此。只有归于母亲的怀抱，才是真正温暖的港湾。这也正是"夫惟不争，故天下莫能与之争"④。自"道"以下，本就无甚可争之事。不争归于"道"，而争者不知何为"道"而吓人，只增笑耳。

"道"也有如同母亲广为接纳的一面，只要向"道"靠近，"道"不会将任何人拒之门外。"同于道者，道亦乐得之。"⑤"大道泛兮，其可左右。"⑥"道"普遍存在，没有喜恶这种人类的情感，所以"勤而行之"⑦，自然可得大道，就如同母亲永远会接受孩子回到自己身边一样。"道"生人养人育人，人慕"道"修"道"合"道"，这样的关系，正类似于母与子。

总体而言，"母"与"子"是《道德经》中对"道"与人的一种比喻，令修学者在理解"道"与人的关系时有更强的代入感。但"母"与"子"毕竟是形而下的概念，所以这一比喻本身，所指也多是形而下的情境。作为引人入道之论，是很适宜的。

---

① 陈鼓应：《老子今注今译》，台北：台湾商务印书馆，1970年，第89页。
② 陈鼓应：《老子今注今译》，台北：台湾商务印书馆，1970年，第177页。
③ 陈鼓应：《老子今注今译》，台北：台湾商务印书馆，1970年，第99页。
④ 陈鼓应：《老子今注今译》，台北：台湾商务印书馆，1970年，第108页。
⑤ 陈鼓应：《老子今注今译》，台北：台湾商务印书馆，1970年，第110页。
⑥ 陈鼓应：《老子今注今译》，台北：台湾商务印书馆，1970年，第138页。
⑦ 陈鼓应：《老子今注今译》，台北：台湾商务印书馆，1970年，第155页。

浅谈《道德经》中的身心观

谌志远[*]

摘要：《道德经》从道的高度去观照身心，肯定身体之重要，指责人们生活中过多的外求导致对身体的残害；而在心上，《道德经》则从道的本性出发，要求用"虚心""无心"的方法去磨炼心性，回归婴儿时的无欲、清静、自然的本来面目。健康的身与清静的心相合，此即是合道。

关键词：道德经 老子 身心观

中国哲学是关于生命的学问，自古以来都有重视生命的传统。被誉为"群经之首"的《周易》里说道："天地之大德曰生"[①]，"生生之谓易"[②]。牟宗三也说过："中国哲学，从它那个通孔所发展出来的主要课题是生命，就是我们所说的生命的学问。它是以生命为它的对象，主要的用心在于如何来调节我们的生命，来运转我们的生命、安顿我们的生命。"[③]而生命之中又以身心为基础。身代表着形体、肉体，心代表着精神、心性、灵魂。身体和心灵构成人完整的生命。身心观即是对身体和心灵以及相互关系的看法。这体现了人们对自身生命的基础认识。

《道德经》作为中国传统文化之中最伟大的经典之一，影响华夏民族两千多年，其重要性不言而喻。《道德经》里面的智慧在两千多年之后还可以指点现今的生活。今选取《道德经》中有关身心观念的方面做解读，以期望对现时代的人的生命有所指导。

---

    * 作者简介：谌志远（1995—），男，江西赣州人，江西师范大学中国哲学硕士研究生。研究方向：中国哲学、宗教学。
    ① 周振甫译注：《周易译注》，北京：中华书局，2016年，第271页。
    ② 周振甫译注：《周易译注》，第248页。
    ③ 牟宗三：《中国哲学十九讲》，上海：上海古籍出版社，2005年，第12页。

《道德经》中的身体观

人的存在，在一定程度上可以视为身体的存在。人在感知外界存在的时候，首先需要感知的，是自身的存在。只有自身存在了这个"我"，一切活动才有了归处。身体是生命之本，一切生命行为都得依赖身体来完成。身体很大程度上是思想、意念、想法得以表达和实现的载体。

《道德经》中论及"身"者有多处，随着语境的不同而含义也不一样。"是以圣人后其身而身先；外其身而身存。"（第七章）此处"身"意为"自我"。第九章"功遂身退"，此处"身"可以理解为自身或者自身所占据的、拥有的事物。第二十六章"奈何万乘之主，而以身轻天下？"此处"身"意为"生命"，与第四十四章"名与身孰亲？身与货孰多？"之"身"意同。第五十四章"修之于身，其德乃真……故以身观身"，此处"身"乃个人、个体之意。第六十六章"欲先民，必以身后之"，此处"身"也是"自我"的意思。根据这些语句中所体现出的意思，可以得知：老子认为，在个人方面，相对于外在的名利，自身的生命更为重要；在与他人交往方面，个人的道德修养是与别人交往的基础，适当保持谦虚谦让的态度，不把自身的利益放在第一位，成全别人可以更好地成全自己；用自身的情况去观照他人的情况，家、乡、邦、国亦如此。

以上所选取的《道德经》中"身"之意，并不特指躯体、肉体，而《道德经》中最能体现老子对躯体的态度，乃是第十三章：

> 宠辱若惊，贵大患若身。
> 何谓宠辱若惊？宠为下，得之若惊，失之若惊，是谓宠辱若惊。
> 何谓贵大患若身？吾所以有大患者，为吾有身，及吾无身，吾有何患？
> 故贵以身为天下，若可寄天下；爱以身为天下，若可托天下。[1]

对于此段文字的理解，历来有多种理解，甚至也多有误解，尤其是"吾所以有大患者，为吾有身，及吾无身，吾有何患？"这句，有人理解为老子主张"无身""弃身""毁身"，这是不恰当的。那么应该如何理解呢？关于"贵大患若身"，陈鼓应和王纯甫都认为此句原应该是"贵身若大患"，意思是重视身体一如重视大患[2]。再者，关于"吾所以有大患者，为吾有身，及吾无身，吾有何患？"，这句的意思是说大患来自身体，所以要想防止大患，则应该"贵身"。陈鼓应还引用司马温公的解释："有

---

① 陈鼓应注译：《老子今注今译》，北京：商务印书馆，2015 年，第 121 页。
② 陈鼓应注译：《老子今注今译》，第 121 页。

身斯有患也，然则，既有此身，则当贵之，爱之，循自然之理，以应事物，不纵情欲，俾之无患可也。"① 由此更可见老子"贵身"之意。我认为，老子在此之所以说"及吾无身，吾有何患"，是因为世上所有的生命、存在都有"身"、有相，只要是存在的事物，都有所凭借的场所；而真正能够"无身"的只有"道"，道无形无相，无所凭借，无所依止，所以道无大患。老子并不是让人轻视自己的身体，而是想让世人去追求道，与道合，这样才能免于大患。另外，关于"贵以身为天下"，此句在帛书《老子》甲乙本中都写作"贵为身于为天下"。这两句文义上略有不同，关于前者，陈鼓应解释为"以贵身的态度去为天下"②；关于后者，郭沂则解释为："犹言为身贵于为天下，乃动词前置。即谓重视自身甚于重视为天下。"③ 后者句意更为贯彻老子"贵身"之思想。

不仅完整的身体对于生命很重要，身体之中感官的重要性也毋庸置疑。感官是我们认识、把握世界的基础。从我们出生之始，感官在我们的生活之中扮演着重要的角色。感官让我们能够了解外界，打开了与外界沟通的大门，同时也让我们的心逐于外。感官不仅能够让我们能看、能听、能闻，感官还会带来种种生理欲望。对于老子来说，感官向外求的本性能够让人心发狂，而感官的过度使用更会伤害人的生命。《道德经》第十二章云：

> 五色令人目盲；五音令人耳聋；五味令人口爽；驰骋畋猎，令人心发狂；难得之货，令人行妨。
> 是以圣人为腹不为目，故去彼取此。④

本来客观上的"色""音""味"都是自然存在的，并没有什么好坏。老子在这里也不是非难这些。老子所谓的"盲""聋""爽""狂"，这些都是因为人们放纵于感官上的种种感受，而不加节制。所以老子批评的是放纵、不节制的生活，迷乱于感官所带来的种种感受。如此会让人心发狂，伤害身体健康。所以老子建议"为腹不为目"，对于此，陈鼓应解释为"只求安饱，不求纵情于声色之娱"⑤，"为'腹'，即求建立内在的宁静恬淡的生活；为'目'，即追逐外在贪欲的生活"⑥。其中"腹"指内，内在自我；"目"指外，外在的感觉世界。所以，生活应该"塞其兑，闭其

---

① 陈鼓应注译：《老子今注今译》，第 122 页。
② 陈鼓应注译：《老子今注今译》，第 122 页。
③ 郭沂：《郭店竹简与先秦学术思想》，上海：上海教育出版社，2001 年，第 701 页。
④ 陈鼓应注译：《老子今注今译》，第 118 页。
⑤ 陈鼓应注译：《老子今注今译》，第 119 页。
⑥ 陈鼓应注译：《老子今注今译》，第 120 页。

门"①，塞住追逐欲望的孔窍，关闭追逐欲望的门径。如此方能保全身心健康，安然自处。

依上可知，老子非常肯定人自身在这个世界的存在，希望人们能够"贵身""保身"。在价值判断上，认为外在的名利不值得以毁坏身体的代价去追求。身体也是大道所化，既然有身体，就应该好好爱护。并且应该"为腹不为目"，不追求声色之娱，保全性命的本真，让生命回归到自然状态。

《道德经》中的心灵观

"心"在中国文化中是个极为重要的概念，徐复观曾说："中国文化最基本的特性，可以说是'心'的文化。"②蒙培元也充分肯定了"心"这一概念的重要性，说："中国哲学及其思维的主体特征，主要表现在'心'这个范畴上，或者围绕'心'这个范畴而展开。因为心不仅是主体性的主要标志，而且是实现人的意义和价值的关键所在。"③心有如此重要的地位，主要是因为心代表了一个人的主要精神和灵魂，是生命之主宰。心使凝滞的躯体变成生气灵动、生动活泼的生命。

心最开始指认识和思考器官，所谓"心之官则思"④。但是后来不断深化和发展，心成为具有多方面的意涵和范畴。"在'天—地—人'的网络中观照此'心'，其功用乃扩大为使人之生命全体成其为活络、能动、灵妙的所在，举凡知觉、思虑、情感、意志乃至魂魄、形而上层面的超觉感知，都为此一心发用、贯通，从而皆从属于广义的'心'——无形的精神世界。"⑤如此可见，心之含义非常丰富。今谈《道德经》之中的"心"，以"心灵"含义做主要解释，略谈其他之心。

《道德经》中言及"心"者有多处，其具体含义略有不同。第八章"心善渊"，此处之心乃心态之意，这句的意思是上善之人的心态善于保持沉静。第十二章"驰骋畋猎，令人心发狂"。此处之心指心思，意思是纵情狩猎让人心思放荡不可制止。第二十章"我愚人之心也哉！"，此处之心指心肠之意。意思是"我多么像愚人一样的心肠啊！"第五十五章"心使气曰强"，此处之心指意识，此句陈鼓应解释为"心机主使和气就是逞强"⑥。

比较能够反映《道德经》中对"心"的观念的有两处，其一就是第三章"是以

---

① 陈鼓应注译：《老子今注今译》，第265页。
② 徐复观：《徐复观文集》，武汉：湖北人民出版社，2002年，第31页。
③ 蒙培元：《中国哲学主体思维》，北京：东方出版社，1993年，第92页。
④ 孟子：《孟子》，朱熹：《四书章句集注》，北京：中华书局，2016年，第314页。
⑤ 周瑾：《多元文化视野中的身体——以早期中国身心思想为中心》，博士学位论文，浙江大学人文系，2003年，第96页。
⑥ 陈鼓应注译：《老子今注今译》，第276页。

圣人之治，虚其心，实其腹，弱其志，强其骨"。①此处讲社会治理，圣人治理天下，让百姓"虚心""实腹""弱志""强骨"。"一方面要给人们生活安饱，另方面要开阔人们的心思。"②对于"虚心"，我觉得陈鼓应引陈荣捷的注引得很好。陈荣捷说："'虚'意指心灵宁静与清静之极致，没有忧虑与私欲。"③对于"虚"的观念，在老子之学里非常重要，《道德经》第十六章说："致虚极，守静笃。""虚"是道的一个特征、表现，万物的根源就是"虚"的状态。第五章说："天地之间，其犹橐龠乎？虚而不屈，动而愈出。"④此处更是谈到"虚"的无限创造性。所以"虚其心"，可以让我们的心灵开阔、淡泊、恬淡，具有灵动性和创造性。

　　第二处比较能体现《道德经》中人心观的则是第四十九章："圣人常无心，以百姓心为心。……圣人在天下，歙歙焉，为天下浑其心，百姓皆注其耳目，圣人皆孩之。"⑤前句之心乃成见、意欲之意；后句之心乃心思之意。这段话大概意思是圣人没有自我的成见和意欲，用天下百姓的心意当作自己的心意。……圣人得天下之位，收敛自己的心思，让天下百姓的心思归于浑朴，百姓都关注自己的事情，圣人却拿对待孩童的态度对待他们。在这里，老子提出了"无心"之说。无心者，无私心也。在处理自己与百姓的关系时，圣人会把自己的意见收敛起来，听从百姓的心声，如此方能得民心。对待百姓需要"无心"，对待其他事情也应该"无心"。此"无心"也是符合"道"的，道没有私心私欲，平等对待一切事物。无私无欲，无执无念，看任何事物都用"道"的眼光去观照，不偏爱，无成见，如此"无心"之后方能得心，这种"无"的智慧，和前面第七章所说的"是以圣人后其身而身先；外其身而身存。非以其无私邪？故能成其私"⑥有异曲同工之妙。

　　《道德经》中特别注重柔的功夫，对于心也是如此，主张心之柔弱。因为柔弱胜刚强。用柔弱去消解人之中的意欲和造作，让人回归到自然上来，一切皆依"道"而行之。这就需要"虚心""无心"的功夫。

《道德经》中的身心关系

　　前面简单地分别阐述了《道德经》对"身""心"的看法，但把身心分开介绍只是为了表达上的方便，实际上在老子看来，身心本来一如。虽然在现实生活中，身心各有其功能和特性，但是表明上的分别也不能掩盖实质上的身心相通，其根据来

---

①　陈鼓应注译：《老子今注今译》，第86页。
②　陈鼓应注译：《老子今注今译》，第89页。
③　陈鼓应注译：《老子今注今译》，第87页。
④　陈鼓应注译：《老子今注今译》，第93页。
⑤　陈鼓应注译：《老子今注今译》，第253页。
⑥　陈鼓应注译：《老子今注今译》，第100页。

自由道所生之气的大化流行，此"气"衍生万物，也贯彻于身心之间。

在《道德经》第四十二章中，老子提出"道生万物"的宇宙生成论模式："道生一，一生二，二生三，三生万物。万物负阴而抱阳，冲气以为和。"① 对于此章之解释，历来多有不同，但是大部分都接受《淮南子》中的说法。《淮南子·天文训》："道始于一，一而不生，故分而为阴阳，阴阳合和而万物生。故曰：'一生二，二生三，三生万物'。"在这里，《淮南子》② 把"一"指称"道"，用阴阳解释"二"，用阴阳合和解释"三"，如此便构成了一个完整清晰的"道—气—万物"的生成模式。虽然也有不同意见，但是把道衍生出来的气作为万物的原质是基本认可的。万物既然"冲气而和"，天地之间充满着生生不息之气，那么人身上也是充满这些生气的。

既然身心都来源于气，那么身心具体关系到底是什么呢？《道德经》第十章云："载营魄抱一，能无离乎？专气致柔，能如婴儿乎？"③ 此章主要讲的是修身的功夫，但也于此揭示了身心相合的关系。对于此段，陈鼓应的译文为："精神和形体合一，能不分离吗？结聚精气以致柔顺，能像婴儿的状态吗？"④ 身心合一，即合于"道"。而且精气充于体内，身心合一，达到柔顺、虚和的状态，可以像婴儿一样纯真、无欲。在老子看来，"婴儿"的状态是人最初、最原始、无污染、纯善的状态。而达到这境界，此状态，当然也是身心一如，并无二分的。

结论

《道德经》的身体观，以"保身""贵身"为要旨，要人们不向外求，舍弃世俗的声色犬马，而反观自己内在的本性。《道德经》对人心的态度则以"虚心""无心"为核心，要求人们不受外界影响，去除自己的私心私欲，矫揉造作，达到"赤子之心"的心境。老子看人，注重人的自然属性，并以此为价值导向，一切的修行都是为了去除造作，回归自然的我，此自然的我即是真我，此真我可以与道合。

总的来说，《道德经》对身心观的侧重点在于如何对身心进行修炼，修炼的目的是为了得道、合道，如此，不管是"保身""贵身"的态度还是"虚心""无心"的方法，都是为了符合道的特性，达到自然、清静的状态，这是最好的状态。

---

① 陈鼓应注译：《老子今注今译》，第 233 页。
② 刘安：《淮南子》，上海：上海古籍出版社，2016 年，第 70 页。
③ 陈鼓应注译：《老子今注今译》，第 108 页。
④ 陈鼓应注译：《老子今注今译》，第 112 页。

老子的圣人观

单珂瑶 *

内容摘要：圣，是古代社会中最为人所尊崇的一种理想人格境界，《道德经》中的思想关乎民生而道理朴实，体现出"不妄为"状态下的"内圣外王"精神追求，圣人的基本特征可以归纳为四个方面，包括处卑、内修外化、无知守真以及在此三者基础上的自然无为。这既是《道德经》中对圣人四个向度上的塑造，也是一个层层递进的修化过程。本文将以老子圣人观的基本特征为主要线索，探究老子内圣之"圣"的含义。

关键字：老子　圣人　自然　无为

　　《老子》成书前，在中国的传统文化中，圣人的含义千变万化，各有不同，"圣人"二字非老子独创，乃是在前人创造基础上再提炼精髓、糅合道家思想演化而来。因此要探讨老子对"圣人"的定义，也要明确老子之前"圣"之意义演化。

　　历朝历代的圣人有一个共同点——它是为人所尊崇、敬畏的最高理想人格。

　　神话时代，"圣"是人们对最崇高、最敬畏的人物的尊称，即远古之"神"。这一时期人类以自然为尊，所以其信仰之神多是自然神，此时神与圣的含义交相杂糅、紧密相连。神本身具有创造力，为人类开辟居住并提供给他们生命源泉，为他们提供生命的源泉——例如盘古以身躯化山川河海，又或是女娲造人，皆是为人类所生之源寻得出处，是使得人类得以生生不息繁衍下去的原动力。此为神话时代的圣人观——圣即神，神即圣，高高在上，不可侵犯，虚无缥缈，且多与自然力量相关。

　　夏朝以前的三皇五帝时代是神话时代和王朝时代的承接期，神话时代中圣人的创造性在这一时期依然适用，如仓颉创造象形文字而被奉为"造字圣人"。虽然圣人的创造性这一特性没有改变，但是相较于神话时期，圣人这个概念已经从神明不可

---

　　* 作者简介：单珂瑶（1994—），女，山东潍坊人，苏州大学政治与公共管理学院哲学系，2018级研究生，研究方向：中国哲学。

侵犯的光环中下落到了部落首领的"人性固囿"中，脱去几分神性，多了几分尘俗，如尧舜之圣德，和后来诸子百家所说的圣人有了一定的贴近，而且不可避免地涉及贤能的品格，为圣贤一词的出现奠定了基础。这一时期的圣人都具有"英雄"特质，能够带领自己的子民开拓领土，具有鲜明的斗争精神和"救世"特征，是时代初期国家制度的建立者。

在此基础上，我国历史便迈入百家争鸣、文化璀璨的王朝时代。在王朝时代中，不仅儒家的圣人观引领了一批学者为之争先恐后地实践，道家的理论也开始崭露头角，并且与各家思想一同驰骋在这个虽然战火纷生，但却仍然具有勃勃生机的时代里。

《老子》中明确提到"圣人"二字的句子非常之多，即便是没有提到圣人的章节，我们也能从中读出"圣"的意味，这是老子对于统治者，也是对于自身提出的理想境界、高远期望，更是自己的修行准则。总的来说，圣人的基本特征可以归纳为四个方面。

一、处卑的品性：上善若水与无身无我

老子曰"上善若水"，水"善利万物而不争"，"居善地，心善渊，与善仁，言善信，正善治，事善能，动善时"[1]，这些都是水的优秀特质。老子把圣人比作水，看似是在夸赞水这种物质，实际上是列举了圣人身上的美好品质和特征。"水德的写状，又是实指上善之人，亦即通过水的形象来表现'圣人'乃是道的体现者。"[2]

但同时老子也说，圣人"处众人之所恶"[3]，王弼对此解释道，众人恶卑，圣人却是无身无我、无私无为的，总是把自己放在一个很低的位置，"卑"字所说的正是这样一个低下的状态，然而即使是处在低下的状态，圣人却能够做到"无形无影，无逆无为，处卑不动，守静不衰"[4]。这本是王弼用来形容"谷神"的一句话，王弼把谷神理解为"谷中央的无者"，本文暂且把谷理解为最普遍意义上的一般的山谷，即群山中央最空旷的一片平地，"谷"便是一个褒义词，所谓"虚怀若谷"、胸怀坦荡。同时，老子自己在书中也提到过一句话，叫"敦兮，其若朴;旷兮，其若谷"[5]，未尝说的不是这种洒脱的品质;"神"的内涵可以向神话时代中的神明靠拢，指的是清静栖灵、智慧无穷，因而具有无限创造力的精神品质，这种品质和水的品性也极为相

① 饶尚宽译注：《老子》，北京：中华书局，2007 年，第 20 页。
② 陈鼓应：《老子注译及评介》，北京：中华书局，1984 年，第 89 页。
③ 王弼著，楼宇烈校译：《老子道德经注》，北京：中华书局，2016 年，第 20 页。
④ 王弼著，楼宇烈校译：《老子道德经注》，第 16 页。
⑤ 饶尚宽译注：《老子》，第 37 页。

近，所以圣人似水，所以只要"谷神不死"，天地根就可以永存。

"天下之至柔，驰骋天下之至坚。无有入无间。吾是以知无为之有益。"①水的坚强没有表现出来，但却能易改至坚无隙的事物，这是天长日久才能显现出来的一种隐含的特质，和以柔克刚的道理一样，圣人表面上虽然像水一样处卑而无为，却也能够自由流转，以虚静的姿态观照万千生命的生老病死。而圣人如何能够即便处卑也能安之若素？因其无身无我、无私无为。

《道德经》中不乏老子给君主的"献计"，这些治国策略及其隐含道理，往狭隘的层面说，至少可以用来提升自身的境界，培养个人超越性的心境；往宏大的层面说也可以用来治理国家，一展宏图，在这个前提下，老子的无身无我、无私无为都是为整个社会的和谐与长久做基础的，所以他会要求统治者"内圣外王"，用细水蜿蜒一样的状态治国和外交。

圣人循道而自然，道无所不在，用庄子的话说，鲲鹏愿振翅"抟扶摇而上九万里"以逐道尽逍遥，只不过这种行为在朝生暮死的小虫、小鸟看来是无意义的，这点和老子学说中圣人的地位是一样的。圣人所做的事情常常为人所不理解，但既然选择了这条道路，就必定不能畏惧别人的眼光——不是圣人做小伏低、刻意隐忍，而是在无我无身，无私无为的境界下，人观照的仅仅是自己的内心，外界的一切躁动都无法突破屏障，对心内世界造成影响。这便是和光同尘、与时舒卷的境界，与庄子所禀"至人无己，神人无功，圣人无名"②的层次可谓异曲同工。

二、内修外化：见素抱朴的养生观与无功无德的道德观

《道德经》第十九章说："绝圣弃智，民利百倍；绝仁弃义，民复孝慈；绝巧弃利，盗贼无有。……见素抱朴，少私寡欲，绝学无忧。"③见素抱朴，即守其本真、保其纯朴，少私寡欲。若内心不为外物所牵动，私和欲自然就能摒弃。

老子讲事物的对立，对立面的相互转化在一定条件下是有规律可循的，因此也是一种自然而然、不因人的意志为转移的转化。圣人能够清楚认识到事物的相对性，从而顺应规律，所以老子才会提出"上善若水"的概念——处下与处上、身后与身先，种种对立现象中的阴阳糅合、平衡转化是需要静心体悟的境界。"养心坐忘"便是一条体悟途径。养心的概念是及至庄子才明确提出，老子虽未明确提出此二字，但其五千言字里行间，养心实际上是必不可少的理念之一。

《逍遥游》有言："楚之南有冥灵者，以五百岁为春，五百岁为秋；上古有大椿

---

① 饶尚宽译注：《老子》，第 107 页。
② 郭庆藩撰，王孝鱼点校：《庄子集释》，北京：中华书局，2013 年，第 18 页。
③ 饶尚宽译注：《老子》，第 47 页。

者，以八千岁为春，八千岁为秋，此大年也。"① 朝生夕死的朝菌和春生秋死的寒蝉都是"小年者"，为了能够长寿，所以要养生。当然老庄指的养生本不是强求原本做不到的事，而是放宽心境，少私寡欲，要看透事物的相对运转，认识到一切都是不断循环的，正如日落月升，物极必反，事物的相对转化是自然的、一定的，那么就不要杞人忧天，而是安时处顺地接纳外物。一切物质循环都有其自发规律，不以人的意志为转移，那么杞人忧天的担心便是多余，若能撤去这样多余的忧虑，即不要操心劳累、造立施化，而是保养自己的心，使其自然不用，那么寿命自然就可以回归到本来应该有的长度。

当"内修"达到一定境界后，圣人身上所体现出来的"德"便也是自发而为、敦厚自然的，而不是"下德不失德"从而具有的所谓"德"。王弼曰："德者，得也。常德而无丧，利而无害，故以德为名焉。何以得德？由乎道也。何以尽德？以无为用。以无为用，则莫不载也。"② 在《道德经》第三十八章中，老子初次提到"仁、义、礼"，其后又提出"大道废，有仁义；智慧出，有大伪；六亲不和，有孝慈；国家昏乱，有忠臣"③ 的观点。《德经》中也说，"上德无为而无以为；下德无为而有以为。上仁为之而无以为；上义为之而有以为。上礼为之而莫之应，则攘臂而扔之。故失道而后德，失德面后仁，失仁而后义，失义而后礼。"④ 老子围绕"德"所展开的观点，以及他所讲的"下知有之""亲而誉之""畏之""侮之"，都始终没有离开道家思想的核心，即"自然无为"。

无论是养护身心还是治国治民，老子和庄子都讲求不因无意义的操劳而损毁身心，过分地刻意标榜德行也是一种无意义的操劳，不仅会不利于心神的养护，而且还会适得其反。上德之人之所以有德，是因为上德之人懂得顺其自然，不强求也不标榜，不是有意而为，而是自然生发，所以才是真正的有德之人。如果是为了有德而去行德行之事，不是自发的德行之心促使人去自然而然地做有德行之事，而是带有目的性的，这样的"有为"难以致德，最多只能说是"仁"。

在老子观念中，"仁"的境界和子民"亲而誉之"的情况其实是类似的，统治者虽然没有达到圣人的层面，但是至少还能使各阶级遵循礼法，使整个国家井井有条，子民谈论起君主时都是赞美之词，对君主的造立施化大加肯定，这还算是一种相对和谐的状态，能够维持国家的统一。但这种状态就如能工巧匠雕琢出一块栩栩如生的玉石，不能说它不好，因为它很和谐、很温润，人们看见它的时候都会赞叹，但

---

① 孙通海译注：《庄子》，北京：中华书局，2007年，第7页。
② 王弼注：《老子道德经注校译》，北京：中华书局，2008年，第93页。
③ 饶尚宽译注：《老子》，第45页。
④ 饶尚宽译注：《老子》，第93页。

把它和一块天然形成的美玉放在一起比较时，经过雕琢的那块就落了下乘。所以老子并不是在彻底否定"仁、义、礼"，而是在其基础上提出了一个相对于"仁、义、礼"的更高层次的"道"的境界。

老子生活在国土支离破碎、礼崩乐坏的战国末期，这个时候"复礼""正名"之说已无异于痴人说梦，这种口号非常不切实际，所以老子就干脆回到最初的那个起点去讲道理，君主爱惜子民、子民敬爱君主的时代原本极佳，但却没有在此基础上往"道"的境界去靠拢，反而任意妄为，所以最终"道"的境界没有达到，连"仁""义""礼"的层次也失去了，实在是针砭时弊的一种学说。此境界非至圣之人不可及，但是我们要不断地将自己的思想往"道"的层次上延伸，不断地向它靠近，这也是认识到相对性的一部分，认识到了事物之间的这种相对性，学着放任事态自然发展，以客观的、超越的眼光看待一件事的起伏变化，心中不再因为这些必然转化而发生的事情产生多余的操劳和波澜，只有这样才能慢慢向圣人的境界靠拢，同时也可以领会道家所说的在这种心境下的养生奥秘。

三、无知守真：心不乱而物性自得的化民观

老子对待民众，与其说是用自己的思想去"教"民，不如说是"化"民更为准确——一者传道授业解惑，谆谆教诲；一者润物细无声，潜移默化，乃长保传承之径。《道德经》中的圣人有时与统治者合二为一，圣人是顺应自然之法而无为的，那么君主治国化民也应该遵循无为。

无知不是浑浑噩噩，而是知其然甚至知其所以然，但却安顺长保大智若愚；无为不是无所作为，而是洞悉游离物状进而载营魄抱一，在自然之中顺势而为。

老子言圣人"不贵难得之货"，君主不标榜贵贱，那么子民自然会将它们一视同仁；没有贵贱之分，就不会有人寻珍而偷盗，国家自然就可以安定太平，人心自然就可以安稳归顺。正如人拥有才能并保持在一定的状态是好事，但是如果持而盈之就不如无德无功，揣而锐之，"势必摧衄，不可长保"[1]。同样，如果君主过于标榜仁、标榜礼，子民互相之间就会产生不对等的阶级感，善与恶区别开来，高与低区别开来，人心就会开始变化，所以"圣人去甚，去奢，去泰"[2]，"故心不乱而物性自得之也"[3]。唯有如此，才能处卑不动，守静不衰，达到虚静观照的境界。

除此以外，《道德经》中还讲"是以圣人之治，虚其心，实其腹，弱其志，强其

---

[1] 饶尚宽译注：《老子》，第 22 页。
[2] 饶尚宽译注：《老子》，第 74 页。
[3] 楼宇烈校译：《老子道德经注》，第 77 页。

骨，常使民无知无欲，使夫智者不敢为也。为无为，则无不治。"①"古之善为道者，非以明民，将以愚之。民之难治，以其智多。故以智治国，国之贼；不以智治国，国之福。"②这两段话是为统治者考虑的，是一种相对理想的治理状态，但是如果把这些话单纯地理解为使百姓愚蠢的意思就显得不合理，此处可做两种理解———一种是"明，谓多巧诈，蔽其朴也。愚，谓无知守真，顺自然也"③。王弼的注解是比较合理的，因为老子这两段话是结合"不尚贤，使民不争；不贵难得之货，使民不为盗；不可见欲，使民心不乱"④来说的，统治者如果为百姓指明了一个追名逐利的目标，就难免会有人动用歪门邪道来达到目的，所以这里的"智"恰恰是针对歪门邪道来说的。老子主张的是回归到人心淳朴、路不拾遗的状态，子民其实是有智慧的，但是在这样一个民风淳朴的社会中智慧无处可用，所以智慧就显现不出来，也就是"使夫智者不敢为"，就像一个国家虽然藏有锐利的武器和可以以一敌百的勇猛士兵，但正是当武器和士兵无处可用的时候才是国家最安定、人民最幸福的状态。

四、天地不仁，自然无为

除以上三点外，圣人还有最重要也是最核心的一个特征，那就是自然无为。

无论是心性的修炼还是身体的养生，道家的一切思想都是以"自然无为"为核心、精髓。水滴石穿是自然，对立转化是自然，怀抱一颗平常心虚静地观照人事变化也是自然，但是要做到这些并不容易，所以老子提出了一个自然无为的"模范"来做对照，即"天地不仁，以万物为刍狗；圣人不仁，以百姓为刍狗"⑤。

老子把道与世间万物的关系形容为"有物混成，先天地生。寂兮寥兮，独立而不改，周行而不殆，可以为天地母。吾不知其名，强字之为'道'，强为之名曰'大'。……人法地，地法天，天法道，道法自然"⑥。又或是"道生一，一生二，二生三，三生万物"⑦，大道玄妙，养育万物，它不是人为制定的任何规则秩序，不以任何人的意志为转移，甚至不可言说、无法描述，只能勉强赋予它一个"大道"的名字，让世人知道大道是存在的，但是当赋予它名字时，它已经"非常道"了。虽然大道玄之又玄，但是圣人必须体悟大道，站在自然的角度上静观世间万物的运转。天地把万物都看作刍狗，放任河川奔流、日月更替，万物在天地眼里没有美与丑、贵与

---

① 饶尚宽译注：《老子》，第 8 页。
② 饶尚宽译注：《老子》，第 158 页。
③ 楼宇烈校译：《老子道德经注》，第 167 页。
④ 饶尚宽译注：《老子》，第 8 页。
⑤ 饶尚宽译注：《老子》，第 13 页。
⑥ 饶尚宽译注：《老子》，第 63 页。
⑦ 饶尚宽译注：《老子》，第 105 页。

贱的分别，天地不会因为一朵花的娇艳欲滴就让它连续盛开三年五载，也同样不会因为秽物的肮脏就让它消失在世界上，而是放任自流、顺其自然，万物该怎样变化就怎样变化，天地绝不会插手。做君主也应该这样，君主只要做到让他的子民"下知有之"就够了，否则就会落到"亲而誉之"的状态，再次是子民"畏之"，最不堪的是子民"侮之"。可见在老子眼里，严刑苛政也是很低的层次，统治者只能造立施化、有恩有为，通过非常多的外力手段强迫臣民屈服于他、惧怕他，甚至还会有人暗地里诋毁他，这样的层次就和圣人之境界相去甚远，国家也就面临分崩离析的危险，与最初颁布严刑使国家安定的目标背道而驰。

这个观点还应该与另一句话结合起来理解，即"圣人常无心，以百姓心为心"①。当老子提出这种"天地不仁"时，其实就是在用圣人的角度思考问题，在真正的圣人眼里，统治者和百姓没有分别，"以百姓为刍狗"的确是统治者用来治理国家的一种手段，但是必须清楚地认识到，统治者治理国家时并不存在高高在上、沾沾自喜的优越感，而是和百姓一样，想要百姓无欲，自己就要先做到无欲，想要百姓无智，自己就要先做到不贵难得之货，甚至说因为是领头人，所以统治者往往对自身的要求要更严，把自己和百姓都看作平等的"刍狗"，做到无身无我，自认为"愚"，也即老子所说的"沌沌兮，如婴儿之未孩；累累兮，若无所归。众人皆有余，而我独若遗。我愚人之心也哉"②。

五、总结

在王朝时代的历史背景下，国家大一统，社会已经初步确立了统一的秩序，秩序的出现意味着思想的禁锢和自由的限制，无论是秦朝法家制定的严苛法律，还是汉代儒法合流实行的独尊儒术政策，实际上都是一种正名的手段，虽然达不到孔子所期盼的那种礼法标准，但却明确了君君、臣臣、父父、子子的伦理地位。但在春秋战国时期，"名"的世界是崩溃的。老子清楚地认识到了这一点，所以提出了种种针砭时弊的学说，其中包含着对统治者和对普通百姓的双重要求，也是圣人给自己设立的高远目标。想要达到"老死不相往来""绝圣弃智"的状态几乎不可能实现，但是这并不妨碍文人、士人从魏晋时期开始追求的道家精神层次，他们所追求的甚至已经超越了老子眼中的精神世界，而是开始追求庄子提倡的那种精神自在与逍遥，如鲲鹏超然物外，与尘俗万物毫无瓜葛，这是随着历史演进，士人所追求的一种更高层次的自然形态。"老庄经常说的'自然'，也可以作这样一种理解：在人为秩序和价值观约束下的生活是不自然的，所以任何时候都可以返回自然，回到命名之前

---

① 饶尚宽译注：《老子》，第119页。

② 饶尚宽译注：《老子》，第49页。

的世界。"① 老子和庄子都提到过一种宛如初生婴儿一样的状态，道家认为，人只有在这样无欲无求的状态下才是最自然的，才能回归真正的美好，是一种从零开始的自然态。

换句话说，"自然无为"四个字不仅蕴藏着治国政策、兵法攻略、人生哲学，其养生内容和精神导向意义也不可忽视，它们是中国传统文化的瑰宝，更为现代科技文明冲击下的人们开拓了一个全新的精神视界。人的生老病死，自然界的日升日落、花开花谢，春夏秋冬、阴晴圆缺，万事万物都是不断流转不断运动的，人世间的一切看似变幻无穷、无法把握，其实生命本身就是循环与轮回，是时间与运动在生命体身上的体现，想要把握、看透一切循环的虚妄，就必须超越这一切，以无为、自然、虚静的状态观看纷纭斑斓的物相，就如同苏轼在赤壁赋中所说，长江滚滚东逝，明月阴晴圆缺，都是有其规律性的，如果以"变"为核心来体悟世界，那么就连天地也不曾有一时一刻停止过变化；如果以"不变"为核心来体悟世界，那微小的我与广大的天地其实都是循环无尽的，"惟江上之清风，与山间之明月，耳得之而为声，目遇之而成色，取之无禁，用之不竭，是造物者之无尽藏也，而吾与子之所共适"。

---

① 骆玉明：《老庄随谈》，上海：复旦大学出版社，2007 年，第 8—9 页。

老子之道与道家智慧

焦玉琴[*]

摘要：《道德经》之道玄妙精深，微妙难识。"道"概念具有自发性、至简性、至善性等特性，成为后世道家、道教的核心范畴。深入理解"道"，是理解道家智慧的一把钥匙。

关键词： 老子　道　道家　道教

老子所著《道德经》是承载中国传统文化的重要经典，也是世界上除《圣经》以外被翻译最多的经典。后世对于老子其人其书的持续研究与注释，使道家道教成为中华优秀传统文化之主流之一。汇集老学研究成果的《老子集成》可谓洋洋大观，计有 15 卷、1100 万字，收录自战国至 1949 年关于《道德经》的传本和注疏本 265 种。

《道德经》是道家思想的主要来源，微言大义，一语万端，被誉为"万经之王"。政治家、军事家从中思考治国理政、用兵行军的方略，哲学家、思想家从中领悟宇宙人生、修身养性的智慧。它提出"道法自然"，明"清静无为"之旨，以"道"贯通宇宙、人生、政治，是道家的最根本的经典，堪称道家思想的一部"宗经"。

由老子创始的道家学派，其名称始自汉司马谈《论六家要旨》："道家使人精神专一，动合无形，赡足万物。其为术也，因阴阳之大顺，采儒墨之善，撮名法之要，与时迁移，应物变化，立俗施事，无所不宜，指约而易操，事少而功多"。司马氏将道家与阴阳、儒、墨、名、法诸家并提，言简意赅，直陈其意。此后，道家渐被世人接受。但汉代学者多称道家为黄老之学，魏晋以后道家之称始盖过黄老而定名。尊老子为教主、以《道德经》为根本经典的道教，其名称首见于汉末的《老子想尔注》，不过其时人们习惯上泛称民间道教为"黄老道"，或具体地称五斗米道、太平

---

* 作者简介：焦玉琴（1970—），女，河南信阳人，宗教学博士，中央民族大学中国少数民族语言文学学院副教授，2015—2016 年度国家公派访问学者，研究方向：中国哲学、宗教学、中国地方文化。

道。道家与道教皆以"道"为名，说明了"道"乃道家与道教的最高的、最核心的、最提纲挈领的一个范畴。

老子之"道"具有多方面的特性，是后世道家哲学的"母题"，拙文谨从自发性、至简性、至善性三个方面探寻对"道"的认识。

一、自发性

《道德经》第二十五章云"人法地、地法天、天法道，道法自然"。"自然"是一种原则，是万物的属性，而不是任何实体，所以"希言自然"，少发教令是合于自然的，正如"飘风不终朝，骤雨不终日"（二十三章）。"道之尊，德之贵，夫莫之命而常自然"（五十一章），道尊德贵的地位是自然形成的，不是谁赐予的。

天道的自然无为不掺杂任何人为的因素，而人道的无为是辅万物之性而化导之，要因势利导，因性任物，使其自然化育，自然发展，自然完成。因此，人道的无为是一种合乎自然的有为，是恰到好处。如西施淡妆素裹，美得恰到好处；东施效颦，则是人为太过伤了大雅。老子说："辅万物之自然而不敢为"（六十四章），可见无为是指"顺物之性而辅助之"，不是一无所为。庄子将之解释为"安时而处顺"（《大宗师》）。《淮南子》把无为的内涵发挥到"按客观规律办事"的高度。

"道法自然"的思想对禅宗的影响极大。佛教中的"平常心是道"也是说的这个道理。宋无门慧开禅师的"春有百花秋有月，夏有凉风冬有雪；若无闲事挂心头，便是人间好时节"将"道法自然"引入了四季，让我们发现生活的美好。

二、至简性

老子的大道至简性体现在其对"一"的崇拜。《道德经》中说："道生一，一生二，二生三，三生万物"，其中的"一"乃万物产生之根源，在特定语境中是"道"的代名词，具有至简至纯的特征。老子又说："昔之得一者，天得一以清，地得一以宁，神得一以灵，谷得一以盈，万物得一以生，侯王得一以为天下正。"（三十九章）王弼将这一思想诠释为"治众者至寡"，而这一思想运用于社会生活中，即是追求简单的生活，反对奢侈腐化，尤其对为政者具有警醒作用，"侯王得到一而使得天下安定"。

《老子》第十二章："五色令人目盲；五音令人耳聋；五味令人口爽；驰骋畋猎，令人心发狂；难得之货，令人行妨。是以圣人之治也，为腹不为目，故去彼取此。"意思是说，青、红、黄、白、黑五色，让人眼花缭乱；宫、商、角、徵、羽五音，使人耳朵失聪；酸、甜、苦、辣、咸五味，使人口感迟钝；纵情狩猎，使人行为放荡；珍惜货物，让人行为不轨。所以，圣人治理天下，关键是解决好老百姓的温饱问题，而不讲求声色之娱，因而放弃那种奢靡纵欲的生活方式而选择简单朴素的生活方式。墨子也认为："俭节则昌，淫佚则亡。"当今社会欲望横流，给人类带来巨大的灾难和伤害，都是因现代人自作聪明，远离了"道"，抛弃道家的清静无为，而强要胡作非为。

老子强调返璞归真，不要人为造作，一切以追求天然本色为目标，法自然而为。老子说"知足者富"，开导世人要时时感到知足快乐。知道满足的人才能感到生活处处充满阳光，正所谓"尽日寻春不见春，芒鞋踏破陇头云；归来喜拈梅花嗅，春在枝头已十分"（唐·无尽藏《嗅梅》）。西方学者也有类似的观点。古希腊哲学家伊壁鸠鲁说幸福是"肉体的无痛苦和灵魂的无纷扰"。他还将人的欲望分成了三类，即"既非自然又非必需的"，如人对名誉的追求；"自然而非必需的"，如奶酪是人体需要的，但离了它人还照样活；"自然而必需的"，如饿了吃饭，困了睡觉。伊壁鸠鲁认为，人只要满足了第三种欲望就可以了。伊壁鸠鲁的时代约晚于老子一两百年，但与老子"见素抱朴"思想不谋而合。可见宇宙人生最根本的智慧和原则是无分中西的。故而老子和他的《道德经》在西方也受到普遍欢迎。可惜骄傲、虚荣的现代人不明此理，各种欲望、各种攀比导致烦恼丛生。所以老子的智慧并没有过时，仍然对我们的社会人生具有根本性的指导意义。

道家注重养生的传统也发端于老子，与道的至简性是相贯通的。《道德经》里有很多"长生久视""谷神不死"之类的言论，还有很多清静无为、抱朴守雌、专气致柔、静观玄览等方面的内容。清心寡欲、过简单朴素的生活乃老子和道家的核心精神。

三、至善性

大道的至善性体现在天道的运行规律总是"损有余而补不足"。《道德经》七十七章曰："天之道，其犹张弓欤，高者抑之，低者举之；有余者损之，不足者补之。天之道损有余而补不足；而人之道则不然，损不足以奉有余。孰能以有余以奉天下？唯有道者。是以圣人为而不恃，功成而不处，其不欲见贤。"这是说天道涵有向善的特性，即总是向有利于弱势群体的一方发展。所以有人据此说老子的思想中具有"民本主义"的成分。

老子思想中的"民本"思想，无意间为历代农民反压迫的起义提供了理论支撑，即农民的造反起义是由于统治阶层的"有为"，过度压榨农民的血汗造成的。如《老子》七十五章曰："民之饥，以其上食税之多，是以饥。民之难治，以其上之有为，是以难治。民之轻死，以其上求生之厚，是以轻死。夫唯无以生为者，是贤于贵生。"正是由于统治阶层贪得无厌地搜刮民脂民膏，所以引起了被统治阶层的以死相抵抗。

《老子》七十四章云："民不畏死，奈何以死惧之。若使民常畏死，而为奇者，吾得执而杀之，孰敢？常有司杀者杀。夫代司杀者杀，是谓代大匠斫，希有不伤其手者矣。"鉴于统治者的残酷压迫，老子将这些残暴的统治者称作"盗夸"（即大盗贼）。《道德经》五十三章曰："使我介然有知，行于大道，唯施是畏。大道甚夷，而人好径。朝甚除，田甚芜，仓甚虚，服文采，带利剑，厌饮食，财货有余，是谓盗夸。非道也哉！"在此老子通过对比的方式说明了统治者不走正道，在老百姓"田甚芜"、国家"仓甚虚"的情况下依然过着奢侈的生活。所以历史上有的农民起义打着"替天行道"的旗号。

大道的至善性还体现在其济世度人的精神。《道德经》六十七章曰："我有三宝，持而保之：一曰慈，二曰俭，三曰不敢为天下先。慈故能勇；俭故能广；不敢为天下先，故能成器长。今舍慈且勇；舍俭且广；舍后且先；死矣！"其中的三宝，"慈"在首位，说明了老子非常重视"慈"的济世度人的重要性。同章中老子又说："夫慈，以战则胜，以守则固。天将救之，以慈卫之。"《灵宝无量度人上品妙经》以"齐同慈爱，异骨成亲；国安民丰，欣乐太平"为宗旨，集中体现道门的价值观念，被明《正统道藏》列为开篇经书，凸显道教济世度人的博爱情怀。

老子的这一精神也被作为道教修行的一项重要内容。宋代全真道丘祖的西行见成吉思汗就是践行慈悲济世的救人思想的体现。乾隆皇帝写对联赞其精神曰："万古长生，不以餐霞求秘诀；一言止杀，始知济世有奇功。"道门中有"十道九医"的传统，同时十分强调医德。药王孙思邈是古代医德的典范。正是大道的至善性的特点推动了道教医学的发展。

老子还非常推崇谦卑自拟的品德，他以"水"为例，指出人应具备的品德。《道德经》八章："上善若水。水善利万物而不争，处众人之所恶，故几于道。居善地，心善渊，与善仁，言善信，政善治，事善能，动善时。夫唯不争，故无尤。"水集中体现了道家谦虚、处下、柔弱、不争的主张。

从以上对于道的自发性、至简性、至善性的探讨，使我们认识到"道"是宇宙大生命体的总生机。道的运行，使万物从中得到活力，人类从对"道"的存在与价值的体认中受益无穷。同时由于受具体的时、空的限制，我们对老子的智慧、对道的体认也总是不完满的，所以我们向道家智慧的靠近是渐进的，是需要假以时日的。

《道德经》生死哲学简析

闫　伟[*]

摘要：老子《道德经》蕴含以"道"为核心，以自然为根本特征的哲学体系。其中生死学阐释了人之生死的本质内涵：人的生命由形上之"道"所生，秉承"道"的自然性与柔弱性；人的死亡本质上是由"道"的运作与定数所致，具有必然性。此外，老子认为人过于刚强，与道性不符，也会趋向夭亡。基于对人之生死的体悟，老子提出了具有实践倾向的养生方法与生死超越的途径，对后期道家学派的人生理论以及当代社会人的死亡认知具有一定的影响和借鉴意义。

关键词：《道德经》　生死哲学　道　自然　柔弱

人作为一种有机体的存在，有生必定有死，而生死的定数成为人生永恒的悲剧。如何超越生死的困苦，是无数先哲欲以探求、解决的问题。老子也是如此，将生死观视为其思想的重要部分。《道德经》中的生死学既揭橥出老子对"生"与"死"的本质内涵的理解，同时也是老子思想中所具有的生死解脱轮回的表达。

一、道本自然，长生久视

（一）"生"的本质内涵

先秦道家之学始于老子，老子哲学以人生与政治理论为主，所以安身立命也相应成为《道德经》中有关人生价值思想的终极目标。老子将"生"的本质内涵归结为自然与柔弱，而人之生命，在老子看来则是由"道"而生、由"德"而成、由"气"而形。遂效法自然之道，形神兼修，主静养心成为老子养生之学的核心要点。

---

　　* 作者简介：闫伟（1992—），男，山东新泰人，同济大学哲学系博士研究生，研究方向：中国古典哲学与宗教学。

1. "生"之由"道"

道家以"道"名宗,以"道"为中心展开其学说。"道"既是生物之原,亦是成物之本,亦是天地万物之本性,亦是人安身立命之根据,亦是君王治国安邦之根本方略。① "道"的思想由老子创立,使之成为世间万物的总根源,是人之生命的源头,也是人之生命活动的法则与规律。

《道德经》阐发"道"的本原性,曰:"有物混成,先天地生。"② 天地产生之前就有"道"的存在,包括人在内的万物自然由"道"而生。换言之,形而上的"道"成为万物生成的根据,是人之"生"的源头。所以《老子》又说:"道生一,一生二,二生三,三生万物。万物负阴而抱阳,冲气以为和。"③ 这是总括"道"生万物的过程,"道"与"一"俱是指称混沌未分的统一体,由"道"生出"二"即天地,天地产生并长养万物。此外,《道德经》52 章言:"道生之,德畜之,物形之,势成之。"④ "道"虽然是产生万物的本原,但是在万物的生成过程中却是由"德"内化为万物的属性,由"冲和之气"(阴阳二气)形成万物的形体。

"道"是万物的形上学依据,而"道"生万物之后却是任其自然发展的,所谓:"生而不有,为而不恃"。所以万物的生长与发展都是"尊道贵德",自然无为的。人作为天地万物之秀者,老子称其为"四大"之一,人的行为法则也是以"道"为基准的。"人法地,地法天,天法道,道法自然。"⑤ "道"的本质属性就是自然,所以人所有的生命活动都应该以"道"(自然)为指归,法道而为,以自然为宗。

2. "生"之自然

在老子看来,万物由"道"所生,又因"道"本自然,所以万物之"生"具有自然性。万物既不自求其生,"道"也不是有意生物,万物之生乃是自然而然发生的事实。⑥ 老子从"道"生万物的自然性与万物得生的自然性来说明天地本自然的道理。老子曾说:"天地所以能长且久者,以其不自生,故能长生。"⑦ 此语说明"道"生万物并非有意而是自然而为,"道生"之"生"释为"不生"之"生"即不自生。正如《道德经》34 章云:"大道氾兮,其可左右。万物恃之以生而不辞,功成而不有。"⑧ 万物得以产生并非强制而是顺应天地自然的规律所致,是本性使然。总之,从道与万

---

① 罗安宪:《虚静与逍遥——道家心性论研究》,北京:人民出版社,2005 年,第 22 页。
② 陈鼓应:《老子注译及评价》,北京:中华书局,1984 年,第 159 页。
③ 陈鼓应:《老子注译及评介》,第 225 页。
④ 陈鼓应:《老子注译及评介》,第 254 页。
⑤ 陈鼓应:《老子注译及评介》,第 159 页。
⑥ 李霞:《生死智慧——道家生命观研究》,北京:人民出版社,2004 年,第 160 页。
⑦ 陈鼓应:《老子注译及评介》,第 83 页。
⑧ 陈鼓应:《老子注译及评介》,第 194 页。

物的关系而言，因"道"自本根、性本自然，故而也不干涉万物存在、生存之自然，万物因顺自然而生、而长。① 即使万物成形、成性之后，其变化与发展也是任性而为，不受任何外力的干扰。譬如老子将君王治世的原则定义为"无为"，而"无为"又是"无不为"，意在表明以自然之道治理国家，符合人民纯朴、无邪的特质，社会方可安泰。另一方面，老子视个体的修养方法也是自然。所谓"生生之厚"的益生行为不过是损道伤身，自取灭亡罢了。

　　3."生"之柔弱

　　《吕氏春秋·不二》云："老聃贵柔，孔子贵仁，墨子贵兼……"② 可谓道出了老子"贵柔尚弱"的思想特质。《道德经》中有关"以柔克刚""柔弱胜刚强"的言论较多，诸如"故坚强者死之徒，柔弱者生之徒"③"弱之胜强，柔之胜刚，天下莫不知，莫能行。"④ 依老子，"柔"与"弱"是"道"之自然本性的体现，亦是万物生命状态的体现。

　　老子认为生命本意以"柔弱"为其表征，遂有"人之生也柔弱，其死也坚强。草木之生也柔脆，其死也枯槁"⑤ 的论断。在一般人的常识中，"刚强"要比"柔弱"得势，而老子却以逆向思维倡明"柔弱处上"的理念。老子善于以"物"喻理，经常将"水""婴儿""草木""山谷"作为伦理性的类比，隐喻"柔弱""质朴""虚静""坚韧"等人之品质。在这里，老子以"水"与"草木"表征"柔弱"是"生"的本性，也是如此。老子之所以认为"柔弱"是"生"的特征，在于他看到了"柔弱"的东西具有绵延不绝、坚韧不克的精神。与"刚强"之物的显露、突出相比，"柔弱"之物具有深藏自保的特殊力量与善于处下的品格特质，因此可以久居长存。故牟钟鉴先生曾说："老子认为柔是指生命有深厚积累，富有弹性和韧性，不争是消解贪欲，积德为人，恰是真正强大长久之本。"⑥ 经验世界中的"水石""草木""齿舌"都是老子"贵柔"思想的喻证，而上升至抽象思维层面的人为处事、治国安邦之策略、规律时，老子以"无为"作为"柔弱"的另一表达方式。人君皆以"无为"为活动准则，这也是自然之"道"于人为世界的下落。诚如陈鼓应认为的："自然，是对天地的运行状态而说的，无为，是对人的活动状况而说的。"⑦

---

　　① 杨爱琼：《先秦儒道生死哲学》，北京：人民出版社，2016 年，第 141 页。

　　② 许维遹撰，梁运华整理：《吕氏春秋集释》，北京：中华书局，2016 年，第 405 页。

　　③ 陈鼓应：《老子注译及评介》，第 330 页。

　　④ 陈鼓应：《老子注译及评介》，第 337 页。

　　⑤ 陈鼓应：《老子注译及评介》，第 330 页。

　　⑥ 牟钟鉴：《老子新说》，北京：金城出版社，2009 年，第 2 页。

　　⑦ 陈鼓应：《老子注译及评介》，第 32 页。

（二）养生贵身的实践方法

《道德经》对人之"生"的本质内涵的理解基本可归纳为三个方面：生命由"道"所生，"生"之自然性，"生"之柔弱性。老子视人的生命及其过程都是"道"的自然运作，然而《道德经》中亦含有"贵身""爱身"的养生之法。《道德经》13 章曰："故贵以身为天下，若可寄天下；爱以身为天下，若可托天下。"[①]"贵身""爱身"是老子养生理论的中心，只有生命的载体（身形）安逸无伤，人才有实现自身价值、享受生活的基本条件。老子曾说："是谓深根固柢，长生久视之道。"[②]此"长生久视"是老子养生之学的最终目的。老子所谓"长生久视"的生命，非俗世所追求之长生不死，而是自然完成生命历程，在生、长、成、衰、老、死之过程中，展现"道"所赋予的生命内涵。[③]万物（包括人）的生死流变都应法"道"而行，以自然为宗，顺其自然的运作，方可得以"长生"。《道德经》中的养生之法，以自然为其指归，具体方法主要有抟气致柔、形神兼养与虚静养心三个方面。

1. 抟气致柔

道家哲学注重"气"的概念，认为"气"是构成现实物质的基本材料，所以养"气"成为道家养生学的重要方法之一。老子所谓"气"实指"精气"也就是"和气"即阴阳二气的冲和之物。"专气致柔，能如婴儿乎？"[④]"专气致柔"，王弼释为"言任自然之气，致至柔之和"[⑤]。老子认为"精气"最为盛者，当属婴儿。遂言："精之至也""和之至也"。依老子看来，幼小的婴儿之所以能够精气纯和，在于"含德之厚"即保持天地自然的纯朴与无邪。

"专气致柔"重在"专"字上，"专"通"抟"义，实为聚集、结聚的意思。王孺童说："专，指专一。如果人能够使气专一凝聚，以致柔和，就能达到犹如婴儿般的本真状态。"[⑥]"柔"在老子那里本身就是"生"的表现。因为"柔"的事物具有"变通""发展"的可能，拥有"生"的含藏力。刚强之物，因其过度外露而极易遭受攻击，且缺乏融通发展的内在因子，所以容易走向灭亡。故老子感叹："坚强者死之徒，柔弱者生之徒。"[⑦]老子的这种"抟气致柔"的养生方法被后人所以继承，在庄子学说与黄老道家之学，乃至道教内丹术中都有集中的体现。例如庄子"听之以气"（《人间世》），《淮南子》中的"慎守"养生法之一就是养气。

---

① 陈鼓应：《老子注译及评介》，第 108 页。
② 陈鼓应：《老子注译及评介》，第 283 页。
③ 杨爱琼：《先秦儒道生死哲学》，第 149 页。
④ 陈鼓应：《老子注译及评介》，第 93 页。
⑤ 王弼注，楼宇烈校释：《老子道德经注》，北京：中华书局，2011 年，第 25 页。
⑥ 王孺童讲解：《道德经讲义》，北京：中华书局，2013 年，第 20 页。
⑦ 陈鼓应：《老子注译及评介》，第 330 页。

2. 修形啬神

形与神是人之生命的两大基本元素。老子《道德经》中并未将"形神"并举，但并不意味着老子不重视形神的修养。老子曰："载营魄抱一，能无离乎？"① 所谓"营魄"，河上公释为"魂魄"，王孺童认为："营"，即"魂"，指人的精神。"魄"，指人的肉体。"营魄"，指人的神形整体。② "营魄抱一"之"一"是指"道"，所谓"抱一"即是合于"道"，也就是形神修养在于顺应自然之法则，才可获得长久的生命力。

老子养生兼顾形神，却以养神为主。养神之法，在老子看来，在于"啬"。《道德经》59 章曰："治人事天，莫若啬。"③ "啬"与"俭"（老子谓三宝之一）相应相合："俭"是外在行为上的"啬"，"啬"是内在精神上的"俭"。"俭""啬"都有敛藏、无为的意蕴，是"道"的一种品质特性。"长生久视之道"乃为"啬"，"啬"能养身、养神，亦可"长生"。④ 现代词汇中"吝啬"为小气之义，而老子之"啬"主要是指保养精神，避免劳精伤神，培精积神，以达"长生久视"。关于"啬"的养生之法，除"俭"义外，还具有积累能量、以备"厚积薄发"之义。老子云："夫唯啬，是谓早服；早服之谓重积德……有国之母，可以长久。"⑤ 在老子看来，"啬"，一方面要收敛精神，"塞其兑，闭其门"，专注内心的修炼；另外也要注重精神上的培蓄能量，厚藏根基，以保证日后的精神消耗，免于尽毁。

3. 虚静养心

道家养生观与人性观密切相关，由人性主静可推至虚静养生的结论。《道德经》有曰："是以圣人之治，虚其心，实其腹，弱其志，强其骨。"⑥ 又言："夫物芸芸，各复归其根。归根曰静，静曰复命。"⑦ 人由"道"而生，其心性得之于"道"，自然为虚静，所以道家基本的人性论就是主虚主静。与之相关，在养生层面上，老子也主张致虚入静、革欲养心。

首先，老子提出养心的总体纲领，"致虚极，守静笃"⑧。所谓"极"与"笃"皆是极限之义，"推"与"守"即是恢复，此句意在教人通过"致虚""守静"的工夫，以恢复心灵的清明，使心回归到原本清明透彻的境地。至于具体的虚静养生之法，老子主张"涤除玄鉴""少私寡欲""守中至和"。老子之"涤除玄鉴"，就是涤除困

---

① 陈鼓应：《老子注译及评介》，第 93 页。
② 王孺童讲解：《道德经讲义》，第 20 页。
③ 陈鼓应：《老子注译及评介》，第 283 页。
④ 杨爱琼：《先秦儒道生死哲学》，第 157 页。
⑤ 陈鼓应：《老子注译及评介》，第 283 页。
⑥ 陈鼓应：《老子注译及评介》，第 67 页。
⑦ 陈鼓应：《老子注译及评介》，第 121 页。
⑧ 陈鼓应：《老子注译及评介》，第 121 页。

扰于心的各种外部因素。干扰清心的因素，老子认为主要有"名""欲"与"智"。《道德经》44 章曰："名与身孰亲？身与货孰多？得与亡孰病？"①身外之名，名权利色等等都是俗人所趋之若鹜的，而老子却以反问的口吻道出了"贵生轻利"的养生原则。"智"在《道德经》中并非"智慧"之义，而是指多含有贬义的"巧智""伪智"。这种智巧诈伪是与"道"之自然、无为的本性相矛盾的，老子认为它会破坏人心的纯朴，成为"为道"的巨大障碍。欲望是人天生而来的，本无可厚非，但其过度就会造成永不知足的贪欲，从而贻害无穷。老子看到了这一点，遂说："咎莫大于欲得；祸莫大于不知足。"②贪欲之所以为祸，在于使人心迷神倒，之所谓"令人心发狂，令人行妨。"为此，老子提出"少私寡欲"的净心方法。他说："不见可欲，使民心不乱。"③"故令有所属：见素抱朴，少私寡欲。"④扫除掉"欲""名""利""智"之后，老子认为就可让自己的心灵达到"玄鉴"的境界，"玄"亦比于"玄同"之"玄"。王弼曰："玄，物之极也。言能涤除邪饰，至于极览，能不以物介明、疵其神乎？则终与玄同也。"⑤依王弼所言，"玄鉴"即是人心的深邃灵妙，是与"道"混同，与万物一体。当人心如水一般虚静，进入"玄"的状态，那么为了避免外物的再次侵扰，老子主张"守中"，也就是"守中至和"。《道德经》云："多言数穷，不如守中。"⑥"中"，即守其空虚无为之意。⑦王孺童说："'中'，指不偏不倚，即为'道'。"⑧牟钟鉴也说："道家之'中'是本然道性，返朴归真即为守中。"⑨可见，老子之谓"守中"当是"守道"之义，也就是持守自然之道，行不言之教，处无为之事。《道德经》文本中多次出现"谷""渊""橐籥""婴儿"等象征之物，实是老子以此为喻阐发"中虚""纯朴"之义。老子认为圣人守道（守中）的最高境界是复归于婴儿般的样子，所谓"精至""和至"。所以在老子养生观中，"守中至和"也是非常重要的净心体道之法门。

二、万物归道，死而不亡

（一）"死"的本质内涵

老子论"死"，比其论"生"，相对较少。据学者统计，《道德经》全文"生"字

---

① 陈鼓应：《老子注译及评介》，第 234 页。
② 陈鼓应：《老子注译及评介》，第 238 页。
③ 同上，第 67 页。
④ 陈鼓应：《老子注译及评介》，第 134 页。
⑤ 王弼注，楼宇烈校释：《老子道德经注》，第 25 页。
⑥ 陈鼓应：《老子注译及评介》，第 74 页。
⑦ 王弼注，楼宇烈校释：《老子道德经注》，第 17 页。
⑧ 王孺童讲解：《道德经讲义》，第 13 页。
⑨ 牟钟鉴：《老子新说》，第 21 页。

共 38 见，"死"字共 18 见，均做死亡解。① 老子主张人之"生"是"道"的自然运作，是具有自然性与柔弱性的生命过程。而人之"死"，在老子看来，是万物向"道"的回归，是向自然天地的回归。依"道"的往返之动，人之生死都是自然而然的生命活动，所以老子的生死观总体上是自然主义的。

1."死"之必然

一般来说，生死观是指人们基于生死问题形成的，并因此影响人们社会活动的看法和观念。② 生死观重在对死亡本质的理解和感悟，因此死亡问题是生死学的基本问题。老子论"死"的言语虽然不多，但却是开启了道家自然生死观的先河，对庄子的生死哲学影响极深，其意义不可谓不大。

老子认为万物的生命由"道"所生，生命活动法"道"而为，而万物的最终归宿也是趋向于"道"。从"道"的角度上讲，人的死亡是自然的，也是必然的。《道德经》23 章曰："故飘风不终朝，骤雨不终日。孰为此者？天地。天地尚不能久，而况于人乎。"③ 自然界的狂风暴雨不会持久，这是天地自然所为，而作为万物之一的人，又怎么会长久呢！老子此句话意在说明人的寿命由天地决定，天地尚不能长久不变，人必定会有寿夭祸福的变化。此外，基于"道"的运作，人之生命也是归于死亡的。老子曾说："反者道之动；弱者道之用。"④"反"有两义：相反与反复，相比而论，老子更加注重"返复"之义。所谓"夫物芸芸，各复归其根"⑤。世间万事万物都有"复命"之向，向着本根即"道"而运动。人的一生，历经出生、成长、发展、衰老、死亡的过程就是一个由"道"生，归"道"死的循环。"道"既是生命的起点，也是生命的终点和归宿，万物生于道，成于道，最终复归于道。⑥ 生命过程就是"道"的活动过程，这个过程是无法更改和停滞的，是为"独立不改，周行不待"也。

2."死"由命定

"死生有命，富贵在天"（《论语·颜渊》）是儒家天命思想的体现，道家生死观以自然为其宗旨，但老庄哲学中对人之生死的理解确实含有命定论的成分。最为典型者当属庄子，《庄子·大宗师》言："死生，命也。其有夜旦之常，天也。"⑦ 庄子认为人的生死由"天命"决定，就像昼夜更迁一样。儒道之谓天命，皆有不可抗拒的客

① 李霞：《生死智慧——道家生命观研究》，第 60 页。
② 刘明：《周秦时代生死观研究》，北京：人民出版社，2013 年，第 1 页。
③ 陈鼓应：《老子注译及评介》，第 13 页。
④ 陈鼓应：《老子注译及评介》，第 217 页。
⑤ 陈鼓应：《老子注译及评介》，第 121 页。
⑥ 杨爱琼：《先秦儒道生死哲学》，第 144 页。
⑦ 陈鼓应：《庄子今注今译》，北京：中华书局，1983 年，第 195 页。

观必然性的意蕴，然而道家命定论却是将"命"与"道"（自然）相统一，"道"的规律性在人生命过程中所起的作用就是"命"。庄子生死命定观在一定程度上是继承老子思想发展而来的，在老子生死观中依稀含有命定生死寿夭的色彩。

《道德经》中最能体现老子生死命定论的文句有两处：其一，《道德经》16章言："夫物芸芸，各复归其根。归根曰静，静曰复命。复命曰常，知常曰明。不知常，妄作凶。"① 历代解老者多将此文中的"命"释为"性"，主要是受《中庸》："天命之谓性"的思想影响，宋儒更是以"在天曰命，在人曰性"认定老子之"命"为清净本性。魏王弼曰："复命则得性命之常，故曰：'常'也。"② 严灵峰说："复其性命之本真，故曰：'复命'。"③ 老子所谓"命"的概念，不管是"性"义，还是"本原"之义，皆与"道"有莫大的关系。万物的生命走向尽头就是"道"的自然运作，即生命的周行轮回受制于"道"，在具体的事物身上就是"命"的显现。其二，《道德经》50章曰："出生入死。生之徒，十有三；死之徒，十有三；人之生生，动之于死地，亦十有三。"④ 人的寿命长短不一，皆由定数所主。天生长寿者，据十分之三；天命不佑而中道夭亡者据十分之三；违背自然，过度奉养而作死者也据十分之三。在老子那里，只有一成人可以得其养生之法，过着质朴、清静的安逸生活。在这里，老子虽然没有像庄子那样完全否定人力在生死大事上的能动性，但是却也承认了人的生死是由"命"注定的。诚然，此"命"应比儒家"天命"观念更具有自然、无为的气息。

3. "死"之刚强

老子以"柔弱"为人之"生"的象征，与之对称，则"刚强"乃是"死"的特性。故《道德经》说："强梁者不得其死，吾将以为教父。"⑤ "不得其死"在春秋战国时期，是指凶死、短命夭亡等非正常死亡现象，这样死亡的人常常得不到正常的丧葬祭祀礼仪。⑥ 因此，人们普遍厌弃、避免此种死法。老子以"不得其死"作为"刚强"者的结局，足以看出他对恃强者的鄙夷。老子经常将"生死"与"刚柔"并举，意在倡明"贵柔"理念。譬如："人之生也柔弱，其死也坚强。草木之生也柔脆，其死也枯槁。"⑦ 老子将事物的内在本质与外在表现贯通起来，以人的生死与草木的生死为例，得出"生"之"柔弱"，"死"之"刚强"的结论。老子之所以如此论断，在

---

① 陈鼓应：《老子注译及评介》，第121页。
② 王弼注，楼宇烈校释：《老子道德经注》，第39页。
③ 陈鼓应：《老子注译及评介》，第114页。
④ 陈鼓应：《老子注译及评介》，第250页。
⑤ 陈鼓应：《老子注译及评介》，第225页。
⑥ 刘明：《周秦时代生死观研究》，第56页。
⑦ 陈鼓应：《老子注译及评介》，第330页。

于看到了事物发展的实质性规律。在老子看来，柔弱的事物往往绵延无穷，内部充满生机，且具有含藏内敛的特质，此类事物在日后发展过程中会符合"道"本自然的一面，从而全生、保性。而与之相反，刚强之物外在表现为显露突出。此类事物已经达到极盛状态，虽然从表面上看十分强壮，生机旺盛，但由于其蕴藏的生命力即将消耗殆尽，因此，其基本趋势将是每况愈下，生命力越来越弱，最终走向死亡。①实际上，"物极必反"的思想在我国古代哲人那里尤为重要，儒家同样将"恃强"者看作将死之物。《论语·先进》篇记载："闵子侍侧，訚訚如也；子路，行行如也……（子曰）'若由也，不得其死然。'"②"行行"，朱熹释为"刚强之貌"。（《四书章句集注》）孔子看到学生子路走路时呈现刚强的态势，就预言子路将不得善终。事实证明子路日后的下场，果如孔子所言不得其然也。

（二）超越死亡的解脱方式

人生命的存在是一种有限性的存在，此种有限性既体现在时间层面，也体现在空间的维度上。时空条件对生命活动的囹圄是个体主观精神领域内最大的思想障碍，所以人们总是希望能够超越这种限制，尤其表现在对死亡的超越。人有生有死，本是自然的生理现象，但却是人间不可抗拒的悲剧。超越死亡本质上是对死亡的否定，尽管只存在于精神层面。

由于死亡现象的发生已经成为不争的事实，人们只有将死亡超越的意念指向心灵。灵魂不朽的观念即是古代先民否定死亡，追求永恒的思想起源。灵魂存在是一般原始初民超越死亡的重要方式，它成为其他死亡超越方式的母体。③鬼神信仰、祖先崇拜、价值不朽、精神常在是灵魂观念的具体体现，其中鬼神信仰是普通民众超越死亡的最为基本的方式。春秋战国时期，社会战乱造成人口的大面积死亡。人们基于对死亡的恐惧，为了寻求精神的慰藉而更加深信鬼神。孔子虽然主张对鬼神敬而远之，但依旧教导学生祭神如神在，证明鬼神信仰在那一时期是普遍流行的基本观念。以老庄为代表的道家学派崇尚自然，却并未完全否定鬼神的存在和作用。《道德经》60 章曰："以道莅天下，其鬼不神；非其鬼不神，其鬼不伤人。"④东汉唯物主义思想家王充说："鬼神，阴阳之名也。"⑤以"气"之阴阳解释鬼神之义，在中国哲学中较为普遍。然王弼却言："神不害自然也。物守自然，则神无所加。神无所加，则

---

① 李霞：《生死智慧——道家生命观研究》，162 页。
② 杨伯峻：《论语译注》，北京：中华书局，1958 年，第 112 页。
③ 刘明：《周秦时代生死观研究》，第 234 页。
④ 陈鼓应：《老子注译及评介》，第 276 页。
⑤ 王充著，张宗祥校注，郑绍昌标点：《论衡校注》，上海：上海古籍出版社，2010 年，第 414 页。

不知神之为神也。"① 应当说王辅嗣所言甚是,老子固然以"道"治世,但却仍然将鬼神之道作为影响现实世界的因素之一。在"道"的统领之下,圣人之道与鬼神之道可以同和于一,实现"德交而归"的效果。老子提到鬼神,无一例外都与"道"相连。《道德经》有言:"昔之得一者,天得一以清;地得一以宁;神得一以灵……"② "天之道,不争而善胜,不言而善应,不召而自来,繟然而善谋。"③ 老子将鬼神与"道"并举且重"天道"轻"鬼神",原是对传统鬼神信仰绝对统治地位的冲击与突破,由此拉开了中国哲学的大幕。不过,鬼神信仰的成分夹杂其中也是符合时代背景的,鬼神观念深入到民众内心深处,往往成为人们超越死亡的方式,为后来的宗教(道教)的死亡超越提供了基础。

在老子生死哲学中,还留有以鬼神信仰作为生死超越之途径的痕迹。然老子身为中国哲学之父,其最大的贡献在于对"道"的独特解说,建立起以"道"为核心理念的文化体系,使宗教性的神灵信仰向理性化程度更高的"天道"观念转变。以"道"为永恒存在的理念贯穿《道德经》的始终,如"寂兮廖兮,独立不改,周行不殆,可以为天下母。"④ "独立不改"意在说明"道"的绝对性和永存性。老子认为"道"与万物不同,"道"的运作决定了万物的生死往复而自身却处于"不死不生"的状态之中。由此,老子以"道"的永恒性为生死超越的价值归宿就顺理成章了。《道德经》6 章云:"谷神不死,是谓玄牝。"⑤ 所谓"谷神"即是"道"的别称,老子之谓"道"是永生,那么体道之人是否可以与"道"一样"不生不死"呢? 老子给出了回答,《道德经》33 章说:"不失其所者久,死而不亡者寿。"⑥ 历代解老者对此句的诠释争议较大,对老子所谓"不亡"者为何物更是无有定论。王弼曰:"虽死而以为生之,道不亡乃得全其寿。身莫而道犹存,况身存而道不卒乎。"⑦ 王孺童说:"不丧失其所固守之道的人,才能够立身长久;不因身死而精神消亡的人,才能够永垂不朽。"⑧ 牟钟鉴也说:"老子认为作为个体的人总是要死的,但与道合一的大写的人是不会灭亡的,他的精神是永存的。所以真正的长寿者,是超越了生死,掌握着真理的人。"⑨ 老子将"死"与"亡"分开而论,"死"的必定为生理性的肉体,而"不亡"者当属得"道"后的精神。老子这种精神常在的生死观与儒家倡导的价值不朽论表

---

① 王弼注,楼宇烈校释:《老子道德经注》,第 162 页。
② 陈鼓应:《老子注译及评介》,第 212 页。
③ 陈鼓应:《老子注译及评介》,第 322 页。
④ 陈鼓应:《老子注译及评介》,第 159 页。
⑤ 陈鼓应:《老子注译及评介》,第 80 页。
⑥ 陈鼓应:《老子注译及评介》,第 192 页。
⑦ 王弼注,楼宇烈校释:《老子道德经注》,第 87 页。
⑧ 王孺童讲解:《道德经讲义》,第 60 页。
⑨ 牟钟鉴:《老子新说》,第 106 页。

面上十分相似。儒家追求三不朽（立功、立德、立言）的实质就是修身齐家治国平天下，通过内圣外王之道取得精神价值的永存。[1]精神性的价值理念之所以永存在于个体对国家与社会，乃至整个世界做出了不可磨灭的贡献。而老子强调的也是人之生命活力和机能消失后的精神常驻。所以从形体近而精神存在的角度上讲，老子超越死亡的方式与儒家几近。所不同之处在于儒家价值不朽是基于个体对后世的影响，而老子所谓的精神常在的立足点在于个体对生命之"道"的体认和悟解。

从古至今，研析《道德经》者多将老子"死而不亡"解释为精神的常在，只不过此种精神是一种圣人体道、悟道之后的境界，如佛教所谓涅槃佛果一般，是人们面对死亡现实而感到无奈时的一种心灵的转向。这种心灵的转向也是超越死亡的基本方式之一，但是却把人的生命构成——形神截然分开而论。为此，对"死而不亡"的解读应当从生命个体形神统一性的层面探讨，可能显得更为贴切。《道德经》16章曰："知常容，容乃公，公乃全，全乃天，天乃道，道乃久，没身不殆。"[2]老子此言是在说明"道"的长存和不朽，"道"既如此，而由"道"所生，又复归于"道"的万物（包括人）自然是生生不息，生命也是循环往复的。因此，"死而不亡"的本义是在强调生命的具体形式（现世）消逝了，而生命本身由于终极性的"道"的永恒而不亡，不间断地从生到死，从死到生。这样，形神合一的生命本身就可随"道"的不灭而永存，以达死亡超越，消解死亡恐惧的理想解脱之境。

实际上，老子对死亡的超越并没有提出十分具体、明确的方式和路径。然而他对死亡的认知和解释都是基于"道"的无限与永恒而论的。超越生死的关键是寻求并消除死亡恐惧的根源，客观而论，老子的生死观并未彻底做到这一点。但这并不能否定老子关于死亡超越理论的价值，庄子正是在继承老子道论思想的基础上提出生死一体，气物双化的生死观的。

三、结语

生与死本是生命的两极，是每一存在个体都必然经历的过程。自有生命之物产生以来，便有了生死的现象；唯人类出现之后，才有所谓生死问题。[3]中国人对"性"与"死"，往往避而不谈，但是生死问题却是关系到人类生活品质的重要方面。所以现代化的今天，我们应当突破传统观念的束缚，大胆探求中国古代优秀文化中有关生死议题的思想精华，《道德经》就属其一。老子以"道"为核心理念，将"生"与"死"贯通为一，揭示了人之"生"的自然与柔弱，人之"死"的必然与刚强。在实

---

① 刘明：《周秦时代生死观研究》，第246页。
② 陈鼓应：《老子注译及评介》，第121页。
③ 郑晓江：《生命与死亡：中国生死智慧》，北京：北京大学出版社，2011年，第1页。

践层面上，老子提出贵身、虚心的养生之法与超越死亡的解脱方式，是化解生之困苦和死之恐惧的有效路径。现代社会日新月异，竞争压力与日俱增，但生死依旧是人生大事。学习老子的生死智慧，不仅仅是理论研究，更为重要的是指导现实中人如何安逸、恬适的生活，为人类生活品质的提高以启迪与借鉴。

老学注解研究

唐明皇以《道德真经》注疏为中心的三教融合论

强 昱*

内容提要：唐明皇（685—762）李隆基为睿宗李旦之子，在他继位前期励精图治，且先后诠释了《孝经》与《道德真经》以及《金刚经》的思想意蕴，总结历代治乱得失以及形上基础，成为大唐王朝走向极盛的精神见证。而围绕《道德真经》注疏展开的理论建构，无疑是玄宗皇帝三教融合论的中枢。通过经典注释反映出来的认识主张，清晰地呈现了儒释道三教在其思想体系中的地位。

关键词：淳一　妙本　正观　真性　无为

儒家的社会政治理论与道德修养学说，获得了唐明皇的一定认同。而佛教的形上学与心性观，亦对《道德真经》注疏产生了明显的影响。围绕对自然属性与社会属性统一的人类的认识，唐明皇的理论思考进一步发挥了前辈成玄英等的精神追求，最终以官方意识形态的方式长期左右着社会生活①。

一、抱守淳一，委顺得常

是《道德真经》注疏的较为系统的形上理论的存在，为唐明皇的心性论学说提供了认识支持。由于主体自我的认识活动仅仅是全部精神活动的有限组成部分，既不能孤立于生理与心理统一的整体生命之外，又时刻受到客观世界与社会群体的影响，包含着十分复杂内容的唐明皇的心性论问题，在其理论建构中的比重日益突出。使《道德真经》注疏的理论深度与广度，远远超过了《孝经注》的水平。

* 作者简介：强昱（1964—），男，北京师范大学哲学学院、价值与文化研究中心教授。研究方向：中国哲学、宗教学。

基金资助：本项研究为教育部价值与文化研究中心重点课题"隋唐五代时期基本价值观的演化"（项目批准号：11JD720013）的阶段性成果之一。

① 唐明皇的《道德真经》注疏据"三家本"《道藏》引用。而《孝经注》所据底本为清阮福《孝经义疏补》（国学基本丛书），商务印书馆发行。

曾经以"昔岁述《孝经》，以为百行之首。故深覃要旨，冀阐微言。不唯先王至德，实谓君子务本"的文字，简要回顾了自己弘文励教的用心。而在万机之暇"近又赞《道德》"的深入其中的思索钻研，则"伏知圣祖，垂教著经"的心灵情怀，归宿在于"使人精神专一，动合无为"以实现人生的自由解放。断言"凡有以理天下"的帝王的开物成务，表示两部经典"不可阙也"的玄宗，以为老子与孔子师徒揭示的是治国理身的永恒真理，不因为时间的流逝、王朝的代谢而减色。把"精神专一，动合无为"理解为《道德真经》的精神主题，具体化了老庄道家内圣外王的理想追求。是《道德真经》注疏的形上学与心性理论的日趋完整成熟，为玄宗皇帝日后发掘《金刚经》的微言大义提供了坚实的认识依据。

唐明皇对哲学问题的表述虽然不乏佛教名相的范例，但是思想建构的核心则来自道家道教。其对三教精神宗旨的判断，鲜明地反映于心性学说与方法论的把握中。而形上学作为阐释生命本源的起点，自然成为玄宗生命观的不可或缺的背景。认为以"虚极之神宗"为依据存在于世界的万物，因此无不是"虚极之神宗"的"通生"的功能催生了宇宙的生命。驱使"生"之"通"的普遍因素，不能误以为是冥冥的外在主宰者。内在于"冲和之气"的基本物质元素之中，制约着"冲和之气"的不断分化为具有规定性的阴阳，具有同一物质属性的不同类别的存在者，差别在于同"神宗"的依存程度的远近亲疏方面。与"神宗"的创造力量冥合无间的人类，以自身具有的理性自觉能力，享有万物之灵长的尊荣。每一个人的生命活动取决于魂魄的和谐有序，只是在"人受生始化"的初始孕育阶段，由于"但有虚象魄然"的潜能，尚不具备感知异己事物的完整生理系统。随着"既生"的降世，发育成熟的生命"则阳气充满虚魄"而创造的力量逐步呈现。当"魄能运动"的潜能转化为现实，把曾经的"虚魄"使之"充满阳气"的因素"则谓之魂"的认识概括，揭示了生命活动的内在原理与机制。理解了"如月之魄，照日则光生矣"的道理，就能够澄清各种流行的误解。魂与魄的彼此依存关系，既是客观的生命法则，又表明主客体间的相互作用推动了认识活动的具体化。孤立的自我意识如果离开了外在的异己事物的存在，那么无法使先验的认知潜能最终现实化，捕捉外在世界的信息。与个体生命须臾不可分离的世界，没有了人类的精神意识的投射则毫无意义。如同"照日则光生矣"的自我，回应异己之物的刺激挑战的结果，就是促进了生命潜能的释放。在某种意义上我们应当承认，是大自然哺育了人类生命的成长。

生死变化的奥秘取决于阴阳之气的动态平衡，只有谨慎地面对消长盈虚的趋势，才能使生命旅程走向完整的终点。则"人初载虚魄，当营护阳气"的必然性是，只有"常使充满"的个人"则得生全"的圆满结果，乃是维护和谐完整的生命形态的唯一途径。而"营护阳气"的工作，无不始于"初载虚魄"的刹那发生之际。是"阳气"充实于"虚魄"决定着"生全"的不断延续，出现了"若动用不恒"的放纵损耗，各种"消散阳气"活力的行为，终究导致"则复成虚魄而死灭也"的瓦解凋零。说明认识实践的"动用"存在的客观尺度不允许逾越，而正确把握"动用"的生理要求，既是迫切的理论问题又必须落实于日常生活的实践方面。如此避免个体生命的非正常陨落，自然拥有了人生发展的主动权。因此"营护虚魄，使复阳全生"的关键，在于"抱守淳一，不令染杂"的纯粹完整。因为虚魄先验的"淳一"是每一个人生命的固有形态，必然是身处尘世的经验活动造成了"染杂"的改变。虽然发生了统一性的疏离与纯粹性丧失的问题，但是此乃生命成熟必须付出的代价。具有理性自觉潜能的个人如果能够使"淳一"的"抱守"成为事实，将"染杂"降低至最低限度或者彻底剔除干净，那么现实的人生就能够摆脱生理心理存在的各种困扰，生命的长久延续甚至也成为可以期待的目标。保持"淳一"者能够"无离身乎（当作乎身），则全生矣"（释"载营魄抱一，能无离乎"）的圆满，否定了被动接受死亡的宿命无所作为的观点。阴阳魂魄的相互依赖彼此作用是客观的生理机能，在尊重生命的自然属性的同时，充分调动自己的能动创造性，永远是实现自由人生的必由之路。

复杂异常的生命活动无法割断与事物生起本原的联系，而"人之受生，冲气为本。若染杂尘境，则冲气离散，神不固身"（释"专气致柔，能如婴儿乎"）的认识，肯定物质元素"冲气"是决定生死的唯一力量。死亡是"冲气离散"于个人的反映，由于"染杂尘境"造成"冲气离散"的自我，固有的"神"的生理机能丧失了"固身"的应有作用，形神魂魄的分离瓦解了生命的统一和谐而走向沉沦。显而易见"神"的精神意识一旦被"尘境"的消极因素"染杂"渗透，有序的先验属性遭到了伤害扭曲。自觉反省"神不固身"的深层原因，当然是"阳气"的不断衰竭，使"为本"的"冲气"丧失了"本"的主宰地位。个人尊贵或贫贱，完全取决于是否保持着"妙本"的先验状态。

虚极者，妙本也。言人受生，皆禀虚极妙本，是谓真性。及受形之后，六根爱染，五欲奔驰，则真性离散，失妙本矣（释"致虚极，守静笃"）。

以"虚极妙本"为存在依据的人类，具有同一的"真性"的本质属性。作为内在属性的整体中居于支配地位的部分，眼耳鼻舌身意的"六根"的生理机能，与喜怒哀乐等"五欲"的非本质属性，始终受到"真性"的制约。好恶之"爱"与生理本能之"欲"动摇了"真性"的支配主宰作用，出现了"真性离散"而"失妙本"的现象，本质属性所表现于人类的理性自觉能力因此遭到遮蔽。整体的生命由于感官受到外部事物的刺激，被欲望扭曲了"真性"的"清净"者，则同自己的本质规定发生了悲剧性分裂。知情意"离散"导致生命秩序的失衡，是现实人生遭遇困境的根源。

自然属性或生理属性与社会属性或文化属性构成的统一生命，需要在"受形之后"的发展过程中，保持其固有的先验稳定性。从"厥初生人，身心清静"的纯洁无瑕，到"而今耽染尘境，失道沦胥"的沉沦麻木，乃"情欲之所为也"的事实说明，对生命的正常活动形成挑战的是"情欲"的生理本能的放纵。觉悟者通过对人生的得失"则知与身为怨之大者，其唯情欲乎"（释"和大怨，必有余怨"）的认识总结，区分了本能状态的生理欲望与知性判断的不同。婴儿的好恶没有善恶的价值选择的因素，随着在"尘境"的"耽染"中发展成熟的生命，受到人类历史文化的熏陶塑造，不可避免地使"情欲"的本能与社会价值观共同对生命发挥着塑造的作用。而与"真性"背离的核心因素"情欲"本身，却又绝对不在"真性"之外，至于其为"与身为怨之大者"的理由，是心灵先验的自由意志在经验世界发生了主从地位的改变。因此唐明皇认为"失道沦胥"的消极推动力量或造成死亡的结果，必然是"真性"的固有结构与秩序，出现了粉碎性的倒错。由于"清静"的"身心"遭到了破坏，无法使生死有期的生命过程，达到应有的限度就是对"天理"的背叛。

　　死者，分理之终。亡者，天枉之数。寿者，一期之尽。言委顺得常，不失天理，颓然任化而去者，得一期之尽，可谓寿矣。若不鞭其后，则生理不全（释"死而不亡者寿"）。

围绕自然与社会以及生理与心理不同的维度对真性的各方面的论述，揭示的是生命存在的客观法则问题。而"真性"其为"妙本"且可以从逻辑上加以区分者，是因为"真性"的"分理"为类概念。正是"分理"的存在，为进一步考察人类与异己事物的差别联系问题奠定了坚实的基础。人类异于他事物的本质属性，即是"真性"的内涵，并且表现在"身心清静"的完整统一方面。意味着作为无限宇宙的组成部分的人类，虽然以同一的"清净"之"妙本"为普遍的存在依据，但是只有人类的"清静"的"身心"构成的"真性"纯粹无瑕，否则将混淆人类于他事物的界限。是"分理"的先验客观性，制约着每一个人的生命潜能的成长空间，智愚寿知是潜能释放不同程度的表现。从生命活动的角度合理阐释了人类的能动创造，来自固有的先验属性而非神灵的恩赐。

仅仅存在于人类的"分理"的先验属性，因为同"妙本"一样浑然完整，没有任何经验的成分，因此"真性"包含着不可动摇改变的含义。既然"真性"是存在者的内在属性，则客观统一的"身心"整体，一方面没有高低贵贱之分普遍平等，另一方面在整体内部又必然存在着知情意的主从结构秩序之差与功能属性之别。说明"身"的形体与"心"的认知共同构成了生命的全貌，生命的现实性反映在"神"的能动性。个人的生死之变及其"夭枉之数"与"一期之尽"的存在合理性的终结，都是"分理"的先验规定在存在状态方面的当下体现。情感欲望的泛滥打破了"生理"的正常秩序，虽然"夭枉之数"的差别彼此不同，但是死亡的"分理之终"的结果永远同一，无法依赖人为的努力绵延不绝。与"一期之尽"的不同是，没有达到"颓然任化"而"委顺得常"的"天理"的法则，自我存在的意义与价值无奈陨落。殊不知"寿者"的生命长久，实际是指"得一期之尽"的创造潜能的彻底释放，以"委顺得常，不失天理"为前提。历史上"颓然任化"毫无遗憾告别尘世的觉悟者，因为"得常"而实现了永恒不朽。现实生活中"委顺"的优游自在，恰恰是满足了"分理"的要求使然。不可抗拒的"分理之终"的肉体，从未造成认识与实践的"动用不恒"的欠缺，决定着觉悟者的充实怡悦的人生，而非以牺牲知情意的满足追求空洞贫乏的对彼岸的超越。

不满意往日旧注"业擅专门"的唐明皇，批评了前辈徒以文字游戏为能事的丑陋。因为领会了"至当归一，精义无二"的精神实质，因此"剪其繁芜，而撮其枢要也"的努力尝试，期待的是觉悟者的功绩"庶几广爱形于四海"（《孝经注》序）而成为全体社会成员共享的思想财富。在"听理之余，伏勤讲读"老君圣典的沉潜品味，诉诸"诠疏其要妙"（《道德真经疏》释题）的认识展开。实际上是从逻辑抽象的高度，对李唐王朝自建立以来的治国理念以及人生向往，进行系统化的说明。

二、真性清静，无诸伪杂

与客观世界、社会群体须臾不可分离的每一个人，认识把握"天理"之整体而在实践中遵循"分理"之部分的要求，使"无二"之"精义"成为自觉的人生指南，不是轻松的事情。至于"归一"之"至当"的知情意的调节，不能出现丝毫"生理不全"的流失。

形神统一的个体生命是生死有期的过程，世人因为"不鞭其后"即抑制知情意的消极因素的懈怠，普遍存在着"生理不全"的畸形现象。而人类"妙"的生命存在之"本"的不可思议，以"神所居者心也"（释"无狭其所居"）而"身所生者神也"为中枢，因此"生全"或"全生"的个人，精神意识之"神"依赖和谐完整的"身心"存在。潜在之"神"，是"心"的功能属性与异己之物相互作用的产物。欲望感觉与知性判断、主宰决定作用在心灵的整体中不能分割，说明"生理"以及"真性"经过逻辑抽象被普遍概括，揭示的是"人由神而生，故谓神为所生也"（释"无

厌其所生"）的客观必然性，认识实践以具有"所生"功能作用的"神"的先验存在
为条件。决定每一个体现实存在的因素，只能是"神"的精神活动，不能孤立于心
脏的生理器官之外，本然的潜在状态，没有丝毫的道德属性。针对情感欲望是否符
合"真性"的要求，形成的善恶是非的价值评价，必然受到历史文化的影响。玄宗
皇帝提出的"欲者性之动，谓逐境而生心也"（释"常无欲以观其妙，常有欲以观其
徼"）的认识，明确承认"逐境而生心"形成的"欲"等，无不是生命活动的现实化。
由于"生心"的隐显程度，与"逐境"的深浅状态不可两分，则"神"的表现形式
虽然彼此有别，但是不论喜怒哀乐的情感欲望，还是好恶美丑的知觉判断，依然不
超出"神"的范围。

感性知觉与主宰作用是心灵固有的先验属性，真实不虚神妙莫测，依赖心脏的
生理器官存在。心脏则是"身心"的整体生命的有机组成部分，只有与其他感觉器
官相互作用和谐共处才能使其潜能得到发挥。如果出现了"役心逐境"的情况，心
灵的主宰功能与认识判断作用，遭到贬斥"则尘事汩昏"偏离了合理的轨道。与生
俱来的情欲并非天生的罪恶，具有先验的合理性。不加收敛的放纵遮蔽了正性的"澄
清"者，人格的尊严、理性的光明将不复存在。心灵的"染著"日益沉重的个人，
试图改变自己悲剧的人生必然困难重重。

融化"五欲奔驰"的盲动"颓然任化而去"的自我，需要彻底消除"逐境而生
心"的负担。由于"性之动"的表述具有一定的不足，容易误解为"动"的变化是
"性"的内在"真性"或"正性"的迁移，其实是指"由神而生"的人类固有的生
命活动的展开，初始的形态为有踪迹可寻的"欲"的生理欲望。遵循"真性"的先
验准则运动，没有丝毫的人为设计。是认识的需要从逻辑上追溯"性之动"的情形，
则把"欲"作为了考察的对象。

　　人之受生，正性清静。感物而动，则逐欲无穷。今明欲心未动安静之时，将欲
守之，令不散乱，则甚易持执（释"其安易持"）。

当生命完全处在"欲心未动安静之时"的阶段，浑然一体的知情意波澜不生。
因为"正性清静"的初始"受生"是指具体的个人"身心"的刹那萌芽之际，虽然
"所生"之"神"贯通其中，但是与"虚极妙本"在时间上无法剥离，因此只能进行
理性的概括。即是"生理"的绵延发展，在尚未"感物"的时候，不能进行是非善
恶的价值评价。身处经验世界的"感物而动，则逐欲无穷"的个人，因为"欲心"
向无限世界的敞开使精神意识不断地丰富，又不得不被动地接受"所生"之"神"
遭遇束缚的命运。

把"欲心"一以贯之地维持在"未动安静之时"的和谐，知情意将会"甚易执持"无疑是理想化的期待。首先"感物而动"虽然未必出现"逐欲无穷"的后果，但是不加约束"感物而动"的惯性，进行合理的调剂节制，不断漫衍造成"逐欲无穷"的不可收拾的局面。其次是"逐欲无穷"的沉痛教训促使有志之士，回归"欲心未动安静之时"的充实平和以成就幸福的人生，显然不违背老君的立言宗旨。因此只有通过自觉"守之"的长期付出，往昔"散乱"的知情意，才能达到"欲心"固有的生命活动，与"清静"之"正性"的冥合无间。不能灭绝的"欲心"是"身心"的整体生命的活力之源，而"令不散乱"的关键依赖"守之"的有序修炼，离开了心灵的觉醒无从谈起。独立于宇宙万物中的觉悟者，一方面摆脱了一切依附意识，另一方面又与世界万物打成了一片。其自由解放的人生的奥秘，完全反映在"执持"知情意"甚易"的从容不迫。问题是绝对不能误解"甚易执持"的"未动安静之时"的"欲心"的真实意蕴，一旦没有落实在"照了真性"的智慧明觉，那么"善立之人"自诩或者标榜的"真性清静，无诸伪杂"的一尘不染，只能是自欺欺人的谎言。因此实现了向先验的内在属性回归的理想目标的自我，奠基于"伪杂既尽，德乃真纯"（释"修之于身，其德乃真"）的知情意的融会贯通之上。生命的创造力量呈现的万丈光芒覆盖了茫茫大地，作为万物之灵长的人类，唯此享有"善立"荣耀。换言之"伪"的包装与"杂"的扭曲被彻底从个体生命中消解，本真纯粹的"道性"或"真性"得以成为人生安居的永恒家园。

从不同维度展开的论述，使对生命的整体性与复杂性以及创造性与可塑性问题的理解更加系统深刻。而"伪杂既尽，德乃真纯"的归宿为"委顺得常"的判断，相应地是对人生的意义何为或者究竟什么才是有意义的人生的疑问给出的答案。纵使任何个体事物不能违背"分理之终"与"夭枉之数"的存在规定性与活动周期性，但是以"虚极妙本"为依据存在于世界一息尚存的个人，其"身所生者神"的创造活力依然不会彻底凋零，因此"神所居者心"的功能同"妙本"的不朽"神宗"的对应关系就不能割裂，间接地强调了人生不存在懈怠的时候的绝对性。则"伪杂既尽"的自我"德乃真纯"的净化，既指"身心"的有机整体复归于"厥初"的阶段，又表示"真性"之"照了"的创造潜能的彻底释放，智慧之光照亮了世界。则"善立之人"的"善立"包含着不为异己的因素征服，一空依傍独立自主且和光同尘光彩照人的双重规定。

由于"善立之人"与无限世界打成了一片，换言之即同"虚极妙本"冥合无间。而"妙本"为一切存在者"神宗"的崇高不朽地位，被"善立之人"领会见证，又说明"虚极妙本"不会是与生命无关的纯粹概念，其绝对性与永恒性以及超越性与神圣性因为觉悟者的见证而真实不虚。进一步揭示了时空统一的世界绝非纷纭复杂的个体事物的简单拼凑累加的逻辑抽象，只有诉诸心灵的体会才能深刻彰显无限宇宙与个体生命的相互依存关系的真谛。必然需要经历漫长时间艰辛努力的"真纯"之"德"的成就过程，存在着层次或步骤之分。

　　无欲于无欲者，为生欲心，故求无欲。欲求无欲，未离欲心。今既无有欲，亦无无欲。遣之又遣，可谓都忘。正观若斯，是为众妙（释"玄之又玄，众妙之门"）。

　　如果经验世界中不存在"欲心未动安静之时"的偶然稳定状态，那么"无欲于无欲"的精神渴望，就丧失了萌芽发展的应有条件。是"为生欲心，故求无欲"的理性自觉，才真正开启了实现知情意"未动安静"的大门。因为"无欲"之"欲求"不能改变"欲心"的心理属性，已经明确了"逐境而生心"的基本原理与生理机制，精神意识与物质现象皆为"境"的组成要素。剔除"欲心"内部各种遭到"境"的扭曲遮蔽的消极作用，即剥离"诸伪杂"的伤害的主体自我将迎来辉煌的新生。

　　人为限制"感物而动"的正常生命的展开，将会造成对历时性与共时性统一的人类"天理"的逻辑悖论。一方面"真性"的共时性不因受到"欲心"的困扰发生根本的动摇或者改变，另一方面"感物而动"的"欲心"没有了历时性的发展，现实生命就无法形成出生入死的绵延。通过"鞭其后"的方法对"逐欲无穷"的"欲心"的调节，驱使"欲心"从偶然的"未动安静之时"终究走向知情意的凝湛。执着于"欲求无欲"的期待，却存在着将自己推向"未离无欲"的陷阱。只能是"无欲于无欲"的动静一如，才能打破"未离欲心"的束缚。在达到了"无有欲，亦无无欲"之"今"的临界状态下，主体自我"抱守"的知情意臻于"淳一"完整和谐且融会贯通，瓦解了"欲心"的"逐境"的畸形。说明"遣之又遣"的"德乃真纯"的塑造，是在"都忘"的高度，回归了"欲心未动安静之时"的无意识流露。一旦在认识实践的过程中，对"甚易执持"的特定心理意识状态产生了误解或先后的错位，将把"无有欲，亦无无欲"的当下性，与逻辑抽象的普遍性混淆，则圣凡之界限荡然无存。

　　动静不违"天理"的心灵，游刃有余的"正观"能够"若斯"恰如其分，昭示的是"德"的内在属性为多样性统一的整体的观念。知情意的"众妙"的释放是在"伪杂既尽"的条件下生起，不允许存在丝毫的瑕疵以及不足，也就暗示了作为心灵功能的知情意固有的消极因素全部转化为积极的创造力量。因此与"伪杂"对立的"真纯"的要求，不以个人意志与尘世的门第身份或者血统以及贫贱等转移。此"天理"又被唐明皇在其《金刚般若波罗蜜经注》之中，表达为"有虚有实，约教以示人。无实无虚，两忘而自化"的精神超越。心灵对宇宙万物的能动容摄发生于"真性"的有机整体内部，知情意遵循"因性之为"的机制原理有序展开，排除了"伪杂"的介入。玄宗皇帝的"故如来说法，寄实以遣虚"的结论，指出心灵的"散乱"是不能认识洞察虚假的表象的原因。突破了"虚"之俗谛与"实"之真谛的对立，则"虚法既忘"的自我，必然自觉地将会以"实法亦□尽"的"正观"把握变动不居的纷纭万物。分别意识泯灭的心灵"于是法无虚实"（释"须菩提，如来所得法，无实无虚"）而与中道合一，把缠绕生命的烦恼顷刻化解于无形①。

只有"无实无虚"的圆满心灵，才能达到"两忘而自化"的自在逍遥。而主体自我的"忘"的尘累不拘与"自化"的解脱救赎，彰显的是"约教以示人"的佛陀与老君，人生价值的实现既非偶尔的良心发现，亦非神灵的恩赐施舍，不在来世与彼岸，就在当下今生的觉悟的思想。因此"自化"的知情意"将欲禁绝于中心"的结晶砥砺，虽然受到了往圣先贤的启迪，但是主从关系不容颠覆。觉悟者"故必取资于内行"的同一人生解放道路，在面临知情意的挑战时"次来而次灭"与"损之而又损"的有效回应，自然地落实在"清静之性，不滞于法"的方面。则其"虽行无行，相与道合"的令人叹为观止的结果，始终保持着"空有一齐，境心俱净"（释"善行无辙迹"）的纯洁光明。曾经的凡夫俗子经过"修性返德"的净化与升华，最终以"了悟诸法，一无所有"的完整生命，见证了宇宙的奥秘。泛滥的"欲心"被陶冶"则返归正性"的自我，因为"与道合同"而消除了主客心物的疏离。是"人无间矣"且"与道同也"（释"无有入无间"）的宇宙与真理的化身成就，使人生传奇的书写，铭刻于无限宇宙。固有潜能"取资于内行"的迸发，大千世界被全面真实拥有。

诏令世庶家藏《道德真经》产生的轰动效应，又引发了"今之此注"《金刚经》的举措。非刻意的安排而是"顺乎来请"（《金刚般若波罗蜜经注序》）的信息透露出，数量庞大的信奉佛教的僧众，急迫期待当今圣上表明自己对佛教的态度。玄宗注文对佛陀人格与智慧的嘉许，没有令他们失望。而熔铸三教之"精义"于一炉的支点，则是老庄道家传统的内圣外王之道。

三、保精爱气，与时消息

实现自我虽然是人生中唯一具有决定意义的事情，但是也不能把现实的生活与精神的超越对立起来。满足生理发展的阶段性与生命需求的当下性，既然只能在一定的社会组织与秩序之中，调节个人与社会以及主体与客体之间的矛盾，是每一个人必然面临的挑战。而突破蒙昧走向文明的人类群体，主体自我化解价值规范的约

---

① 衣川贤次整理：《御注金刚般若经》，方广锠主编：《藏外佛教文献》（总第十辑），中国人民大学出版社，2008年，第39页。

束，对自由追求产生的紧张心理，依赖理性的觉醒。

浓缩于"教"的文明收获，随着"大道废，有仁义"等"四行"的异化，造成了人类新的危机。不能把仁义道德是不具有终极价值的"有为俗学"的认识灌输于全体社会成员，断绝"有为俗学，增长是非"的滋生空间，迷恋其有限作用的芸芸众生"若不畏而绝之"的现状得以根本的改变，形形色色的"是皆违分伤性"（释"人之所畏，不可不畏"）的因素的流行不止，势必导致人类的精神创造的窒息。只有杜绝了"有为俗学"的蔓延增长，才可能维护"真性"的良知的正常发育。而执着于"四行"之"境"无法"自化"的世人，被奴役的生命丧失了光明的未来。因此作为"正观"的对象之一的价值规范以及行为方式，需要每一个人以清醒而理智的态度，认识其在历史发展过程之中应有的合理性。否则自然属性与社会属性统一的"真性"的丰富复杂，随时存在着被扭曲以及肢解的危险。进入文明阶段的人类社会，道德仁义与法律礼乐都是治国的手段，孝道在社会生活中具有不可替代的作用。在《孝经注》中唐明皇充分肯定了经过社会化洗礼的血缘亲情的崇高神圣。

> 孝者，德之至道之要也。言先代圣德之主，能顺天下人心。行此至要之化，则上下臣人，和睦无怨（释"子曰，先王有至德要道，以顺天下，民用和睦，上下无怨"）。

认为以孝治天下乃王道，而以刑治天下为霸道。如果行孝道于天下，那么天下和睦人神共乐。作为"德之至道"的孝行，具有最为伟大的人文价值。父子之亲与君臣之义因此可以理解为是孝道的精神力量的体现，而君臣关系则是父子关系的延伸。

人类群体从"父子之道，天性之常"的本能的血缘亲情出发，在社会生活之中"加以尊严，又有君臣之义"（释"父子之道天性也，君臣之义"）的文明规范的建立与巩固，是人类重要的精神成果。而围绕血缘关系的远近亲疏发展起来的礼乐文化，既是人类的自然生命秩序的扩张，又深刻地反映了由不同个人组成的社会群体，彼此关系方面存在差异的客观性。社会生活中不可消除的长幼上下尊卑大小等级关系的存在，包括家庭生活中父子之情与社会生活中的君臣之义，视为纯粹出自利益的结合。孝慈的人伦是"真性"内涵的社会化扩展，觉悟者清醒地认识到"能顺天下人心"的孝道的不朽意义，因此在社会生活领域"行此至要之化"的目的，就是要摆脱乃至彻底克服每一个人追求利益的最大化，产生的彼此倾轧的矛盾，自觉践行孝道达到"上下神人，和睦无怨"的其乐也融融的人间乐土效果。因此"天性之常"的亲情不允许利益的追求，出现从生命属性中流失的现象的原因在于，包含着血缘亲情与君臣之义的"天性之常"既体现着人类与异己的动物的联系，又是以群体的方式存在于世界的人类，理性自觉能力的现实反映。每一个人引以为傲的"真性"的荣耀，必须围绕"天性之常"为中枢展开才能发挥其心灵自觉的功能，而维护生命的完整同时也就是对人类的社会属性的尊重。

高瞻远瞩的老君洞察了只有"入无间"的自我"正性"的当下呈现，才能最终与形上之道默契的客观必然性。因为个体存在者的"正性"同"虚极妙本"先验同一，作为必然之理与当然之则统一的形上之道被"返归正性，与道合同"的自我刹那见证，不论是物质世界还是人类社会的"分理"被贯通，唯一不可分的形上之道再现于觉悟者的心灵。向"正性"的"返归"表示遮蔽"正性"的各种消极因素的剔除剥离，以老庄思想为蓝本的"夫心有是非，而气无分别，故任气则柔弱，使心则强梁"（释"心使气曰强"）的论述，指出"人能如婴儿"那样"知和柔之理，修而不失者，是谓知真常之行也"（释"知和曰常"）的认识观照下的实践，在"感物而动"的同时又以"空有一齐，境心俱净"的纯粹光照尘寰。实在大毫不神秘，不能误以为是高不可攀之事。是在日常生活中把"无分别"的精神意识以及物质能量贯通在认识实践的各个环节，使具有"是非"的价值判断功能的心灵消除功利占有的执着。

仔细斟酌"柔和之理"包含的知情意的"淳一"与个人同世界以及社会的和谐共处的内容，唐明皇化成天下与实现自我的情怀跃然纸上。因此付诸"修而不失"的实践是对"真常之行"的自觉，统一了真知必然反映于实践与实践又是检验"知真常之行"的尺度的两个方面。同"任气则柔弱，使心则强梁"的精神内涵一致的"伪杂既尽，德乃真纯"的认识主张，揭示了生命活动之"正"的中枢取决于"清静之性"的正当合理。则"明达了悟之人"的洒脱，表现为"能知真常之行，而保精爱气"（释"知常曰明"）的主体自我，其"冲和之气"的饱满圆融。反观"内无分别，不生害物之心尔"（释"含德之厚，比于赤子"）的赤子婴儿，因为"真常之德"与"真常之行"的彼此对应，可知在逻辑关系上"柔和之理"必然以物我无分的浑然一体为指向。进一步说明在人类文明成长的进程中日益丰富的价值规范，不是"真性"的自由渴望的枷锁。通过针对"四行"的"修身"的心灵超越，实现同既定的社会价值规范的准则适应的人生幸福。

扬弃"有为俗学"的付出与经营，以"修性返德"为目标。时刻围绕"取资于内行"的心灵自觉与人格完整的塑造有序进行，是"内行"的饱满充实，成为"无实无虚，两忘而自化"的精神升华的保障。因此在认识与实践的展开过程中，不能把"真纯"之"德"的"返"的回归与"清静"之"性"的"修"的复原，等同于逻辑的建构脱离"保精爱气"的现实生命活动。精神的或认识的"正观"必然需要与实践的或操作的"保精爱气"统一，点滴的错位将与"悬解"的自由解放失之交臂。

体了身相虚幻，本非真实。即当坐忘遗照，隳体黜聪。同大通之无主，均委和之非我。自然荣辱之途泯，爱恶之心息，所谓帝之悬解（释"及吾无身，吾有何患"）。

缺少了对"虚幻"之"身相"的"体了"的环节，无法步入"坐忘遗照，隳体黜聪"的真正自我超越的窄门。命悬一线的危机的克服即"悬解"的自由，是"同大通之无主，均委和之非我"与"荣辱之途泯，爱恶之心息"的不可分割的整体，丝毫的做作勉强就与"自然"的无心无为背道而驰。前者的超越性与后者的现实性同时并存，决定着应感而发的知情意避免了过与不及的欠缺。即使是还存在着知性的盲区，但是觉悟者不仅以理性的方式认识世界，而且以情感的方式拥抱世界，因此同异己者消除了一切敌意与隔阂。则"上下神人，和睦无怨"的欣欣向荣，又是人类群体通过"德之至道"的孝行对宇宙的敬畏与爱戴以及感恩，世界万物同人类和谐共鸣的体现。

神灵的福佑是"委和"之"均"与"大通"之"同"的条件之一，因此"至人虚怀，于法无住"（释"上善若水"）的心灵世界，由于"无主"而泯灭了贵贱之分高下之别，且以"非我"的"虚怀"包容万象。其"于法无住"的博大精神情怀，使个体生命"与时消息"而"如彼水性，春泮冬凝"（释"动善时"）节奏分明。自觉贯彻此意于《金刚般若波罗蜜经注》的玄宗，精深地沟通了佛道的自由平等观。

知色相空，心无所住，故于无所住，生清净心。虽假生心之名，而无住心之相。无住正观，惠照湛然。是则以不住，法住般若中（释"应无所住，而生其心"）。

不能领会"清净心"之"生"的前提，是"知色相空，心无所住"的世人，必然被经验表象遮蔽。先验固有的"感物而动"的生理机能，如果能够在"感物"的不同方向与领域，一以贯之地保持着"无所住"的动态平衡的话，那么知情意的中和即是"清净心"的本来面貌。觉悟者"假生心之名"以揭示"知"的洞察力量，同时排除了"住心之相"发生的可能。正是不论物质现象还是精神现象"于法无住"的"正观"的当下性，才能使"湛然"之"惠照"容摄并且照亮了宇宙万物。点滴对自我与世界的内在统一性的割裂，智慧明觉的"正观"由于知情意的失衡，就不能从心灵内部蓬勃而有序地生起。

嘈杂的经验表象被"以不住"却"法住般若中"的自我驾驭，成为"真常之行"落实于现实生活的关键。集内圣外于一身的觉悟者，是其不朽的事功业绩的成就，为人类树立了精神创造的光辉典范。

夫饰智诈者，虽拱默非无为也。任真素者，则终日指撝（当作言说），而未始不晏然矣。故圣人知诸法性空，自无矜执。则理天下者，当绝浮伪，任用纯德。百姓化之，各安其分。各安其分，则不扰，岂非无为之事乎？言出于己，皆因天下之心，则终身言未尝言，岂非不言之教耶（释"是以圣人处无为之事，行不言之教"）？

推崇"知和柔之理，修而不失"的婴儿的纯洁天真，贬斥的是"饰智诈者，虽拱默非无为也"的伪善行径。则"终日指撝，而未始不晏然矣"的"任真素者"的安宁平静，划清了"真素"之"任"的无为同"智诈"之"饰"的有为的界限。历史上的觉悟者"修"的认识实践，一方面反映于"知诸法性空，自无矜执"的精神解脱，另一方面在"理天下"的执政措施方面，把"绝浮伪，任用纯德"的方法手段，同社会发展的时代性与阶段性彼此对应，有序地推动着人类文明的成长。说明"无为之事"同"不言之教"两者，从来都是内在的有机整体。

丧失了"以不住"却"法住般若中"的心灵觉悟，不能出现"百姓化之，各安其分"的天下太平，也将与"任真素"的"真性"天壤悬隔。即"任气"的觉悟者的饱满生命活力，因为没有知情意的分别的"柔弱"释放于世界，使其"纯德"如同春风化雨感染打动了全体社会成员。同时又把"使心"必然导致的"荣辱"与"爱恶"等等"强梁"杜绝埋葬，不会出现排他的"矜执"的沾沾自喜。能够"皆因天下之心"而"言出于己"的动人心魄的表达，因为抒发了百姓的心灵情怀，为不同的个人欣然认同，其"不言之教"的以身垂范，兼容了"晏然"的凝湛洒落与"纯德"的真实灿烂。因此针对生命发展与文明成长出现的各种问题，以"浮伪"之"绝"为核心的安邦治国，矫正的则是"害物之心"的自我沦丧。引导世人通过"纯德"之"运"而实现"自化"的精神完整，则"各安其分"的亲密无间，有效地消除了社会组织秩序可能产生的弊端。误把"与时消息"的觉悟者的认识实践教条化绝对化的后来者，或割裂了"无为之事"与"不言之教"的联系，或颠倒了"保精爱气"与"各安其分"的层次。只要一息尚存不断"自化"的个人无不围绕"冲和之气"之"任"的生命塑造，成就于"惠照湛然"的"正观"而自做主宰。

贵为帝王之尊且又是正式授过箓的道士群体中的一员，唐明皇的理论建构是对成玄英以来的重玄学的重要推动。值得注意的思想贡献大致有三个方面。其一是，道家、道教传统的生命体验论，由于对心性问题的关切，获得了进一步的发展。而司马承祯与吴筠诸名家的思想学说，则是同一时代潮流的生动体现。内丹学在晚唐五代时期逐步地走向成熟，离不开前期的理论与实践的坚实铺垫。其二是，以道家道教思想为宗旨对儒学与佛教的容摄，极大地巩固了往昔的三教合一主张在社会生活中的影响。成为金元时期崛起的全真道的先导，当然也对宋元老庄学不无借鉴启迪之功。其三是，由于唐玄宗治下前后不同的社会形势对时人产生的巨大刺激，促使稍后的李约、王真与陆希声等人，反省日益严峻的政治环境，自觉进行认识的提炼总结。强思齐与杜光庭的历史观与社会政治理论，同晚唐五代的社会批判思潮的呼应，因此成为隋唐哲学向两宋哲学转型的不容忽视的一环。

禅解《道德经》工夫论

——解读憨山德清《老子道德经解》

刘　丹[*]

摘要：探讨道家思想源头《道德经》的实用价值必然要落实于个体实践方式上，即体现为"工夫论"。工夫论不仅是关于世间生活艺术的哲学，更为超越世间、趣向终极关怀"道"之修养践行的学问。本文通过浅析憨山德清《老子道德经解》的工夫论进路，尝试开启从哲学工夫论角度诠释《道德经》的理路，从而切实趣向无为之"道"。

关键词：工夫论　《老子道德经解》　心性　德道工夫论

探讨道家思想源头《道德经》的实用价值，其所蕴内在本质必然要落实于个体实践方式上，即必然体现为"工夫论"。从魏晋南北朝时期出现"工夫"一词，到宋明时期它被用来概括儒家修身和践行的生活之道，"功夫／工夫"概念经历了一系列的发展过程。从最早的指称劳力和工时（"工程"和"夫役"），到做某件事情所需要的才艺和造诣（"功力"），再到做某件事情的方法（"功法"），然后到上述三者结合所产生的效果（"功效"），"功夫／工夫"概念逻辑地演化成了一个综合工时、功力、功法和功效的多维概念。在宋明儒者那里，"功夫"和"工夫"经常不加区分地交叉使用。如果要为这个四维合一的概念本身下一个简单的定义，也许可以说功夫是"生活的艺术"。哲学功夫学因而就是关于生活艺术的哲学。^②若言哲学为"求智慧"之学，宗教为"到彼岸"之学，工夫论之视阈则不局限于世间之生活艺术，更指向超

---

　　* 作者简介：刘丹（1982—），女，江苏南京人，宜春学院宗教文化研究中心副教授。主要研究方向：禅宗诗歌、禅易关系以及传统文化与现代管理关系。

　　② 有关"功夫学"的概念参见倪培民：《从功夫论到功夫哲学》，《哲学动态》2018 年第 7 期。倪先生为了适合现在的用词习惯，用"功夫"一词代替广义的"工夫"，而以"工夫"专指"时间"和"人力"。本文为尊重憨山德清的用词习惯，仍以"工夫论"贯之，实则意指相同。

越世间、趣向"道"（儒释道乃至中西古今百家之道的概称，此"道"必然以终极关怀为归趣）的修养践行。

《道德经》五千言言简意赅，意涵丰富，历代注疏汗牛充栋。憨山德清对《道德经》的解读，十分重视对入道工夫的阐发，可谓老学研究文本中独树一帜之作。

憨山德清（1546—1623），明朝临济门下法师，曹溪南华寺中兴祖师。大师多才多艺，通于史书，工于书法，长于诗文。一生著述颇丰，门人辑为《憨山老人梦游集》，被尊为明末四大高僧之一。德清精通释、道、儒三家学说，主张三家思想的融合。尝言"为学有三要，所谓不知《春秋》，不能涉世；不精《老》《庄》，不能忘世；不参禅，不能出世"（《学要》，《憨山老人梦游集》卷三十九）。憨山有关三教之会通，比较完整而有系统的论述，见于所著《观老庄影响论》一篇中。

《老子道德经解》（一名《老子解》）始于万历二十年（1592），终于万历三十四年（1606），前后用功十五年，"或经旬而得一语，或经年而得一章"，"每参究透彻，方落笔，苟有一字有疑而不通者，决不轻放"。此书实为学佛、学老者苦心而注，以期学佛者通达老子，"善自他宗"；学老者破除己见，"得离言之旨"。

《道德经解》中言："老子一书，向来解者例以虚无为宗，及至求其入道工夫，茫然不知下手处。""欲学者知此，可以体认作工夫，方见老子妙处，字字皆有指归，庶不为虚无孟浪之谈也。"德清认为《老子》思想之大用在于修身，所以他在《道德经解》中，着重从心性、性命修养的工夫论角度进行阐发，以"明理身之道"作为其解老宗趣。若以为老子所宗者乃虚无，则对《道德经》的理解仅能局限于口头上谈玄说无，而提到如何"其德乃真"，则茫然不知所措。德清认为《道德经》一书十分重视对入道工夫的阐发，他说："盖老子凡言道妙，全是述自己胸中受用境界。""老子言皆真实工夫，切于人事，学人视之太高，类以虚玄谈之，不能身体而力行，故不得受其用哉。"可见《道德经》中有真切、平实的入道工夫，尚待系统性整理。

一、工夫论的本体

德清在《道德经》第一章言："此章总言道之体用，及入道工夫也。老氏之学，尽在于此。其五千余言，所敷演者，唯演此一章而已。"即第一章为全书纲领，亦为《道德经》工夫论之纲领。

就《道德经》文本之注解而言，德清强调"道体"的"虚无至静"与"至精无妄"并存的特性。他注解二十一章时，言道：

其体至深至幽，不可窥测。且此幽深杳冥之中，而有至精无妄之体存焉，故曰杳兮冥，其中有精，其精甚真。此正《楞严》所谓唯一精真，精色不沈，发现幽秘，

此则名为识阴区宇也。(《道德经解·第二十一章》)

将老子"虚无之道"理解为"阿赖耶识","阿赖耶识"作为"含藏识",在佛学中具有本原性和源起性。因此,德清认为要深切掌握和领会《老子》的思想,必须精通佛教经典。

愚谓看《老》《庄》者,先要熟览教乘,精透《楞严》,融会吾佛破执之论,则不被他文字所惑,然后精修静定,工夫纯熟,用心微细,方见此老工夫苦切。然要真真实实,看得身为苦本,智为累根,自能慕形释智,方知此老真实受用至乐处。更须将世事一一看破,人情一一觑透,虚怀处世,目前无有丝毫障碍,方见此老真实逍遥快活,广大自在,俨然一无事道人,然后不得已而应世,则不费一点气力,端然无为而治。(《道德经解发题·发明趋向》)

《楞严经》以常住真心、性净明体为宗,德清认为虽然儒释道三教各有所长,但皆以"心"为致思对象,此"心"作为无我之体与利生之用上皆有相通的含义。故三教宗旨同一,都为"心学",都是为了求得心的安顿处。

或曰:三教圣人教人,俱要先破我执,是则无我之体同矣,奈何其用有经世、忘世、出世之不同耶?答曰:体用皆同,但有浅深大小之不同耳……是知三圣无我之体、利生之用皆同,但用处大小不同耳……惜乎后世学者,各束于教;习孔者构,习老者狂,学佛者隘,此学者之弊,皆执我之害也。果能力破我执,则剖破藩篱,即大家矣。(《道德经解发题·发明体用》)

可见德清所言之"心"是指佛教所谓的"本心",可以《楞严经》之本心代表。这是德清禅解《道德经》修心之本体。

所谓尧舜与人同耳。由此观之,天下有可弃之人耶。……况大道之贵,岂止一言之美,一行之尊。且人之全具而不欠缺一毫者,斯则不善之人,又何弃之有耶。(《道德经解·第六十二章》)

将老子之道与佛家之心比附,必然会有一个推论,以儒家言则为"人人皆可为尧舜",以佛家言为"众生皆有佛性",以道家言则为"道性通为一"。

二、制心之工夫

禅宗认为人的本性直接来自"真常之道"，但是由于物欲、俗习等的干扰，人性会有所遮蔽，即所谓"戕生伤性"，故人修道的目的就是要使此真常之性得到恢复，就如同吹散乌云，而朗日自现。这"时时勤拂拭"的工夫在《道德经》中是次第实现的。

> 世俗之人，以功名利禄交错于前，故形气秽浊，而不可观。老子因而愍之曰，孰能于此浊乱之中，怯退自养，静定持心，久久而徐清之耶。盖心水汩昏，以静定治之，则清。所谓如澄浊水，沙土自沈，清水现前，名为初伏客尘烦恼。不能顿了，故曰徐清。(《道德经解·第十五章》)

请注意"沙土自沈"之"自"，无论道家还是佛禅，皆以自然无为作最高之法；若有为，则"浊"了。

1. 不见可欲

《道德经》第三章言："不见可欲，使民心不乱。"人性皆同，且人心本自虚明，但是由于俗习之偏而使人有善恶之分，"俗习之偏"首先来自外部的物欲利诱，而人们又沉湎于其中，因此情尘日厚，去道日远。

> 故凡爱之甚者费必大，藏之多者亡必厚。如以隋侯之珠，弹千仞之雀，雀未得而珠已失，此爱之甚，而不知所费者大矣。如敛天下之财，以纵鹿台之欲，天下叛而台已空，此藏之多，而不知所亡者厚矣。(《道德经解·第四十四章》)

其次来源于名相的执着与虚妄的比较。

> 天下之人，但知适己意者为美，殊不知在我以为美，自彼观之，则又为不美矣。譬如西施颦美，东施爱而效之，其丑益甚，此所谓知美之为美，斯恶已。……又如比干，天下皆知为贤善也，纣执而杀之。后世效之以为忠，杀身而不悔，此所谓知善之为善，斯不善已。此皆尚名之过也。(《道德经解·第二章》)

正是因为世人执着于美丑高低等名相贵贱，而生出种种烦恼，以至于"眼则流逸奔色，而失其正见，故盲。耳则流逸奔声，而失其真闻，故聋。舌则流逸奔味，而失其真味，故爽。心则流逸奔境，而失其正定，故发狂。行则逐于货利，而失其正操，故有妨"(《道德经解·第十二章》)。这与佛教尝言不惧"八风"有异曲同工之妙。

2. 载营魄抱一

德清注解第十章言：

> 魂动而魄静，人乘此魂魄而有思虑妄想之心者，故动则乘魂，营营而乱想，静则乘魄，昧昧而昏沉，是皆不能抱一也。故《楞严》曰：精神魂魄，递相离合，是也。今抱一者，谓魂魄两载，使合而不离也。魂与魄合，则动而常静，虽惺惺而不乱想；魄与魂合，则静而常动，虽寂寂而不昏沉。道若如此，常常抱一而不离，则动静不异，寤寐一如。老子审问学者做工夫能如此，乎者，责问之辞。（《道德经解·第十章》）

他认为人如果魂动则不能得道，要想入道，就要"抱一"，即在动静两个方面做工夫，要做到"魂魄两载""魂与魄合"，也即动静合一、"动而常静""静而常动"，这样就会"虽惺惺而不乱想""虽寂寂而不昏沉"。动静相协其实为儒释道所有工夫论的基石，动静合一，则心自然不会妄动。

3. 专气致柔

气是人得以成形的物质材料，且气是跟随心的变动而变动，心与气之间相互影响："心妄动则气益刚，气刚而心益动"，这是一个恶性循环的过程。所以入道就是要在心、气上做工夫"制其气不使妄动以熏心，制其心不使妄动以鼓气"，两者同样互相促进。等到心气都已被制服之时，则"心静而气自调柔"。

> 人赖气而有生，以妄有缘气，于中积聚，假名为心，气随心行，故心妄动则气益刚，气刚而心益动，所谓气壹则动志。学道工夫，先制其气不使妄动以熏心，制其心不使妄动以鼓气，心静而气自调柔。工夫到此，则怒出于不怒矣，如婴儿号而不嗄也，故老子审问其人之工夫能如此乎。（《道德经解·第十章》）

德清强调"制心"与"制气"的工夫，通过二者的互相促进，从而使心静而气柔。"制心"为所有入道工夫的是重中之重，故文本中着墨最多。既然德清认为工夫论之本体在于"心性"安顿，那么工夫论的最得力工具自然就是"制心"。

4. 涤除玄览

"以孔子专于经世、老子专于忘世、佛专于出世，然究竟虽不同，其实最初一步，皆以破我执为主，工夫皆由止观而入。"（《道德经解发题·发明工夫》）"止观"是佛教禅定和智慧的修行法门，德清用止观工夫对老子有无之道进行了辨析。"有三乘止观，人天止观，浅深之不同，若孔子，乃人乘止观也，老子，乃天乘止观也"①，三教之"止观"纵有深浅之别，但是"要其所治之病，俱以先破我执为第一步工夫"（《道德经解发题·发明工夫》）。

> 涤除玄览，玄览者，谓前抱一专气工夫，做到纯熟，自得玄妙之境也。若将此境览在胸中，执之而不化，则返为至道之病。只须将此亦须洗涤，净尽无余，以至于忘心绝迹，方为造道之极，老子审问能如此乎。此三句，乃入道工夫，得道之体也。（《道德经解·第十章》）

"玄览"就是之前"抱一""专气"等入道工夫做到纯熟之后的玄妙境界。但是如果人们过分执着妙境而不能自拔，那反而会成为入道的障碍。所以在前面这些工夫做足之后，还要将前境一起荡涤，做到"忘心绝迹"，如此才能"造道之极"。

> 世人之知，乃敌物分别之知，有所知也。圣人之知，乃离物绝待，照体独立之知，无所知也。故圣人之无知，非断灭无知，乃无世人之所知耳。无所知，乃世人所不知也。世人所不知，乃圣人之独知。若夫臆度妄见，本所不知，而强自以为知，或错认无知为断灭，同于木石之无知，此二者皆非真知，适足为知之病耳。（《道德经解·第七十一章》）

"无知"是脱离了分别之识性的真知，若有了别，则落入有无窠臼的"有为"，只有"无为"方合大道，以佛家言：唯有人法皆空，"妄知自泯"，才能见如如。

> 圣人无知之地，必假知以入。若悟无知，则妄知自泯。此乃知之一字，众妙之门也。若执有知以求无知，则返增知障，此乃众祸之门。（《道德经解·第七十一章》）

工夫到此，就是老子开篇所谓"玄之又玄"，有无双遣，忘怀泯物，无往而不妙，故曰众妙之门。可见，一切"工夫论"的尽头必然见到"境界论"。

三、工夫论之旨趣

向来以为儒士不言死等方外诸事，道教者流追求长生不死，而佛家言"出离生死"，所以德清在注解中常有"超乎生死之外""形忘则我自空，我空则无物与敌""无

---

① 虽然德清在《道德经解发题·发明工夫》中将老子判为"天乘之圣"，其实在其后的注解中，已将佛教超越五乘之境界附会于《道德经》注解中，如此则颇为有趣，若言老子与佛其实同乘，可乎？

我无生""生本无生，则知死亦不死"的佛禅心性学旨趣。

1. 虚静之极

致虚极，守静笃者，致，谓推致推穷之意。虚，谓外物本来不有。静，谓心体本来不动。……今学道工夫，先要推穷目前万物，本来不有，则一切声色货利，当体全是虚假不实之事，如此推穷，纵有亦无。一切既是虚假，则全不见有可欲之相，既不见可欲，则心自然不乱，而永绝贪求，心闲无事，如此守静，可谓笃矣。故致虚要极，守静要笃也。老子既勉人如此做工夫，恐人不信，乃自出己意曰，我之工夫亦无他术，唯只是万物并作，吾以观其复，如此而已。并作，犹言并列于前也。然目前万物本来不有，盖从无以生有，虽千态万状，并列于前，我只观得当体全无，故曰万物并作，吾以观其复，复，谓心不妄动也。向下又自解之曰，夫物芸芸，各归其根。意谓目前万物虽是暂有，毕竟归无，故云各归其根，根，谓根本元无也。物既本无，则心亦不有，是则物我两忘，寂然不动，故曰归根曰静，静曰复命。（《道德经解·第十六章》）

世间万物，心、根、境推至极处，皆为"虚""静"，这是境界论之表达，亦是工夫论旨趣之呈现。若言涤除玄览后可见自己，见天地，则至此"虚静之极"处可见性命，常常有人言此地即为究竟，其实非也。

2. 一念未生

禅宗常言参"本来面目"，认为"父母未生时"才是究竟。故德清亦强调应在"一念未生"以及"一念始萌"时做工夫。

安与未兆，盖一念不生，喜怒未形，寂然不动之时，吉凶未见之地，乃祸福之先，所谓几先也。持字，全是用心力量，谓圣人寻常心心念念，朗然照于一念未生之前，持之不失，此中但有一念动作，当下就见就知，是善则容，是恶则止，所谓早复，孔子所谓知几其神乎。此中下手甚易，用力少而收功多，故曰其安易持。兆，是念之初起，未兆，即未起，此中喜怒未形，而言谋者，此谋，非机谋之谋，乃戒慎恐惧之意，于此着力，图其早复，盖第一念为之于未有也。若脆与微，乃是一念始萌，乃第二念耳，然一念虽动，善恶未着，甚脆且微，于此着力，所谓治之于未乱也。合抱之木以下，三句皆譬喻。毫末，喻最初一念，累土足下，喻最初一步工夫也。上言用心于内，下言作事于外。为执二句，言常人不知着力于未然之前，却在既发之后用心，为之则反败，执之则反失矣。（《道德经解·第六十四章》）

"一念未生"与"一念始萌"这两种状态，诸多学者认为此类似于宋明理学家们所讨论的喜怒哀乐之未发、已发问题，理学家们皆在求"发而皆中节"之境；这说明憨山德清受到时代热点问题的影响。不过笔者更倾向于这是德清对于禅宗究竟之处"本来面目"的摹化与追求。

憨山德清进一步借用佛教唯识论阐述至极之境界：

> 转此则为大圆镜智矣。菩萨知此，以止观而破之，尚有分证。至若声闻不知，则取之为涅槃。西域外道梵志不知，则执之为冥谛。此则以为虚无自然妙道也。故经曰：诸修行人，不能得成无上菩提。乃至别成声闻缘觉，诸天外道魔王，及魔眷属，皆由不知二种根本。……云何二种：一者无始生死根本，则汝今者与诸众生，用攀缘心为自性者；二者无始涅槃元清净体，则汝今者识精元明，能生诸缘，缘所遗者。此言识精元明，即老子之妙道也。（《道德经解发题·发明宗旨》）

德清谓佛教中"能生诸缘"的"识精元明"即是老子之"道"，至此可谓工夫到家了。

3. 无为经世

憨山德清不仅仅关注心性修养的领域，还关注治国经世之方略，即"真以治身，绪余以为天下国家"（《道德经解·第六十七章》）。德清对《道德经》工夫论的阐发，与其倾向于"退步"的历史观不无关系。《道德经解》有"道德沦丧"之论：

> 上古洪荒之世，其民浑然无伪，与道为一，全不知有。既而混沌日凿，与道为二，故知有之。是时虽知有，犹未离道，故知而不亲。其世再下，民去道渐疏，始有亲之之意。是时虽知道之可亲，但亲于道，而人欲未流，尚无是非毁誉之事。其世再下，人人欲横流，盗之行日生，故有桀跖之非毁，尧舜之是誉。是时虽誉，尤且自信而不畏。其世再下，而人欲固蔽，去道益远，而人皆畏道之难亲。人多畏难而苟安也，是时虽畏，犹知道之不敢轻侮。其世再下，则人皆畔道而行，但以功名利禄为重，全然不信有此道矣。（《道德经解·第十七章》）

佛家对于历史大势亦有"成住坏空"的论断。不过正是因为"失道""愚痴"而沦丧的世间，正是需要以儒道佛之工夫治理成"与道为一"的"人间净土"。德清着重阐述了去智巧、以静治国等"无为而治"的工夫理路。今因篇幅关系不展开讨论。①

工夫概念能统括修炼与践行，将信仰体系、生活方式与主体实现气质转化、自我提升紧密结合，把洒扫应对、语默动静的日常活动和解牛斫轮那样的技艺乃至道通为一、明心见性、天人合一最高层次的精神修炼相贯通；而且通过它可以联动中国哲学的体用论、心性论、境界论等，盘活整个传统哲学的丰厚资源。对西方主流哲学思维框架而言，它一方面是个全新的概念，能够带来足够的冲击力；另一方面，全世界的人都早已通过武术而熟知功夫一词，只需稍加说明，让他们知道武术只是功夫在搏击和健身方面的一个例子，工夫／功夫作为生活的艺术可以体现在人生的各个方面。②

本文通过对憨山德清《老子道德经解》工夫论的解读，尝试开启从哲学工夫论角度诠释《道德经》的理路，从而发掘《道德经》的当代实用价值。若言佛家之工夫论为"解脱工夫论"，那么自道家、道教内部观之则应以性命之学统贯，《道德经》之工夫论当为"德道工夫论"：以人"德"化存在的实现为根本进路，与世道人心和社会生活内在紧密关联，趣向自然之"道"，无为而无不为。

---

① 有关治国等方面，可参见王闯：《释德清〈老子道德经解〉研究》，硕士学位论文，华中师范大学，2012年，第36—39页。

② 参见倪培民：《从功夫论到功夫哲学》。

"真常"与"复化"

——李道纯对《道德经》的创造性阐释

王彤江[*]

内容提要： 李道纯为宋末元初著名的道教思想家。他认为，历史上《道德经》的很多注本，或者只谈"体"，或者只谈"用"，这就造成了理（体）和事（用）的分离。为此，李道纯创造性地提出"真常"与"复化"的概念，借以阐发体、用之理。他对于"复"的理解有"静极而动"和"动极而复静"两种。李道纯认为，"知常"与"通变"应是循环无端的，故不可执于一端。

关键词： 李道纯 道德经 体用 真常 复 化

李道纯，字清庵，号元素，又号莹蟾子，南宋末元初时人，南宗五祖白玉蟾之再传弟子，同时又是南宗最早合于全真道者。他援儒入道，创造性地以儒家"致中和"的思想来阐释道教的宇宙论、认识论和内丹工夫论，并主张融合三教，汇通南北，为道教史上著名的思想家，也是内丹中派的创始人。

作为一名道教思想家，李道纯理所当然地会对《道德经》做出自己的阐发。李道纯解《道德经》的思想主要集中地保存在《道德会元》和《清庵莹蟾子语录》卷二之《道德心要》中，另外于其他著作中也有所体现。在《道德会元·序》中，李道纯对他参究《道德经》的过程做了介绍：

> 一日有传济庵者，携紫清真人道德宝章示予，观其注脚颇合符节，其中略有未尽处，予欲饶舌，熟思之未敢！后有二三子各出数家解注，请益于予。予先以正经参对，多有异同。或多一字；或少一字；或全句差殊；或字讹舛互有得失，往往不

---

* 作者简介：王彤江（1969—），男，北京人，中国哲学博士。目前在中国道教协会道教文化研究所工作，研究方向：道教哲学与内丹养生学。

同。予叹曰：正经尚尔，况注解乎！或问其故曰：始者抄写人差误，尔或开板有失点对，或前人解不通处妄有增加，以讹传讹，支离错杂故也。曰：孰为是？曰：河上公章句，紫清道德宝章颇通。曰：何故？曰：与上下文理血脉贯通者为正。曰：诸家解义如何？曰：所见不同，各执一端耳。曰：请问其详？曰：盖由私意揣度，非自己胸中流出，故不能广而推之也。得之于治道者，执于治道；得之于丹道者，执于丹道；得之于兵机者，执于兵机；得之于禅机者，执于禅机。或言理而不言事者，或言事而不言理者。至于权变智谋，旁蹊曲径，遂堕于偏枯，皆失圣人之本意也。殊不知圣人作经之意，立极于天地之先，运化于阴阳之表，至于覆载之间。一事一理无有不备，安可执一端而言之哉？

李道纯从校勘字句入手，逐步深入《道德经》的义理。在诸多《道德经》注本中，李道纯最为推崇《老子河上公章句》和白玉蟾的《紫清真人道德宝章》，因为他觉得这两种注解是"六经注我"，渗透着注释者的生命体验，故能以心印心而血脉贯通。其他很多注者则是"我注六经"，是没有内在生命感应的妄加猜测，故只能"各执一端"——有的注本只谈"体"，即执于丹道或禅机；有的注本只谈"用"，即执于治道或兵机。这就造成了理（体）和事（用）的分离，故"堕于偏枯"。李道纯以《道德会元》命名自己的著作，目的在于破诸子解义的"偏枯"，同时"会至道以归元"。在他的眼里，圣人作经的本意是引导人们既"立极于天地之先"，又"运化于阴阳之表"，从而把"体"与"用"统一起来。

一、对"真常"的阐述

李道纯认为，《道德经》经义的旨趣，既包括"证颐神养气之要""明究本穷源之序""明心见性之机"，又涵盖"修齐治平、纪纲法度、百姓日用之间、平常履践之道"。前者为"精微"之体，后者为"广大"之用。为了阐述"道之体"的特征，李道纯提出了"真常之道"的概念。他说：

道之可以道者，非真常之道也。夫真常之道，始于无始，名于无名。……这个元是自家有的，自历劫以来不曾变易，所谓：道也者不可须臾离也。又道：行住坐卧不离这个，况覆载之间，头头物物都是这个；亘古亘今只是这个；生天生地只是这个；至于日用平常，动静作息只是这个。

李道纯认为，道是万事万物的本体，是无始无名、不可言状的。它生天生地、生人生物；亘古亘今，历劫常存。道又是人的内在生命，人的行住坐卧、日用平常，无不是道的显现。就"体"而言，"至道之极，虚无空寂，无象无形，无名无质，视之不见，搏之不得，听之不闻，觅无踪迹"；就"用"而言，道又"大无不包，细无不入，生育天地，常养万物，运化无穷，隐显莫测"。

"真常"，是恒常不变的本原之意，指宇宙的本体和人的真性元神。其中，"真"为本原、本性、自然之意，如《庄子·秋水篇》有"谨守而勿失，是谓反其真"之语；"常"本义是旗帜，后引申为恒定不变之意。道正是由于"真"故能"常"。与"真"相对的概念是"妄"，与"常"相对的概念是"变"。《楞严经》卷十三云："性真常中，求于去来，迷悟生死，了无所得。"唐代成玄英曰："不知性修反德而会于真常之道者，则起妄心，随境造业，动之死地，所作皆凶。"唐代吕洞宾《敲爻歌》云："达圣道，显真常，虎兕刀兵更不伤。"李道纯援引"真常"这一概念，对于道体的特性做出了多方面的论述。

首先，李道纯认为"真常"是不可言说的。"夫真常之道，始于无始，名于无名。拟议即乖、开口即错。"又"虚无自然真常之道，本无可道，可道之道，非真常之道"。真常之道是表示道的形而上性质的，是无法用形而下的语言文字表述的。

其次，李道纯认为真常之道是永恒不变的。他说："一切有形皆有败坏，惟有这个常在；天地虚空亦有败坏，只有这个不坏。""人情多聚散，世道有兴衰，惟有真常在，古今无改移。"李道纯认为唯有真常"不坏"，"不改"，是对《道德经》思想的发挥。《道德经》第十六章云："致虚极，守静笃；万物并作，吾以观复。夫物芸芸，各复归其根。归根曰静，静曰复命。复命曰常，知常曰明。不知常，妄作凶。知常容，容乃公，公乃全，全乃天，天乃道，道乃久，没身不殆。"老子指出，以致虚守静的方法可以达到"常"的状态，这样就可以像道一样长存。

最后，李道纯认为真常之道是虚静无为的。"真常之道本无为，有为即非常道。"在这里，李道纯把"无为"作为道之体的特性，把"有为"作为道之用的特性。但需要注意的是，"无为"并非"顽空"。李道纯的弟子实庵苗善时认为："所谓无为者，非土木偶人，推之不去，呼之不来，逼之不动，块然一物也。贵乎一点灵明，圆混混，活泼泼，无心为而为，时止时行，以辅万物之自然。"这应是符合李道纯的思想的。

詹石窗认为，白玉蟾的另一位再传弟子邓锜"以'真常'为主，这是全真道南北汇合之后在理论上的一大进展。李道纯以'真常'立宗，当是直接承此而来"。笔者以为，此说值得商榷。按詹教授文中所述，邓锜"于元大德二年戊戌（1298）秋，在其《道德经三解》自序中明确指出：'老氏一书，真常为主'"。然而，李道纯在至元庚寅（1290 年）即已为《道德会元》作序。可见，邓锜的真常说应当是承李道纯的《道德会元》而来。

对于李道纯以"真常"作为"道"的本质,陈进国曾经做出过总结:"李氏的真常义,突出了道是真实而不妄的客观实在,道具有超越性(超越现实和感知,名于无名)、普遍性(头头物物,都是这个,无所不在)、永恒性(不可须臾离也,亘古亘今)、绝对性(无改移)和无目的性(无为)等特性。"①

李道纯的"真常之道"思想,是受王弼"贵无"思想影响而来的。王弼把有形有名的具体事物称为"有",把无形无名的抽象本体称为"无"。"贵无"是从"无"对万物和有的决定性作用中所产生出的"无"崇尚。

王弼以无为本的哲学思想主要来源于"老庄"。他以老子"有生于无"的思想作为自己思辨的起点,极力发挥改造《道德经》。把宇宙的本根从老子的"道",改造成了"无"。他认为"无"就是老子所谓的"道"。王弼还从本末体用的角度说明"有"和"无"的关系:"无"是本,是规律,可以统一天地万物;"有"是末,是现象,是有局限的。要把握住"有",要将"有"做得好,必须首先把握住"无"。

与王弼不同的是,李道纯以"真常"论"道",并非只是为了做形而上的理论思辨,更是为其内丹修炼的理论服务的。他说:"所谓逆行者,攒簇五行,真常之道也。"②这里的"真常"是指常应常静的真性、元神,"真常之道"则是指通过身心修炼获取真性、元神的方法。在李道纯的内丹学体系中,攒簇五行的"真常之道"是以"极体"为目标的。

二、对"复化"的阐述

李道纯认为,老子对"道"的阐发,从根本上说是为了通变。他说:"道本无名,圣人强立名道者,通天下万变,归天下之殊途。"③

王弼认为"以无为本"在动、静关系上就是以静为本,以动为末。王弼在《周易注》复卦注曰:"复者,反本之谓也。天地以本为心者也。凡动息则静,静非对动者;语息则默,默非对语者也。然则天地虽大,富有万物,雷动风行,运化万变,寂然之无,是其本矣。故动息地中,乃天地之心见也。若其以有为心,则异类未获具存矣。"王弼对于"复"的理解,是由动转静,即"反本";他所理解的"天地之心"乃是在由动转静的过程中呈现的。

张岱年先生认为:"中国古代哲学中所谓'复'有两层意义,一为终则有始,更

---

① 陈进国:《李道纯的"三教融合"思想及其"中和"为本的内丹心性学》《中国道教》,2001 年,第 5 期。

② 李道纯:《全真集玄秘要》《道藏》,第 4 册,第 528 页。

③ 李道纯:《太上老君说清静经注》《道藏》,第 17 册,第 141 页。

新再始；二为复返于初，回到原始。二义不同。"① 李道纯对于"复"的理解也有两种，他说："太上云：'致虚极，守静笃，万物并作吾以观其复。'此言静极而动也。'夫物芸芸，各复归其根，归根曰静，是谓复命。'此言动极而复静也。"② 前一个"复"是《周易》"一阳来复"的"复"，其实质是"静极而动"，即由元神向识神转换的瞬间；后一个"复"是《道德经》"归根复命"意义上的"复"，其实质是"动极而复静"，即由识神转换为元神。如果说，"复命"体现的是"知常"的向度，那么，"观复"则体现的是"通变"的向度。李道纯又说："'复命曰常，知常曰明，不知常妄作凶。'师曰：世人会得这些消息，直造真常境界，故曰明。苟或一阳来复，昧而不知妄有施为，丧身必矣，故曰凶。"③ 他认为，复命是为了"直造真常"，但在"知常"之后，如果不知恰到好处地"通变"，就会给人带来负面的影响。

李道纯认为"知常"与"通变"应是循环无端的，故不可执于一端。他说："又云：'复命曰常。'此言静一动，动一静，道之常也。苟以动为动，静为静，物之常也。先贤云：'静而动，动而静，神也。动无静，静无动，物也。'其斯之谓欤！"④ 他认为，动静的相互转化、循环不已才是形而上之道的规律，而执于动、静之一端，则落于形而下之物的特征。

李道纯又把"观复"之"复"与"化"联系在一起，共同作为道之用。他说："观复则知化，知化则不化，不化则复归其根也。"⑤ "复""化"均是动态，但"复"为一阳初生，是动的萌芽状态，"化"则为变化，是动的发展状态。李道纯又说："'夫物芸芸，各复归其根，归根曰静，静曰复命。'师曰：此四句谓观化知复也。且如复卦，自坤而复。坤静也，阳动也。静极复动，天心见矣。"⑥ 与王弼相反，李道纯所理解的"天心"是在由静转动的瞬间呈现的。

与以往的解老著作相比，李道纯通过以"易"补"老"，更强调由静转动意义上的"复"。他说："老子曰：'致虚极，守静笃，万物并作，吾以观其复。'《易》云：'复，其见天地之心。'且复卦，一阳生于五阴之下。阴者静也，阳者动也，静极生动，只这动处便是'玄关'也。"⑦ 在这里，"复"是由静转动的瞬间，是为"通变"服务的。《吕祖百字碑》云："真常须应物，应物要不迷。"李道纯之所以更加重视由静转动的"通变"，从根本上是为了"应物"服务的。

---

① 张岱年：《中国哲学大纲》，中国社会科学出版社，1982 年，第 101 页。
② 李道纯：《中和集》卷四，《道藏》第 4 册，第 105 页。
③ 李道纯：《清庵莹蟾子语录》，《道藏》第 23 册，第 743 页。
④ 李道纯：《中和集》卷四，《道藏》第 4 册，第 505 页。
⑤ 李道纯：《中和集》卷四，《道藏》第 4 册，第 505 页。
⑥ 李道纯：《清庵莹蟾子语录》，《道藏》第 23 册，第 743 页。
⑦ 李道纯：《中和集》卷三，《道藏》第 4 册，第 498 页。

唐代的重玄学派在注解《道德经》时以"有无双遣"为特色。其代表人物成玄英认为："为学之人，执于有欲，为道之士，又滞无为。虽复深浅不同，而二俱有患。今欲治此两执，故有再损之文。既而前损损有，后损损无，二偏双遣，以至于一中之无为。"[①] 重玄学派所主张得"非有非无"的中道，来自佛教的中观思想。这一不断逆推、不断否定的思维方式，既消解了体，也消解了用，是对体、用的双重解构。"有无双遣"实际上也就是"体用双遣"。重玄学在解构了体用的同时，也就自然否定了体用的相互涵摄和转化。

李道纯在注解《道德经》时则注重体用、常变的重建，主张既要"极体"，"知常"，又要"利用"，"通变"。由于"极体"与"利用"、"知常"与"通变"是相互转换的，故既不会滞于体、常，也不会执于用、变。"极体""利用"是对体、用的双重肯定，即"体用双立"。唯有如此，才使得"体用兼而合道"成为可能。需要注意的是，重玄学的"中道"与李道纯的"中和"含义并不相同，前者讲"有无双遣"，后者讲"体用双立"。

---

① 李道纯：《道德真经玄德纂疏》，《道藏》，第 4 册，第 498 页。

老学版本研究

清代皖籍学者《老子》序跋的文本处理与价值阐释

李文雅 *

摘要：清代皖籍学者《老子》序跋在考据、"互文性"文本处理、批评思维三方面别具特色。其中，"互文性"文本形式的处理能够使序跋主体的单一性上升到多重的境界，从而保证文章内容相互兼容的状态。清代皖籍学者《老子》序跋对清代老学和序跋文体研究具有重要价值。

关键词：皖籍 《老子》 序跋 互文性 价值

皖籍学者群体在清代影响很大，一方面，桐城派作为安徽桐城县的地域性流派，也是清代重要的古文流派，对全国各地的文化产生了重大的影响。桐城派注重考据，尊崇程朱理学，出现了姚鼐、刘大魁、方苞等诸多名家。桐城派还提出古文八要："所以为文者八，曰：神、理、气、味、格、律、声、色。神、理、气、味者，文之精也；格、律、声、色者，文之粗也。然苟舍其粗，则精者亦胡以寓焉？"[①] 桐城派对于先秦诸子文章义法的学习，决定了他们对《老子》的重视。如桐城派先驱戴名世就曾在《老子论》中论述了其对老子思想的看法，而姚鼐作为桐城派的重要代表，其编写《老子章义》就足见老子在其心目中的位置。

另一方面，除了桐城派群体之外，其他皖籍学者的《老子》文本和形式也各具特色。如吴世尚《老子宗指》、程昌期《道德经本义》等。目前所见皖籍学者老学著作还有吴汝纶的《点勘老子读本》、马其昶的《老子故》、胡远濬的《老子述义》以及叶玉麟的《白话译解老子道德经》。与此同时，这些老学著作的序跋也成为值得研究的文体类型。本文主要以姚鼐《老子章义序》、吴闿生《点勘老子读本序》、程昌期《道德经本义序》为代表，探究清代皖籍学者《老子》序跋的特点及影响。

---

　* 作者简介：李文雅（1995—），女，江苏徐州人，上海大学文学院硕士生，主要研究方向为先秦两汉文学。

① 吴孟复，蒋立甫：《古文辞类纂评注》，合肥：安徽教育出版社，2004年，第18页。

一、序跋特征及老子相关信息的考据

序跋作为一本书的精华提炼，蕴含着作者的思想、作者作品评价等重要的信息。"清代序跋更多转向作品的评价，或者依据作者和作品发表学术见解或文学观念。"①清代皖籍学者《老子》序跋内容较为丰富，有的提及生平事迹、创作缘由及交游情况；有的论及作品的思想内容、刊刻信息及版本变化，还有的品评人物性格、作品优劣及社会风貌。从艺术风格来看，艺术风格多样，句式上灵活多变，有短小精悍型的，仅仅几十个字，也有洋洋洒洒的；形式上众体兼备，或骈或散，骈散结合；表达方式上多元，或记叙抒情，或有议论说理，随心驱使，异彩纷呈。

清代皖籍学者《老子》序跋，比前代更为重视对《老子》艺术性的探究，以阐释义理、评析文章为主的老学著作在乾嘉考据严谨学风的影响下，做得认真扎实、有理有据，特别以桐城派学者为代表。桐城派学者虽然秉承程朱义理之学，与考据学家所追求的东西不同甚至处于对立面，但是他们也具备兼容并蓄的思想，具有清人求实的精神，考证功底极为深厚。姚鼐桐城派《老子》序跋的考据特色主要体现在对老子本人的考证以及对《老子》文本的考证。姚鼐在《老子章义序》中重点为我们考据了老子的相关信息。一则考证老子的姓氏问题；二则考证作者的出生地。

关于老子其人，姚鼐认为老子就是老彭，其《老子章义序》言："子曰：述而不作，信而好古，窃比于我老彭。老彭者，老子也。"且作者在此后还给予了解释，即"世乃谓老子之言，固已及是，而儒者遂不宵以述而不作，信而好古为老子之行。夫孔子于老子，不可谓非授业解惑者，以有师友之谊，甚亲，故曰我老彭。"②除此之外，作者还考证了老子的姓氏以及有无谥号问题。姚鼐的观点是：老子，老为其姓氏，聃为其字。《史记》称老子姓李氏，名耳，字聃。姚鼐认为老子并没有谥号，至于为何很多人错以为"聃"是老子的谥号，姚鼐做以下解释："汉末妄以老子为仙人不死，故唐固注《国语》，以为即伯阳父。流俗妄书乃谓老子字伯阳，此君子所不宜道。当唐之兴，自谓老子之裔，于是移《史记列传》，以老子为首，而媚者遂因俗说以改司马之旧文，乃有字伯阳，谥曰聃之语，吾决知其妄也。"③李唐王氏自称为老子的后裔，十分推崇老子，于是后有逢迎者改变太史公的本来意思，添油加醋，称老子"字伯阳，谥曰聃"，姚鼐认为这是错误的。姚鼐尊崇程朱理学，对于老子人神之辨，姚鼐一定否定老子是仙人且不死。

同时，姚鼐也提出了自己的疑问，即"老子匹夫耳，固无谥，苟弟子欲以谥尊之，则必举其令德，乌得曰聃？"姚鼐认为老子只是一个普通百姓，不可能有谥号，

---

① 王国强：《中国古籍序跋史》，武汉：武汉大学出版社，2015年，第122页。

② 姚鼐：《老子章义序》，《老子集成》第九册，北京：宗教文化出版社，2011年，第780页。

③ 姚鼐：《老子章义序》，第780页。

若弟子真的以"聃"来尊称老子，那么一定会列举他的一些美好的德行，有何原因称作"聃"呢？聃并不能体现老子的德行。且"陆德明《音义》注老子，两处皆引《史记》曰字聃，河上公曰字伯阳，不谓为《史记》之语，陆氏书最在唐初，所言《史记》真本盖如此，则后传本之非明矣。"① 陆德明注《老子》，两处皆引《史记》的"字聃"；陆德明的《老子》注书成于唐初，其记载的内容更具真实性，也为作者姚鼐的考证增添了说服力。对于老子的出生地即籍贯问题，姚鼐在《老子章义序》给出了三种说法：前两种说法是《史记》的记载，《史记》记载老子是楚苦县历乡曲仁里人或者是陈国相人；第三种则是《庄子》的记载，称"孔子、阳子朱皆南之沛见老子"，即老子为沛地（宋国）人。夫宋国有老氏，而沛者宋地。针对这三种说法，姚鼐的看法为"《庄子》尤古，宜得其真"。

桐城派经历了清朝从盛转衰的过程，其老学的学术背景主要表现在两个方面：一方面，清人治学普遍崇尚考证求实精神。"考据作为一种学术方法，一直被历代学者所利用，但是却在清代形成了一股影响广泛的学术潮流，被众多学者奉为圭臬。"② 姚鼐在尊程朱义理基础上吸收考据之长，并认为天下学问之事有义理、辞章、考据之分且三者皆不可偏废，其《老子章义序》就很好地体现了这一思想。对于桐城派其他学者来说，姚鼐是学术风向的引领者，桐城派其他学者如吴汝纶、马其昶等也都注重考证、训诂之学。考证求实已经成为桐城派的学风。

二、"知人论世"对序跋文本的阐释价值

《孟子·万章下》："颂其诗，读其书，不知其人可乎？是以论其世也，是尚友也。"③ 要想更好地了解作品，我们要先了解其当处的时代，了解作者。清代皖籍学者《老子》序跋中批评思维的呈现即为"知人论世"。而这种文学批评的方式能够让我们更加了解作品中的思想内蕴和艺术风格，更好地阐释序跋文本内容。

如上文姚鼐在《老子章义序》中对老子的考据就联系了老子所处的时代背景，给出了自己的解释"老子匹夫耳，固无谥，苟弟子欲以谥尊之，则必举其令德，乌得曰聃？"④ 清代皖籍学者程昌期在《道德经本义序》中首先引用了《孟子》，以表达知人论世的必要性及作用。"孟子曰：善说《诗》者，不以文害辞，不以辞害志，以意逆志，是为得之。又曰：颂其诗，读其书，不知其人，可乎？是故欲知人，必先

①　姚鼐：《老子章义序》，第 780 页。
②　王闰：《清代老学研究》，武汉：华中师范大学出版社，2016 年，第 19 页。
③　杨伯峻：《孟子译注》，北京：中华书局，1962 年，第 251 页。
④　姚鼐：《老子章义序》，第 780 页。

论世。论世，则其人可知，而其志可得矣。"①"知人论世"是批评和欣赏文学作品的重要原则和方法，在我国文学批评史上产生了巨大的影响。虽然过分强调文学作品与时代背景的关系会使得此种批评方式陷入流弊及穿凿附会，但是"知人论世"依旧是我国古代文学中运用时间最久、运用范围较广的文学批评方法之一，同时也在文学批评的实践中占据着主导地位。当我们去理解一篇序跋文本时，作者和读者两者均不能忽视。其一，读者因为时代、经验因素的关系，很难对作者的序跋文本进行正确的解读，此刻就需要"知人论世"。因而我们会去搜寻一些作为理解文本的辅助性材料，去了解作者创作的时代背景、作者的交游经历、作者的创作观等，这些对我们进行序跋的解读提供了重要的工具。其二，了解把握作者的意图与情感，能够促进读者对序跋及作品的理解和阐释。

清代皖籍学者《老子》序跋中，作者在对《老子》及其注本进行文学批评时，也采用了"知人论世"的批评方法，这种批评思维的呈现使得我们能够更加深入地了解作品中的思想内蕴和艺术风格。程昌期《道德经本义序》的批评思维就体现其中："后之人不论其世，又不能通其志，遂谓老子不欲以道济天下，而与吾夫子有异趋也。悲夫！今董子能论老子之世，逆老子之志，注《道德经》上下篇，全书之旨自是了然。复将本文字句咀含，奥义毕贯，洵乎人人可读。读而居上不造生民之福，为下不占身世之享者，盖亦寡矣。董子固有道而不奔竞名利场，以劳其生而扰其神者。其谆谆觉世之意，毋亦与老子有同心欤？是为序。"②"知人论世"才能更好地评价一个人，更好地了解作者的志向。而从古至今，很多人忽略这个方面，对于《老子》序跋来说，很多文人从注《老子》开始，就直接对老子其人进行主观评判，致使读者及后人也不能够客观地对待老子其人及《老子》其言。对于《老子》的理解，我们只有将其置于其创作的社会大背景下，才能深刻领会其思想、准确概括其特点、充分理解其内涵。

通过程昌期对于知人论世的强调，作为读者的我们就不难理解其序跋的内容和观点。同时，作者也对老子进行了评价，作者认为老子并不是想要立言和留名史册的人。同时程昌期也提出一个值得关注的问题："司马迁传老子，约略其巅末，而独详我夫子问礼，及谓老子犹龙之语，结以莫知所终。噫！斯亦足以尽老子矣。"③作者认为司马迁《老子传》只记载了孔子问礼的事，这些是不足以帮助我们全面地认识老子这个人的。所以这也与作者强调"知人论世"相辅相成。因而，这也是作者程昌期做《道德经本义序》的目的和动机，一方面是肯定注本作者，即董德宁《老子

---

① 程昌期：《道德经本义序》，《老子集成》第十册，北京：宗教文化出版社，2011年，第25页。
② 程昌期：《道德经本义序》，第25页。
③ 程昌期：《道德经本义序》，第25页。

道德经本义》；另一方面也是为了表达自己的观点，提出问题并给予应用性的建议，从而更好地阐释序跋文本及序跋中的思想内容。

三、"互文性"文本形式的处理

从序跋本身来说，序已经是带有批评的性质，承担着对作者作品的阐述和评论，因而皖籍学者序跋的文体特点同样需要重视。吴汝纶及其子吴闿生的老学著作、《老子》序跋就在处理文本形式上呈现类似"互文性"的理论概念。"互文性"又称为"文本间性"或"互文本性"，法国符号学家、女权主义批评家朱丽娅·克里斯蒂娃在其《符号学》一书中提出："任何作品的本文都像许多行文的镶嵌品那样构成的，任何本文都是其他本文的吸收和转化。"[①]从桐城派的序跋文体及内容来看，我们可以发现他们会在论述自己观点的同时，参照别人的篇目或者引他经与《老子》相互发明。

在皖籍学者《老子》序跋中，我们发现互文性的话语能够超越时间和空间的限制，使文本在互相镶嵌的内容中完成对话。"对于桐城派而言，《易经》《诗经》《史记》《左传》等文本成为他们引用、暗示、参考、仿作和各式各样照搬挪用的话语资源。"[②]这种对文本形式的处理方式能够使主体的单一性上升到多重的境界，从而又保证了文章内容的相互兼容状态。

如吴闿生在《点勘老子读本序》记曰："吾国之治，莫隆于三代，洎乎晚周之际，政少衰矣。而百家纷然争出，学术乃益盛。《孟子》之书，翠然而入于经，《左氏春秋》，学者尊以为传，屈原《离骚》为后来辞赋之祖，尚已，其不列于经传。辞赋各自名家者，如管夷吾、老聃、墨翟、庄周、荀卿、韩非之伦，咸有孤诣独到，其言天人之际，纲纪当世之法，大略备矣。而《庄子》之环奇阂肆，《韩非》之廉悍深蓘，文章尤为复绝……"[③]虽然序跋为《点勘老子读本序》，但是作者依旧在文本中提及其他的"语词"和"题材"。如《孟子》《左氏春秋》《离骚》《庄子》等等。在这样的环境下，我们将整篇序文的文本置于一个坐标轴中，就不仅仅把视线放在序跋创作即"宣统元年"这个时间节点，更是将自己和读者的视线扩展到"从古至今"的视域之间。作者将《孟子》《左氏春秋》《离骚》《庄子》等作品放入到序跋的文本之中，并对其进行一定的吸收和评论，就是为了避免文化传统和文化影响的单一性，从而实现文本、主体、文化的多重对话。

---

① ［法］朱丽娅·克里斯蒂娃：《符号学：意义分析研究》，转引自朱立元《现代西方美学史》，上海：上海文艺出版社，1993 年，第 947 页。

② 邓心强，史永修：《桐城派文体学研究》，合肥：安徽大学出版社，2012 年，第 290 页。

③ 吴闿生：《点看老子读本序》，《老子集成》第十一册，北京：宗教文化出版社，2011 年，第 566 页。

互文性以"影响"为其核心要素，关于文本、主体、文化的多重对话，我们要在了解作者主体的基础之上，再跳出文本和主体，链接当下世界的文化环境和影响，将视线扩展到整个文学传统和文化影响的视域之内。《点勘老子读本序》："久矣，今世俗不深察，第睹其末流之敝也，谓空言无当于实用，而以国家之积弱，一蔽罪于斯文，于是取千古以来所为微言要旨典册高文，一切扫除刮绝，又不能推知文之繇来，徒震其鸿博奥丽，而不可骤穷也，以为别有町畦，非人力所能为者。于是相与尊异之而不敢涉其藩，诋毁之而冀其不复用，未能尽败古圣哲之道，而徒欲去乎其文。"①

序文的这段文字向我们阐述了吴汝纶对于古学没落的忧虑之情。吴汝纶认为世人不知道古文本身所具有的深刻含义及深远内涵，所以会去诋毁它们。而对于吴汝纶来说，传统思想是有其存在的理由的，即使旧学中有很多的缺点，他依旧坚持"旧学不可废除"。无论是《庄子》《韩非》，还是《老子》《荀子》，这些都不是汉以后的书籍文章可以比拟的。吴汝纶是桐城派晚期的文学大师，是曾国藩四大弟子之一。得益于这些，吴汝纶的思想比较开通，虽强调重视先秦诸子文章，以中学为主，但也主张研习西学，参与洋务运动，主张改革图强，有着进步的思想，同时为传统文学和近代教育的发展做出了贡献。

序跋文本形式的处理为我们营造了足够的文化视野，并告诉我们互文性的影响是双方面的。吴闿生的《点勘老子读本序》想要告诉读者们，研究文章需要读懂先秦诸子之文以了解其中的思想内涵，这也是古人"文以载道"观念的体现，也是桐城派注重的方面。古人"文以载道"的观念就体现就在其中，我们要能够了解其中的思想内涵，除此之外，序跋的文本内容也显示出了桐城派崇尚"宗经"的传统。跳出文本，我们需要关注的不仅仅是停留在当下，也需将视野放到"先前文化"和"周围文化"。我们更要从一个历史的维度领会超越时间、空间的文化影响，理解先秦诸子之文的经典性和重要性，理解作者进步的思想和文化影响。

总的来说，序跋作为一本书的精华提炼，蕴含着作者的思想、作者作品评价等重要的信息。而桐城派作为清代重要的学术流派，在特定思想学术背景影响下，其对《老子》序跋的相关研究也在一定程度上向我们展示出《老子》序跋的严谨性和求实性。清代皖籍学者《老子》序跋对于研究清代老学的发展有着至关重要的作用，深入探究这些不同时期、不同群体、不同类型的序跋资料，我们会发现这些历经千年而存留下来的文学遗产，真正为我们更加深入地研究清代老学乃至社会发展提供了宝贵的资料。

---

① 吴闿生：《点看老子读本序》，第567页。

汉代老学者补考

谭宝刚 *

摘要： 研究汉代老学发展的历史，有一个重要的不可绕过的环节，那就是从众多史料中梳理出这一时期的老子学者。1924 年，杨树达先生率先系统地做了这一方面的工作，他作《汉代老学者考》，"据以司马、班、范、荀、袁五家之书为主"，"考得传记明载习《老子》或称好其术，凡得五十余人；其非毁老子者，凡二人。"但因其取材范围有限，以及考察时难免存在疏忽，所以杨树达先生对汉代老子学者的梳理存在遗漏。愚不揣浅陋，今据传世典籍，结合出土文献，依杨氏所创体例，作《汉代老学者补考》。在杨树达先生所考人物之外，愚考得汉代（含由汉末而入三国）老学者二十七人，非毁老子者五人。

关键词： 汉代　老学　补考

1924 年，杨树达先生作《汉代老学者考》，[①] "据以司马、班、范、荀、袁五家之书为主"，"考得传记明载习《老子》或称好其术，凡得五十余人；其非毁老子者，凡二人。"[②] 愚不揣浅陋，今据传世典籍，结合出土文献，依杨氏所创体例，作《汉代老学者补考》。愚所谓老学者，或好《老子》书，有如河间献王刘德；或注《老子》文，有如《淮南子·道应训》作者、《理惑论》作者牟子；或尊老子之人，或蹈老子

* 作者简介：谭宝刚（1969—），男，湖南省洞口县人，文学博士，贵州民族大学教授，第四批贵州省高校哲学社会科学学术带头人，河南省老子学会常务理事。主要从事先秦出土道家文献和道家思想研究。

基金项目：本文为作者主持的 2014 年度国家社会科学基金项目"北京大学藏西汉竹书《老子》研究"（批准号：14XZX011）阶段性成果。

① 杨树达：《周易古义·老子古义》，上海：上海古籍出版社，2007 年，第 104—112 页。

② 杨树达先生考得汉代老学者有盖公、曹参、陈平、田叔、河上公、汉文帝、司马季主、窦太后、汉景帝、窦氏子弟、直不疑、王生、汲黯、郑当时、黄子、司马谈、司马迁、杨王孙、刘德（宗正、阳城侯）、邓章、严遵、邻氏、傅氏、徐氏、刘向、蔡勋、安丘望之、耿况、王伋、班嗣、杜房、甄宇、冯衍、向长、高恢、任光、任隗、范升、淳于恭、楚王英、郑钧、樊融、樊瑞、翟酺、马融、杨厚、周䳿、矫慎、汉桓帝、张角、向栩、折像、刘先、冯颢；非毁老子者有辕固生、刘陶。

之行，有如王充、法真；或思老氏玄虚之学，有如仲长统；甚而至于有以《老子》书殉葬者，如项羽妾、利豨等；兼而有之者，则更不必赘言。按此，在杨树达先生所考人物之外，愚考得汉代（含由汉末而入三国）老学者二十七人，非毁老子者五人。余才疏学浅，遗漏错讹在所难免，亦俟后之君子补正焉。

安期生

安期生实有其人，其行事多在战国后期和嬴秦，然至汉初犹存。盖因得老子养生之理而长寿，以致齐之方术之士神化其为仙者。

安期生，事见《史记·乐毅列传》《田儋列传》和《孝武本纪》。

《史记·乐毅列传》载："乐氏之族有乐瑕公、乐臣公，[①] 赵且为秦所灭，亡之齐高密。乐臣公善修黄帝、老子之言，显闻于齐，称贤师。太史公曰：始齐之蒯通及主父偃读乐毅之报燕王书，未尝不废书而泣也。乐臣公学黄帝、老子，其本师号曰河上丈人，不知其所出。河上丈人教安期生，安期生教毛翕公，毛翕公教乐瑕公，乐瑕公教乐臣公，乐臣公教盖公。盖公教于齐高密、胶西，为曹相国师。"[②]

《史记·田儋列传》载："太史公曰：甚矣蒯通之谋，乱齐骄淮阴，其卒亡此两人！蒯通者，善为长短说，论战国之权变，为八十一首。通善齐人安期生，安期生尝干项羽，项羽不能用其策。已而项羽欲封此两人，两人终不肯受，亡去。"[③]

《史记·孝武本纪》载："少君言于上曰：'臣尝游海上，见安期生，食巨枣，大如瓜。安期生仙者，通蓬莱中，合则见人，不合则隐。'于是天子始亲祠灶，而遣方士入海求蓬莱安期生之属，而事化丹沙诸药齐为黄金矣。居久之，李少君病死。天子以为化去不死也，而使黄锤史宽舒受其方。求蓬莱安期生，莫能得，而海上燕齐怪迂之方士多相效，更言神事矣。"[④]

皇甫谧《高士传·卷中》云："安期生者，琅琊人也，受学河上丈人，卖药海边，老而不仕，时人谓之千岁公。秦始皇东游，请与语三日三夜，赐金璧直数千万。出置阜乡亭而去，留赤玉舄为报，留书与始皇曰：后数十年，求我于蓬莱山下。及秦败，安期生与其友蒯通交往，项羽欲封之，卒不肯受。"[⑤]

李少君之言虚妄而不可信，盖托之安期生以自重。皇甫谧之说盖来自《史记》欤？然蒯通与安期生交好并尝干项羽，其人其事不虚矣。

---

① 《集解》：骃案：一作巨公。
② 司马迁：《史记》，北京：中华书局，1998 年，第 859 页。
③ 司马迁：《史记》，北京：中华书局，1998 年，第 940—941 页。
④ 司马迁：《史记》，北京：中华书局，1998 年，第 178 页。
⑤ 皇甫谧：《高士传》，北京：中华书局，四部备要本第四十六册，1989 年版，第 13 页。

项羽妾

董思靖《集解老子道德经序说》云："傅奕考核众本，勘数其字云：项羽妾本，齐武平五年彭城人开妾冢得之；安丘望之本，魏太和中道士寇谦之得之；河上丈人本，齐处士仇岳传之。"[①]

生前珍藏，死后陪葬。以《老子》殉葬，是好《老子》者也。

利豨

马王堆汉墓墓主，1 号辛追，2 号利仓（惠帝二年即前 193 年下葬），3 号利豨（汉文帝十二年即前 168 年下葬）[②]。

利氏家族事迹见《史记·惠景间侯者年表》[③]和《汉书·高惠高后文功臣表》。[④] 马王堆三号汉墓出土的帛书有道家典籍《黄帝四经》《老子》（甲、乙本）等。[⑤]

以两个不同版本《老子》殉葬，古来好《老子》者，无过如此！

按三号墓出土众多典籍，可知利豨无疑是当时的学术大家。传世典籍不载，幸赖出土文献得知。惜乎典籍不载其著作传世。

利豨之父利仓是否好《老子》？史料阙而无证。若是，则为父子世家学老子者，黄老学为其家学耳。

刘德（河间献王）

昔杨树达先生所考好《老子》之刘德为楚元王刘交之后宗正阳城侯刘德；而今愚所考刘德为汉高祖刘邦之后汉景帝与栗姬之子河间献王刘德。

《汉书·景十三王传》："孝景皇帝十四男。王皇后生孝武皇帝……栗姬生临江闵王荣、河间献王德、临江哀王阏……河间献王德以孝景前二年立，修学好古，实事求是。从民得善书，必为好写与之，留其真，加金帛赐以招之。繇是四方道术之人不远千里，或有先祖旧书，多奉以奏献王者，故得书多，与汉朝等。是时，淮南王安亦好书，所招致率多浮辩。献王所得书皆古文先秦旧书，《周官》《尚书》《礼》《礼记》《孟子》《老子》之属，皆经传说记，七十子之徒所论。其学举六艺，立《毛氏

①　董思靖撰，陆心源校：《太上老子道德经集解》，吴兴：光绪三年孟秋吴兴陆氏十万卷楼依元椠本重雕，第 4 页。又见：岛田翰撰，杜泽逊、王晓娟点校：《古文旧书考》，上海：上海古籍出版社，2017 年，第 98—99 页。

②　傅举有：《关于长沙马王堆三号汉墓的墓主问题》，《考古》，1983 年第 2 期。又见：陈松长：《马王堆三号墓主的再认识》，《文物》，2003 年第 8 期。

③　司马迁：《史记》，北京：中华书局，1998 年，第 859 页。

④　班固：《汉书》长沙：岳麓书社，1993 年，第 272 页。

⑤　国家文物局古文献研究室：《马王堆汉墓帛书壹》，北京：文物出版社，1980 年版。

诗》《左氏春秋》博士。修礼乐，被服儒术，造次必于儒者。山东诸儒多从而游。 武帝时，献王来朝，献雅乐，对三雍宫及诏策所问三十余事。其对推道术而言，得事之中，文约指明。"①

《金楼子·说藩》云："昔藩屏之盛德者，则刘德字君道，造次儒服，卓尔不群，好古文。每就人间求善书，必为好写与之，留其真，加以金帛。士有不远千里而至者，多献其先祖旧书《周官》《尚书》《礼》《礼记》《孟子》《老子》，献王好之。"②

河间献王刘德，经古文学家，儒道并好而重儒。

汉简本《老子》收藏者

二〇〇九年初，北京大学接受捐赠，获得了一批从海外回归的西汉竹简……这批竹简全部属于古代书籍……其中包括……篇章结构最为完整的出土《老子》古本，……《汉书·艺文志》"诸子略"曾经著录且久已失传的道家著作《周驯（训）》。③

汉简本《老子》是劫后收藏，故其具体出土于何处墓葬无法考定。而其抄手所属地有楚人说。④

汉简本《老子》抄写时间，有汉武帝时期说，⑤有惠帝和文帝之前说，⑥还有西汉晚期说。⑦

此君好《老子》，有如项羽妾、利豨等。

《淮南子·道应训》作者

刘安之门客，或为淮楚之人。

《淮南子·道应训》为《老子》古注之一，涉及《老子》者共50余条，⑧非喜好和精通《老子》者不能作此文。魏源《老子本义·论老子》云："韩非最古，而所引恒逊于《淮南》。"

《淮南子·要略》云：《道应》者，揽掇遂事之踪，追观往古之迹，察祸福利害之

---

①   班固：《汉书》长沙：岳麓书社，1993年，第1055页。

②   萧绎：《金楼子·百子全书第四册》，长沙：岳麓书社，1993年，第3034页。

③   北京大学出土文献研究所：《北京大学藏西汉竹书》，上海：上海古籍出版社，2012年，前言第1—2页。

④   廖名春：《〈老子〉首章新释》，《哲学研究》，2011年第9期。

⑤   韩巍：《北京大学藏西汉竹书本〈老子〉的文献学价值》，《中国哲学史》，2010年第4期。

⑥   王中江：《北大藏汉简〈老子〉的某些特征》，《哲学研究》，2013年第5期。

⑦   池田知久：《〈老子〉的形而上学与"自然"思想——以北大简为中心》，《文史哲》，2014年第3期。

⑧   刘安：《淮南子》，长沙：岳麓书社，1993年版《百子全书》第三册，第2902—2914页。

反，考验乎老、庄之术，而以合得失之势者也。①

扬雄

蜀之老学大家严遵之高足。

《汉书·扬雄传上》云："雄少而好学，不为章句，训诂通而已，博览无所不见……清静亡为，少耆欲，不汲汲于富贵，不戚戚于贫贱，不修廉隅以徼名当世。"②

扬雄"清静亡为，少耆欲"，盖经严遵而得老子之道。

《汉书·扬雄传下》载其《解难》云："孔子作《春秋》，几③君子之前睹也。老聃有遗言，贵知我者希，此非其操与？……老子之言道德，吾有取焉耳，及其槌仁义，绝灭礼学，吾无取焉耳。"④

扬雄是孔老兼习而取其善者，故能成一代之大儒。

刘强

汉光武帝曾立其为太子，后废以为东海恭王。

《后汉书·光武帝纪》云："每旦视朝，日仄乃罢。数引公卿、郎、将讲论经理，夜分乃寐。皇太子见帝勤劳不怠，承间谏曰：'陛下有禹、汤之明，而失黄、老养性之福，愿颐爱精神，优游自宁。'帝曰：'我自乐此，不为疲也。'"⑤

熊铁基等先生认为，这皇太子可能是原来的太子刘强，而非后来的明帝。⑥

由刘强谏光武言，知其好黄、老，重养生。

王充

《论衡·自然》云："贤之纯者，黄、老是也。黄者，黄帝也；老者，老子也。黄、老之操，身中恬澹，其治无为。正身共己，而阴阳自和，无心于为而物自化，无意于生而物自成。……以孔子为君，颜渊为臣，尚不能谴告，况以老子为君，文子为臣乎？老子、文子，似天地者也。……虽违儒家之说，合黄老之义也。"⑦

王充虽师事班固之父班彪，然其指趣与班固迥异。察王充之言，知其甚好黄、老；而班固则尊圣人而抑老子。⑧

---

① 刘安：《淮南子》，长沙：岳麓书社，1993年版《百子全书》第三册，第3000页。
② 班固：《汉书》长沙：岳麓书社，1993年，第1531页。
③ 师古曰：几读曰冀。
④ 班固：《汉书》长沙：岳麓书社，1993年，第1549页。
⑤ 范晔：《后汉书》，长沙：岳麓书社，1994年，第33—34页。
⑥ 熊铁基、马良怀、刘韶军著：《中国老学史》，福州：福建人民出版社，1995年，第150页。
⑦ 王充：《论衡》，长沙：岳麓书社，1991年，第284—285、287页。
⑧ 见后附非毁老子者"班固"条。

燕济

《太平御览》卷第六百六十六《道部八·道士》载："《道学传》曰：'燕济字仲微，汉明帝时人也。少好《道德》。不仕，周游名山'。"①

燕济他书不载，不知《太平御览》所据何书？然信其必有来历。

张道陵（圣师）、张衡（嗣师）、张鲁（系师）

唐玄宗《道德真经疏·外传》与杜光庭《道德真经广圣义·序》均录有《想尔注》二卷，并均注云："三天法师张道陵所注。"②

张衡③开创道教与道家理论相结合之先河。

《三国志·魏书八·二公孙陶四张传第八》裴松之注云："《典略》曰：'熹平中，妖贼大起，三辅有骆曜。光和中，东方有张角，汉中有张修。骆曜教民缅匿法，角为太平道，修为五斗米道。……修法略与角同……又使人为奸令祭酒，祭酒主以《老子》五千文，使都习，号为奸令。……臣松之谓张修应是张衡，非《典略》之失，则传写之误'。"④

张衡欲使徒众学《老子》，不好《老子》者何？

陆德明《经典释文叙录》著录有《老子》"想余注二卷"，并注云：不详何人？一云张鲁，或云刘表。鲁字公旗，沛国丰人，汉镇南将军，关内侯。⑤

又，《张镇南古本道德经》，二篇，佚，东晋杨羲书。

元刘大彬《茅山志》卷之九《道山册》"道德经五千文"载："按《登真隐诀》《隐居》云《老子道德经》有玄师杨真人手书张镇南古本。镇南即汉天师第三代系师鲁，魏武表为镇南将军者也。其所谓《五千文》者有五千字也。数系师内经有四千九百九十九字，由来阙一。是作三十辐应作卅辐，盖从省易文耳，非正体也。宗门真迹不存。今传《五千文》本，上下二篇，不分章。"⑥

张镇南即张鲁，东汉末年以传五斗米道割据汉中。后曹操出征汉中，张鲁降曹，曹表奏其为镇南将军。⑦

《张镇南古本道德经》或即《老子想尔注》所据本欤？

敦煌遗书《老子》末尾题曰"老子道经上想尔"，故称《老子想尔注》。残缺过

① 李昉等撰：《太平御览》，北京：中华书局，1960年，第2972—2973页。
② 杜光庭：《道德真经广圣义》，南京：凤凰出版社，2017年，第2页。
③ 按裴松之注，《典略》所载张修应为张衡。
④ 陈寿撰，宋裴松之注：《三国志》，北京：团结出版社，1996年，第165—166页。
⑤ 陆德明：《经典释文序录疏证》，北京：中华书局，2008年，第140页。
⑥ 戴美芝：《老子学考》，台北：花木兰文化出版社，2006年，第43页。
⑦ 陈寿撰，宋裴松之注：《三国志》，北京：团结出版社，1996年，第1050页。

半，若依《河上公章句》分章，《道经》部分缺第一、二章和第三章首句；《德经》部分全佚。

饶宗颐先生考证认为：《想尔注》成于系师张鲁之手，托始于张陵。①

法真

《后汉书·逸民传第七十三》云："法真字高卿，扶风郿人，南郡太守雄之子也。好学而无常家，博通内外图典，为关西大儒。……性恬静寡欲，不交人间事。……辟公府，举贤良，皆不就。同郡田弱荐真曰：'处士法真，体兼四业，学穷典奥，幽居恬泊，乐以忘忧。将蹈老氏之高踪，不为玄纁屈也。臣愿圣朝就加衮职，必能唱《清庙》之歌，致来仪之凤矣。'会顺帝西巡，弱又荐之。帝虚心欲致，前后四征。真曰：'吾既不能遁形远世，岂饮洗耳之水哉？'遂深自隐绝，终不降屈。友人郭正称之曰："法真名可得闻，身难得而见，逃名而名我随，避名而名我追，可谓百世之师者矣！'乃共刊石颂之，号曰玄德先生。年八十九，中平五年，以寿终。"②

皇甫谧《高士传》亦载法真之事迹，而田弱作田羽。③

边韶

《后汉书卷八十上·文苑列传第七十上》云："边韶字孝先，陈留浚仪人也。以文章知名，教授数百人。……桓帝时，为临颍侯相，征拜太中大夫，著作东观。再迁北地太守，入拜尚书令。后为陈相，卒官。著诗、颂、碑、铭、书、策，凡十五篇。"④

边韶《老子铭序》云："班固以老子绝圣弃知，礼为乱首，与仲尼道违，述《汉书·古今人表》，检以法度，抑而下之。老子（缺）与楚子西同科，材不及孙卿、孟轲。二者之论殊矣，所谓道不同不相为谋也。延熹八年八月甲子，皇上尚德弘道，含闳光大，存神养性，意在凌云，是以潜心黄轩同符，高宗梦见老子，尊而祀之。于时陈相边韶，典国之礼，材薄思浅，不能测度至人，辩是与非。案据书籍，以为老子生于周之末世，玄虚守静，乐无名，守不德，危高官，安下位，遗孔子以仁言，辟世而隐居，变易姓名，唯恐见知。夫日以幽明为节，月以亏盈自成。损益盛衰之原，倚伏祸福之门。人道恶盈而好谦，盖老子劳不定国，功不加民，所以见隆崇于今，为时人所享祀。乃昔日逃禄处微，损之又损之之余胙也。显虚无之清家，云先

---

① 饶宗颐：《老子想尔注校证》，上海：上海古籍出版社，1991 年，第 131 页。
② 范晔，晋·司马彪．《后汉书》．长沙：岳麓书社，1994 年版，第 1212—1213 页。
③ 皇甫谧：《高士传·四部备要第四六册》，北京：中华书局，1989 年，第 21 页。
④ 范晔，晋·司马彪．《后汉书》．长沙：岳麓书社，1994 年版，第 1142 页。

天地而生，乃守真养寿，获五福之所致也。敢演而铭之。"①

边韶作《老子铭》，批判班固贬抑老子，欲还老子应有之地位，其崇敬老子之情跃然纸上。边韶《老子铭》论老子极为得当，非对老子其人其书有研究不能作此文。

陈愍王刘宠　陈国相魏愔

《后汉书卷五十·孝明八王列传第四十》云："承薨，子愍王宠嗣。熹平二年，国相师迁追奏前相魏愔与宠共祭天神，希幸非冀，罪至不道。有司奏遣使者案验。……愔辞与王共祭黄老君，求长生福而已。无他冀幸。"②

钱穆先生注"黄老君"云："当作黄帝、老君。"③老君即老子，后世亦谓太上老君，太上老君之名首出于《老子想尔注》。④

牟子

《理惑论》作者旧题牟融，非是；应为东汉后期汉灵帝、献帝时期之隐士姓牟氏者。后世学者不加详考，误以为牟融。

《后汉书·伏侯宋蔡冯赵牟韦列传第十六》云："牟融字子优，北海安丘人也。少博学，以《大夏侯尚书》教授，门徒数百人，名称州里。以司徒茂才为丰令，视事三年，县无狱讼，为州郡最。"⑤

《理惑论序言》："牟子既修经传诸子，书无大小靡不好之。虽不乐兵法，然犹读焉。虽读神仙不死之书，抑而不信，以为虚诞。是时灵帝崩后，天下扰乱，独交州差安。北方异人咸来在焉，多为神仙辟谷长生之术。时人多有学者，牟子常以《五经》难之。道家术士莫敢对焉，比之于孟轲距杨朱、墨翟。先是时牟子将母避世交趾。年二十六归苍梧娶妻。……乃叹曰：老子绝圣弃智，修身保真，万物不干其志，天下不易其乐。天子不得臣，诸侯不得友。故可贵也。于是锐志于佛道，兼研《老子》五千文，含玄妙为酒浆，玩《五经》为琴簧。世俗之徒多非之者，以为背《五经》而向异道。"⑥

牟融，东汉早期人，历仕汉明帝、汉章帝朝。而牟子为汉灵帝、汉献帝时人。在籍贯上，牟融为北海安丘人，牟子为苍梧人。二者非同一人已明。

---

① 洪适：《隶释·隶续》，北京：中华书局，1985 年，第 36 页。
② 范晔：《后汉书》. 长沙：岳麓书社，1994 年版，第 716 页。
③ 钱穆：《国史大纲》，北京：商务印书馆，2010 年，第 357 页。
④ 饶宗颐：《老子想尔注校证》，上海：上海古籍出版社，1991 年，第 12 页。
⑤ 范晔：《后汉书》. 长沙：岳麓书社，1994 年版，第 398 页。
⑥ 牟子：《理惑论·百子全书第四册》，长沙：岳麓书社，1993 年，第 3651 页。

管宁

管宁，由汉末而入三国，儒道兼习之大儒。

《三国志·魏书十一·袁张凉国田王邴管传第十一》云："正始二年，太仆陶丘一、永宁卫尉孟观、侍中孙邕、中书侍郎王基荐宁曰：'臣闻龙凤隐耀，应德而臻，明哲潜遁，俟时而动。是以鸾鷟鸣岐，周道隆兴；四皓为佐，汉帝用康。伏见太中大夫管宁，应二仪之中和，总九德之纯懿，含章素质，冰絜渊清，玄虚澹泊，与道逍遥；娱心黄老，游志六艺，升堂入室，究其阃奥，韬古今於胸怀，包道德之机要'。"①

仲长统

《后汉书·王充王符仲长统列传》云："统性俶傥，敢直言，不矜小节，默语无常，时人或谓之狂生。每州郡命召，辄称疾不就。常以为凡游帝王者，欲以立身扬名耳，而名不常存。人生易灭，优游偃仰，可以自娱。欲卜居清旷，以乐其志，论之曰：'……安神闺房，思老氏之玄虚；呼吸精和，求至人之仿佛。与达者数子，论道讲书，俯仰二仪，错综人物。弹《南风》之雅操，发清商之妙曲。消摇一世之上，睥睨天地之间。不受当时之责，永保性命之期。如是，则可以陵霄汉，出宇宙之外矣。岂羡夫入帝王之门哉？！'"②

仲长统，有如法真者。

虞翻

虞翻，由汉末而入三国。

《三国志·吴书十二·虞陆张骆陆吾硃传第十二》云："翻与少府孔融书，并示以所著《易注》。融答书曰：'闻延陵之理乐，睹吾子之治易，乃知东南之美者，非徒会稽之竹箭也。又观象云物，察应寒温，原其祸福，与神合契，可谓探赜穷通者也。'……翻性疏直……又为《老子》《论语》《国语》训注，皆传于世。"③

《经典释文叙录》有《老子》"虞翻注二卷。"④

《隋书·经籍志》载：汉虞翻注《老子》二卷，亡。⑤

葛玄

葛玄，由汉末而入三国。

① 陈寿撰，宋裴松之注：《三国志》，北京：团结出版社，1996 年，第 226 页。
② 范晔：《后汉书》，长沙：岳麓书社，1994 年版，第 705 页。
③ 陈寿撰，宋裴松之注：《三国志》，北京：团结出版社，1996 年，第 815 页。
④ 陆德明撰：《经典释文》，北京：中华书局，1983 年，第 16 页。
⑤ 魏征、令狐德棻：《隋书》，北京：中华书局，1973 年，第 1000 页。

《晋书·葛洪传》载："葛洪字稚川，丹阳句容人也。……从祖玄，吴时学道得仙，号曰葛仙公。"①

《隋书·经籍志》载："《老子序决》一卷，葛仙公撰。"②

石寒贫

石寒贫，由汉末而入三国。

《三国志·魏书十一·袁张凉国田王邴管传第十一》裴注云："《魏略》又载扈累及寒贫者。累字伯重，京兆人也……寒贫者，本姓石，字德林，安定人也。建安初，客三辅。是时长安有宿儒栾文博者，门徒数千，德林亦就学，始精诗、书。后好内事，于众辈中最玄默。至十六年，关中乱，南入汉中。初不治产业，不畜妻孥，常读《老子》五千文及诸内书，昼夜吟咏。"③

董遇

董遇，由汉末而入三国，曾为汉献帝侍讲。

《三国志·魏书十三·锺繇华歆王朗传第十三》裴注云："《魏略》曰：遇字季直，性质讷而好学。兴平中，关中扰乱；与兄季中依将军段煨……及建安初，王纲小设，郡举孝廉，稍迁黄门侍郎。是时，汉帝委政太祖，遇旦夕侍讲，为天子所爱信……初，遇善治《老子》，为《老子》作训注。又善《左氏传》，更为作《朱墨别异》。人有从学者，遇不肯教，而云'必当先读百遍'。言'读书百遍而义自见'。"④

王肃

王肃，由汉末而入三国。《三国志卷十三·魏书十三·钟繇华歆王朗传第十三》有传。⑤

《新唐书·艺文志》载：王肃《玄言新记道德》二卷。⑥

王肃，儒学大家，然亦注《老子》，有如马融。

钟会母

钟会母，由汉末而入三国。

---

① 房玄龄等撰：《晋书》，北京：中华书局，2000 年，第 1269 页。
② 魏征、令狐德棻：《隋书》，北京：中华书局，1973 年，第 1000 页。
③ 陈寿撰，宋裴松之注：《三国志》，北京：团结出版社，1996 年，第 230 页。
④ 陈寿撰，宋裴松之注：《三国志》，北京：团结出版社，1996 年，第 265 页。
⑤ 陈寿撰，宋裴松之注：《三国志》，北京：团结出版社，1996 年，第 261 页。
⑥ 欧阳修、宋祁撰：《新唐书》，北京：中华书局，1975 年，第 1515 页。

《三国志·魏书二十八·王毌丘诸葛邓锺传第二十八》裴注云："会时遭所生母丧。其母传曰：'夫人性矜严，明于教训。……谓会曰："学猥则倦，倦则意怠；吾惧汝之意怠，故以渐训汝，今可以独学矣。"雅好书籍，涉历众书，特好《易》、《老子》，每读《易·孔子说》鸣鹤在阴、劳谦君子、籍用白茅、不出户庭之义，每使会反复读之，曰："易三百余爻，仲尼特说此者，以谦恭慎密，枢机之发，行己至要，荣身所由故也，顺斯术已往，足为君子矣"。'"①

范望州

范望州，由汉末而入三国。

《经典释文》有《老子》"《范望州注训》二卷。"自注："字叔文，会稽人，吴尚书郎。"②

附：非毁老子者五人

魏其侯窦婴、武安侯田蚡、赵绾、王臧

《史记·魏其武安侯列传》云："太后好黄老之言，而魏其、武安、赵绾、王臧等务隆推儒术，贬道家言，是以窦太后滋不说魏其等。"③

《史记·儒林列传》云："及窦太后崩，武安侯田蚡为丞相，绌黄老、刑名百家之言，延文学儒者数百人。"④

《汉书·儒林传》云："及窦太后崩，武安君田蚡为丞相，黜黄老、刑名百家之言。"⑤

贬道家言，绌黄老之言，则必非毁《老子》。

班固

班固在《汉书·司马迁传赞》指责司马迁："是非颇谬于圣人，论大道则先黄老而后六经，序游侠则退处士而进奸雄，述货殖则崇势利而羞贱贫，此其所蔽也。"⑥

又，边韶《老子铭序》云："班固以老子绝圣弃知，礼为乱首，与仲尼道违，述《汉书·古今人表》，检以法度，抑而下之。老子（缺）与楚子西同科，材不及孙卿、

---

① 陈寿撰，宋裴松之注：《三国志》，北京：团结出版社，1996年，第488页。
② 陆德明：《经典释文》，北京：中华书局，1983年，第16页。
③ 司马迁：《史记》，北京：中华书局，1998年，第1014页。
④ 司马迁：《史记》，北京：中华书局，1998年，第1114页。
⑤ 班固：《汉书》长沙：岳麓书社，1993年，第1554页。
⑥ 班固：《汉书》长沙：岳麓书社，1993年，第1183页。

孟轲。二者之论殊矣，所谓道不同不相为谋也。"①

　　宋谢守灏《混元圣纪》卷三云："班固作《古今人表》，乃诎老氏于第三品。虽其名可诎，而道可贬乎哉？"

---

① 洪适：《隶释·隶续》，北京：中华书局，1985年，第36页。

老学与佛学研究

僧肇思想的老学意蕴

韩焕忠[*]

摘要： 僧肇的佛学思想所具有深厚的老学意蕴。通过化用《老子》的思想和观念，僧肇将论辩对手置在了世俗的位置上和"下士"的角色中，赞扬了鸠摩罗什和刘遗民的人生造诣，推崇了般若圣知的境界，批驳了世俗的错误理解。僧肇著作中所呈现出来的丰富的老学意蕴，彰显了《老子》（还有《庄子》）在佛教东传中土过程中扮演了接引人的重要作用，同时也是佛教中国化的基本体现。

关键词： 僧肇　老子　佛学

东晋时期的佛教思想家释僧肇深受《老子》和《庄子》的影响。我们从其华美瑰丽的文风上，从其高屋建瓴的运思上，从其纵横捭阖的议论上，从其超然流俗的价值追求上，可以体会到其佛学思想具有强烈的庄学色彩。而从其论议的清醒、冷静、严毅和深刻上，则可以感受到其佛学思想同时还具有深厚的老学意蕴。

僧肇（384—414），京兆（今陕西西安市）人。少年时代家境非常贫寒，以替人抄书作为生计之业，但他也因此得以读遍各种经籍，尤其喜爱道家的《老子》和《庄子》，常奉为心要。但又觉得老庄之论不够彻底，后来看到旧译《维摩诘经》，非常喜欢，对其中所说的道理极为信服。经过深入的研读和细心地体会，最终找到了终极的归趣，因而出家为僧。没过多久，就以"善解方等、兼通三藏"而知名于当时。晋隆安二年（398）从鸠摩罗什于姑臧（今甘肃武威），秦弘始三年（401）随罗什至长安，入西明阁及逍遥园，与僧睿等列席译场，咨禀罗什，所悟更多，有"解空第一"之称。弘始十六年（414）卒，世寿三十一岁，著作传世者如《肇论》《注维摩诘所说经》，都是中国佛教思想史上的经典之作。[①]

---

* 作者简介：韩焕忠（1970—），男，山东曹县人，哲学博士，苏州大学政治与公共管理学院、宗教研究所教授，博士生导师，研究方向：中国佛教与传统文化。

基金资助：国家社科重大项目："一带一路"佛教文化交流史。

① 有关僧肇生平，可参阅梁释慧皎撰、汤用彤校注：《高僧传》卷六《晋长安释僧肇》，北京：中华书局1992年，第248—254页。

僧肇在论述自己的见解或诠释佛教的经典时，经常运用《老子》的思想和语句，其思想由此而具有强烈的老学意蕴，这在其《物不迁论》《般若无知论》《涅槃无名论》以及《维摩诘所说经注》中都有着非常充分的体现。

一、《物不迁论》的老学意蕴

在《物不迁论》中，僧肇通过化用《老子》的思想和观念，论证了自己提出的"必求静与诸动""不释动以求静"以及"如来功德长存"的主张。

譬如僧肇意识到自己的主张与世俗的以及当时佛教界流行的观念差异太大，有可能受到人们的反对甚至嘲讽时说："夫谈真则逆俗，顺俗则违真。违真，故迷性而不返；逆俗，则言谈而无味。缘使中人未分于存亡，下士抚掌而弗顾。"① 要宣说真理，就要违逆世俗的情见，说一些淡而无味的话语，这极有可能会引起那些智能中等和低下之人的轻视和嘲讽。这里"言谈而无味"云云，明显是化用了《老子》三十五章"道之出口，淡乎其无味"的说法，而"中人未分于存亡，下士抚掌而弗顾"则是化用了《老子》三十六章"上士闻道，勤而行之；中士闻道，若存若亡；下士闻道，大笑之"的说法。僧肇通过化用《老子》的语句阐明了自己由于宣说真理而面临的尴尬境地，同时也表明《老子》对世俗之情的观察和总结在佛教界的修行和认识上也具有很强的适用性。

又如人们在接受一切皆空的思想观念时，往往会认为修行的功德也是空的，因此而否定修行的意义和价值，或者在认定修行确实具有功德时，又放弃了对一切皆空的真理性认定。针对这种情况，僧肇指出："如来功流万世而常存，道通百劫而弥固，成山假就于始篑，修途托至于初步，果以功业不可朽故也。"② 这里就化用了《老子》四十六章"合抱之木，生于毫末；九层之台，起于垒土；千里之行，始于足下"的说法。如果大家承认"如来"是通过历劫积累修行功德而成就的最高佛果，那么在积累过程中的每一个环节都是有意义、有价值的，即有功德的。僧肇通过化用《老子》，使佛教的日常修持在成就终极的圆满上获得了自己存在的绝对真实性。

通过化用《老子》的思想和观念，僧肇的《物不迁论》将论辩对手置在了世俗的位置上和"下士"的角色中，并且使自己主张的"在举动事为中修持静定之功"获得常识的支持。

二、《般若无知论》的老学意蕴

在《般若无知论》中，僧肇通过化用《老子》的观点，赞扬了鸠摩罗什和刘遗

---

① 僧肇著、张春波校释：《肇论校释》，北京：中华书局，2010年，第12页。
② 僧肇著、张春波校释：《肇论校释》，北京：中华书局，2010年，第28页。

民的人生造诣，推崇了般若圣知的境界，批驳了世俗的错误理解。

在僧肇看来，鸠摩罗什和刘遗民的学问和修行都是非常值得称赞的。他说："有天竺沙门鸠摩罗什者，少践大方，研几斯趣，独拔于言象之表，妙契于希夷之境。"①这里化用了《老子》四十一章"大方无隅"以及十四章"视之不见名曰夷，听之不闻名曰希"的说法，僧肇运用《老子》的"大方"之说，阐明了鸠摩罗什的学问非常大，不是某一种具体的学问可以概括得了的；运用《老子》的"希夷"之说，揭示了鸠摩罗什的造诣高远，超出了一般人的视听范围。我们由此可以看出，僧肇作为鸠摩罗什人的得意弟子，对自己的老师是极为佩服的，可以说已经到了无以复加的地步了。后来远在庐山的刘遗民来信与他讨论《般若无知论》的一些问题，他在复书中说："公以过顺之年，湛气弥厉，养徒幽岩，抱一冲谷，遐迩仰咏，何美如之！"②此处则概括和借鉴了《老子》二十二章有"曲则全，枉则直，洼则盈，敝则新，少则得，多则惑，是以圣人抱一，为天下式"的说法，是对刘遗民人生修为的高度称扬。刘遗民与僧肇并没有直接的交往，但他不慕荣利、超然世外的隐士之风早已传布长安，为僧肇所欣羡。僧肇在复信中借用《老子》的说法，充分表达了对师友的尊重和倾慕。

《般若无知论》提出般若圣知既是无知的，又是无所不知的，这种境界是很难为世俗理解和接受，为了祛除人们的疑惑，僧肇巧妙运用《老子》的论述方式。他说："（圣人）既知既会，而曰无知无会者，何耶？若夫忘知遗会者，则是圣人无私于知会，以成其私耳。"③《老子》七章云："圣人后其身而身先，外其身而身存。非以其无私邪？故能成其私。"僧肇以圣人无私成就自己大私为例，阐明了般若圣知通过无知成就无所不知的道理。实际上，僧肇所说的无知，是无世俗的惑取之知；而无所不知，则是对佛法真理的通达无碍。佛教的圣人虽然对佛法真理无所不知，但对世俗所关注的名闻利养似乎又一无所知。故而僧肇说："圣人功高二仪而不仁，明逾日月而弥昏。"④《老子》五章云："天地不仁，以万物为刍狗；圣人不仁，以百姓为刍狗。"万物乃天地所生成，而百姓皆圣人所教化，因此天地之与万物，圣人之与百姓，可谓至仁，但这种至仁却不针对任何特定的事物和特定的人们，因此又给人一种不仁的感觉。在僧肇看来，般若圣知虽然无所不知，但由于这种圣知并不针对任何具体的世俗事物，故而从世俗的角度上看又是无知的。职乎此，具有这种般若圣知的人，僧肇称为"至人"，在为人处世上就具有自己的特点："至人处有而不有，居无而不无。

① 僧肇著、张春波校释：《肇论校释》，北京：中华书局，2010 年，第 63 页。
② 僧肇著、张春波校释：《肇论校释》，北京：中华书局，2010 年，第 135 页。
③ 僧肇著、张春波校释：《肇论校释》，北京：中华书局，2010 年，第 77 页。
④ 僧肇著、张春波校释：《肇论校释》，北京：中华书局，2010 年，第 78 页。

虽不取于有无，然亦不舍于有无。所以合光尘劳，周旋五趣，寂然而住，怕尔而来，恬淡无为而无不为。"①《老子》四章云："挫其锐，解其纷，和其光，同其尘。"三十七章云："道常无为而无不为。"僧肇综合《老子》这两章的内容，将大乘佛教的圣人，即菩萨们居于世俗之中而化世导俗的行为特征充分展现出来。

僧肇之时，三论经典初译，中土学者还不能准确理解和把握其中的义理。一听说其为圣人，便以其为无所不知，可以未卜先知（前识）；而一闻其无知，便认为顽同木石，空如太虚。即便是贤智如刘遗民者，亦难免于如此之俗见，所以僧肇在给刘遗民的复信中对这种偏见进行了大力纠正，他说："而今谈者，多即言以定旨，寻大方而征隅，怀前识以标玄，存所存之必当。是以闻圣有知，谓之有心；闻圣无知，谓等太虚。有无之境，边见所存，岂是处中莫二之道乎？"②《老子》四十一章云："大方无隅。"三十八章云："前识者，道之华而愚之始也。"佛教圣人的"真知"既为"大方"，就不会是某种聪察小慧，谓佛教的圣人具有未卜先知的"前识"，不但不是赞扬，简直是适足以污之耳！僧肇之所指斥，即便是在今天的佛教界，又何能免！而斯人已逝，杳如黄鹤。行文至此，可发一叹。

三、《涅槃无名论》的老学意蕴

在《涅槃无名论》中，僧肇借助于《老子》的文句，阐述了涅槃的真实性、基本内涵、达到涅槃的修行方式以及动寂之间的关系。

涅槃作为佛教的终极归宿，超越了世俗闻见和思议的范围，有些人仅仅将涅槃视为一个名词，不承认其真实性。在《涅槃无名论·奏秦王表》中，僧肇引用《老子》之言，证成了涅槃境界的真实不虚。他说："肇闻天得一以清，地得一以宁，君王得一以治天下。伏惟陛下潜哲钦明，道与神会，妙契环中，理无不统，游刃万机，弘道终日，威被苍生，垂文作则。所以域中有四大，而王居一焉。涅槃之道，盖是三乘之所归，方等之渊府，渺渺希夷，绝视听之域，幽致虚玄，殆非群情之所测。"③《老子》三十九章云："昔之得一者，天得一以清，地得一以宁，神得一以灵，谷得一以盈，万物得一以生，侯王得一以为天下贞。"二十五章云："道大，天大，地大，王亦大。域中有四大，而王居其一焉。"十四章云："视之不见名曰夷，听之不闻名曰希。"僧肇引用《老子》，将秦王姚兴推崇为得道之君，同时也将涅槃隐喻为统摄群经和一切佛法的最为崇高的道。"夫道恍惚窈冥，其中有精，若无圣人，谁与道

---

① 僧肇著、张春波校释：《肇论校释》，北京：中华书局，2010年，第98页。

② 僧肇著、张春波校释：《肇论校释》，北京：中华书局，2010年，第157页。

③ 僧肇著、张春波校释：《肇论校释》，北京：中华书局，2010年，第172页。

游？"①《老子》二十一章云："道之为物，惟恍惟惚。惚兮恍兮，其中有象；恍兮惚兮，其中有物；窈兮冥兮，其中有精，其精甚真。"此道虽然不虚，但恍惚不定，唯有圣人才能畅游其境界。僧肇通过引用《老子》，既鼓励秦王姚兴的崇佛举措，又突显了涅槃在全部佛典和佛法中的重要性。

涅槃既然是实有的，那么其基本内涵如何，又怎样才能证得？僧肇在《涅槃无名论·开宗第一》中非常明确地指出："经称有余涅槃、无余涅槃者，秦言无为，亦名灭度。无为者，取乎虚无寂寞，妙绝于有为。灭度者，言其大患永灭，超度四流。……夫涅槃之为道也，寂寥虚旷，不可以形名得；微妙无相，不可以有心知。超群有以幽升，量太虚而永久。随之弗得其踪，迎之罔眺其首，六趣不能摄其生，力负无以化其体。……"②《老子》十三章云："吾所以有大患者，为吾有身。及吾无身，吾有何患？"十四章云："迎之不见其首，随之不见其后。"在僧肇看来，涅槃是消除有身之患后的寂静状态，虽然是真实不虚的，但人们却无法通过语言、形象等感知其存在。僧肇在《涅槃无名论·会异第十一》中指出："止此而此，适彼而彼。所以同于得者，得亦得之；同于失者，失亦失之。"③《老子》二十三章云："故从事于道者同于道，德者同于德，失者同于失。同于德者，道亦德之；同于失者，道亦失之。"也就是说，修行者只要趋向于涅槃，终会达到涅槃的境界。对于如何证得涅槃，当时有所谓顿、渐二说，僧肇是主张渐证的，他在《涅槃无名论·明渐第十三》中说："无为无二，则已然矣。结是重惑，而可谓顿尽，亦所未喻。……正使智犹身子，辩若满愿，穷才极虑，莫窥其畔。况乎虚无之数，重玄之域，其道无涯，欲之顿尽耶？书不云乎，为学者日益，为道者日损。为道者，为于无为者也。为于无为，而日日损，此其顿得之谓？要损之又损之，以至于无损耳。"④《老子》一章云："玄之又玄，众妙之门。"四十八章云："为学日益，为道日损。损之又损，以至于无为。"也就是说，在僧肇看来，涅槃乃是《老子》所说的"玄之又玄"的重玄之域，是消除一切困惑的妙境，只能采用"损之又损，以至于无"的渐修之法，无论其智慧有多大，根性有多利，都是无法一时顿证的。

世俗认为，圣人证得诸患永寂的涅槃境界后，就永远处于如如不动的状态中。僧肇不同意这种看法，他在《涅槃无名论·动寂第十五》中指出："经称圣人无为而无所不为。无为，故虽动而常寂；无所不为，故虽寂而常动。虽寂而常动，故物莫能一；虽动而常寂，故物莫能二。物莫能二，故愈动愈寂；物莫能一，故愈寂愈动。

① 僧肇著、张春波校释：《肇论校释》，北京：中华书局，2010年，第173页。
② 僧肇著、张春波校释：《肇论校释》，北京：中华书局，2010年，第180页。
③ 僧肇著、张春波校释：《肇论校释》，北京：中华书局，2010年，第216页。
④ 僧肇著、张春波校释：《肇论校释》，北京：中华书局，2010年，第219页。

所以为即无为，无为即为，动寂虽殊，而莫之能异也。"① 僧肇运用《老子》三十七章及四十八章"无为而无不为"的说法概括佛教经典的意思，换句话说，僧肇将佛教的"寂"与"动"的关系理解成道家的"无为而无不为"的关系。圣人的"无为"就存在于其"无不为"中，或者说圣人的"无不为"中就寓有"无为"的意旨。此与僧肇在《物不迁论》中所表达的"不离动以求静""必即动而求静"的思想观念是一致的。

中国佛教早期的经典多以《老子》的"无为"一词翻译佛教的"涅槃"。从僧肇引用《老子》的文句所做的论述中，我们可以体会到，涅槃实际上是一种超越思虑、名相，可以体现在动静之中，并通过损减欲望和事为逐步证得的诸患永寂的状态。

四、《维摩诘所说经注》的老学意蕴

《维摩诘所说经》是僧肇最为喜欢的佛教经典。他从竺法护的旧译知所归趣，于是削发出家，对于文辞更加优美、说理更加畅快的罗什新译，显然更是推崇，故而在译出之后，即为之作注，俾便流通。与他的其他著作一样，在他所著的《维摩诘所说经注》中，也引用或化用了《老子》的一些说法。

首先，僧肇化用《老子》的语句对《维摩诘所说经》进行大力的表彰和推崇。他在《维摩诘所说经注·序》中赞扬该经云："维摩诘不思议经者，盖是穷微尽化，绝妙之称也，其旨渊玄，非言象所测，道越三空，非二乘所议，超群数之表，绝有心之境，渺莽无为而无不为，罔知所以然而然者，不思议也。"② 联系到僧肇非常精通《老子》的写作背景，文中的"绝妙""渊玄"等词语，很容易使我们联想到《老子》一章中的"玄之又玄，众妙之门"、四章"渊兮，似或存"以及九章"心善渊"等说法，而"无为而无不为"的说法既见之于《老子》三十七章，又见之于四十八章。僧肇在序文中化用《老子》的一些经典说法，将《维摩诘所说经》的奇特文风、高深境界和丰富义理展现出来。

其次，僧肇运用《老子》的说法对《维摩诘所说经》中菩萨的境界进行了高度赞扬。他在《维摩诘所说经注·弟子品第三》指出："上善若水，所以洿隆斯顺；与善仁，故能曲成无害；动善时，所以会机至不失；居众人之所恶，故能与彼同疾。世尊大慈，必见垂问，因以弘道，所济良多。此现疾之本意也。"③ 这段注文套用了《老子》九章中的说法："上善若水，水善利万物而不争，处众人之所恶，故几于道。居善地，心善渊，与善仁，言善信，正善治，事善能，动善时。"在僧肇看来，维摩

---

① 僧肇著、张春波校释：《肇论校释》，北京：中华书局，2010年，第222页。
② 僧肇述：《维摩诘所说经注》，莆田：广化寺，2007年，第1页。
③ 僧肇述：《维摩诘所说经注》，莆田：广化寺，2007年，第38页。

诘通过现疾的方式化导众生，就是对《老子》所推崇的"水"的品格的实践，或者说，僧肇认为，《老子》所推崇的如水一样的上善品格在维摩诘现疾上得到了体现。他在《维摩诘所说经注·菩萨品》中说："虚心怀德，而万物自宾。"①《老子》三十二章云："道常无名，朴虽小，天下不敢臣，侯王若能守之，万物将自宾。"菩萨的虚心怀德，与王侯的返璞归真一样，都具有令万众归仰的作用。他在《维摩诘所说经注·菩萨行品第十一》中注释"菩萨不尽有为不住无为"时说："有为虽伪，舍之则大业不成；无为虽实，住之则慧心不明。是以菩萨不尽有为，故德无不就；不住无为，故道无不覆，至能出生入死，遇物斯乘。在净而净，不以为欣；处秽而秽，不以为戚。应彼而动，于我无为，此诸佛平等不思议道也。……不尽有为，无凡夫碍也；不住无为，无二乘碍也。"②与称赞维摩诘现疾一样，《老子》在三十七章和四十八章中最为推崇的"无为而无不为"在维摩诘大力称述的菩萨境界里得到了最为真切的实现。

再次，僧肇运用《老子》的思想对佛教三宝进行了赞颂。他在《维摩诘所说经注·菩萨品第四》中说："然则无知而无不知、无为而无不为者，其唯菩提大觉之道乎！"③菩提大觉，唯在于佛，因此这是对佛教中佛宝的赞颂。此处又一次出现了《老子》三十七章和四十八章中的"无为而无不为"之说，由此我们可以看出僧肇对此说的高度欣赏，以及《老子》的这句名言在诠释佛教思想时所具有的不可替代的巨大作用。他在《维摩诘所说经注·见阿閦佛品》中释"观身实相，观佛亦然"时说："夫同于得者，得亦得之。同于失者，失亦失之。是以则真同真，法伪同伪，如来灵兆冥谐。一彼实相，实相之相，即如来相。故经曰，见实相法为见佛也。净明自观身实相，以为观如来相，义存于是。"④实相观法是佛教中非常重要的修行方法，这是对佛教中法宝的赞颂。"同于得者，得亦得之。同于失者，失亦失之。"语出《老子》二十三章。他在《维摩诘所说经注·见阿閦佛品》中释"入于三昧，现神通力"时说："重为轻根，静为躁君。非三昧之力，无以运神足之动。"⑤三昧即禅定，也是佛教中非常重要的修行方法，因此这句话也是对佛教中的法宝的赞颂，"重为轻根，静为躁君"之说语出《老子》二十六章。《维摩诘所说经注·入不二法门品第九》："无相真知，佛宝也；实相无为，法宝也；修无为道，僧宝也。三宝虽异，皆无为相也。"⑥这是对佛教中三宝，即佛宝、法宝、僧宝，从总体上进行赞颂的。"无为"之

---

①　僧肇述：《维摩诘所说经注》，莆田：广化寺，2007年，第82页。
②　僧肇述：《维摩诘所说经注》，莆田：广化寺，2007年，第169页。
③　僧肇述：《维摩诘所说经注》，莆田：广化寺，2007年，第72页。
④　僧肇述：《维摩诘所说经注》，莆田：广化寺，2007年，第177页。
⑤　僧肇述：《维摩诘所说经注》，莆田：广化寺，2007年，第184页。
⑥　僧肇述：《维摩诘所说经注》，莆田：广化寺，2007年，第152页。

说，《老子》中多次出现，已经成为《老子》思想的旗号，其出处不烦再举。很显然，在僧肇那精炼、恰切的注文中，《维摩诘所说经》中三宝的伟大在充满老学意蕴的话语中得到了充分的彰显。

僧肇素有"秦人解空第一"之称，是中土佛教学者准确理解佛教般若学精义的开端。在笔者看来，僧肇对道家《老子》的精深而独到的理解，为其准确理解般若学奠定了坚实的思想基础，而其著作中所呈现出来的丰富的老学意蕴，则彰显了《老子》（还有《庄子》）在佛教东传中土过程中扮演了接引人的重要作用，同时也是佛教中国化的基本体现。

老学与道学研究

虚与静：关于道家知识论与伦理学的一个阐释

姚裕瑞[*]

摘要："虚"与"静"是老子哲学体系的重要概念，也是道家哲学"哲学突破"的重要产物。一方面，《道德经》将"动""静"放置在了"道""物"的视域中，以虚静观超越了早期动静关系的大多论述；另一方面，"虚"与"静"的结合，也拓展出了知识和心性的意味与旨趣。虚静观的提出，是对孔孟儒家沉沦礼乐和学知的批判，其蕴含着道家宇宙论、知识论、伦理学和政治哲学的诸多向度。在思想与文本的张力中，"虚静"一步步进入了《道德经》的经典化与解释史，同时又深刻地影响和丰富了中国古代的思想世界。

关键词：道家 《老子》 虚 静

"虚"和"静"，历来被视为道家哲学的核心术语。古往今来对于《道德经》思想的研究者和注释者们，试图从"虚""静"的角度对于道家哲学的思想特质做出说明。在思想史的视域中，"虚"和"静"的首次结合出现于《道德经》第 16 章（"致虚极，守静笃，万物并作，吾以观复。夫物芸芸，各复归其根。归根曰静，是谓复命"），但对于此章的理解历来歧义纷纭。旧注"致虚，物之极笃；守静，物之真正"（王弼《注》），今人一般读作"做到致虚守静的功夫，以恢复心灵的清明"。[①] 那么"虚静"究竟是"宇宙的本原"还是"心灵的工夫"，现有的经典注释者们并没有给出一个令人满意的答案。在《老子》之后的道家文本中，"虚"和"静"也都不是容易理解的语词。《庄子·天道篇》谓圣人"以虚静推于天地"，成玄英《疏》言"虚静、恬淡、寂寞、无为，四者异名同实者也"。而在《管子》四篇、《文子》《淮南子》，甚至是《荀子·解蔽》和《韩非子·扬权》等篇章中，我们都看到老子

---

* 作者简介：姚裕瑞（1993—），女，河南郑州人，北京大学哲学系博士生，研究方向：先秦道家哲学。

① 详见陈鼓应：《老子注译及评介》，北京：中华书局，1984 年，第 121 页。

"虚""静"概念所进一步结下的果实。

问题是，道家为何要把"虚"和"静"结合起来讨论？到底什么是"致虚守静"？"虚静"的提出在早期思想史上具有什么样的意义与作用？对于这些问题的回答，将为我们进一步理解和阐释道家哲学的思想特质及其重要价值提供一个思考的面向与维度。

一、从动静到虚静：道家哲学的突破

我们对于"虚静"的考察，首先从"动静"来谈起。《老子》中关于"动""静"关系的探讨十分耐人寻味。第15章"孰能浊以静之徐清？孰能安以久动之徐生"；第26章"重为轻根，静为躁君"；第45章"躁胜寒，静胜热，清静为天下正"。老子究竟主"静"的还是主"动"的问题，也历来被思想界所争论不休。

如果我们把这种探讨放置在思想语境的来龙去脉中，"动""静"的出现似乎并不是偶然的。《论语·雍也》"知者动，仁者静"，《管子·心术》"动则失位，静乃自得"，《易传·系辞》"寂然不动，感而遂通天下之故"，在更早的《尚书·说命》中也有"虑善以动，动惟厥时"的说法。这说明"动"与"静"、"常"与"变"，很可能是当时人们所普遍关注的话题。而在《老子》之后的哲学文本中，这些语词的使用也更加频繁。《庄子·在宥篇》："其居也渊而静，其动也悬而天"；《天道篇》："虚则静，静则动，动则得"；另有《荀子·解蔽》"心未尝不动也，然而有所谓静"；《韩非子·解老》"圣人爱精神而贵处静"；《礼记·乐记》也说"人生而静，天之性也，感于物而动，性之欲也"。战国秦汉之时，"动静"也不再局限于对事物存在状态的描述，同时具有了理想人格、心性伦理等含义。以"动""静"来诠释"性""心"的思路，广泛存在于早期思想史史料之中。[①]

那么道家哲学的动静观有何独特之处呢？首先我们发现，《老子》中"动""静"是作为一对对反关系而存在的。"动静"与"有无""大小""多少""贵贱"一样，是老子阐述和把握"道""物"关系的一种门径。这在《老子》之前的思想史上是绝无仅有的现象。孔子也谈动、静，但孔子的动静还停留于日常语言的字面含义，"智者动"与"仁者静"之间没有必然对立的关系。而当《老子》提出"躁胜寒，静胜热""静之徐清""动之徐生"之后，作为相互对待、相互交涉、又相互转化的

---

① 若将目光进一步延伸，"动静"问题也是魏晋玄学乃至宋明理学中的核心范畴。王弼所谓"以静见天地之心"，而当周敦颐《太极图说》中提出"圣人定之以中正仁义而主静"，程朱则进一步把"主静"改造为了"主敬"，认为"主敬"该贯动静；而"主静"则具有虚无、死寂等道家意味。显然，动静关系的探讨，不仅贯穿于整个中国哲学的思想展开和发展之中，同时，它也成了儒、道对话的重要方面，是我们理解儒、道两家思想特质与异同的重要切入点。

"动""静"概念，就具有了抽象与普遍的意义。这一定是在深入的哲学反思的基础上才会形成的思考。

老子的另一发现在于把"虚"和"静"结合了起来。"致虚守静"的提出，把"动静"关系引入到了"虚无"或"有无"的范畴中。① 我们知道，"虚"的发现，在思想史上本具有"哲学突破"的意义。"虚"就是"无"，但这种"无"并非一无所有，而是若有若无，非有非无，有无一体。问题是，"虚"是静的还是动的呢？《老子》第 4 章"道冲而用之或不盈"，第 5 章"虚而不屈，动而愈出"，可见"虚"不仅仅和"静"相配，"虚"也与"动"相合。既有既无、既动既静的"虚"，在道家哲学中具有形上本体的意义。《老子》所谓"道冲"，即把"冲虚"以及与"冲虚"有关的"橐籥""谷神"（张湛注"至虚无物"）看作了"道"的展现和特征。《庄子》《管子》《淮南子》中也有"唯道集虚"（郭象《注》"虚其心则至道集于怀"）、"虚者万物之始""虚无无形谓之道"（《心术上》）、"虚无者，道之所居也"（《精神训》）等说法。上述材料暗示出，"虚"其实是与"道"类似的，具有恒常、至高、无对等形而上学的意义。郭店楚简《老子》甲组中有"至虚，恒也"一语，亦可资为一证。

"虚""静"是怎么走到一起的呢？在思想史的脉络中我们发现，《老子》之前的哲学文本从未见过"虚"与"静"并列而论的现象。《老子》第 16 章首次提出"致虚极，守静笃"，将"虚"和"静"放在了同一个层域的东西。而"虚""静"之间的联结性，也进一步发展于《庄子》《文子》《淮南子》等早期道家文献中。《庄子》有言圣人"以虚静推于天地"，又说"夫虚静恬淡寂漠无为者，天地之平而道德之至"（《天道》），明确将"虚静"当作了一个完整的概念来使用。而在稷下道家的代表性著作《管子·心术》以及曾受过道家思想影响的《荀子》和《韩非子》中，也均可看到虚、静结合所结下的果实。

"虚"与"静"的结合，使《老子》突破了早期动静关系的大多论述。"虚"既是有无一体、动静两合的，与"虚"结合的"静"，也不再是日常语言中"动静"的"静"，甚至逸出了时空维度上"运动"或"静止"的含义。经过反复阅读，我们发现，《老子》文本中的"静"其实包含两意：作为对反关系的"动静"，与作为形上本体的"虚静"；前者有名有形，后者则超绝名相。道家哲学正是通过从"动静"到"虚静"的跨越，以此来窥探和把握"道""物"之分际。我们也不妨以"道""物"关系的视域，来重新审视《老子》中关于"动静"的讨论。事实上在老子看来，无论是静极而动，还是动极而静，宇宙间生命的活动都归属于"物"的规律，而"复

① 在更为广泛的道家思想语料中我们发现：先秦道家虽然也讨论"动""静"，但它并没有纠结于"动静"这对范畴之中；在"动静"之上，道家似乎更为醉心于对"虚静"的探讨与阐发。

归其根"的"虚静"则具有超越于经验世界的"道"的特征。在"物"的规律中，任何一个相对的状态都会含有另一个相反的存在，"动静"正是这种相对的、有名的价值的一个方面。老子似乎区分了两个世界，在"始卒若环"的动静链条背后，还有一个处在"环中"的"虚静"的本体。所以《老子》说"保此道者不欲盈"（第15章），善于体道之人要从"动静"的循环中超脱出来，就像尹知章注"心以藏心"："动乱之中又有静正之心也"（《管子·内业》）。因此"虚静"并非完全不动的，而是不落名诠，超越动静；动中有静、静中有动，当动则动、当静则静，随顺动静万物之自然。从这个意义上来说，老子既非主"动"的、也非主"静"的，他将"动静"的讨论转化为了"道物"、即"有无"层面的分别。从"动静"跨越到"虚静"，使道家哲学从对"物"、即"名"的世界的关注，进到了对"道"、即"无名"世界的反思。"虚静"正是对"动静"的超越，就如"精思"超越了"思"、"内明"超越了"明"、"自知"超越了"知"一样。

另外，虚静观的提出，还拓展出了知识论与伦理学的向度。我们知道，老子其时"人性"还并非思想史的重要视域，但这也不意味着《老子》中全无关于"性""命"的论述。《老子》所谓"德"也即"性"；第16章中"静曰复命"，"复命"就是"复性"：① 这些线索暗示我们，道家的心性论，或许早在《老子》之时已初具雏形。而真正将"性""心"作为重要命题而提出的思路，则肇端于《庄子》对于"虚""静"的讨论中。②

从事物存在状态的"动静"，到本体论和心性意味的"虚静"，道家哲学扩大了其语词作用的意义和范围。正如陈鼓应所说，《老子》的哲学体系，是"从宇宙论伸展到人生论，再从人生论伸展到政治论"，③ 而在笔者看来，虚与静的结合，恰恰沟通和串联起了"无名""无知""无欲""无心""无情""无为"等等命题和语

---

① 王弼《注》："复命，则得性命之常"；苏辙《老子解》："命者，性之妙也"；释德清《老子道德经解》："命，人之自性"。根据蒙文通先生的考证，早期文献中的"命"就是后来所说的"性"，而早期文献中的"性"则是后来所说的"情"："始之言命、性，犹后之言性、情，……惟古之哲学，恒依于宗教而不可分离，哲学中心思想之命，与宗教中心思想之命，亦混而不可分。"（蒙文通：《儒家哲学思想之发展》，载《古学甄微》，成都：巴蜀书社，1987年，第68页。）

② 《庄子》对《老子》的"虚静"概念做了重要的发挥。尽管老子已经注意到了"虚"的问题，"致虚守静""虚心实腹"之说虽已提出，可是其重要性并没有得到特别的强调。列子、关尹子等进一步发展了老子"贵虚""贵清"等思想。而真正将"虚"落实到人的心灵层面上，并将"动静"问题作为知识论、心性论的重要命题而提出的思路，则肇端于《庄子》对于"虚""静"的讨论中。《天道篇》"圣人之静也，非曰静而善，故静也。万物无足以铙心者，故静也。"《人间世》："虚者，心斋也。……虚室生白，吉祥止止。"显然这里的"虚"和"静"不仅仅是宇宙论的概念，它还关涉着知识、性命等问题。《庄子》又说"圣人之静也，非曰静而善，故静也"（《天道》），"虚静"不同于"动静"，它已经逸出了对事物存在状态的描述，而关联着以知识与心性为基础的价值判断，更提携出了知识论、伦理学、乃至政治哲学的意味与旨趣。

③ 陈鼓应：《老子注译及评介》，北京：中华书局，1984年，第1页。

境。如果说"物"一旦进入有名的时空中，就一定存在着动与静、变与不变，那么"动"就是讲自然哲学的"物论"，"静"具有了恒常本体的意味，而"虚静"则超越了"动""静"，其理论核心和思想旨趣，指向了包括宇宙本原、认知方式、审美意识、心性伦理、精神境界以及政治哲学的方方面面。从"动静"到"虚静"的跨越，突破了早期动静二元论的论述窠臼，也蕴含了诸子时期"哲学突破"和"哲学反思"的重要面向。因此，接下来，笔者就将围绕阅读《老子》第16章的几点发现，来进一步探讨"虚静观"在道家知识论和伦理学中的意义与旨趣。

二、知识论和伦理学视域中的虚与静

（一）致虚守静：打破主与客的对立

"虚"与"静"的首次结合出现于《老子》第16章：

> 致虚极，守静笃，万物并作，吾以观复。夫物芸芸，各复归其根。归根曰静，是谓复命。复命曰常，知常曰明，不知常，妄作，凶。[①]

此章自来受到学者重视，其旧注也是歧解纷纭。围绕首句的句读问题，形成了两种不同的理解：(1)"致虚，极也；守静，笃也"；(2)"至虚极，守静笃"。句(1)乃是判断句，王弼《注》说"致虚，物之极笃；守静，物之真正"，即把"虚静"看成了"道"之视野下的"物"所达到的最高状态，这是宇宙论角度的解读。而句(2)则是陈述句或祈使句，"做到致虚守静的功夫，以恢复心灵的清明"，[②]这是认识论或心性论角度的理解。二者的主要分歧，其实在于"物"与"我"、"主"与"客"，或者说"镜"与"照"、"能"与"所"的区别。

但事实上，在《老子》的本意里，上述区分可能并不存在。现在我们有更多的证据表明，道家哲学恰恰是要打破这种主客二分的藩篱。旧注对于16章的两种属句，也恰好提示我们，对于"虚静"的理解，也必须放在主客、物我、内外，甚至是动静的耦合与张力中，进行重新地定位与思考。我们知道，《庄子·在宥篇》可看作《老子》思想的一个注脚。《在宥》对于第16章的转述，值得我们更多的关注：

---

① 高明认为，今本为了用字从简，而将"静""妄"等连缀重语都删去了。根据高明的校勘，此句应订正为："归根曰静，静，是谓复命。复命常也，知常明也。不知常，妄，妄作，凶。"参见高明：《帛书老子校注》，北京：中华书局，1996年，第302页。

② 陈鼓应：《老子注译及评介》，北京：中华书局，1984年，第121页。

堕尔形体，吐尔聪明，伦与物忘，大同乎涬溟，解心释神，莫然无魂。万物云云，各复其根，各复其根而不知，浑浑沌沌，终身不离；若彼知之，乃是离之。

对比两篇文本，显然《在宥》对于虚静的理解，提携出了更多知识论的含义。我们发现，在早期道家文献中，"虚静"其实经常与"无知""不知"，或相关的"涬溟""恍惚""窈冥""混沌""漠然""玄览""睹无"等词一起出现。兹引几例：《庄子·人间世》："唯道集虚，虚者心斋也……闻以有知知者也，未闻以无知知者也"；《庄子·在宥篇》："至道之精，窈窈冥冥；至道之极，昏昏默默。无视无听，抱神以静"；《淮南子·览冥训》："堕肢体，绌聪明，大通混冥，解意释神，漠然若无魂魄，使万物各复其根"；以及马王堆出土黄老帛书《经法·论》："慧生正，正生静，静则平，平则宁……至神之极，见知不惑"。当然，也包括"昏昏闷闷"（第20章），"目无所见，耳无所闻，心无所知"（《庄子·在宥》），"不设智故"（《淮南子·原道》），"无为无思""意无所制"（《韩非子·解老》）等等，都可看作是围绕"虚静"概念所进行的哲学阐释。

"虚静"不仅与"无知"，也常常和"自知"联系在一起。所谓"虚者，心斋也"（《人间世》），庄子进一步解释说，"心斋"就是"循耳目内通而外于心知"，也即不诉诸耳目感官的内向型知识。黄老帛书《经法·名理》有言："神明者，处于度内而见之于度外也……处于度内者静而不可移也，见于度外者动而不可化也"，显然是把动静的关系，转化为了"内"与"外"的分野。而在宋徽宗御注"自知者明"中："《易》曰'复以自知'，《传》曰'内视之谓明'，'复以自知'者静而反本，自见而已"（第33章）。这种把"自知""内视"与"虚静""反本"结合起来的说法，堪称洞见。

这种知识的内向性，也体现在了"虚静"与"一"或"精一"的配合中。老庄哲学里出现了大量的"抱一""执一""抟一""精一"之语，其准确含义，应该就是《庄子》所说的"解心释神""收视反听"，即精神内守而专一的"玄光内明"（《淮南子·俶真训》高诱《注》）。上博楚竹书《恒先》中亦言："虚静为一，若寂寂梦梦，静同而未或明，为或滋生"；《管子·心术》所谓"一气能变曰精""静则精，精则独立矣"；包括《荀子》"虚一而静"，《韩非子》"贵静"命题的提出，一定程度上都是对道家联结"虚静"与"一"思路的延续与发展。

此外，在知识论的视域中，"虚静"还是一种自明性，或被动性的智慧和旨趣。在精神内守、心无他图的基础之上，道家认为，知识的获得应该是以物观物、物自来照的"虚心"与"静观"。正如《老子》第16章苏辙注云："虚极静笃，以观万物之变，然后不为变之所乱"；范应元也说："致虚守静，非谓绝物离人，万物无足以挠吾本心者，此真所谓虚极静笃也"；① 而《庄子·德充符篇》成玄英《疏》谓："唯止是水本凝湛，能止是留停鉴人，众止是物来临照"，② 即自己把自己显现出来，自己把自己反映出来。"人见其人""物见其物"、自我呈现、"目击而道存"——"虚心"与"静观"正是道家哲学追求物我两忘、主客浑溟的一个典型的体现。尤其值得注意的是，在主客一体的层面上，"动""静"的界限也变得相对模糊了。"虚"不是虚无所有，而是虚灵不昧；"静"也不是心灵死寂，而是"阴阳和静"（《庄子·缮性》）；"虚静"不是一动不动，而是超越动静的"默而识之"。所谓"万物并作，吾以观复"，"作"即"动作生长"（王弼《注》），若只有"静"而没有"动"，就将无所谓"作"也无所谓"观"了。《庄子·刻意篇》："静一而不变"，"动而以天行"；黄老帛书《经法·明理》："静而不移，动而不化"；《管子·心术》："一气能变曰精，一事能变曰智"。"动静不失"的思想，也体现在了魏源对于"抱一"的创造性阐释之中——"魂载魄，动守静也。心之精爽，是谓魂魄，本非二物，魂动而魄静……惟抱之为一，使形神相依，而动静不失"③——魏源一语道破了老子形神论与动静观之要旨。

　　从"不知"到"自知"，而后"能知""精一""静观"，我们已可概括出"虚静"在知识论中的准确意涵。简单来说："虚静"就是"无知"，但并非一无所知，而是"不知之知"或"特殊的知"，是一种内向而自明的认知方式；这种方式即有即无，即动即静，主客一体，身心相合；它混淆了物我、天人，泯灭了"能所""镜照"，是一种不设区分、不加拟议，恍惚性、浑溟性、齐一性的知识与智慧。"大道能包之而不能辩之"（《庄子·天下》），作为"浑溟性"知识的"虚静"，它的提出，正是对于儒家"分辨"与"明知"的拒绝。④

　　通过上述诠释，《老子》第16章的含义也就十分明确了。我们总结如下：在思虑不起、凝定不动的心灵状态中，可以从万物并作的宇宙现象里观察到物极必反、循环往复的规律；而通过把握"物"的规律，就可以体会到"道"的真理，从而达到复命反性、物我一体的"内明"境界。显然，这是一个从"能"到"所"，又返回到"能"的过程。在出入能所，打破物我的论述中，道家哲学的宇宙论与知识论，

----

　　① 详见 [宋] 苏辙《老子解》，[宋] 范应元《老子道德经古本集注》，转引自陈鼓应：《老子注译及评介》，北京：中华书局，1984年，第121页。

　　② 郭庆藩辑，王孝鱼整理：《庄子集释》卷二下《德充符第五》，北京：中华书局，1961年，第194页。

　　③ 魏源：《老子本义》上篇，北京：中华书局，1985年，第9页。

　　④ 《庄子·人间世》说："闻以有翼飞者矣，未闻以无翼飞者也；闻以有知知者矣，未闻以无知知者也。瞻彼阕者，虚室生白，吉祥止止。"在道家看来，人的认识能力是有限的，知识的获取并不足以应付整个世界，亦不能助你起飞。对于外部世界过分的分辨与追逐，只会让生命淹没在"役于物"的"前识"之中，成为知识和世界的奴隶。因此道家提出"虚静为一"（上博简《恒先》），"一"其实本身即意味着对"区分""明辨"的拒斥。

其实恰恰是交织在一起的。正如我们对于"恍惚"的理解："恍惚"既指"道体"的若有若无，也指"体道"的含混不明；"视""听""搏"形容主观，"见""闻""得"形容客观，①但主客之间往往是耦合的（《老子》第14章）。以上概念理解起来的复杂与模糊，其实恰好印证了，道家哲学试图超脱知性的束缚，同时试图打破主客二分的桎梏的努力。

（二）虚静与明：神秘和反常的现象

在道家所运用"虚""静"的语境中，我们常常会看到一些反常、或超然的现象：

知常容，容乃公，公乃王，王乃天，天乃道，道乃久，没身不殆。（《老子》第16章）

水火不能害，金石不能残，用之于心，则虎兕无所投其齿角，兵戈无所容其锋刃，何危殆之有乎！（第16章王弼《注》）

虚静也颇易与吉凶、祸福，或鬼神、神明、魂魄等神秘主义的语词一起出现：

知常曰明，不知常，妄作，凶。（《老子》第16章）

虚其欲，神将入舍，扫除不洁，神乃留处。（《管子·心术上》）

能抟乎，能一乎，能无卜筮而知吉凶乎？（《管子·内业》）

古之人，在混芒之中，与一世而得澹漠也。当是时也，阴阳和静，鬼神不扰，四时得节，群生不夭。（《庄子·缮性》）

这些神秘或反常的现象，说明了一种怎样的逻辑规律呢？首先，我们知道，所有"没身不殆""无遗身殃"或"千二百岁"的东西，它一定不会在经验的世界中出现，它只能是无穷无名、超越时空、与物相对的"道"的存在和特征。事实上，老庄对于"虚静"极尽夸张的描写，正是其强调"道""物"之别的又一种表述和例证。"道"，或者说"虚静"，既然是无名不可言的，而要"言不可言""强为之言"，就必须通过非常态、或否定性的评价来加以反显与点化。从道家语言的这一表达方式来看，虚、静所具有的神秘主义色彩，其实也再次向我们印证了："虚静"它不是"物"，"虚静"无法通过"思索而得""意会而知"，它是超越人类理性范畴的一种形而上学

---

① 朱谦之区分了"视"与"见"、"听"与"闻"、"搏"与"得"的区别："'视、听、搏'，主观；'见、闻、得'，客观。在现代汉语里，主、客的区分相对淡化了。而在英语里，这样的区分还是相当明显的。"（朱谦之：《老子校释》，北京：中华书局，1963年，第33页。）

的存在。

其次，这些反常的表述，体现的也是一种境界。《庄子·刻意篇》："其寝不梦，其觉无忧，其神纯粹，其魂不罢，虚无恬淡，乃合天德。"显然在《庄子》这里，"虚静"是一种"合天德"，即天人合一的精神的体验。"虚静"的精神意味，也可以从它与"明"的关联中得到确证。近年的研究成果表明，道家哲学中大量使用的视觉语词（如"玄光""内明"），应该准确理解为一种"特殊的觉解或智慧"。① 而"虚静"与"明"的配合，同样暗示我们，对于"虚静"的理解也要放置在精神体验的层面来考察。通过"虚静"所达至的"神明"或"知常曰明"，所指向的是一种超然物外、与道合一、"鬼神不扰""阴阳和静"的精神状态与境界。

另外，这里我们也发现一个矛盾的现象：道家一方面认为"鬼神"是一种高明的境界，另一方面却又强调"鬼神不扰"。《管子·内业》："思之而不通，鬼神将通之，非鬼神之力也，精气之极也"，似乎道家的最终意图，不是要让鬼神显明，而恰恰是要让鬼神根本无法发挥其作用。类似的，《老子》第60章说"治大国若烹小鲜，以道莅天下，其鬼不神"，"不神"即"不起作用"。值得注意的是，这里虽未出现"虚""静"二字，但注疏史上一般却会以"虚静"来理解：如《韩非子·解老篇》："有道之君，贵静不重变法，故曰'治大国若烹小鲜'"；王弼《注》曰："躁则多害，静则全真……以道莅天下，则其鬼不神也"。②

笔者以为，对这一矛盾现象的解释，我们仍要从道物论，或境界论的角度来着手。事实上，在"致虚守静"的体道的境界下，所有反常的现象，就并非出于了一种宗教的思维，而恰恰是其哲学思考的反映。《老子》中实际隐含了一个序列："鬼神"虽然比人聪明，但却敌不过"精气"和"虚静"；"虚静"超越了"鬼神"，在虚静的状态中能够发挥出"无卜筮而知吉凶"，也即"占卜"和"神明"也无法达到的功用。或者说，道家所谓的"鬼神"，已不再停留于日常语义的"妖魔鬼怪"，而是《管子·内业》里说的"精气之极"——它不是宗教语词而是哲学的概念。这也就解释了为何《老子》否定"鬼神"的同时又肯定"鬼神"，以及为何会有"鬼神通之"、却又"非鬼神之力"这一奇怪的表述。上述夸张而矛盾的语言，体现的正是《老子》在运用当时普遍存在的"鬼神"话语的同时，又试图超脱出这种话语和思维影响的趋势，这是一种前进而动态的过程。因此"虚""静"所蕴含的神秘主义因素，恰恰是宗教体验哲学化的反映，是道家哲学"哲学突破"的一个重要面向。

---

① 参见郑开：《道家形而上学研究》，北京：宗教文化出版社，2003年，第159—165页。
② 王弼注，楼宇烈校释：《老子道德经注校释》，北京：中华书局，2008年，第157页。

（三）致命尽情：心性论与伦理学的扩展

《老子》第16章有"静曰复命"一语，在《庄子》中得到了进一步的阐释和发挥：

　　天地乐而万事销亡，万物复情，此之谓混冥。（《庄子·天地》）
　　万物无足以铙心者，故静也。……水静犹明，而况精神。（《庄子·天道》）

　　"复命"就是"复性"，也即《庄子》所谓"复情"。"性""命""情"在早期的思想文献中，往往是关联而混用的。[①]"虚静"常常和"人性""心性"的问题联系在一起，它也是我们进一步理解道家"性情"观念的一个重要向度。在"人性"的视域中，我们发现，早期道家文献中的"虚""静"，常常与"无欲"或"去欲"一起出现。兹举数例：

　　虚其心，实其腹，弱其志，强其骨，常使民无知无欲。（《老子》第3章）
　　化而欲作，吾将镇之以无名之朴。无名之朴，夫亦将不欲，不欲以静，天下将自正。（第37章）
　　心不忧乐，德之至也，一而不变，静之至也。（《庄子·刻意》）
　　去欲则宣，宣则静矣，静则精，精则独立矣。（《管子·心术上》）
　　严容畏敬，静将至定。得之而勿舍，耳目不淫。（《管子·内业》）

　　这里的"静"即"精""敬""定""宁""凝"；"无欲"也关联着"无乐""无忧""无情""不淫""不为"。高明指出，"虚指无欲，静指无为"，[②] 正是看到了虚静在道家伦理学中"无欲"的意涵。另外我们还发现，在郭店竹简本《老子》甲组中，"守静"是写作"守中"的。那么什么是"中"呢？《老子》第5章"多言数穷，不如守中"，可见"中"是与"多言""多闻"相反的，没有后天经验知识加工改造过的，一种先天而原初的本性。《庄子·缮性》也说"文灭质，博溺心，然后民始惑乱，无以反其性情而复其初"：惑乱人心的是"文""博"，"反其性情"也即"虚""静"，所以"虚静"既是人性的最初起点，也是"自己如尔"、自然而然的人性的归宿。

　　原初性和自然性，正是理解"虚"与"静"的一个重要向度。事实上，在经典注疏史上，"虚静"和"自然"概念也常常放在一起来解读。"虚静"，一定程度上可以视为"自然"的同义语，也是《老子》所谓"素""朴""婴儿""赤子"所表征

　　① 蒙文通：《儒家哲学思想之发展》，载《古学甄微》，成都：巴蜀书社，1987年，第68页。
　　② 高明指出："虚指无欲，静指无为，此乃道家最基本的修养。"（高明：《帛书老子校注》，北京：中华书局，1996年，第299页。）

的对象。在上博楚竹书《恒先》篇中，有所谓"恒先无有，朴、静、虚。朴、大朴，静、大静，虚、大虚，自厌，不自忍"的说法。作为"恒"、也即"道"的本性和内涵，"朴""静""虚"在道家看来，都是"自厌"而"不自忍"的。所谓"自厌不自忍"，即自足而不压抑的精神状态：道家虽然主张"无欲无为"，但"无为"并不是不为，"无欲"也不等于没有欲望。"纯粹不杂，静一不变"（《庄子·刻意》），"无欲"既是对自然人性的约束，同时也是对自然性情的一种肯认与尊重。或者说，"无欲"的"虚静"，在道家看来才是原初人性的本质状态，而"容动"和"嗜欲"，则恰恰是对真性的缺失与破坏。①

　　另外，"虚"与"静"的结合，还提携出了道家"心性论"的意涵。我们知道，《老子》罕言"性"与"心"，而《庄子》和《管子》却常常讨论"虚心"或"静心"——"虚室生白，吉祥止止"（《人间世》）、"圣人之心静乎，天地之鉴也，万物之镜也"（《天道》）。在"心"的层面上，《庄子》或《管子》实际上区分了两种"心"：沉沦礼乐的"机心"和"解意释神"的"常心"——而"虚""静"正是对后者的描述。道家的"虚心"就是"无心"，但并非一无所有，而是"心之藏心"；"静心"就是"不动心"，但也非死寂不动，而是灵明不昧。"虚心"不离于物又高于物，因此它无所谓动静、是非或善恶。在"德荡乎名，知出于争"（《人间世》）的时代，道家通过"虚心澄凝""涤除玄鉴"，为人的心灵找到了真正的存身之地。只有耳目不再执着于外物而是通向人的内心，心才能回归到真正的寂静，在纷扰而动荡的世界中，人才能重新建立起"道德"之"至世"。

　　以"自然""无欲""无心"为特征的"虚静"的性情论，是对于儒家以"善恶"区分人性的拒绝。《庄子·天道篇》有言："圣人之静也，非曰静而善，故静也"，"静"不是价值或道德的判断，而是自然而然的自发状态。《庄子》之所以一定要否定掉"静而善"，正是因为在他看来，一旦以"善恶"或"动静"来判断"人性"，就必然会落入到某种统一性的"标准"之中。与《论语》"仁者动、知者静"的动静、仁智区分不同，《庄子》并不认为"动"一定是好的或"静"一定是对的。因为"动静"无所谓"善恶"，在自然人性的讨论中，他超越了作为世俗价值的"动"与"静"。②

---

　　① "无欲"不是完全没有欲望。正如刘笑敢所言，道家的人性论是一种"自明"的人性论，所有符合天然、不事人为的就是最好的，这是一种"生而完具"的"性超善恶论"（刘笑敢：《庄子哲学及其演变》，北京：中国社会科学出版社，1988年，第275—280页）。

　　② 这种"性超善恶论"，也体现在了黄老学对于道家"性情"概念的发展中。在黄老学看来，"夫凡人之情，见利莫能勿就，见害莫能勿避"（《管子·禁藏》），"民之情，莫不欲生而恶死，莫不欲利而恶害"（《形势解》），"趋利避害"和"欲生恶死"，是黄老学所理解的"人性"或"性情"。但这种性情并不等同于"性恶论"，更不是荀子所谓"化性起伪"的"本始材朴"，在黄老学看来，它恰恰是一种自然而然的、人正当的性情和需求。或者说，黄老学根本不是在"善恶"的范畴中来理解人性的，对于"善恶"的超越和突破，是道家哲学一以贯之的思考。

或者说，在道家这里，在最理想的状态，恰恰是当动则动、当静则静，即静即动、寓动于静，随顺万物动静本性之自然。在"心""性""情"的层面上对于"虚静"的拓展，是继《老子》之后，道家哲学在心性论和伦理学领域中的又一重大发现。

可以说，"虚静"既是宇宙的本原、认知的方式、体道的境界，同时也是符合"道"的原则的治理。而"虚静"含义的多元化，也客观上造成了其在注疏史上复杂的面向，同时也保留了较为开放的阐释空间与可能性。所以，接下来，我们也将在《老子》经典化与解释史的过程中，来对这一概念在后世的发展和演变，做出进一步的补充和说明。

三、文本与解释张力中的虚与静

在上引早期道家文献对于《老子》的引用和阐发中，我们梳理出了关于"虚""静"的几种说法，这些说法均可视为《老子》第16章的一个注脚。一方面，在战国秦汉之时，"人性"成了思想界重要的视域。《庄子》将"虚静"与"心养"（即"养心"）匹配，从而开启并奠定了道家心性论的基础。以性、心理解虚、静的思路，也鲜明地体现在了稷下道家《管子·心术》以及作为汉初集大成之作的《淮南子》之中。"心术"的核心主题即"虚心"：不抱主观成见地虚心接物；《淮南子》所说的"解意释神"，大概也是对《庄子》"解心释神"的一种转述。尤其值得注意的是，曾经受到过稷下学派影响的《荀子》，荀子虽然批判老子，但其所用的语词概念却是源于《老子》的，颇为吊诡的是，作为解蔽之法的"虚一而静"，某种意义上正是对道家思想一种认同和接续。

另一方面，如果说以《庄子》为首的上述一脉是从"个体化""个人性"的方向发展虚静，那么与之不同，在黄老学的谱系中，[①]虚静则更多地体现了"社会化"与"政治化"的意涵：

> 圣人忘乎治人而在乎自理，贵忘乎势位而在乎自得；自得，即天下得我矣。乐忘乎富贵而在乎和；知大己而小天下，几于道矣。故曰："致虚极也，守静笃也；万物并作，吾以观其复。"（《文子·道原篇》）
>
> 黄帝（问阉冉）曰：吾既正既静，吾国家愈不定。若何？对曰：后中实而外正，何患不定？左执规，右执矩，何患天下？（马王堆帛书《黄帝四经·十大经》）
>
> 有道之君，其处也若无知，其应物也若偶之，静因之道也。（《管子·心术上》）
>
> 虚者之无为也，不以无为为有常。不以无为为有常，则虚；虚，则盛德；盛德

---

① 笔者这里所称的"黄老学"，是一个广义的概念，即包括《管子》四篇、《文子》、《韩非子》等在内的道、法家文献，都可以看成黄老学谱系中的一环。

之谓上德。(《韩非子·解老》)

《韩非子》将虚静视为"盛德"，所谓"盛德"大概类似于《老子》所说的"至德""上德"或"建德"，虚与静是韩非对于《老子》"无为而治"思想的另一种阐述。从政治哲学的角度发展"虚""静"的思路，也体现在了《文子》对于《老子》第16章的引用之中。而在马王堆黄老帛书《黄帝四经》里，虚静更成了"勿争""因循""自知""自正"的代名词。阎冉所谓"中实而外正"，即要求统治者保持"静"与"勿争"的内心状态，才能达到"因循无为""顺从自正"的治理功效。显然，政治秩序的建立与社会资源的调动，是黄老学在运用"虚静"概念时所重点关注的主题。"致虚守静"乃是统治者自我认知的过程，它是一个政治哲学的概念。

"虚静为一"和"静因之道"的政治思想中，蕴含着黄老和法家对于《老子》"虚静"概念的进一步拓展。在上一章节的梳理和分析中，我们发现，老庄一系对"虚""静"概念的运用，主要还是局限于内在的知识论或初步的心性伦理的视域中（当然《老子》的"虚静"概念比较简单，主要是抽象的原理），而在黄老和法家的谱系里，显然"虚静"已不仅仅是抽象的原理或价值的范式，而是具体的、可操作性的政治的秩序和模式。黄老学将老子"虚静"的概念与"名""法""执一""无为"等政治技术或制度规范相结合，它着眼于建构现实的价值和秩序，从而把抽象的原理，落实为了一套极具可操作性的政治模式，也成为战国秦汉之际政治思想史的一条主线。从黄老学对老子"虚静"概念的转述和发展中，我们看到了老子之后道家政治哲学是如何转化的，这也是黄老学为何主要是政治哲学的原因。

另外，"虚静"概念在后世演变之复杂，也体现在了《老子》文本形态的变迁中。我们兹引第16章为例。通行的王弼本第16章有"守静"一词，在马王堆帛书甲本中写作"守情"，在郭店竹简本中写作"守中"。"情"字的出现，可能是受到了黄老道家性情论的影响。又如，通行本"夫物芸芸"的"夫物"，在出土本中几乎全部写作"天物"，从修辞学的角度来讲，"夫物"显然比"天物"更好理解。但问题是，"天物"与"夫物"有无区别，"守中"或"守情"如何演变为"守静"，这些问题，还有待于进一步的研究。另外，第16章的句式在各本中也略有改动。根据高明的校勘，此章应订正为"归根曰静，静，是谓复命。复命常也，知常明也。不知常，妄，妄作，凶"，[①]显然王弼是为了从简，才把连缀的重语尽数删掉了。经典化的加工与改动，在很多时候的确显示出了巨大的优势，但同时也可能掩盖掉了《老子》本身所具有的某些丰富的内涵。

---

① 高明：《帛书老子校注》，北京：中华书局，1996年，第302页。

"虚静"在经典化过程中的发展与演变，其实恰恰提示我们：经典的形成并非一时一地的，它是一个动态而开放的过程。如果我们把《老子》看成经典化链条的开端，那么《庄子》和黄老学在心性论及政治学角度对于"虚""静"的演绎，则正是道家哲学不断充实与完善的证明。我们发现：从《老子》之后，道家思想以放射状分化而形成多种谱系与支流，事实上同儒家一样是十分复杂的，尽管东周晚期的思想家们并没有对道家的分化做出更多的概括。

而如果我们把视角进一步延长：被经典化了的"虚静"，在后世的解释史和思想史中，继续发挥着重要的影响。从王弼、河上公，一直到清末刘师培的注疏体系里，"虚"与"静"都是备受关注的概念。在王弼看来：万物有起于无、动起于静，最终复归于静，"各返其所始也"，这是从宇宙创生角度所做出的说明，是与王弼"终""始"的一贯思路相互呼应的。① 另外，值得关注的还有宋儒对于虚静的发展和运用。我们知道，宋明理学中颇多关于"虚"或"太虚"，"静"或"主敬"的探讨。张载所谓"清虚一大"者，周敦颐所说"圣人定之以中正仁义而主静"，② 而程朱则进一步把"主静"改造为了"主敬"，认为"主敬"该贯动静；③ 王夫之还将其与"环中"相配，在他看来："宇宙一大环"，浑然一气、生息变化，"有者非实，无者非虚"，万物动静相因，而"道"也即"清虚"，体现的则是庄子所谓的"环中"之旨。④ 在今天出土的郭店竹简《老子》甲组里有"天道员员"一语，释读者一般会读作"天道环周"，或许所考虑的，也正是与王夫之相类似的思路。显然，关于"虚静"或"动静"关系的探讨，不仅贯穿于整个中国哲学的思想展开和发展之中，同时，它也成为儒、道对话的重要方面，是我们理解儒、道两家思想特质与异同的重要切入点。当然，在《老子》"道教化"的过程中，"虚静"同样发挥出了重要的作用。想尔注本《老子》第16章的"王"被改作了"生"，注文曰"能行道公正，故长生也，能致长生，则副天也"。这种改动，显然更符合道教长生之旨。道教徒多言"清虚之静"：作为内丹修炼和身心交感的一种方式，虚静不仅作为心灵的智慧，更成为一种

---

① 王弼还提出"以静见天地之心"，见《老子》第16章王弼《注》曰："复者，反本之谓也。天地以本为心者也。凡动息则静，静非对动者也。语息则默，默非对语者也。然则天地虽大，富有万物，雷动风行，运化万变，寂然至无是其本矣，故动息地中，乃天地生物之心见也。"

② 周敦颐：《太极图说》，载《周敦颐集》，陈克明点校，北京：中华书局，1990年，第6页。

③ 程颐认为："先儒皆以静为见天地之心，盖不知动之端，乃天地之心也。"（[宋]程颢，[宋]程颐：《程氏易传·复》，载《二程集》，王孝鱼点校，北京：中华书局，2004年，第817页）朱子也说："天地之心未尝无，但静则人不得而见尔。"又说："静而复，乃未发之体，动而通焉，则已发之用。一阳来复，其始生甚微，固若静矣；然其实动之机，其势日长，而万物莫不资始焉。此天命流行之初，造化发育之始，天地生生不已之心，于是而可见也。"（[宋]黎靖德编：《朱子语类》卷七十一《易七》，王星贤点校，北京：中华书局，1986年，第1780页）

④ 王夫之：《庄子解》卷二十五，载《船山全书》第13册，长沙：岳麓书社，1988—1993年，第394—395页。

躯体的体验。

　　总而言之，"虚静"概念的复杂性与开放性，一方面与不同时期的思想发展和阐释有关，另一方面，其实也是《老子》文本表述本身的含混与模糊所造成的。正如笔者在上文中提到，道家哲学具有主客一体、物我混溟的特点，这种语言的方式与西方哲学所追求的清晰明白，显然是不同的。或者说，《老子》正是通过一种暧昧的表达，有意地保留了其语境的解释空间，从而为道家哲学的丰富与扩充提供了铺垫与可能。"虚"与"静"，正是在不断的解释的过程中，才真正呈现出了其意义与价值。从这个角度来讲，"虚静"不是一个封闭的概念，它是充实且扩大着的有机体，是道家解释史中的重要一环。因此，本文所做出的种种探讨与努力，所试图揭示出的，也正是"虚静"如何一步步地进入《老子》的经典化与解释史，同时又在思想与文本的演变和互动中，深刻影响并丰富了中国古代思想世界的过程。

老子与老子神化的传说

王　卉[*]

摘要：老子属于有史可考的历史人物是我国普通民众以及多数学者所肯定的。而老子在后世的神化演变，极为丰富而离奇，称得上是中国历史上最为宏大的一次造神运动。经过后汉和魏晋南北朝，到唐代道教发展到鼎盛时期，神化老子的趋势也逐步上升。承唐之后，宋人佞道，宋真宗尤为突出，贾善翔、谢守灏记载了大量老子神化的传说；至元，道教势力犹存，令狐璋等撰文记录老子生平；随着明清道教不断衰落，对老子神化的传说亦不断淡化。可以说老子神化的传说贯穿着整个道教的发展，一部老子神化史即是一部道教史。

关键词：老子　神化　传说

在道教发展的历史上，关于老子神化的传说经久不衰。从后汉发展到魏晋南北朝，至唐代因道教盛极一时，"老子"被唐皇帝认为"族祖"，神化老子的趋势自然逐步上升。隋唐时期的很多道经如初唐王悬河《三洞珠囊》、敦煌本《道德经开题序诀义疏》《一切道经音义妙门由起》等都记载了大量老子神化的传说、故事。承唐之后，宋人佞道，真宗为甚，尊老子为"太上老君混元上德皇帝"，故贾善翔《犹龙传》、谢守灏《太上混元圣记》记载了大量老子神化的传说。至元，道教势力犹存，令狐璋《史志经》作《金阙玄元太上老君八十一化图说》记录老子生平。随着明清道教不断衰落，对老子神化的传说亦不断淡化。可以说老子神化的传说贯穿着整个道教的发展，一部老子神化史即是一部道教史。

一

关于老子，《史记·老庄申韩列传》记载："老子者，楚苦县厉乡曲仁里人也。姓

---

* 作者简介：王卉（1973—），女，甘肃省民勤县人，宜春学院宗教文化研究中心副教授，研究方向：道家与道教。

李氏，名耳，字伯阳，溢曰聃，周守藏室之史也……老子修道德，其学以自隐无名为务，居周久之，见周之衰，乃遂去。至关，关令尹喜曰：'子将隐矣，强为我著书。'于是老子乃著书《上下篇》，言道德之意五千余言而去，莫知其所终。"①此传对老子还有另一种说法，"或曰，老莱子亦楚人也，著书十五篇言道家之用"，"或曰，（太史）儋即老子，或曰非也"②。后代大部分人都认为李耳就是老子，也叫老聃。

战国末至西汉，《老子》逐渐受到人们的重视和尊崇，老子的名声也日渐显荣，另外也由于《老子》深奥的哲理，给人感觉高深莫测，老子被披上了神秘的面纱。如《史记·老庄申韩列传》记载："（孔子）谓弟子曰：'鸟，吾知其能飞，鱼，吾知其能游，兽，吾知其能走。走者可以罔，游者可以纶，飞者可以矰，至于龙，吾不能知其乘风云而上天。吾今日见老子，其犹龙耶！'"又云："盖老子百有六十余岁，或言二百余岁，以其修道而养寿也"，"老子，隐君子也"。虽然传说记述多有不同，人们对老子也产生了浓厚的神秘感，但在司马迁修史的年代，老子仍然被认为是有史可考的历史人物，而不是天上的"神"、海上的"仙"。《老子传》中记述老子的家世："老子之子名宗，宗为魏将，封于假干，宗子注，注子宫，宫玄孙假，假仕于汉孝文帝，而假之子解，为胶西王卬太傅，因家于齐焉。"③可以看出当时的老子还是一个有情有欲、有子有孙的人，而不是餐风饮露、脱离尘世的神仙。《史记》卷六十三《考证》认为："汉武惑于神仙方士并宗老子，故司马迁作《老子传》著其乡里，详考其子孙，以明老子者亦人耳，非所谓乘云气御飞龙不可方物者，故一则曰'老子隐君子也'，再则曰'老子隐君子也'，良史心苦矣。"

二

老子被神化大概始于汉明帝时期，《后汉书·西域传》记载："世传明帝梦见金人，长大，顶有光明，以问群臣。或曰：'西方有神，名曰佛，其形长丈六尺而黄金色。'帝于是遣使天竺问佛道法，遂于中国图画形象焉。楚王英始信其术，中国因此颇有奉其道者。后桓帝好神，数祀浮图、老子，百姓稍有奉者，后遂转盛。"④到汉桓帝时（147—167年）已设祠专祀老子。《后汉书·桓帝纪》记载："（延熹）八年春正月，遣中常侍左悺之苦县，祠老子。……十一月，使中常侍管霸之苦县，祠老子。"⑤又《后汉书·祭祀中》："桓帝即位十八年，好神仙事。延熹八年初，使中常侍之陈国

---

① 《史记》卷 63，（汉）司马迁撰，（宋）裴骃集解，（唐）司马贞索引，（唐）张守节正义，北京：中华书局，2000 年，第 2139 页。
② 《史记》，第 2141 页。
③ 《史记》，第 2142 页。
④ 《后汉书》卷 88，北京：中华书局，1965 年，第 2922 页。
⑤ 分别见《后汉书》卷 7，第 313 页，316 页。

苦县祀老子。九年，亲祠老子于濯龙。文罽为坛，饰淳金扣器，设华盖之坐，用郊天乐也。"① 《后汉书·襄楷传》："又闻宫中立黄老、浮屠之祠。此道清虚，贵尚无为，好生恶杀，省欲去奢。或言老子入夷托为浮屠。"②

东汉晚期，"老子""道""气"已合而为一。最具有代表性的是王阜的《老子圣母碑》和边韶的《老子铭》。③ 王阜在《老子圣母碑》中说："老子者，道也。乃生于无形之先，起于太初之前，行于太素之元。浮游六虚，出入幽冥。观混合之未别，窥清浊之未分。"这种比喻显然是把老子看作混沌未开之前的虚无，为后世的老君创世说提供了根据。④ 边韶的《老子铭》作于公元 165 年，记载当时信道者附会《老子》"天地所以能长且久者，以不自生也""浴神不死，是为玄牝"的话，描述老子"离合于混沌之气，以三光为终始，观天作谶，降升斗星，随日九变，与时消息。规矩三光，四灵在傍，存想丹田，太一紫房。道成身化，蝉蜕变世，自羲农以来，世为圣者作师"。老子已是无处不在、无世不在、无所不能的天神。

至汉灵帝熹平、光和年间（168—184 年），太平道与五斗米道已盛行，信奉者甚众，老子已被尊崇为教祖。太平道所奉神书《太平经》卷一至十七中说："长生大主号太平真正太一妙气、皇天上清金阙后圣九玄帝君，姓李，是高上太之宵，玉皇虚无之胤。……上升上清之殿，中游太极之宫，下治十方之天，封掌亿万兆庶，鉴察诸天河海、地源山林，无不仰从，总领九垂十叠，故号九玄也。"⑤ 老子已是太平道所奉最高的神。

五斗米道有张鲁托名"想尔"所撰之《老子想尔注》，《注》中说："一者道也"，既"在天地外"，又"入在天地间"，而且"往来人身中"，"散形为气，聚形为太上老君，常治昆仑"。老子以"太上老君"的形象成为五斗米道的最高天神。

———————

　① 《后汉书》卷 98，第 3188 页。

　② 《后汉书》卷 30 下，第 1082 页。

　③ 两文分别见于严可均《全汉文》第 32 卷和第 62 卷。刘屹在《老子·母碑考论》一文中（载《首都师范大学学报》1998 年第 4 期）指出有两个老子母碑，一个是《李母碑》，即《水经注》所载，是东汉所立；另一个是《圣母碑》，即《太平御览》所载，是唐代所立。他认为严可均在《全汉书》中作的《王阜传》之王阜非《水经注》中之王阜。《圣母碑》中所说"老子者道也"也非东汉时期的思想，也因此对《想尔注》《老子变化经》等经典的定年提出了怀疑。

　④ 王宗昱：《〈道教义枢〉研究》，上海：上海文化出版社，2001 年，第 115 页。

　⑤ 《太平经》，《道藏》第 24 册，第 311 页。

其后晋代葛玄的《老子道德经序诀》[①]更加以衍化:"老子体自然而然,生乎太无之先,起乎无因,经历天地终始,不可称载。终乎无终,穷乎无穷,极乎无极,故无极也。与大道而伦化,为天地而立根,布气于十方,报道德之至纯,浩浩荡荡,不可名也。涣乎其有文章,巍巍乎其有成功,渊乎其不可量,堂堂乎为神明之宗。三光持以朗照,天地禀以得生,乾坤运以吐精,高而无民,贵而无位,覆载无穷,是教八方诸天,普弘大道……匠成万物,不严我为,玄之德也。故众圣所共尊,道尊德贵,莫之命而常自然,惟老氏乎!"[②]

至南北朝(420—589年),北魏道士寇谦之利用"太上老君"的名义,着手"清整"道教,并自封为"天师"。《魏书·释老志》记载有寇谦之假托"太上老君"降世的故事,说:"以神瑞二年(415年)十月乙卯,忽遇大神,乘云驾龙,导从百灵,仙人玉女,左右侍卫,集止山顶,称太上老君。谓谦之曰:'往辛亥年,嵩岳镇灵集仙宫主,表天曹,称自天师张陵去世以来,地上旷诚,修善之人,无所师授。嵩岳道士,上谷寇谦之,立身直理,行合自然,才任轨范,首处师位,吾故来观汝,授汝天师之位,赐汝《云中音诵新科之诫》二十卷,号曰"并进"。'言:'……汝宣吾新科,清整道教,除去三张伪法,租米钱税,及男女合气之术。大道清虚,岂有斯事!专以礼度为首,而加之以服食闭练'。"[③]

稍晚于寇谦之的南朝刘宋道士陆修静,也假托"太上老君"的意旨,建立道教斋戒威仪。《陆先生道门科略》说:"'太上老君'以下古委忍,淳浇朴散,三五失统,人鬼错乱……故授汝天师正一盟威之道,禁戒律科,检示万民逆顺祸福功过,令知好恶,……使民内修慈孝,外行敬让,佐时理化,助国扶命。"[④]这时的"太上老君"已不仅是恭维的尊号,而是已被描绘令诞为亲理教务的、名副其实的"教主"。

稍后于陆修静的南朝齐梁道教著名学者陶弘景,则把当时的封建等级、官阶制度引入道教,创作《真灵位业图》排列神仙系统,其中也列有"太上老君"和"老聃"的尊号和位置。

---

① 王卡先生认为此书为吴道士葛玄撰,系东汉末年《老子五千文》一书的《序言》,而《五千文》为张鲁删定《河上公章句》而成。(王卡:《老子道德经序诀考》,《世界宗教研究》,1983年第3期)小林正美认为《序诀》的编纂时期是在梁武帝的末期前后(6世纪40年代)到梁末(577年)为止的期间,《序诀》的实际编者是沿袭作成《河上真人章句》以及其序的刘宋天师道三洞派之流者,恐怕是梁代天师道的道士(小林正美著,李庆译《六朝道教史研究》,成都:四川人民出版社,2001年,第276页)。武内义雄通过分析多种文献资料,最终考订《序诀》的作者为左仙公葛玄;福井康顺《老子道德经序诀的形成》一文认为《序诀》中的不同部分成书时间不一,而不是如武内所说的全都成于葛氏一族;大渊忍尔和岛邦男也对《序诀》进行了研究和论证(参见刘韶军著《日本现代老子研究》,福州:福建人民出版社,2006年,第143页、393—453页)。《中华道藏》第9册收录。

② 《老子道德经序诀》:葛玄造,《中华道藏》第9册,185页上一中。

③ 《魏书》卷一一四,《志》第二十,北京:中华书局,1974年,第3050页。

④ 陆修静:《陆先生道门科略》,《道藏》第24册,第779页。

至唐代，"老子"被唐皇帝认为族祖，道教发展到鼎盛时期，神化"老子"也就自然逐步上升。李唐王朝出于在隋唐改朝换代之际对宗教的需要，认老子为祖宗，证明自己的政权是顺应天命，这为道教及其神化确立正统的神圣地位提供了难得的机缘。

唐末杜光庭作《道德真经广圣义》，卷二专以"释老君事迹、氏族、降生年代"为题，分三十段，释老君事迹，集两汉以来神化老子各种传说之大成。杜光庭把中国古代创世传说的故事，全部杜撰成老君所为，伏羲时画八卦的是老君；神农时播百谷、采百药者是老君；祝融时教陶铸、以火食者是老君；制法度、作形器、制礼乐、作官室、为舟车、日中为市等等，全部都是老君所为，这是边韶《老子铭》"世为圣者作师"的发展，老君俨然成为开天辟地的造物主了

至宋代，关于老子记传、著作较多，最著名的是贾善翔《犹龙传》和谢守灏《太上混元圣纪》，二者皆承杜氏之风，将《史记》《老子铭》《神仙传》《化胡经》乃至六朝以来各种佚说整理而成一有系统的老子神化的记载。以《犹龙传》为例，其主要内容都是老子为道体，应世而有种种变化，看目录可知。

宋人佞道，真宗尤甚。大中祥符年间，上老子尊号为"太上老君混元上德皇帝"，"夫太上老君，道士以称老子者也，今以道号而见于册命，皇帝且亲致祀"。老子在宗教上的地位正式确立不可改变了。哲学家之老子转变为宗教领袖之太上老君，至此可谓正式完成。

元承宋后，道教势力犹存，令狐璋《史志经》等作《金阙玄元太上老君八十一化图说》记录老子生平。本来《化胡经》有老君十六变之词，后人将其演变为八十一化。然元人奉喇嘛教，故宪宗、世祖两朝均有禁《化胡经》，焚烧伪书之举。八十一化图，尤为僧众所恶，故元朝廷下焚书令，之后，老子神化之说渐息。明清以后，虽道教时有废兴，然多无老子神化之说。

三

《史记》《老子铭》《神仙传》《化胡经》以及隋唐时期的很多道经如初唐王悬河《三洞珠囊》、杜光庭《道德真经广圣义》、敦煌本《道德经开题序诀义疏》《一切道经音义妙门由起》、宋代贾善翔《犹龙传》、谢守灏《太上混元圣纪》、元代令狐璋《史志经》等都记载了大量老子神化的传说、故事。下面就从老君名号、降生、容貌、事迹等几个方面了解历代对老子神化的传说。

1. 老子名号

仅老子的名号，据杜光庭《道德真经广圣义》序引《珠韬玉札》载就有"千二百号""百八十名"散在诸经，"可得征验矣"。

《老子铭》曰：

老子姓李字伯阳，楚相县人也。①

《史记正义》引《朱韬玉札》及《神仙传》云：

老子者，名重耳，字伯阳，楚国苦县曲仁里人也。②

刘国钧《老子神化考略》谓：

边韶《老子铭》起首即称老子姓李，字伯阳。伯阳之称，始见于此。今本《史记》之文殆源此窜入。③

《无上真人内传》作：

尹喜曰："敢问大人姓字？"老子曰："吾姓字眇眇，徒劫至劫，非可细说，故前后不能以姓字具示世间矣，吾今姓李名耳，字伯阳，外字老聃。"④

敦煌逸书《老子变化经》云：

第一姓李名老，字元阳；第二姓李名，字伯阳；第三姓李名中，字伯光；第四姓李名石，字子光；第五姓李名召，字子文；第六姓李名宅，字子长；第七姓李名元，字子始；第八姓李名愿，字子生；第九姓李名德，字伯文。⑤

《道德真经广圣义》卷二《明胄胤》引《玄妙玉女元君传》云：

在代凡有九名。一名耳，字伯阳。二名雅，字伯宗。三名忠，字伯光。四名石，字孟公。五名重，字子文。六名定，字元阳。七名元，字伯始。八名显，字元生。

① 边韶：《老子铭》，《隶释》卷3，《四库全书》本。
② 《史记》卷63，第2139页。
③ 刘国钧：《老子神化考略》，《金陵学报》，4卷2期，1936年。
④ 《无上真人内传》，《一切道经音义妙门由起》引，《中华道藏》第5册，607页。
⑤ 苏晋仁：《敦煌逸书〈老子变化经〉疏证》，《道家文化研究》第13辑，北京：生活·读书·新知三联书店，1998年，第141页。

九名德，字伯文。或云三十六号，或云七十二名，或云姓字眇眇，从劫至劫非可悉记。①

对于老子名号之多，《太平广记》解释说：

按《九宫》及《三五经》及《元辰经》云：人生各有厄会，到其时，若易名字以随元气之变，则可以延年度厄。今世有道者亦多如此。老子在周乃三百余年，二百年之中，必有厄会非一。故名字稍多耳。②

楠山春树在《老子传说的研究》一文中列举了《神仙传》《三洞珠囊》所收《化胡经》《道德真经广圣义》《犹龙传》《混元圣纪》《混元圣纪》卷一引《老子内传》等文献所记载老子在伏羲、神农、祝融、黄帝、少昊、颛顼、帝喾、帝尧、帝舜、夏禹、殷汤和文王时期的名号③，可见老子名号之多。

文王	殷汤	夏禹	帝舜	帝尧	帝喾	颛顼	少昊	黄帝	祝融	神农	伏羲	
文邑先生	锡则子	真行子	尹寿子	务成子	录图子	赤精子		广成子	广寿子	九灵老子	郁华子	神仙传老子
樊邑子	锡则子	李子耇	尹寿子	务成子	录图子			广成子	傅豫子	大成子	究田爽野子子	三洞珠囊卷九所收化胡经
樊邑子	锡则子	真行子	尹寿子	务成子	录图子	赤精子		广成子	广寿子	大成子	郁华子	道德真经广圣义犹龙传
樊邑子	锡则子	真行子	尹寿子	务成子	录图子	赤精子	随应子	广成子	广寿子	大成子	郁华子	混元圣记
樊邑子	锡则子	宁真子	尹寿子	务成子	录图子	赤精子		广成子	广寿子	傅豫子	郁华子	混元圣记卷一引老子内传

2.老子的降生

关于老子的降生，《老子道德经序诀》谓：

---

① 《道德真经广圣义》卷2，《道藏》第14册，第323页中。
② 《太平广记》卷1，《神仙》一，《四库全书》本。
③ 楠山春树：《老子传说的研究》，创文社，1979年，第350页。

周时复托神李母，剖左腋而生。生即皓然，号曰老子。①

敦煌 S.2295《老子变化经》谓：

托形李母胎中，易身优命，腹中七十二年，终见楚国李□。②

《太平广记》谓：

其母赶大流星而有娠，虽受气天然，见于李家，犹以李为姓。或云，母怀之七十二年乃生，生时剖母左腋而出。生而白首，故谓之老子。或云，其母无夫，老子是母家之姓。或云，老子之母，适至李树下而生老子，生而能言，指李树曰，以此为我姓。③

《史记正义》引《朱韬玉札》谓：

（老子）周时人，李母八十一年而生。又《上元经》云，李母昼夜见五色珠，大如弹丸自天下，因吞之，即有娠。④

《濑乡记》载《李母碑》曰：

老子乘白鹿以见于李母。⑤

《玄妙内篇经》载：

玄妙玉女者，玄元始气，混沌相因，化成二汽，八十一万亿岁后，化生玄妙玉女。自玄妙玉女生后，三气变化，五色玄黄，大如弹丸，入玄妙口中，乃即吞之。八十一岁，乃从玄妙玉女左腋而生。生而白首，故号为老子。⑥

---

① 《老子道德经序诀》，《中华道藏》第 9 册，第 185 页。
② 苏晋仁：《敦煌逸书〈老子变化经〉疏证》，《道家文化研究》，第 13 辑，第 141 页。
③ 《太平广记》卷 1，《神仙》一，《四库全书》本。
④ 《史记》卷 63，第 2139 页。
⑤ 《太平御览》卷 960 引，《四库全书》本。
⑥ 《玄妙内篇经》，《一切道经音义妙门由起》引，《中华道藏》第 5 册，第 607 页中。

《玄妙内篇》《高上老子内传》并引：

老君从李母左腋而生。初李母昼寝，梦太阳流光入口，因而吞之，遂觉有娠。七十二年，于李树下生老君，指树曰，为我姓也。①

《广圣义》卷二《明胃胤》广引众文论老君降生，谓：

《玄中记》云：李灵飞当殷之时，父子相承，得修生之道。父庆宾年百余岁，常有少容，周游五岳诸山。一旦于所居，云龙下迎，白日升天。灵飞感父飞升之异，深隐不仕，内修其道，以天水尹氏之女为妻，居于濑乡。其妻尝因昼寝，梦天开数丈，众仙人捧日出于其处。良久见日渐小，从天而坠，化为五色之珠，大如弹丸。梦中得而吞之，因即有孕。八十一年，容色益少，常若处女。灵飞亦百余岁而升天。既诞生老君之后，即有五色云舆迎之升天而去。

又《李氏大宗谱》云：李氏之姓，其先黄帝之后，姓公孙，曰轩辕。元妃西陵氏生昌意，昌意之妃方雷氏曰女节，感台光贯日而生少昊，曰青阳氏。少昊次妃名修房，生大业，大业之妃名扶始，感白云覆己而生皋繇，皋繇生伯益，伯益一名医。帝舜封之于赢，因姓赢氏。医妃姚氏生若水，若水生昌贵，昌贵生景仆，景仆生仲行。仲行为周成王诸侯，号曰非公。至宣王赐姓裴氏，裴氏之孙庭坚有女，贞洁不嫁，居楚国濑乡曲仁里，因食李实而有孕。历八十一年，安愈无苦，常有神明潜卫其身，以周惠王之时二月十五日，因攀李树，生于左腋。生而发白，左掌中有玉印字，右掌中有七十卷经字，左脚下有救字，右脚下有治字。生而能言，问父何在。母曰：吾贞洁不嫁，今则老矣。吾因食李实而孕，汝无父也。吾以处女而孕于汝，恐为乡里所笑。欲饮药而去之，神人告吾，不令吞药，及今八十一年矣。因食李而生，李即汝姓也。既生而老，号曰老子。老子作七十二经以记天地鬼神之名，述无为长生之道。娶天水尹氏之女，生子名贞利，当定王之时，此一说也。今详尹喜是康王大夫，昭王时为关令。老君已度关授经，此即年代悬殊，先后差爽。虽谱书所载，恐非真的。然李姓所起，今亦载得姓之由也。

3. 老子的容貌

老子既然被神化，其容貌自然也就异于常人。《广圣义》卷二《释老君事迹氏族降生年代》对老君的容貌有这样一段描述：

---

① 《高上老子内传》，《一切道经音义妙门由起》引，《中华道藏》第 5 册，第 607 页下。

老君降生之后，九日之中，身长九尺，七十二相，八十一好，蹈五把十，美眉方口，双柱三漏，日角月渊，具大圣之相也。①

敦煌逸书《老子变化经》也有这样的说法：

肩胛有参午大理，日角月玄，鼻有双柱，耳有三门，足□三年（午），手把天关。②

《牟子》第八条记载：

老子日角月玄，鼻有双柱，手把十文，足蹈二五，此非异于人乎？③

《史记正义》引《朱韬玉札》及《神仙传》云：

身长八尺八寸，黄色美眉，长耳大目，广额疏齿，方口厚唇，额有三五达理，日角月悬，鼻有双柱，耳有三门，足蹈二五。④

魏明帝《老子化胡经序》说：

为周柱史，经九百年。金身玉质，口方齿银。额有参午，龙颜犀文。耳高于顶，日角月玄。鼻有双柱，天中平填。足蹈二五，手把十文。⑤

《辨正论》卷六引《老子中胎》等经也提道：

老聃黄色广颡，长耳大目，疏齿厚唇。手把十字之文，脚蹈二五之画。⑥

---

① 《道德真经广圣义》卷 2，《道藏》第 14 册，页 321 上。
② 苏晋仁：《敦煌逸书〈老子变化经〉疏证》，《道家文化研究》第 13 辑，第 134 页。
③ 《牟子》，《大正藏》52 卷 2102 号《弘明集》。
④ 《史记》卷 63，第 2139 页。
⑤ 此序文均见于敦煌唐写本编号为 S.1587、P.2004 号《老子西升化胡经》残卷，原题"魏明帝御制"，据王卡先生考证，疑为南北朝道士伪托，参见王卡《老子化胡经序校跋》，《道家文化研究》第 13 辑，页 114—118。
⑥ 法琳：《辨正论》，《大正藏》52 卷 2110 号。

我们看到上述经典在描述老子容貌时，都提到了老子有"七十二相，八十一好""蹈五把十""美眉方口""双柱三漏""日角月玄"等特点。《三洞珠囊》卷八《相好品》对老子"七十二相，八十一好"做了如下说明：

老子七十二相八十一好者，老子有九变：第一变，身长六尺六寸，冠鱼鹊冠，八缘凤衣；第二变，身长七尺七寸，重叠冠，白衣赤领赤袖；第三变，身长八尺八寸，通天冠，服五线之衣；第四变，身长九尺九寸，辟邪冠，服罗桂衣；第五变，身长一丈三寸，龙蛇冠，着朱光之衣；第六变，身一丈七寸，虚无冠，着黑毛羽衣；第七变，身长一丈一尺，元气冠，着龙蛇衣；第八变，身长一丈一尺五寸，百变冠，服自然衣；其老子第九变之时，身有七十二相，应七十二气，八十一品也。

七十二相者，头圆法天，顶象昆仑；伏晨盘郁，玉枕徐起；皓发如鹤，长余七尺；虎霞龙霄，京洁如丝；眉如北斗，色如翠绿；中有紫毛，长余五寸；耳无轮廓，中有三门，高平于顶，厚而且坚；两目镜彻，日精紫光，方童秀朗，规中绿筋；鼻有双柱，形如截筒；口方如海，屑如赤丹；气有紫色，其香若兰；齿如含具，其坚若银，数有六人，上下均平；舌长且广，形如锦文，玉泉充溢，其味甘香，其声如金，其音如玉；颊似横咙，颐若阿丘，笼笼日角，隐隐月悬，犀文宜理，龙颜神变，金容黄色，玉姿润颜，额有三理，参午上达，天庭平填，兑面寿征；腹有白瘕，颐有玉丸；项有三约，鹤素昂昂；垂手过膝，手把十文；指有玉甲，身有绿毛；背有河魁，胸有雇骨；心有九孔，外有锦文；挤深一寸，腹软如绵；脚方如矩，双摄法轮；足蹈二五，指有乾坤；内滋白血，外示老容；身长丈二，遍体鲜香；行如虎步，动若龙超。此是七十二相也。左扶青龙，右扶白虎；头生朱雀，足履玄武；身若金刚，貌若璃璃；圆光五明，头上紫气；胸前真字。此九好兼前七十二相，合成八十一好。[①]

宋薛致玄在《道德真经藏室纂微开题科文疏》卷二中，对"蹈五把十""美眉方口""双柱三漏""日角月玄"等异相也做了解释：

黄色，圣容如金，故云黄色。

广颡，颡，额也。言其额广阔。

聃耳，耳大而垂日聃。

大目，无所不见日大。

---

① 王悬河《三洞珠囊》卷八，《相好品》，《中华道藏》第28册，第459—460页。

疏齿，齿大而散曰疏。

方口，口谈道义曰方，非谓其形四方也。孔子亦河目海口，皆圣人之异相也。

厚唇，唇吻敦厚曰厚。

额有三五达理，理，文也。谓额间似有三五之字，通达之文也。

日角月玄，谓两额间似有日月之形，如日月之在天，无有远近幽深，无所不照，非实有此日月也。又面如满月也。玄，妙也，言圣容玄妙美好也。

鼻有双骨，言有三窍也。

耳有三漏，亦有三窍也。

足蹈二午，言足下有二午之文也。

手握十文。言两手各有十字之文，亦如大禹左手有水字，右手有台字，合为治字，此圣人之异相也。①

就是说，"蹈五把十""美眉方口""双柱三漏""日角月玄"等异相都是圣人所具有的，诸如孔子、大禹等圣人亦有此异相。有大圣之德的太上老君，具七十二瑞相，八十一种好，其天相端严，圣容特异，不能遍举，又岂止此数瑞而已呢？

4. 老子化胡说

关于老子化胡的传说，边韶《老子铭》只说到"老子为周守藏室史，幽王时，三川实震。以夏殷之季阴阳之事，鉴喻时王"，没有说到西行。但是其前和、安、顺三帝时（89—144 年）为官的李尤，已记载在函谷关为尹喜著书之事："惟函谷之关设险，前有姬之苗流。嘉尹喜之望气，知真人之西游。爰物色以遮道，为著书而肯留。"②《后汉书·襄楷传》载汉桓帝时襄楷上书云："或言老子入夷狄为浮屠。"曹魏明帝时人鱼豢撰《魏略·西戎传》称："盖以为老子西出关，过西域，之天竺，教胡浮屠属弟子，别号合有二十九。"又曹魏末年天师道徒张鲁后裔发布的《大道家令戒》③亦称："（老子）西入胡，授以道法，其禁甚重，无阴阳之施，不杀生饮食，胡人不能信。道（老子）遂乃变为真仙，仙人交于天人浮游青云之间，故翔溺水之滨。胡人叩头数万，贞镜照天，髡头剔须愿信真人，于是真道兴焉。"由此可知老子化胡之说在汉魏之际流传甚广。

《老子道德经序诀》记载更详细：

————————

① 薛致玄：《道德真经藏室纂微开题科文疏》，《中华道藏》第 10 册，第 493 页。

② 李尤：《函谷关赋》，《艺文类聚》卷六引。转引自苏晋仁：《敦煌逸书〈老子变化经〉疏证》，《道家文化研究》第 13 辑。

③ 小林正美先生认为《大道家令戒》由刘宋末期的天师道所作（小林正美：《六朝道教史研究》，第 337 页）。

世衰大道不行，西游天下，关尹喜曰：大道将隐乎？愿为我著书。于是作道德二篇五千文，上下经焉。①

老子以上皇元年正月十二日丙午，太岁丙卯，下为周师。到无极元年，太岁癸丑，五月壬午，去周西度关。关令尹喜宿命和道，预占见紫云西迈，知有道人当度，仍斋洁烧香，想见道真，以其年十二月二十五日，老子度关也。喜见老子，迎设礼，称弟子。老子曰：汝应为此宛利天下弃贤世（界）传弘大道，子神仙者也。以二十八日中，授《太上道德经》。②

《列仙传》说：

关令尹喜者，周大夫也，善内学，常服精华，隐德修行，时人莫知。老子西游，喜先见其气，知真人当过，物色而遮之，果得老子。老子亦知其奇，为著书授之。后与老子俱游流沙化胡，服苣胜实，莫知其所终。尹喜亦自著书九篇，号曰《关令子》。③

《玄妙内篇》《高上老子内传》并云：

至幽王时，老君从十二玉女，二十四仙人，并与鬼谷等，俱乘白鹿，出西关，北之昆仑矣。④

《太平广记》卷一《神仙传》云：

老子将去，而西出关以升昆仑。关令尹喜占风气，逆知将有神人来过，乃扫道四十里，见老子而知是也。老子在中国，都未有所授，知喜命应得到，乃停关中……具以长生之事授喜。喜又请教戒，老子语之五千言。喜退而书之，名曰《道德经》焉。⑤

敦煌《老子变化经》云：

---

① 《老子道德经序诀》，《中华道藏》第9册，页185中。
② 《老子道德经序诀》，《中华道藏》第9册，页186上。
③ 《列仙传》，原题刘向撰，《中华道藏》第45册，页2下。
④ 《高上老子内传》，《一切道经音义妙门由起》引，《中华道藏》第5册，页607下。
⑤ 《太平广记》卷1，《神仙》一，《四库全书》本。

国将衰，王道崩毁，则去楚国，北之昆仑，以乘白鹿，迄今不还。

以上所引，都只提到骑白鹿或青牛西去，尹喜的望气，老子的传经，皆没有"化胡"的故事，但也留下大片空间，给了后人发挥想象的余地。杜光庭《广圣义》就在以往传说的基础上，有了进一步的发挥：

《本相经》云：昔妙梵天王为贪快乐，不修功德，下生罽宾为烦陁力王。复好畋猎，杀害无道。故老君以昭王时西入流沙，授以浮屠之术，而度之焉。又西戎杂俗，好淫多杀，皆学邪幻之法，好事邪神。老君乃往，历化八十一国胡王，及九十六种邪法外道等也。①

关于老子神化的传说很多很多，篇幅所限在此不一一悉数，可以说老子神化的传说肇始于西汉，盛于魏晋，极于六朝，成于唐宋，至元代渐息，明清则无多造说。总之，老子神化贯穿着整个道教的发展，一部老子神化史即是一部道教史。

---

① 《道德真经广圣义》卷3，《道藏》第14册，页329下。

老学争鸣

《道德经》与企业社会责任

黄宏声[*]

大家好，今天很开心能够和大家聚集在这里，共同参与到道德经博士公益论坛中，首先对本次论坛的召开表示衷心的祝贺，也对到场的嘉宾表示热烈的欢迎！

"上善若水""知人者智，自知者明""君子和而不同"，这些经典名句想必大家耳熟能详，《道德经》作为中华传统文化的重要经典，思想深邃，言简意赅，体现了中华文化的博大精深。它不仅是中华文化宝库中一块绚丽夺目的瑰宝，而且为世界文明的发展做出了不可磨灭的贡献。

现代科技越发达，消遣娱乐的方式也越来越多元化，《道德经》等传统文化经典很少年轻人去细细地品味品尝，而《道德经》当中倡导的处世哲学对于青年心灵的塑造具有非常大的意义。

今天举办这样一场关于《道德经》博士论坛，正是以实际行动传承弘扬老子文化，激发广大干群尤其是年轻人亲近中华经典文化的热情，肩负起弘扬传统文化，传播道德精神的历史重任，成为有道德、开智慧、明礼仪、爱祖国的一代新人。

而今，中国领导人提出的"构建社会主义和谐社会"的治国方略，既扎根于源远流长的传统文化，又赋予了其崭新的时代内涵，和谐社会理念不仅弘扬了中华传统文化的理想追求与价值认同，而且也彰显了社会主义建设事业"中国特色"的原则与取向。

企业需要有诚信

"信者，吾信之。"在中华民族五千年的文明史中，诚信历来被提倡为传统美德，也是形成完整人格的重要内容。实践证明，诚信为本，无诚不兴。一个不讲诚信的人，必然是一个没有道德的人；一个不讲诚信的企业，必然是一个没有前途的企业。最近发生的疫苗造假案、管理腐败、重大事故连续不断等被媒体曝光，表明了某些

* 黄宏声（1957—），男，上海人，中兴电力建设集团董事局主席。

企业文化的严重缺失和人性的丢失

如何建立良好的企业文化呢？寻找哪些有效的企业文化的建设机制？我认为，我国古典哲学著作《道德经》表述的朴素的哲理，对企业的管理文化具有巨大的指导意义。

企业领导者肩上有千钧重担，身后有千军万马，他们讲不讲诚信，不仅关系到企业领导干部自身的威信，而且关系到企业全体员工的凝聚力。"诚"能补拙，说的是有的人也许其他方面能力差一些，但他讲诚信，部属也会服他、信他，支持他干好工作。从某种意义上讲，诚信是企业的一张政治名片，一种无形资产。

我们平常所说的"老字号""金字招牌"和品牌，他们是企业诚信在市场中的折射影像，是企业经过多年甚至几十年、上百年持久的市场考验才得来的，也是一种宝贵的无形资产。

企业的社会责任

作为一个企业来讲，看重的不仅仅只是利益、利润，最重要的是要有文化，有正确的思想价值观，有社会责任感的企业才能不会走上歪路。

那么一个企业应该怎么做，才能说是一个有社会责任感的呢？

企业并不是孤立存在的，它处在整个社会环境之中，与社会有着千丝万缕的联系，它不可能脱离社会独自生存和发展，所以，企业对于社会有着不可推卸的责任。如果一个企业单纯追求利润而无视对于社会环境的破坏，无限地浪费社会资源，这个企业是无法取得长远发展的。这就像是大自然生态环境的一环，享受义务的同时承担责任，才能使整个系统和谐运转。企业从社会中获得利润，也要承担起相应的社会责任，这样才能使企业永续发展。

中国古语讲"修身、齐家、治国、平天下"，管理首先要从自我做起，从自我管理、到家庭、组织、国家的管理理念是一路贯通的。一个处于现代社会中的企业，追求利润当然无可厚非，但是如果企业只注重利润，甚至不惜牺牲环境和社会资源来获取利润，企业就没有存在的价值了，也无法推动社会经济的持续繁荣。在最大限度地保护环境、资源和社会效益的前提下追求企业利润，才是一个现代企业安身立命的首要准则。

企业与社会是共生的，比如资源，对于那些不可再生的资源来说，企业如果过分使用，只能使整个社会的资源越来越少，企业也无法长久发展下去。在企业的利润和社会的和谐有冲突的情况下，企业总是要优先选择自己的价值取向。认为利润最重要的企业会追求眼前的利益，而放弃长远的发展，而那些真正有社会责任感的企业则会将社会效益放在第一位，为整个社会的发展尽自己最大的义务。

今天举办关于《道德经》的论坛，非常有必要，也非常有现实意义，我们老祖宗所留下的精神财富，如今还能长久不衰，指导着我们无论是社会、企业还是个人的前进方向。希望这样的活动今后多多举办！我的个人分享就到这里谢谢大家！

（注：此文标题为编者所加，原为作者在首届《道德经》文化及应用博士学术论坛上的发言稿。）

老子在《小国寡民》中究竟告诉我们什么？

梅忠恕*

摘要：《小国寡民》是老子对《道德经》讲道修道的总结。指出即使年老体衰的人，只要认真修炼，排除一切干扰，仍能达到从衰返壮。不少学者对此还不理解，而对老子《道德经》多有误解。

关键词： 道　修道　悟道　干扰

前言

现在全国人民都在学习我中华传统文化，习主席更号召全党与全国人民学习国学，学习《道德经》，并从事具有我国特色的哲学社会科学的研究和创新。《道德经》是中华传统文化核心之一，它所蕴含的哲学就是具有我国特色的哲学。一直以来，在哲学界还有一些专家和学者对老子《小国寡民》一章存有颇多误解和误评，说明他们对《道德经》的精髓和灵魂的道还不甚解。

一、《小国寡民》经文内含的包袱

《道德经》第八十章《小国寡民》经文如下：

小国寡民，使有什伯之器而不用，使民重死而不远徙。虽有舟舆，无所乘之；虽有甲兵，无所陈之。使人复结绳而用之。甘其食，美其服，安其居，乐其俗。邻国相望，鸡犬之声相闻，民至老死不相往来。

* 梅忠恕（1939—），男，1962 年清华大学电机系毕业，在云南电网公司电力研究院工作，任副总工程师。1983—1985 年公派赴加拿大进修，学成回国后从事高海拔特高电压输变电技术的研究。在国家高海拔特高压输变电方面做出了重要贡献。职称授级高级工程师。1998 年退休。从中年开始向道家师祖黄元吉养生内丹功第四代传人、老中医梅自强学习《道德经》和传统道家养生内丹功。经过二十多年的学习和实修，作者在内丹功的修炼和对《道德经》的理解方面都有所得。

本章经文，没有生涩难读之词句，一个中学生也能读。唯一有点疑难的一句是"使有什伯之器而不用"。"什"为十，"伯"为百。"什伯人"泛指多。"什伯之器"指各种"家什""什物"和"器具"。

经文表面的意义直读为：一个小国，不使用各种各样的什物和器具。贫民重视死亡而不出游远徙，虽然有车有船，也不乘用。国家有军队，也不陈列。人民仍用古时结绳记事的方式，过着简朴的生活。贫民有好的饮食，美好的衣服，生活愉悦，尊重风俗，快乐生活。与邻国相望，虽然鸡狗叫声都能听见，但直到老死也不相往来。

经文表面意义十分浅显，但《老子》就是如此直白简单的小故事吗？显然不是。读者对小国寡民的异常行为，首先就产生了一系列的疑问。一个小国的民众，有自己的宅田，甘其饮食，美其衣服，安居而乐俗，他们生活幸福美好嘛。又何患国小民寡？可为什么不外出旅游迁徙，也不乘车乘船？能与邻国邻居相望，近在咫尺，可听见鸡狗叫声，为什么不相来往呢？他们真不懂人情世故吗？他们这种异常的行为，一定是有原因的。原因何在？老子给我们埋伏的这个包袱，是要读者自己去打开的。

如果我们不懂老子，不懂《道德经》，全凭个人的理解和想象，对这个包袱就会有很多不同的打开方式，难免误解。

一、哲学界对《道德经·小国寡民》一章存有那么多误解

外国学者、诺奖得主、政界人士对我国老子评价很高。可是国内很多学者对《道德经·小国寡民》一章持负面的批评态度，只有较少学者持中性或赞同态度。显然对老子设下的这个包袱，尚不能准确地打开。笔者翻阅了十余本有关《道德经》注释方面的书籍，作者们对本章多持负面的批评态度。

1. 胡适（1891—1962）在他的《中国哲学史大纲》中对老子《道德经》进行了几乎全盘的批评和否定。胡适说："老子的'绝圣弃智，民利百倍，绝仁弃义，民复孝慈，绝巧弃利，盗贼无有！'是极端的破坏主义，他对于国家的政治，便主张极端的放任。"胡适诉病"老子何以如此的反动呢？"接着又批说"这是攻击我们现在的所谓文明文化。"对于《道德经》第八十章《小国寡民》，胡适批说："他理想中的至治之国，是一种'小国寡民'……要使人类依旧回到那无知无欲老死不相往来的乌托邦。"[①] 胡适不懂老子《小国寡民》的真实含义，表明胡适不懂道。笔者撰写的《哲学家胡适不懂中国哲学》[②] 一文对此进行了分析和反驳，在此不再赘述。

---

① 胡适：《中国哲学史大纲》，北京：中华书局，2018 年，第 46—48 页。
② 梅忠恕：《哲学家胡适不懂中国哲学》，待出版。

2. 李杰先生主编的《老子》在《小国寡民》一章对老子的评论为："这里集中表达了老子复古、倒退的思想，他不满现状，但又无力改变现状，因此幻想进入没有剥削、压迫，没有竞争的原始社会。这种观点是违背事物发展规律的，是同历史发展背道而驰的，阻碍了社会向前发展。"① 显然，李杰先生对老子是持完全的否定和负面批评。

3. 陈阳与张晓华合注释的《道德经》在《小国寡民》一章的评析中说："老子幻想将我们引领到了没有压迫没有剥削的原始社会，自给自足、没有战争和掠夺、没有心智和欺诈、没有凶悍和恐惧，人民生活富足，这些都是这一社会的特点。""老子在超越人类欲望的基础上平静地提出了自己的'理想天国'的情景，……老子以'小国寡民'来提醒统治者不可贪婪地掠夺别国的土地，这也是他反战思想的另一种表达方式。"② 作者们对老子含有很深的误解，但又善意地为老子开脱，而说老子有对人民的好心，善愿。

4. 李一冉在他编著的《道德经》第六十七章"不徙章"（即"小国寡民"）中说："此章为老子之理想世界，人人正心修身，个个觉悟非凡，社会和谐自然，天下一统。若以修身而论，身体犹如一个小国。性为体，心为用，身为器，性如君王，心似宰相，身若人民，老子教人性定、心安、身和，即君王不昏沉，给心能作主，心不离性，性不离心，心性合一，则此人必清心寡欲，回归纯朴自然，长生不老，天君泰然，一统天下。否则昏君治理朝纲，心性离而着相，如臣判乱，以下犯上，天下大乱，这说明欲望无度，心灵空虚，最终必丧国亡身。"③ 李一冉老师是新西兰中国文化交流协会会长，李老师认识到，此章表明"为老子之理想世界，人人正心修身，个个觉悟非凡，社会和谐自然，天下一统"。这是学界中少有的对老子有正面的、积极的和肯定的评价，十分难得。

5. 朱维焕（1926—）先生著《老子道德经阐释》第八十章"小国寡民"中说："可知老子所向往之社会，仅为以'小国寡民'为规定之原始谐和形态而已……此章，老子勾勒其理想中、天清地宁之国家、社会形态。"朱老师认为，老子的思想境界太低而矣，实则对老子还是不理解。④

6. 刘宗明先生著《老子真经正解》第七十四章"小国寡民"评析道："老子独创的'道'学文化，我们知道，'道'的天性主柔，主弱，小国寡民正符合'道'的精神，人世间，强欺弱，大欺小是常有的。老子不主张欺人，所以，他不主张'大国

---

① 李杰：《老子》，哈尔滨：哈尔滨出版社，2006年，第21页。
② 陈阳、张晓华：《道德经》，北京：天地出版社，2018年，第333页。
③ 李一冉：《道德经》，北京：中国广播电视出版社，2011年，第201页。
④ 朱维焕：《老子道德经阐释》，台北：台湾学生书局，2001年，第275页。

强国欺小国',这正是老子'道'文化的思想。有不少人就认为老子的思想是消极的,别人主张要'强大'而老子主张'柔弱'。只有真正感到'道'的精髓,你的心就亮了。"① 刘宗明老师肯定了"道"的积极的一面,实则对"道"的精髓还是不理解。道看似柔弱,而实为强大刚强。

7. 张松辉(1953—)老师在他的《老子译注与解析》中评说:"我们认为。'小国寡民'的思想客观上虽然是对历史的反动,但老子提倡'小国寡民'的动机与陶渊明向往世外桃源一样,都是对黑暗现实的否定……老子所追求的这个社会代表的正是农民那种单纯朴实而又不切合实际的愿望——过着日出而作,日入而息,无剥削,无压迫的自耕自食的生活。本章非常重要,它体现了老子的政治思想。"② 张老师是从积极方面去理解老子,可是理解偏了。

8. 范文澜(1893—1969)先生在他编的《中国通史》中说:"老子这种反动思想,正是没落领主的思想……老子小国寡民的政治思想是反历史的。"③ 范老师狠批老子思想反动,没落,太令人不解和难过了。

9. 白寿彝(1909—2000)先生主编的《中国通史》也说:"道家的社会政治思想,是主张奴隶社会向原始社会的逆转。小国寡民,民至老死不相往来,是对原始社会的向往。与鸟兽同居,与鹿豕并,则是要退回到草昧未开的洪荒之世。"④ 白老师狠批老子在开历史倒车。

10. 任继愈(1916—2009)先生在他编的《中国哲学发展史》中说:"老子为了反对当时的剥削制度,从而反对一切社会制度。为了反对剥削阶级文化,从而反对一切文化;为了反对欺诈和不信任,从而反对一切知识。"⑤ 全世界都给予老子极高的评价,而任老师批评与胡适相近,认为老子反对一切文化和反对一切知识。看来任老师还未真正理解老子。

11. 冯友兰(1895—1990)先生在他的《中国哲学史新编》说得很有趣:"老子八十章所说的并不是一个社会,而是人的一种精神境界。是的,《老子》所要求的就是这种精神境界。"⑥ 看来冯老师也未真正理解老子。

12. 张松辉老师的文章还说:"过去的学术界比较热衷的一件事就是为老子划分阶级成分。结果分歧意见比划分老子思想属唯物还是唯心时还多,争吵得也就更激烈。

13. 张松辉先生自己编著的《老子译注与解析》中则是对小国寡民思想进行价值

① 刘宗明:《老子真经正解》,北京:中国教育出版社,2017 年,第 369 页。
② 张松辉:《老子译注与解析》,长沙:岳麓书社,2008 年,第 228 页。
③ 范文澜:《中国通史》(第 1 册),北京:人民出版社 1978 年,第 246—247 页。
④ 白寿彝:《中国通史》(第 1 卷),上海:上海人民出版社,1989 年,第 275 页。
⑤ 任继愈:《中国哲学发展史》(先秦),北京:人民出版社,1983 年,第 250 页。
⑥ 冯友兰:《中国哲学史新编》(第 2 册),北京:人民出版社,1964 年,第 60 页。

和道德双重评价。张老师说："老子所描绘的社会，几乎被所有的学者都误认为是生产力极度低下的原始社会，所以对于老子的这一思想，人们几乎毫无例外地持批评态度。""老子的小国寡民思想的实质除了反剥削，反压迫之外，就是反科技。"但张老师又说："老子的反科技思想，前人是无法理解的。"张老师说老子因反剥削、反压迫而反科技，将这三者以因果关系相提并论，本身就矛盾。

14. 任思源先生在他的《道德经图解详析》中说："小国寡民是老子'理想国'模式。老子通过描绘'小国'里人们的生活和交际情况，道出了老子的处世观和生活态度。老子向来反对'多智'。他认为人民心智技巧过多就会导致祸乱。所以他不主张人们往来。"① 任先生对老子的评论也是完全错误的。

15. 戴建业（1956—）先生在他的《老子开讲》中说："小国寡民一章描述了老子'小国寡民'的社会理想。"戴老师在书中还将"牝"和"牡"分别解释为雌性和雄动物的生殖器。② 从此观之，戴老师完全不懂丹道。

16. 彭富春（1963—）先生在他的《论老子》一书中说，本想"对《道德经》做出创造性的阐释，以重构老子的思想整体"。可是对"小国寡民"的解析为"1. 这是老子的理想国。它在根本上就反对妄为，而顺其自然。2. 无技。人要放弃技术，不使用各类器具和手段，当人没有各种技术手段时，人们也就无法满足自己的欲望了。3. 无欲。人要杜绝贪欲，知足常乐。4. 生活。人要贵生，不要轻死，要安居，而不要冒险。各国民众从生到死也不相互往来，这意味着彼此没有欲求。人们即无交流，也无纷争，相安无事，顺道而存。"③ 彭老师的阐释看来也没有一点"创造性"，实则还是对老子的不理解。

17. 吴宏一（1943—）先生在他的《老子新绎》中说："老子主张要复古，他要复的古，指的是这些'垂衣贵清真'的素朴，寡欲之事。"吴以诗曰："小国寡民非所慕，结绳岂复古风情。谁知老死不来往，只为安居偃甲兵。"④ 吴老师还是批老子复古。

18. 李大华先生《老子的智慧》说："诸多学者认为老子主张开历史倒车，回复到过去不开化的状态。其实这是老子所描绘的素朴而理想的自然状态。"⑤ 李老师是从消极方面理解老子。

19. 王了凡、爱丽丝、张艳慧编著《道德经家教版》说："为啥突然描述了这么一种理想生活状态呢？这是为文篇结尾做准备。前面七十九篇描述了李耳对世界的认

① 任思源：《道德经图解详析》，北京：中国华侨出版社，2013年，第13页。
② 戴建业：《老子开讲》，海口：海南出版社，2015年。
③ 彭富春：《论老子》，北京：人民出版社，2014年。
④ 吴宏一：《老子新绎》，北京：北京联合出版公司，2018年。
⑤ 李大华：《老子的智慧》，北京：北京大学出版社，2019年。

识，以及其所谓的'重积德''无为''不争''不敢为天下先'的生活态度，那么依照这种态度构建的社会会是什么样子呢？本篇进行了描绘——人人知足，远离战争，治安良好，悠闲无忧的人间仙境啊！" [1] 王老师三人尽可能从积极方面去理解老子，但结果并没有真正理解老子。

学者们的评论各不相同，但都没能真正理解老子，老子在经文中留下的包袱，都猜不透。让我这个哲学外行也感到纳闷。整个哲学界多数人几乎都将矛头对准老子进行批判。只有较少人尽可能从积极方面去理解老子，从这种几乎意见一致的批判来看，问题不是出在老子，反而是出在学界和学人们本身。学者们是否真正读懂了《道德经》？

二、怎样读懂《道德经》

在正式阅读《小国寡民》之前，有必要介绍阅读《道德经》的一些知识、技巧和方法。

我们都知道，经典古书一般都是艰涩难懂的，而《道德经》的精髓和灵魂是道，因此，要读懂《道德经》，关键在于对道的理解。《道德经》里有两个道，读者首先要识别这两个不同概念的道，否则就会给理解带来困难。

老子在《道德经》第一章"众妙之门"中第一句话就说："道可道，非常道。"老子是说，《道德经》所说的道是非常道。这首先就提出了两个道的问题。即是说，在《道德经》的经文里的道有两种，一种是普通的道，即常道，如路、途径、道路、铁道、志同道合；说、讲、道白、常言道、能说会道；用语言表示情意：道喜、道歉、道谢。指法则、规律、道理、道德、道义；得道多助，失道寡助，就是普通文章中的道。另一种是"非常道"，即《道德经》特有的道。它与上述的常道完全不同。它指学术或宗教的思想体系：医道、道学、传道、修道、得道、悟道、丹道等，《道德经》的"道"，就是这样的非常道。

非常道是一个具有先天（我们都处于后天，先天指出生以前）概念的灵魂类物质，它是一个具有最上层科学含义的神秘物质，它是微观物质。现代科学对它的研究还十分欠缺。因此，如无明师指导，无内丹功实修体悟经验的人是很难理解这个道的，因此也很难理解《道德经》的经文。我国到目前为止出版了百余种《道德经》的注释本，可是各本的注释各不相同，读者阅读后一般很难满意。这是因为很多作者还不懂这个非常道，而此非常道要靠内丹功的修炼才能体悟，才能得道。否则，

---

[1] 王了凡、爱丽丝、张艳慧编著：《道德经家教版》，北京：团结出版社，2015年。

只从《道德经》字面上做一些文字解释，就与《道德经》的真实含义大相径庭。

家父梅自强（1915—1999）先生在他编著的《颠倒之术——养生内丹功九层十法真传》中指出："历代注释《道德经》者上千家，但大多注多释少，或只局部注释，于后学颇为不利；而以道家炼内丹功法逐章注释此书的，据悉只有两家，其中以黄元吉注最富特色。……黄祖师于清道咸年间对《道德经》所做的注释，传前人之所不传，泄前人之所不泄者颇多，但也只能是传其可传，泄其可泄。……黄祖师的注释，集道儒释三家千经万典之要蕴，具有很高的学术水平。故读此一注有如读千经万典！特别应该指出的是，自整套学术真谛及其他有关经籍失传以来，传统养生修真的理论和方法，非读此注则无处可求，故此注不可不读也。"①

台湾肖天石先生在其《道德经》注释之台湾本例言中说："黄注本特点是：每章首揭常道，次述丹道；首言世法，次言丹法。道学精微，文理密察。本末兼赅，体用咸宜。尤以其融儒入道，而能凿空无痕；因道弘儒，而能浑全一体。明道修德，可端天下之风尚；养心养气，足正万世之人心。本人道以明仙道，字字金科玉律；体圣学以阐玄学，言言口诀心传。深入浅出，亲切平实。以之为用，可以明心见性，可以入圣登真，可以明哲处世，可以治国平天下。可藏可守，仕隐咸宜。衡情而论，确为《道德经》解本中不朽名著。无论道家儒家，皆可奉为无上圣经，视作修圣修仙之不二法门也。"②

丹道经籍，愈古愈玄。上古丹经，其秘诀十隐八九；中古丹经，十隐其半；迄乎近代，通过黄元吉的《道德经注释》，仍十隐二三，难为世人阅读。家父梅自强撰写的《黄元吉道德经注释解奥》（含《颠倒之术》一书中），将所有丹经秘诀全部公开，以便于读者阅读。即使如此，如读者没有修道的实修体悟，也难于理解老子的思想。因此，要读懂《道德经》，非从事实修体悟不行。

三、在"小国寡民"中老子究竟想告诉我们什么？

《道德经》的灵魂是道。因此，《道德经》是主要讲述修道的书。一般我们的书籍、文章，临到最后，都要有总结。《道德经》共八十一章，全都是谈论道和修道的内容。《道德经》也能用于治世，那是因为道的魅力所在。《道德经》到了最后两章，即第八十章和八十一章，就是最后的总结了。八十章"小国寡民"是对修道的总结，而第八十一章"为而不争"是对全书的总结。

---

① 梅自强：《颠倒之术——养生内丹功九层十法真传》，北京：人民体育出版社，1993年，第33-34页。

② 梅自强：《颠倒之术——养生内丹功九层十法真传》，北京：人民体育出版社，1993年，第37页。

不能一说到道，就想到道教。道教是宗教，而道并不是宗教。从 20 世纪 50 年代以来，道教也失"道"了。因为现今在道教内也没有道人，或极少有道人懂得修炼内丹功了。道是中国哲学有别于西方哲学的主要元素，即是中国哲学之特色所在，它是现今最高层次的，尚未被充分研究的哲学社会科学。我们学习《道德经》，只有通过修炼得道和悟道，才能真正理解《道德经》的经文。而要悟道和得道，只有修道才能得之。自古以来，修道的功理、功法与口诀和练功经窍，都讳莫如深，从不轻易传授。《灵枢》曰"不许坐私传之"。《参同》言"深藏守，不传文"。特别是对于开始入门一窍玄关，更是"一者以掩蔽，世人莫得之"。即使在师徒之间的传授，也有严格的清规戒律。"不传文，只传口"就是其一。就以《道德经》而论，在其经文中就充满了很多隐语、暗示、比喻和比象术语。因此未得真师传授的人，没有经过实修悟道的人，很难看懂，很难弄明。我们在阅读《道德经》之前，对那些隐语、暗示、比喻和比象术语要有基本的了解。

人们都知，老子《道德经》即可用于修身，也可用于治世。我们就从这两方面阅读理解《小国寡民》经文的含义吧。

1. 从养身修道之内修解释

本章以小国寡民比喻年老体衰者，指出切勿以衰老而悲观失望，因为内修真谛作为后天精气神虽有关系，但更重要的是依靠先天赋予的元神元气维持生存。此两者虽年老体衰，而依然固有，通过内修，仍可获得元神元气的增生，从而导致生机康复，年衰返壮。从内修原理说，总不能离开以逆修为主的"颠倒之术"，即顺者逆之的返本还原法。[①]

修道，或称内丹功的初级功法为性命双修。先修性，后修命。《道德经》第一章《众妙之门》中有两句话："无欲观其妙"和"有欲观其徼"就分别是修性和修命的功法口诀。在第一步修性时，修者要排除心中的一切思维和思念，包括各种好的念和不好的念，各种杂念、妄念，即做到内心的"无为"，只保留唯一的意守玄关窍的一念，称为"真意"。所谓"万念悉损，一灵独炯"中的一灵，就是真意。年老体衰者修炼丹道，由于人到老年，精气耗散，元神与元气的减少，欲修金丹大道，亦似难乎其难。开始练功，打坐，盘脚扣手，手不动，足不行，目不外视，耳不外听，口不言，心无妄想，将"真意"全神默守于两眼之间的玄关窍，当深度入静时，进入一种似睡非睡、半睡半醒的恍惚杳冥状态，这就是从后天返回到先天状态。这时后天识神退位，先天元神显现。就可内视到性光和内景，这就是先天元神。元神属阴，

---

① 梅自强：《颠倒之术——养生内丹功九层十法真传》，北京：人民体育出版社，1993 年，第 284 页。

当继续打坐，静极深入时，阴极生阳，阳气发生。阳气从海底窍发生后，立即升入腹部，集聚到下丹田周围，此时形成胎息。胎息的特点是绵绵若存若亡，几乎没有了鼻息。与胎息同时形成的还有一个以下丹田为中心的所谓"虚无窟子"，这就是"牝"。头上两眼之间的玄关窍称玄门，虚无窟子称牝门，于是形成上玄下牝的"玄牝之门"。这就是《道德经》第六章中所说的"玄牝之门，天地之根"。真意与胎息结合形成"神息"，这时的修炼，就按"有欲观其徼"，有欲地引导"神息"沿"玄牝之门"上下升降运行。称为"出玄入牝，出牝入玄"，使元神与元气相交，即神气相交。功到成熟时，就在上丹田内离宫中结成阴精。阴精就是外丹。功到此时，性命双修完成。（以后高层次的修炼略）上面说了，元神属阴，元气属阳，此一阴一阳即为道。所结成的丹也为道。这就是修道的实质。衰老的人自朝至暮，涤虑洗心，须臾不离地从事内修，不使一丝之牵，不令半毫之累——积之久久，一阳来复，自然目光内照，耳灵内凝，舌神内蕴，心灵内存，四肢舒徐，即把视听言动外耗之神变为内向逆返，凝聚于天人合一的道的源头处，藏而不泄，抱神守一，再生壮大，以补充体内的精气神，增强体质。

在修炼做功的整个过程中，要排除一切杂念，做到无为和无欲，理所当然地，要"使什伯之器而不用"，此喻各种"家什""什物"和"器具"都不能用，也无须"什伯"的帮助。如使用"什伯之器"，就会分心，产生杂念，就不可能达到修炼的效果。

"民"比身也。人到老年，莫不畏死情极，好生心深。然而畏死而不知求生的养生内丹功的修炼，反而背道而驰地寻找其他各种歪门邪道或旁门左道的养生方法，或迁徙到其他地方去，畏死也无益于生也。此喻要养生，就在当下，修炼内丹功，而不要目光向外，跑来跑去，远徙对求生也是无用。

《道德经》第四十七章《不为而成》说："不出户，知天下。不窥牖，见天道。其出弥远，其知弥少。是以圣人不行而知，不见而名，不为而成。"这章就说了，修道者，不宜出户，乱跑。跑得越远，修得越少。

为求生，就要养生。怎么养呢？惟谨慎幽独，时时内观，刻刻返照，不离玄关一窍，久则致中致和。此立玄牝，养谷神不死；绵绵若存，用之不勤（《道德经》第六章《谷神不死》）；惺惺常在，守之不败；寂而常照，照而常寂。此清净而修之法，不但老人行持，可得药还丹，即少年照此修持，亦可绵绵密密，不二不息，可达至道之极，返还先天无极的恍惚杳冥状态。如躁进无近功，急成非大器，唯不急不躁，持之以恒地修炼，如水之浸润，火之熏蒸，久则义精仁熟，道有成矣。故"虽有舟舆，无可用之；虽有甲兵，无所陈之"。是说在修炼过程中，有舟舆，也无须乘坐，有兵士，也无须陈列，只有一心内守做功，不使一意外泄，才能有进。

古时在无文字之时，人们采用结绳之法记事。太上前已喻言："兵者不祥之器，圣人不得已而用之。师之所处，荆棘生焉。大兵之后，必有凶年。"足见修炼中临炉采药行火（炉指炼丹的窍穴，药指精气神，行火指意念强弱）特为后天气拘物蔽深者立一法程——倘不如此，则凡气无由化，真金不可还也。若能静养为功，不施烹煎之术，唯守虚静而修之中，则不知不觉，无为无思，自然混混沌沌，纯乎以正，默然合天，不待言思拟议，而与天地流行无间。修炼之法，自古以来，不传文，只传口，不立文字，不假言诠，此喻"使民复结绳而用之"。结绳是古时无文字时的记事之法，如今修炼仍按太上教导之"不传文，只传口"之法从事，此喻为仍按"复结绳而用之"。

"甘其食，美其服"，即精贯于中，气环于外。内甘而外美，有不可名言者。"安其居，乐其俗"，则中心安仁，随其所之，无不宜也。

修炼至此，了了常明，如如自在，对境可以无心，遇物何能相染——虽有所见所闻，亦若无见无闻，绝不因色声而生其心，绝不因外诱而分其心，故曰"邻国相望而不相往来"。此无上上乘，无下下乘，玄之又玄，妙而又妙之功。学至于此，与道大适矣。

前面所说，老子为"小国寡民"所设的包袱，这也不做，那也不去。不是对寡民的约束，不准他们学文化，不准他们学技术，不准他们与邻居交往，也不是要他们返还于落后的"草昧未开的洪荒之世"。这完全是为了修道的需要。在修炼中要无为，不能做这做那，想这想那。而在每天的修炼之后（每天的修炼一般1—2小时，在修炼到高层次阶段有时需要连续持续几天），则完全可自由自在地生活和活动。

2. 从治世解释

小国寡民，地处贫瘠人稀的地区，欲成富裕之邦，难上加难。国家只能节约各项开支，省其虚费，裁其繁文，即使有军队也不用，这样靡费少，慢慢地，国家之富可望也。国民不能纵欲而轻生，营生而罹死，不远游他乡，贸居人国，而保持父子相依，兄弟相处，重死而不远徙，则康乐和亲之世可臻也。君王爱我国民，国民念兹国家，虽有舟车，不肯远赴异国，而离父母之邦。朝廷实施无为而治治国，深仁厚泽，恩同父子，谊若兄弟，即使叛乱之顽徒，也悉化为良善，国家之甲兵，亦无所陈之矣。如此上恬下熙，民安国泰，使复行结绳之政，乐太和之风，国民亲亲长长，宅宅田田，甘其饮食，美其衣服，予以安居而乐俗，敦厚以成风，又何患国小民寡，难以敦大成俗，仁厚可风哉？第见民爱君如父母，君视民如子弟，忠心耿耿，系念殷殷，纵顷刻之别离，亦不忍也。虽邻国在即，举目能窥，鸡犬相闻，顷耳可听，而民则自少至壮，自生及死，不与邻国一相往来。此盖民之感恩戴德，沐化涵情，于君上者深矣！是以安无为之治，享有道之天，而不肯一步稍离。如此则国岂犹患小，民岂犹患寡哉？势必声教四讫，风声远播，而天下归仁，万国来同也。

3. 老子究竟告诉我们啥？

老子以小国寡民比喻年老体衰，指出切勿以衰老而悲观失望，而应依靠先天赋予的元神元气，从事修炼，在修炼中，要排除一切干扰，不要用什伯之器，不要走这走那，不要乘坐车船，不要与邻居相访，真正做到无为，就可导致生机康复，年衰返壮。

四、读懂《道德经》的关键在于悟道

老子《道德经》的精髓和灵魂是"道"。作为精髓和灵魂的"道"贯通于整个《道德经》八十一章中。《道德经》每一章都是在谈论修道，或与修道有关的问题。可是，"道"是什么？

我国哲学界的学者们恰恰对非常道的"道"缺少理解和认识，更不懂修道、得道。因此就不可能正确读懂《道德经》，而仅仅将《道德经》的经文作为一般的诗词文章或仅仅从字面上来理解，当然就差之毫厘，失之千里，误解多多。以此来认识和评论老子，就完全错矣！

自古以来，道家内丹功的修炼的丹法，包括功理、功法与口诀和练功经窍，都讳莫如深，从不轻易传授。我国哲学界的学者们，从胡适以来，就读不懂《道德经》，因此对老子的误解就不可避免，这一点也不奇怪。奇怪的是，有些学者们还不自知，或不愿知，不承认，不愿正视这个问题。

整整一个世纪以来，老子和《道德经》在老子的故乡中国一直遭着各种非议和贬谪，难道说，我们的哲学家们还能让这种状态延续下去吗？习主席号召全党和全国人民学习《道德经》和国学，我们就这样学下去吗？我们自己都不懂，还能传承我中华文化吗？

当务之急在于打破对于道家内丹功的封建保守和清规戒律，学者们要在学习《道德经》的同时，学习道家内丹功，学习修道打坐，只有这样，才能真正体悟《道德经》的精髓与灵魂，才能真正学好国学。

五、结论

"小国寡民"一章是老子对《道德经》修道练功的总结。年老体衰的人更要从事"无为"的修炼，在修炼中应静下心来，排除一切干扰，不能使用什伯之器，不能乘车船旅行，不能与邻居来往走访，等等。这都是修炼的需要，也为了保证修炼的效果。学者们对老子和《道德经》的误评是缘于对道的不理解。

从认识论视域探索《道德经》对宇宙本体把握

张千一 *

摘要：本文首先论述：西方认识论对宇宙本体的把握：主客二分的物自体不可知论。其次论述:《道德经》的认识论体系："同出而异名"即相对存在的现象世界；"同谓之玄"即绝对统一存在的抽象世界；作为玄的绝对存在与相对存在依然是同出而异名的，因此超越绝对存在"玄之又玄"才是认识大道本体的"众妙之门"，即超越相对与超越绝对的认识论体系才能把握大道本相。最后论述了:《道德经》认识论超越西方认识论对宇宙本体的把握，超越相对与绝对二分的、相对与绝对同一的本体。大道本体超越相对于绝对的无：道之体为无；大道之用阴阳二分的反成现象世界，道者反之动。此二者同出而异名，得二者为一得道。

关键字：道德经　认识论　本体　相对主义　分别智

一、西方认识论对宇宙本体的把握：物自体的不可知。

认识论相对于本体论而存在，其研究人类认识的本质及其发展过程的哲学理论。从认识主体的角度探索主体认识的现象世界与客观实在的自在本体关系的问题，即我们认识的世界与本体世界关系，形成了本体可知论与不可知论的对立统一的哲学观点。在认识论体系中，康德的是近代史上承前启后，对认识论问题做出了全面系统研究的人，认识论所涉及的领域都在其批判哲学得到升华与解决。近代哲学的中心由本体论转移到认识论，康德的批判哲学得到了明确表达与完成。[①]康德批判哲学的先验论观点主体认识客观世界，必须形成主体、认识活动、客体本身三个存在，即必须有一个与客体宇宙相对立的主体，才能产生知与识，即唯识，识也是相对产生

---

* 作者简介：张千一（1975—），又名：张崇一，男，安徽滁州人，东南大学道教建筑艺术博士生，华东交通大学建筑环境艺术副教授，道教全真龙门二十六代弟子，研究方向：道教艺术、道教建筑。

① 李泽厚，《批判哲学的批判：康德评述》，北京：生活·读书·新知三联书社，2007年，第56页

的，不同主体，认识的先决条件不一样，即康德的先验认识能力不一样，对宇宙自然事物认识结果就不一样。我思，故我的世界存在。

因此所有的主体认识，都建立在主体与客体二元论的相对中存在，如果超出我们认识能力对应的现象世界，那么就是我们不可认识的世界，或超越我们的认识能力。又因为人类认知能力是从宇宙本体之中分化出来的，宇宙的本体与真相状态是高于人类认识能力的，我们一动用思维就把世界分成两个部分：一个思考的主体——我们，一个我们思考的对立面客体——现象世界，而这两个部分，都是宇宙本体的分化下一级存在。宇宙的本体与真相是超越这两个部分的，也就是宇宙本体是超越人类认识的，所以宇宙的真相即物自体是永不可知的自在，自在一分为二就有了这个世界。

西方认识论从康德到黑格尔再到皮亚杰的西方认识论主流一直认为世界本体的自在之物是不可知的，人是不可能认识物自体的，超越在相对与绝对世界之外的，人类只要一启动理性认识，必然导致二律背反的矛盾存在。也就是宇宙本相不是人类可以认识的，也就是康德所说宇宙的物自体是不可认识的 [①]。

二、道德经的认识论体系：超越相对与超越绝对的玄之又玄，众妙之门。

（一）"同出而异名"：相对存在的现象世界。

道者反之动。中国文化从河图洛书发端以来，阴阳对立的辩证统一贯穿于整个中国文化对自然现象与社会认识的认识论中。西方哲学也认为矛盾对立的运动是宇宙存在的前提，（亚里士多德在《物理学》提出：从前和将来没有也不会有任何时间是没有运动的 [②]。如飞矢不动，空间中的事物此时如此又不如此的矛盾产生运动，形成了时间，构筑了宇宙。没有运动就没有时间，没有空间，没有宇宙）事物对立双方同时存在同一事物中，造成此物如此又不如此的对立矛盾产生运动，形成宇宙人事万物。即对立矛盾产生现象世界。反而言之，事物是在运动中存在的，运动又是由统一在同一事物中矛盾对立形成，即事物存在前提，统一在同一事物矛盾对立存在，没有统一在同一事物对立面，双方矛盾存在就没有事物。简言之：事物存在于矛盾对立中。这就是东方佛道学说的现象世界存在的相对主义二分法，这种认识论产生的知识，来源于二元论的分别智，是相对主义产生的相对真理。

相对主义思想贯穿整个《道德经》。《道德经·第一章》开篇即简明扼要说明事物存在于矛盾对立统一中，论述相对真理观，进行了总的论述："无，万物之始也；有，

---

① 蓝公武译. 康德：《纯粹理性的批判》，北京：商务印书馆，2005 年，第 65 页

② 张竹明译. 亚里士多德：《物理学》，北京：商务印书馆，1982 年，第 258 页

万物之母也。两者同出而异名，同谓之玄。"①老子这一段，简明扼要提出宇宙万物在辩证对立统一、依它而起的相对中存在，即同出而异名，道者反之动，玄即是超越相对有无的非有非无状态，进入绝对有无的恒常状态："有无相生，难易相成，长短相形，高下相盈，音声相和，前后相随。恒也。"同时对立双方又统一在无分别的同一本体中，二者同谓之玄。形成了相对主义二分法分别智所认识的相对真理观。

（二）"同谓之玄"：绝对统一存在的现象世界。

东方文化道德经认识论没有停止在相对真理二分法的分别智上，超越相对真理进一步认识世界真相，提出辩证统一论的：同谓之玄的统一论，统一的"玄"是超越于相对的绝对统一性存在，从有无对立存在的角度来说，超越相对世界进入绝对世界，"有物混成，先天地生。寂兮寥兮，独立而不改，周行而不殆，可以为天地母。吾不知其名，强字之曰：道"。这里老子为道赋予了绝对的色彩，所以说老子的相对性都是相对于理想的绝对的道而言的。

（三）玄之又玄，众妙之门：超越相对与绝对存在大道本体世界。

但是作为辩证统一的世界，道德经思想更进一步，"玄"是超越于相对的绝对存在，"又玄"是进一步超越玄，超越绝对的有无，即非非有非非无的状态。超越相对的非有与超越绝对非非有也是同出而异名的对立统一。"道之为物，惟恍惟惚。自今及古，其名不去，以阅众甫。吾何以知众甫之状哉？以此"提出大道本体相对于天地万象来说，道在物象之前就存在了，道是浑全之朴。道生成了万物，又内涵于万物之中，道在物中，物在道中，万事万物殊途而同归，都通向了道。作为玄的绝对状态与相对状态依然是同出而异名的，因此超越绝对存在"玄之又玄"才是认识大道本体的"众妙之门"。

三、《道德经》超越西方认识论对本体的把握：超越相对于绝对二分的得一得道。

康德与黑格尔西方认识论，没有认识到，在现象世界中，所有相对变化的现象与绝对一成不变本体是同出而异名的同一存在（即所有变化的都一成未变，一即一切，一切即一，得其相对于绝对为一），陷入主客体对立之辨而逻辑矛盾，中国哲学则从没有陷入这种自相矛盾的尴尬境地；与康德在物自体面前止步不前不同，中国哲学则能超越相对主义的分别智，到达相对于绝对得一而无分别智②，使用万物皆备

---

① 楼宇烈校释：《道德经注校释》，北京：中华书局 2008，第 12 页。
② 许苏民：《章太炎对德国古典哲学的中西哲学比较》，《江西社会科学》，2015 年第 2 期。

于我的太极观，自然与我为一，与道合真，以证悟本体。

真正的哲学或认识论不能建立在主体人的认识能力上，而是以自然本来面貌还原自然，"人法地、地法天、天法道 道法自然，"东方文化认识论视域：超越相对于绝对的大道本体，而大道与天地本相是超越相对，也是超越绝对的，不可能进入人的想象与认知体系中。人在相对世界中寻找灵魂与宇宙本体的模样，就等于找天地相交的天边！你往前走一步，地平线就往后退一步。东方文化都让你回头，不要分别——六合之外，存而不论，妙理希夷，超六合之外。既非神口所辩，所以存而不论，行不言之教。中国文化群经之王《道德经》的玄之又玄，泯去相对又泯去绝对，方是众妙之门。超越相对又超越绝对的，进入无对的状态，真相无相对，才能与本体圆融为一，窥见大道的本相。即玄对应于超越相对，又玄对应于超越绝对，玄之又玄对应于超越相对又超越绝对的状态，即非有非非有的存在状态，只有把相对与绝对的状态都超越了，进入无对的状态，即相对于绝对都不分为一的宇宙本体的真相才为我们打开大门，才能进入：玄之又玄，众妙之门。

大道本体超越相对于绝对的无：道之体为无；大道之用阴阳二分的反成现象世界，道者反之动。此二者同出而异名，得二者为一得道。只有超越相对主义二分法的认识论，才能去认识去证悟大道本体。

当代学习与传播《道德经》精神的几点思考

谢清果 *

摘要：《道德经》流传二千多年，尤其在国学热的当下，《道德经》已然成为世人津津乐道的传统经典。那么，如何正确学习、运用和传播《道德经》的思想要义，就成为值得我们特别关注的问题。本文结合自身研究《道德经》多年的心得体会，指出学习《道德经》当秉持老子"修之于身，其德乃真"的精神要旨，将自己的生命体验摆进去，与《道德经》对话，身体力行，方能履践老子"为学日益，为道日损"之教，从而开启幸福人生之路。

关键词：《道德经》 学习 传播 老子思想

党的十九大报告明确指出，要"坚守中华文化立场"，"坚持创造性转化、创新性发展，不断铸就中华文化新辉煌"。《道德经》作为中华文化的优秀经典，是全世界的共同精神财富。《道德经》所蕴含的"以百姓心为心"的民本思想与新时代"以人民为中心"有着天然的契合；《道德经》所倡导的"反者道之动"思维品格有助于激发全民族的创新精神；《道德经》所追求的"惟道是从"与共产党人的"踏石留印、抓铁有痕"的劲头异曲同工……时代呼唤高度，世界需要老子。在此背景下，如何把握正确地学习和运用《道德经》的智慧，就显得尤为重要。

《道德经》作为一部传世经典，是中华民族心灵智慧的标杆，乃至有后世学者"不读《道德经》，就没有中国智慧"之感叹。《道德经》乃人类"轴心时代"的标志性成果，她的横空出世既是对中华先祖修身治世思想的理论升华，又是开启了后世人类文明和谐共处的"玄同之道"的大门。老子之道的神妙就在于"道可道，非常

---

* 作者简介：谢清果（1975—），男，福建莆田人，厦门大学新闻传播学院教授，博士生导师，哲学博士，历史学博士后，华夏传播研究会会长，厦门大学传播研究所所长，《中华文化与传播研究》《华夏传播研究》主编和《中华老学》联合主编，厦门大学老子道学传播与研究中心主任、厦门大学华夏文明传播研究中心主任、厦门大学道学与传统文化研究中心副主任，主持国家社科以及省部级课题10余项，主持福建省精品线上课题程《道德经》和厦门大学核心通识课程《道德经》。

道"。用现在的话说，大家都可以去谈玄论"道"，如诸子百家都各有各的"道"，但大家都如盲人摸象一样，只能窥探"道"的部分。因为庄周有言"吾生也有涯，而知也无涯。以有涯随无涯，殆已！"生命是有限的，而知识是无限的，因此，如果企图用有限的生命去追求无限的知识，而除了困顿疲惫以外，没有什么别的好结果。读《道德经》，意在如庄子所强调的"道之真以修身，其绪余以为国家，其土苴以为天下"。老子之道乃在于"知和曰常，知常曰明"，只有我们努力地去把握"冲气以为和"的中和之道，便是走在大道上。而走在大道上了，才算是明明白白走上健康自由的人生之路。因为从根上讲，一切的幸福与自由都源于对"道"的正确理解与履践。

一、以"非"为"常"，道化人生

我自己钻研《道德经》有年，并尽可能如老子所言"上士闻道，勤而行之"，积极运营"老子道学传播与研究中心"等微信公众号，而且还在策划主编《中华老学》集刊与《中华老学丛书》，建构"老子传播学"研究领域，也能借助各种《金城灵宝》等传统报刊媒体谆谆不倦地传播老子大道智慧。尤其是以厦门大学老子道学传播与研究中心、"中华文化与传播大讲坛"和厦门大学核心通识课程——《道德经》为平台，常年开设《道德经》系列讲座，并且撰写成文，求教于天下好道之友。于是，便有《道德真经精义》等系列著作。

诚然，《道德经》作为道家之圣经，其思想具有系统性、全面性和超越时代性。但是学习《道德经》应当有老子的思想境界和老子的思维方法，那就是老子开篇就强调的"道可道，非常道；名可名，非常名"。每个人，包括老子本人，都在探讨属于自己又超越自己的人生之路，因为大家都期待能够永远"安平泰"。老子在首章中告诉世人，不要企图把自己的一点点悟道所得当成永恒的道本身，那就离道万里了。学道离不开语言文字，但语言文字同时也是对世界真相的遮蔽，因此，悟道又需要放下语言文字，不可执着。这也是为什么，老子认为将来到了"小国寡民"的新时代，或许未来的人们将在更高的层次上"复结绳而用之"，因为汗牛充栋的典籍并没有给人类减少苦难。古来圣贤读书就有从厚读到薄，从薄读到厚，从有字读到无字，从无字悟出有字，循环往复，不断超越。未来的社会并不是要消除文字，但一定不会拘泥于文字，而应该充分运用人的身体本身。因为身体本身就是最好的交往媒介。无论是有声无声的表达，有形无形的交流，一定是融媒体的，全媒体的。未来的社会，劳动成为人们的第一需要，自然地人自身的身体也必将成为最精密、最自如、最真切的传播媒介。再先进的科技，也无法取代人类的亲身在场的全息性意义。再强的智能机器人，也无法取代人类基于自身身体所生发的丰富多彩又深刻隽远的情感。无论是长叹一声，还是此时无声胜有声的沉默，都会让我们欣喜若狂，也可能黯然神伤。正如《庄子》书就启发世人"道毁于小成，言隐于荣华"。学习《道德经》可以从第一章开始，也可以从最后一章开始，更可以从任何一章开始。如果我们从第八十一章开始读起，而不是从第一章开始，也是一种读法的创新，颇合老子"反者道之动"之要旨。世间学者习惯性地从头开始，而第一章又是"玄之又玄"，往往让初学者不得其门而入，而从第八十一章开始，则先让读者明了老子思想的内在逻辑正在于"推天道以明人事"，即以人道合天道，方可大顺天下。

究其实质，道与俗的重在差异便在于"不"字上。老子说："信言不美，美言不信。善者不辩，辩者不善。知者不博，博者不知。"有道之士的言在"信"不在于"美"；他的行道在于"善"，不在于逞口舌之强；他的智慧在于切身实践，不在于求广博之名声。而这一切皆源于圣人为人处事的本质在于反俗，因为"圣人不积，既以为人己愈有，既以与人己愈多"。圣人没有自己恒常的心意，他是为天下"浑其心"，是"以百姓心为心"。正是因为圣人有"无身"之念，方能为天下百姓"乐推而不厌"，成为"社稷主""天下王"，这也是老子所言"以其无私，成其私"的大道辩证法的高妙所在。最后老子归纳指出："天之道，利而不害。圣人之道，为而不争。"这句话也可以理解为《道德经》思想的核心之一所在。圣人之道的基本范式即是"为而不争"，即奉献天下，而没有一丝一毫与民争利争功之念。而圣人正是以其"不争"方成就其"天下莫能与之争"的万世不朽功业。可以说，只有非常之人，方可建非常之功。圣人，就是这样的非常之人。当然，圣人能如此作为，纯粹是因为他是明白人，他明白了天道，即宇宙的根本法则是"利而不害"，抑或为"道法自然"。天地万物都以其自己本性各安其命地生存着，是谓"天地不仁，以万物为刍狗"（第五章）。圣人不去干预天地万物的生存，而是"辅万物之自然而不敢为"（第六十四章）。圣人是自然秩序的维护者，而不是创造者。他谨守自己的本分，不做越位的事。如此看来，第八十一章可以视为《道德经》五千言精神的缩写版。感悟老子在此章中流露出的慈心济心情怀，有助于我们以一颗善良的心灵来阅读《道德经》，从而为《道德经》的智慧流淌入我们虔诚的感恩的内心创造良好的心理环境。从这个意义上讲，老子从"非"字入手，破字当头，无为无执，故无败无失，走自然逍遥的人生之路。

二、以"五修"学说为目标，道通天下

《道德经》第五十四章有言："修之于身，其德乃真；修之于家，其德乃余；修之于乡，其德乃长；修之于国，其德乃丰；修之于天下，其德乃普。"此"五修"学说，诚乃每一位修道弘道共同的理想目标。我自己钻研《道德经》二十余年来，，尤其是

工作之后的十几年来，我努力在厦门大学开设了"中国道家之精神""道德经与人际沟通概论""老庄研究""老子传播思想研究"等硕士和本科生课程，自己感觉越教越有乐趣，越讲越有思路，真所谓"独乐乐不如众乐乐"呀。于此，我深切体悟到老子所言"既以为人，己愈有；既以与人，己愈多"的真意。

同时，这些年来在与众多学习《道德经》的道友交往的过程中，我能感到他们或慈爱，或天真，或真诚，他们视野开阔，心胸开朗，往往以道行天下为宏愿。对这样的道友，我为他们能够履践老子的精神，感到由衷的钦佩。他们不仅自己修身，淡泊名利，又能以道养生，推己及人，努力在生活中义务传播老子思想，吸引更多的人参与到学道、行道的行列中去，在我看来他们所行之道当是老子所指引的康庄大道。因为在老子看来，真正的修道是"五修"，即不仅自己要修道，而且还能带领家人修道，让自己的家庭，都能感受到《道德经》的"子孙祭祀不辍"的传家功能，家庭其乐融融，因此修道者的德性就是富余的了。以道与人分享，道便能越发富有，越发深沉。许多道友在复兴中华传统文化的伟大时代，自然继承中华传统，开坛讲学，合众人之力，有场所者免费提供场所，主讲人或自己出路费，不收讲课费，甚至还赠送书籍，为的就是道通天下，德在人间。足见他们用心之良苦。人能弘道，非道弘人。老子之道要传扬天下，个人能够体道，悟道，行道，便是传播《道德经》的最生动的媒介。人即媒介，媒介即人；道即人，人即道，道我合一，道在脚下，道在心中，道在天下。

当下的中国，大江南北，许多有识之士，许多好道者创办各种各样的老子学会、研究会、学习小组等形式多样的民间团体，并以此为基地，开讲《道德经》，交流学习心得，此乃"修之于乡"之盛举，把周遭的朋友汇集在一起，并同时通过传统媒体和新媒体多渠道传播，将其所体悟的老子智慧与当地百姓，乃至天下好道者分享，因此，他们的德性是能不断成长的，他们的声望也日隆，此老子所谓"无私成其私"，这样的好道者不想成名都不可能。与此同时，许多好道者还积极应邀在全国各地讲学，可以说，是将他们的学老体悟和他们的好道情感向全国播撒的实践，并能不断地生根发芽，开花结果。因此，可以说，他们的德性是日益丰厚的。当然，我们也相信，老子是无国界的，《道德经》虽然诞生于中国，而她却注定是属于世界的，属于天下的，因为"道"是没有国界的，因为道必定是通天下的，天下有道者也必定会因为有《道德经》这个媒介而心心相应。同时，那些好道者的弘道进程必将不断地走向天下，开展文明交流互鉴。因为《道德经》的智慧是可以超越任何语言，任何文化。任何文化中都有道，只不过表达方式不同而已，因此，都会找到对话的契合性。我们深信这些民间的弘道活动，是在为中华民族乃至全世界人民传承一份道脉尽心尽力。传道活动，日复一日，年复一年，只要传道不已，道通天下的一天终会到来。这样，弘道者的德性自然就普及天下了。当然，天下本就是个江湖，修之于天下，其实就是要"相忘于江湖"（《庄子·大宗师》）。正如老子所言"善行无辙迹"（第二十七章），善于以道行世的人是不留下车辙马迹的，其喻义在于人与人、家与家、国与国都臻至"夫两不相伤，故德交归焉"（第六十章）的道境。

三、以"大成若缺"的心态，行弘道之路

老子曾于《道德经》第六十四章中警示后人："民之从事，常于几成而败之。慎终如始，则无败事。"其意涵如同《诗经》所言"靡不有初，鲜克有终"。世上之人，常常是虎头蛇尾，其兴也勃，其亡也忽。老子以其历史智慧启迪我们，传道的事业要避免行百里半九十的悲剧。对此，老子早已有言"自伐者无功"（第二十四章），贪功者丧其功，自大都一点，就是"臭"。众所周知，现在全国上下大有"老子热"之势，其中不乏许多世俗推崇的所谓"大师""名师"涌现，他们中的许多人在鲜花与掌声之中不知不觉地成为老子所批判的"智者"。那些"智者"是"不贵其师，不爱其资，虽智大迷"（第二十七章）。老子于此希望修道者，传道者，能够把握这样的"要妙"，即"善人者，不善人之师；不善人者，善人之资"的精神要旨。永远处下，不争，永远以善为道者为老师，永远以不善为道者为资鉴，才能摆正自己的位置，即"居善地，心善渊，与善仁，言善信，正善治，事善能，动善时。"（第八章）如此，便有"夫唯不争，故无尤"的善果。

许多通俗的《道德经》译本，许多高大上的《道德经》研究佳作都是一本本好书，相信它们都会是一本本传世之书。但作为这些作品作者的弘道者，我希望他们，当然更希望我们自己能够以老子的"不敢为天下先"为教，自觉地抵制各种形式的虚名。不要去跟人比名声多高，比粉丝多少，比收入多高……因为老子从来不曾自称"天下第一"，甚至在他隐居的时候也并不想留下《道德经》，只是在好道者——尹喜的恳请下，才写下了至今影响后世两千五百年的不朽经典，最终成就了"老子天下第一"的美名。于此可见，老子以他自身的经历，为后世留下了"夫唯弗居，是以不去"（第二章）的典范。

学习《道德经》是要用生命的历程来学，要用饱满的热情来学，而且历史的经验是"老来多能悟道"，年龄越大，往往悟道越快。弘道者的人生阅历本身就是一笔财富，而当这笔财富融汇入《道德经》的解析中去的时候，就让史家司马迁尚且以"辞称微妙难识"来指称的《道德经》以平白朴素的语言流淌入读者的心底。正所谓《黄帝内经》所言"知其要者，一言以终，不知其要者，流散无穷"。仅仅五千言的《道德经》可谓做到了这一点。其中的任何一句话，都能够供后人好好思考。

不过，任何一本或一篇《道德经》的研究成果，也一定不会是完美无缺的，甚

至不可能是完美无缺的。老子自己就曾说过"大成若缺"（第四十五章）。据《老子集成》，《道德经》目前历史上存世的有两三百种注本，到了近现代，那是几乎每年都有为数不少的译本面世，而且据邰谧侠统计，在海外的译本已逾 1653 种之多，是海外译本最多的中华经典。千百年来，许多好道者都在注解《道德经》，都在追求将《道德经》普及化，大众化，尤其是近代以来，《道德经》的普及本不断涌现，甚至也有发行数百万册的普及本，至少港台都有许多很好的普及本。何况俗语说得好，"没有最好，只有更好"。我们不用去追求哪一本最适合老百姓，因为老百姓本身就千差万别，或许只有老百姓自己用身心实践写就的《道德经》才是最适合自己。任何一本研究《道德经》的书都只能代表他自己以《道德经》传家的开始，而不是结束。更不会是所有天下老百姓唯一的读本。因为最好的读本，一定是由每个家，每个人自己去读《道德经》，自己去写《道德经》感悟，无论是用笔写，还是用家庭的实践来写的无字的《道德经》读本，才是属于自己的《道德经》读本。当然，读读一些前辈们的《道德经》注本，应当会是每个读者开始书写自己的《道德经》修身版的开始，只要他们是个真正的读者，而不是叶公好龙的读者。

四、结语

中国的老子，世界的《道德经》

像《道德经》这样的书，借用《庄子》书中的一句话来说："万世之后而一遇大圣，知其解者，是旦暮遇之也！"就是说，万世之后如果能够遇上一位大圣，能够知晓书中之真义，那还就如同白天与黑夜的相遇那么短暂。《道德经》一书不仅属于过去，更属于未来；不仅属于中国，更属于世界；不仅属于每位研《老》者，而且更属于每一位行道者。无论他们读过没读过《老子》，只要他们能够"道法自然"，能够真心真意地做个"真人"，他们就都是当下的"老子"。那些宣称自己读通了《道德经》的人，殊不知，当他说这话的时候，他已经不懂老子了。因为，老子的信条是"希言守中"。《道德经》的智慧，如果没有在自己的身上行过，那就不算真懂《道德经》。

笔者也有幸，从 1994 年至今，蒙黄友敬、詹石窗等各位老师开我以至道。多年来，我奉行"写是最大的功德"的教诲，边学边研究，不知不觉间出版了《紫气东来——太上道祖圣传》《老子大道思想指要》《和老子学传播》《和老子学养生》《和老子学管理》《大道上的老子——〈道德经〉与大众传播学》《生活中的老子——〈道德经〉与人际沟通》《〈道德经〉与当代传媒文化》等 10 余部本小作品，以记录了自己学习《道德经》的心路历程。尤其是近年来在厦门大学开设《道德经》核心通识课程，带领本科生、硕士生、博士生共同学习《道德经》，并以自著的《道德真经精义》为教材，主持《道德经》线上课程建设，该课程已在中国大学 MOOC "爱课程"平台上推出，并成为福建省精品线上课程。能与越来越多的道友们共同谈玄论道，是我的人生追求。

谨以此篇与道友们一同行于大道 "尊道贵德"，一同沿着老子指引的 "惟道是从"与 "唯施是畏"的行道之路走下去，并以习近平总书记在今年元旦贺词中所引用的 "九层之台，起于累土"自勉，努力 "为学日益，为道日损。损之又损，以至于无为，无为而无不为"（第四十八章）自励，尽心尽力将自我融入社会主义新时代的伟大洪流中，创造出属于每个人自己平凡而快乐的人生之路。

老学研究动态

老子传播学的建构：中国本土传播理论的一次发声

——《和老子学传播——老子的沟通智慧》述评

金雷磊[*]

内容提要： 在讲究本土传播学科体系、话语体系、学术体系的新时代，华夏传播学作为以致力于建构中国本土传播理论为旨趣的研究方向，已然在崛起。其中《和老子学传播》一书便是这种努力的成果，该书在一定程度上开创了老子传播学这一崭新的学术领域，将老学与传播学进行了卓越的对话，因此无疑是建构中国本土传播理论的一次强劲发声。

关键词： 老子　传播学　华夏传播学

华夏传播研究始于 20 世纪 70 年代末。1977 年，美国传播学者施拉姆访问香港中文大学，提出挖掘中国传统文化中的传播文化遗产，诚为华夏传播研究的发端。1978 年，在香港中文大学余也鲁先生和台湾政治大学徐佳士先生等学者的积极倡导和组织下，在香港和台北分别举行了以"中国文化与传统中传的理论与实践研讨会"，意味着华夏传播研究的真正展开。1993 年，厦门大学召开了"首届海峡两岸中国传统文化中传的探索座谈会"，这是在大陆召开的第一次华夏传播学术会议，会议论文于 1994 年结集出版。经过一代又一代学人的不懈努力，至今已经发展到第三代，而谢清果教授就是华夏传播学研究第三代的代表人物。

近日，笔者有幸精读厦门大学新闻传播学院谢清果教授、博导主撰的大作《和老子学传播——老子的沟通智慧》（北京宗教文化出版社 2010 年版），受益匪浅，收获颇多。该书是谢教授践行传播学中国化、本土化的又一力作。近年来，谢教授在华夏传播研究领域深入开掘，勤奋开垦，为传播学的本土化研究默默奉献，他所推

---

* 作者简介：金雷磊（1981—），男，湖北当阳人，博士，三明学院文化传播学院副教授，研究方向：中国传播史。

出的每部著作都是传播学中国化理论研究和实践探索的富有特色的作品。比如《华夏传播学的想象力》是对华夏传播研究领域主要代表性作品的著作提要集成，大开了同仁检索文献的方便之路；《华夏文明与传播学本土化研究》是尝试建构华夏传播理论的尝试，书中提出了"心传天下"的华夏传播理论特质，风吹草偃的传播效果论分析等等；《华夏传播学引论》则为其给本科生开的必修课《华夏传播概论》的教材式著作，而为了配合教材，他又着手编了《华夏传播学读本》，精选了数十篇有代表性的论文，以方便学生能够一本在手大概了解华夏传播研究的基本范式。同样的，《华夏文明与舆论学本土化研究》是谢教授因应当代舆论学兴盛的时势，积极探讨中国传统社会在顺应民心民意中形成的有中国特色的舆论思想与舆论理论胚胎，从而为建构中国舆论学奠定文化基础。而为了让同行能够更深入地理解和把握中国传统文化中的传播智慧，他开创性地开展了对中华文化元典的传播学研究工程，决心逐步对《老子》《庄子》《论语》等代表性著进行传播思想角度的研究，工程的首期成果便是他带领团队推出的《中庸的传播思想》一书，据悉 2019 年即将推出《庄子的传播思想》等。此外，值得一提的是，谢教授是历史学博士后，他十分注意从历史方面开展学术研究，2018 年时值传播学中国化研究四十年的时候，他富有远见地编著了《光荣与梦想：传播学中国化研究四十年（1978—2018）》一书，该书对传播学中国化研究中的问题、论争以及未来发展做了展望，是本领域第一部历史梳理的著作。总之，这些作品都是谢教授及其团队在华夏传播学领域长期深耕的结果。

《和老子学传播》一书除了绪论，全书分总论和分论两大部分。其中，总论为老子传播智慧纲要，共三章；分论为老子传播智慧的多维考察，共十一章。全书总分结合，脉络清晰。既有深刻的理论总结，又有鲜活生动的经典案例；既归纳中国化的传播规律，又引用西方传播理论，打通中西，实现中西传播学的对话。下面选择书中颇有感悟之处分别述之：

一、思想即传播：老学研究新境界

《和老子学传播——老子的沟通智慧》绪论开篇明义，引用施拉姆《男人、女人、讯息和媒介——理解人类传播》中的一段话，点明传播学中国化、本土化的重要意义。施拉姆是传播学学科的开山鼻祖，他开设了世界上第一传播学专业和研究机构，编写了世界上第一本传播学教材，建立了世界上第一个传播学博士点，开创了三个"世界第一"。作为传播学人，可以说都是施拉姆的"徒子徒孙"。施拉姆指出："中国人那种深邃的智慧和洞达，要是有一天能用来帮助西方人了解自己的工艺知识，增深我们在实践方面的体会，该是多么好的事情啊。"他用文学的饱含深情的语言，反映了他对中国传统文化中蕴含智慧的热切崇拜和殷切向往，并且表示，希望西方人的工艺知识和实践经验，多从中国人的传统文化和智慧之中吸取营养。而中国人的智慧和营养基础就在道家和道家文化。

谢清果教授指出："中华文化之树的主干是儒家文化，根基则是道家文化。"① 要研究老子的传播思想，和老子学传播，则要对《老子》版本进行精选。作者所选版本为中华书局王弼本作为底本，并参以其他版本。版本的选择，充分体现出作者材料收集的完备与学术研究的严谨。选定版本之后，作者展开了老子传播思想的论述。谢教授引姜金元《思想及其传播方式》一文中"思想本身就'是'一种传播方式，或者说思想'作为'一种传播方式。……思想与传播共属一体，思想从本质上讲就是一种传播"的看法后，自然而然地说明了自己的观点，即："《老子》这部作品即是老子思想的结晶，也是老子思想的一种传播方式。"②"《老子》一书以一种'反传播'的姿态和'正言若反'的方式，对不少传播现象和传播理念进行了独特的表达……这是一种和谐的传播观，对于今天的人际和谐交往与和谐社会建设均有很好的启示意义。"③

二、传播主体当塑造良好的道德形象

该书归纳指出《老子》中传播主体的定位是"以正治国"。"以正治国"是传播者的应该具备的姿态和树立的形象。而这一形象的树立，要靠"守之"，"侯王若能守之，万物将自宾"，"侯王若能守之，万物将自化"。作者认为，所谓"守之"，就是"守"的"道"，"而'道'贯穿全文，寓意丰富，可以分为三个部分：1.指心态和观念上的'善'，包括上善若水、善而无弃、善之德善和善应善胜；2.指态度上的'信'，包括守信、取信和坚信；3.指行为上的'德'，包括上德、下德和玄德"。④

谢教授总结了老子所谓的传播者形象，即"正"，而要"正"的话，要靠"守"，要"守"的东西就是"道"。作者条分缕析，层层推进，进而把道概括为三个方面：一曰"善"；二曰"信"；三曰"德"。指出了以"正"传播的传播主体形象。

事实确实如此。作为媒体和媒体人，要时时注意自己的传播形象，要以"正"示人，避免陷入"塔西佗陷阱"。所谓"塔西佗陷陷阱"，就是指社会一旦失去公信力，则无论它说什么话、做什么事，都不会引起受众的信任，反而会被认为是在说假话，做坏事。"恰巧与此同时，人们又听到了克洛狄乌斯·玛凯尔和丰提乌斯·卡皮托被处死的消息。……不过外界对这两次处决的反应很不好，而且一旦皇帝成了

---

① 谢清果：《和老子学传播——老子的沟通智慧》，北京：宗教文化出版社，2010年，第2页。
② 谢清果：《和老子学传播——老子的沟通智慧》，第8页。
③ 谢清果：《和老子学传播——老子的沟通智慧》，第11页。
④ 谢清果：《和老子学传播——老子的沟通智慧》，第25页。

人们憎恨的对象，他做的好事和坏事就同样会引起人们对他的厌恶。"①塔西佗指出，若百姓对皇帝产生信任危机后，百姓就很难改变他们心目中的认识。塔西佗在这里虽然讨论的是皇帝，但是应用到媒体人身上照样适合。当今，媒体人、记者、编辑等传播主体，若报道一些虚假新闻、做一些有偿新闻，被受众知晓后，则会在受众身上产生"刻板成见"，若再想改变受众心中留下的印象，会显得十分困难。

所以，媒体人既要传"道"，更要守"道"。要守好此"道"，正如书中所说：首先，媒体人要做"善人"。"上善若水。水善利万物而不争，处众人之所恶，故几于道。居善地，心善渊，与善仁，言善信，政善治，事善能，动善时。夫唯不争，故无尤。"（《老子》第八章）记者、编辑要具有水一样的品性，阴柔、处于低下、滋润万物。其次，媒体人要树"信誉"。"太上，下知有之；其次，亲而誉之；其次，畏之；其次，侮之。信不足焉，有不信焉。悠兮其贵言。功成事遂，百姓皆谓：'我自然'。"（《老子》第十七章）记者、编辑的信誉，要做到春风化雨，润物无声，这应作为记者、编辑的理想追求。而不是每天传播一些小道消息，不利受众身心的消息，来蛊惑受众，扰乱人心。第三，媒体人要有"德行"。"善建者不拔，善抱者不脱，子孙以祭祀不辍。修之于身，其德乃真；修之于家，其德乃余；修之于乡，其德乃长；修之于邦，其德乃丰；修之于天下，其德乃普。故以身观身，以家观家，以乡观乡，以邦观邦，以天下观天下。吾何以知天下然哉？以此。"（《老子》第五十四章）老子强调了修德的重要性："修德，自小至大，由近及远，时刻以包容心、责任心和谦虚心来从事传播事业，才是长久之道。"②

三、以反传播的方式传播——老子的传播策略

该书对老子的传播策略总结相当到位。认为老子传播策略可以从思想传播策略与语言传播策略两个方面来探讨，特别是老子的语言传播策略提炼方面，该书反其道而行之，观点富有新意，引人深思。书中指出："《道德经》常给世人留下老子反对传播的印象。不过，如果我们深入理解《道德经》，不难发现老子不但不反对传播，而且还可以从中悟出一套完善的传播思想：道是一个内涵十分丰富的思想，这个思想是可以传播的，而且需要被传播；传播就要通过信息为载体来实现；传播要实现的结果就是让世人理解道，顺从道，发扬道之精神。"③

书中还举了许多老子话语，这些话语表面看来是反传播，而实质是有助于传播的思想。比如《老子》第四十三章："天下之至柔，驰骋天下之至坚。无有入无间，

---

① 塔西佗著，王以铸、崔妙因译：《塔西佗历史》，北京：商务印书馆，2009年，第7—8页。
② 谢清果：《和老子学传播——老子的沟通智慧》，第43页。
③ 谢清果：《和老子学传播——老子的沟通智慧》，第224页。

吾是以知无为之有益。不言之教，无为之益，天下希及之。"老子认为，无言的教导，天下很少有人能够做到。"老子所认同的传播之最高境界是不言而教，无为而益"。[①]第六十三章："夫轻诺必寡信，多易必多难。是以圣人犹难之，故终无难矣。"第八十一章："信言不美，美言不信。善者不辩，辩者不善。知者不博，博者不知。"谢教授总结道："说话要讲究效用性，不说空话、假话、大话……如果说话者的言语中带有浮夸、隐瞒等不够信实的成分，终究会导致人际或民众对政府的信任危机。"[②]再比如第五章："多言数穷、不如守中"；第二十三章："希言自然"；第五十六章："知者不言，言者不知"等诸如表述，都是如此。

老子所说的"贵言""希言""不言"等，实际上是告诫我们要慎用语言，要用恰当、贴切的语言表达准确的含义。同时，还要发挥非语言符号的重要性。"归根到底，言语只是一种姿势体系，它的特点在于每个姿势都产生出一种有特征性的声音，从而使它既能通过眼睛又能透过耳朵加以领会。倾听一个人说话而不看着它，往往使我们认为言语本质上是一个声音体系；但事实并非如此，它本质上是使用双肺和喉咙、口腔和鼻腔而形成的姿势体系。"[③]媒体人若能把语言符号和非语言符号很好地结合起来，就能产生很好的传播效果。

有些时候，少说甚至不说，比多说产生的效果还要好些，即老子所说的"行不言之教，处无为之事"（《老子》第二章）。"人间世上，一切概念与价值都是人为所设定的，其间充满了主观的执着与专断的判断，因此引起无休止的言辩纷争。有道的人却不恣意行事，不搬弄造作，超越主观的执着与专断的判断，以'无为'处事，以'不言'行教。"[④]在传播学上，这种少说或者不说，会造成一种"此时无声胜有声"氛围，进而实现信息的正常传播。因为"当我们不再对别人说话时或别人不再对我们说话时，来自其他语言的信息也争先恐后地涌向我们：号角齐鸣、灯光闪烁、法律限制、广告宣传、香味或臭味、可口或令人厌恶的滋味，甚至连客体的'感受'也有系统地把某种有意义的东西传达给我们。"[⑤]

所以，当我们不再言语的时候，并不代表我们没有传播。反之，有些时候，更加有助于信息传播。"为此，我们看到了'无'的作用，认识到了一种'无言之教'的力量，意识到了贵言、希言乃至不言、忘言的力量。所以，传播者不仅要学会灵活运用语言艺术，也必须懂得'多言数穷'、'言多必失'，学会如何少用语言甚至不

①　谢清果：《和老子学传播——老子的沟通智慧》，第 77 页。
②　谢清果：《和老子学传播——老子的沟通智慧》，第 108 页。
③　罗宾·科林伍德：《艺术原理》，北京：中国社会科学出版社，1985 年，第 250 页。
④　陈鼓应：《老子注释及评介》（修订增补本），北京：中华书局，2015 年，第 65 页。
⑤　特伦斯·霍克斯：《结构主义和符号学》，上海：上海译文出版社，1987 年，第 128 页。

用语言而实现传播的效果。否则，不当之言比'不言'造成的破坏更大。"①从这个意义上来说，老子是一个深谙传播之道的传播先贤，老子的反传播实际上是一种再传播。

四、在媒介批评与内向传播中实现如水的传播

该书还总结了老子的媒介批评观。比如，《老子》第五十七章："天下多忌讳，而民弥贫；民多利器，国家滋昏；人多伎巧，奇物滋起；法令滋彰，盗贼多有。"应用到媒介领域，实际上也是对媒介形态和技术的批评。媒介技术不断进化，虽然带来了便利，但是，使用不当，也会对人和社会造成不利。比如电视时代的"电视人"，网络时代的"鼠标土豆"，社交媒体时代的"低头族"等等。第十二章："五色令人目盲，五音令人耳聋，五味令人口爽，驰骋畋猎令人心发狂，难得之货令人行妨。"认为过多刺激会影响人的身心。现代媒介社会，面对过多的媒介信息，同样也会产生焦虑、浮躁和不安。老子生活的年代，信息传播方式比较单一，信息不多；而现代社会，信息传播方式多样，报纸、广播、电视、网络、社交媒体等，应接不暇，信息过多，而且良莠不齐。面对媒介的多样、信息的杂乱，老子的"绝圣弃智，民利百倍；绝仁弃义，民复孝慈；绝巧弃利，盗贼无有。此三者，以为文不足，故令有所属，见素抱朴，少私寡欲。"（《老子》第十九章）就可以当作信息过载之后的一种回归，这种回归指向受众心绪的宁静。

该书由老子的媒介批评观进而引申到人内传播问题。指出，要自我总结，回归自我，达到老子所说的"众人熙熙，如享太牢，如春登台。我独泊兮，其未兆，如婴儿之未孩；儽儽兮，若无所归。众人皆有余，而我独若遗。我愚人之心也哉！沌沌兮！俗人昭昭，我独昏昏。俗人察察，我独闷闷。澹兮其若海，飂兮若无止。众人皆有以，而我独顽且鄙。我独异于人，而贵食母"（《老子》第二十章）的状态。"老子在生活态度上，和世俗价值取向不同：世俗的人，熙熙攘攘，纵情于声色货利；老子则甘守淡泊，澹然无系，但求精神的提升。在这里，老子还显示出和人群的疏离感。"②这是信息过载时代，追求心灵的境界，回归内心的向往。"为了追求这种'心灵的境界'，老子提出：'使民复结绳而用之'。"③"老子倡导世人向自己的内心深处寻找安宁，……不断做到'清''静''净'，培养出'圣人'的人格形象，这正是老子内向传播的要义所在。"④"老子倡导复归结绳记事的文化传统和呼吁人类更多思索自

---

① 谢清果：《和老子学传播——老子的沟通智慧》，第78页。
② 陈鼓应：《老子注释及评介》（修订增补本），北京：中华书局，2015年，第144页。
③ 谢清果：《和老子学传播——老子的沟通智慧》，第253页。
④ 谢清果：《和老子学传播——老子的沟通智慧》，第253页。

身，即'认识你自己'，也就是提倡从内向传播上实现个人对自己人生意义的完整掌握。"①

此外，书中还讨论了传播活动中的相反相成与循环往复的问题，传播策略问题等，还把老子和西方媒介环境学派代表人物麦克卢汉相比，通过老子的"不出户，知天下。不窥牖，见天道。其出弥远，其知弥少。是以圣人不行而知，不见而明，不为而成"（《老子》第四十七章）等语指出，"相对于麦克卢汉提出媒介是人的有形（感官）延伸，老子思想恰恰强调传播是精神上无形的延伸"②。类似这样富有见地、论述精辟之处还有很多，限于篇幅，这里就不再一一列举。

五、结语：建构老子传播学：一种华夏传播学的努力

总之，要研究老子传播思想，首先应该对老子文本的理解非常透彻，只有准确理解了老子的文本及其一套特定的话语系统，才能真正走进他的深邃思想之中，进而真正理解老子，把握老子，探讨老子的传播思想以及对当今传播活动的启示和借鉴。而所有这些，谢教授已经真正做到。正如后记中所说："我也有幸从大学时代就与《道德经》伴随成长，可以说我的生命已经跟老子紧密联系在一起。老子的思想相当程度上成为我人生信条和行为准则，当然老子有许多超越人世、超脱世俗、超然物外的精神是我目前所不能达到的，但虽不能至，心向往之。"③同时，《和老子学传播——老子的沟通智慧》一书，在对老子文本的全面理解的基础上，结合了管理学、公共关系学、营销学、传播学等学科理论和知识，作者没有拘于一隅，囿于成见，学科背景丰富，体现了作者治学的开阔视野和超高境界。谢教授现在是华夏传播学研究领域的学科带头人、华夏传播学研究会会长、厦门大学传播研究所所长、《中华文化与传播研究》《华夏传播研究》主编。在学术上不断精进与创新，提出建构"华夏传播学"的学术研究目标，指出了华夏传播观的特质在"共生传播"。在理论体系、学科建设方面，有所进展，形成了本、硕、博三个层次的教材和教辅建设体系，致力于推动中华文化经典与传播学的对话、融合工程，努力阐发中华元典的传播学智慧，而《和老子学传播——老子的沟通智慧》正是谢教授及其团队阐发老子传播智慧的思想结晶，开辟了华夏传播研究的新境界。而且，该书与《和老学管理——老子的组织传播智慧》《和老子学养生——老子的健康传播智慧》《大道上的老子——〈道德经〉与大众传播学》《生活中的老子——〈道德经〉与人际沟通》共同组成了老子传播学这一崭新的老学与传播学交叉的研究领域，成为华夏传播学建

---

① 谢清果：《和老子学传播——老子的沟通智慧》，第 254 页。
② 谢清果：《和老子学传播——老子的沟通智慧》，第 157 页。
③ 谢清果：《和老子学传播——老子的沟通智慧》，第 318 页。

构过程中的一道亮丽的风景线，极大地鼓励着更多的学者参与到这一伟大工程的建设中来。相信在越来越多同仁的参与下，作为欧洲传播学和美国传播学三足鼎立的华夏传播学，或称传播学"中华学派"终会到来。

编后记

2018 年首届道德经文化及应用博士高峰学术论坛在江西宜春召开，江西崇道宫宋崇道主持潜心研究《道德经》，其博士论文畅谈了《道德经》对企业管理的指导意义。为了进一步推动《道德经》的研究与传播，他发愿在江西宜春永久举办《道德经》论坛，让道祖老子的智慧能够普照人间。正因如此，他克服了其所在崇道宫尚在建设的起步阶段的种种困难，不辞辛苦地筹办起来此次论坛。

感于宋道长的诚心与愿力，四川大学老子研究院和厦门大学老子传播与研究中心与其结成合作联盟。三方本着共同弘扬老学精神的初心，决心在一起编辑《中华老学》，共建华夏老学研究会，举办道德经论坛，出版老学丛书和论坛文集，努力把老学这门既精深又实在的学问传播开来，惠及天下。

自本辑开始，《中华老学》便由三方共同主编，本辑的主体内容便是精选首届道德经文化及应用博士高峰学术论坛上的论文编辑而成，同时也精选了自由投稿给《中华老学》的优秀稿件，共同组成了本辑。

千里之行，始于足下。相信在三方的推动下，在海内外好道者的支持下，道德经文化传播事业必将能够行稳致远。

我负责编辑本辑，书此感言，以铭记初心！

谢清果

2019 年 12 月 18 日